Geschichte

Realschule
Nordrhein-Westfalen

W0315984

Entdecken und Verstehen 4

Herausgegeben von
Dr. Thomas Berger-v. d. Heide,
Prof. Dr. Hans-Gert Oomen

Von der russischen Oktoberrevolution bis zur Gegenwart

Herausgegeben von
Dr. Thomas Berger-v. d. Heide

Bearbeitet von
Dr. Michael Berger
Dr. Thomas Berger-v. d. Heide
Petra Bowien
Heidrun von der Heide
Ulrich Mittelstädt
Karl-Heinz Müller
Dr. Harald Neifeind
Hans Otto Regenhardt
Dr. Cornelius Schley

Cornelsen

Redaktion: Dr. Barbara Hammerschmitt, Johannes Völker
Umschlaggestaltung: Klein & Halm, Berlin
Layoutkonzept: Simone Siegel, Mike Mielitz
Technische Umsetzung: sign, Berlin

Das Umschlagbild zeigt das Dreischeibenhaus (erbaut 1957–1960)
und das Schauspielhaus (erbaut 1965–1970) in Düsseldorf.

www.cornelsen.de

Die Links zu externen Webseiten Dritter, die in diesem Lehrwerk angegeben sind, wurden vor Drucklegung sorgfältig auf ihre Aktualität geprüft. Der Verlag übernimmt keine Gewähr für die Aktualität und den Inhalt dieser Seiten oder solcher, die mit ihnen verlinkt sind.

1. Auflage, 5. Druck 2011

Alle Drucke dieser Auflage sind inhaltlich unverändert
und können im Unterricht nebeneinander verwendet werden.

© 2007 Cornelsen Verlag, Berlin

Das Werk und seine Teile sind urheberrechtlich geschützt.
Jede Nutzung in anderen als den gesetzlich zugelassenen Fällen bedarf der vorherigen schriftlichen Einwilligung des Verlages.
Hinweis zu den §§ 46, 52a UrhG: Weder das Werk noch seine Teile dürfen ohne eine solche Einwilligung eingescannt und in ein Netzwerk eingestellt oder sonst öffentlich zugänglich gemacht werden.
Dies gilt auch für Intranets von Schulen und sonstigen Bildungseinrichtungen.

Druck: CS-Druck CornelsenStürtz, Berlin

ISBN 978-3-06-064509-1

Inhalt gedruckt auf säurefreiem Papier aus nachhaltiger Forstwirtschaft.

Liebe Schülerinnen und Schüler!
Wenn man vom 20. Jahrhundert spricht, dann denkt man an die beiden Weltkriege, denen Millionen Menschen zum Opfer fielen, an den Menschen verachtenden Nationalsozialismus, aber auch an den Fall der Mauer und das Entstehen eines vereinten Europas, das Diktaturen und Kriege in Europa verhindern soll. Deutlich wird aber auch, dass wir alle uns immer wieder für die Bewahrung dieses Friedens einsetzen müssen.

Lernen macht natürlich mehr Spaß, wenn man etwas selber herausfinden kann. Ihr findet daher in diesem Buch neben den Texten auch zahlreiche Bilder und Berichte der damals lebenden Menschen. Wir bezeichnen sie als Quellen. Ihr erkennt sie an einem „Q" und einem Farbstreifen. Texte von Geschichtsforschern haben ein „M" und ebenfalls den Farbstreifen.
Außerdem gibt es noch viele spannende Seiten, z. B.:

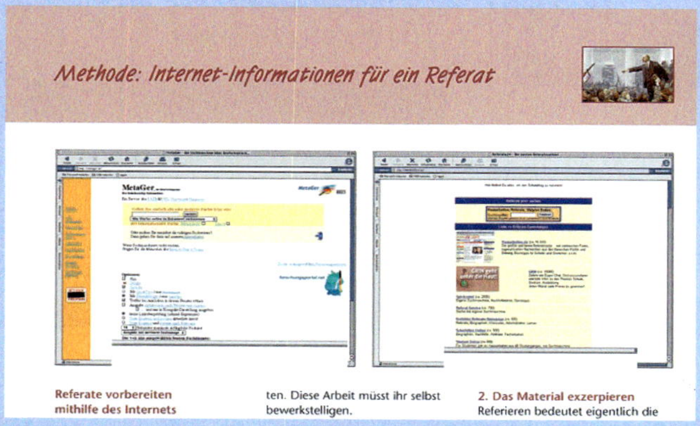

Methode: Internet-Informationen für ein Referat

Referate vorbereiten mithilfe des Internets

ten. Diese Arbeit müsst ihr selbst bewerkstelligen.

2. Das Material exzerpieren
Referieren bedeutet eigentlich die

Werkstatt Geschichte:
Die deutsche Einheit in der Karikatur

Geschichte vor Ort: Zwangsarbeit bei uns

Zwangsarbeit in Hagen
Das Leben und Leiden der Zwangsarbeiterinnen und Zwangsarbeiter auf dem Gebiet des heutigen Nordrhein-Westfalen ist gut dokumentiert. Zum Beispiel wurde in Hagen das Historische Centrum Hagen mit der Erforschung des Zwangsarbeiter-Einsatzes in Hagen beauftragt. Auf der sehr informativen Webseite (www.hco.hagen.de/nrw_zw/start.html) finden sich u. a. diese Informationen:

Rüstungsindustrie in Hagen
M1 ... Als Industriestadt mit zahlreichen metallverarbeitenden Unternehmen war Hagen zwischen 1939

2 Sowjetische Zwangsarbeiter und -arbeiterinnen mit ihren Kindern nach ihrer Ankunft im Lager. Foto.

Standard-Check: Das solltet ihr wissen

Arbeitsbegriffe
- Besatzungszonen
- Entnazifizierung
- Marshallplan
- soziale Marktwirtschaft
- zentrale Planwirtschaft
- Volksaufstand in der DDR
- Mauerbau 1961
- Grundlagenvertrag
- Reformen in Osteuropa
- Montagsdemonstrationen

Was wisst ihr noch?

Und jetzt – viel Spaß beim Lesen und Lernen mit eurem neuen Geschichtsbuch.

Inhaltsverzeichnis

Inhaltsverzeichnis

1. Vom Zarenreich zur Sowjetherrschaft

1818–1883	1870–1924	1917	1918–1920
KARL MARX	LENIN	OKTOBER-REVOLUTION	BÜRGERKRIEG IN RUSSLAND

Lenin spricht am Vorabend der Oktoberrevolution 1917 zu den Delegierten des Zweiten Gesamtrussischen Sowjetkongresses. Unter seinen Zuhörern sind Soldaten, Matrosen, Arbeiter, eine Frau. Das Gemälde hält einen Moment fest, in dem Lenin, der Führer der russischen Kommunisten, den Anwesenden erklärt, dass die Regierung des Zaren gestürzt wird. Das Volk unter der Führung der Bolschewisten soll die Macht in Russland ausüben.

In diesem Kapitel erfahrt ihr etwas über den Sozialismus, die Situation in Russland zu Beginn des 20. Jahrhunderts, wie es zum Machtwechsel 1917 kam und wie sich das Land zur Diktatur unter Stalin entwickelte.

1922 — ENTSTEHUNG DER SOWJETUNION

1929–1953 — DIKTATUR UNTER STALIN

1991 — AUFLÖSUNG DER SOWJETUNION

Sozialistische Ideen

1 Sowjetisches Plakat aus den 1920er-Jahren: „Arbeiter! Indem Du die Ketten zerstörst, gelangst Du zum Sozialismus."

Karl Marx
1818 in Trier geboren. Er studierte Jura und Philosophie in Berlin. Während der Revolution 1848 gab er in Köln die Neue Rheinische Zeitung heraus. Nach dem Scheitern der Revolution wurde er des Landes verwiesen und lebte bis zu seinem Lebensende 1883 mit seiner Frau und seinen Kindern in London. Nach zwanzigjährigen Studien in bitterster Armut veröffentlichte er 1867 sein Hauptwerk: Das Kapital.

Utopie* von einer besseren Gesellschaft

Der krasse Gegensatz zwischen Reichen und Armen war oft ein Anstoß, darüber nachzudenken, wie allen Menschen ein besseres Leben ermöglicht werden könnte. Neben den christlichen Organisationen, die den armen und besitzlosen Menschen in ihrem Elend helfen wollten oder für diese Geld zur Unterstützung sammelten, gab es auch immer Menschen, die meinten, man müsse die gesamte Gesellschaftsordnung eines Landes ändern, wenn man auf Dauer die ungleiche Verteilung des Reichtums einer Gesellschaft verändern oder aufheben wolle.

Eine solche neue Gesellschaftsordnung sollte der „Sozialismus" sein, der in der Mitte des 19. Jahrhunderts als Alternative zur entstehenden kapitalistischen Gesellschafts- und Wirtschaftsordnung entwickelt wurde. Mit „Sozialismus" verbanden die Menschen vor über 150 Jahren die Vorstellung von einer Gesellschaft, die sich ganz stark von der bestehenden unterschied. Man hatte eine Utopie, eine Zukunftsvorstellung von einer Welt, wie sie sein sollte, im Unterschied zu der realen Welt, in der die Menschen lebten.

Ursachen des Elends

Karl Marx und Friedrich Engels, die Begründer der sozialistischen Theorien, sahen in der ungerechten Bezahlung die Ursache der Massenarmut. Wie kommt es, fragten sie, dass die Mehrzahl der Bevölkerung viele Stunden am Tag hart arbeitet und dennoch kaum das Lebensnotwendige besitzt.

Ihre Antwort hieß: Offenkundig erhalten die Arbeiterinnen und Arbeiter nicht den Gegenwert für ihre Arbeit. Sie glauben, dass Ergebnis der Arbeit wird bezahlt. Bezahlt wird jedoch nur die Arbeitskraft der Arbeiter und Arbeiterinnen. Das verdeutlichten Marx und Engels mit einem Beispiel: Wie ein Pferd mehr leisten kann, als sein Futter wert ist, kann die Arbeitskraft mehr Waren herstellen, als ihr Lohn kostet. Die von den Arbeitskräften hergestellten Waren gehören jedoch dem Unternehmer. Durch den Verkauf der Waren macht er sich den Unterschied zwischen den Lohnkosten und der Leistungsfähigkeit der Arbeitskraft zunutze. Das nannten Marx und Engels Ausbeutung.

In seinem Hauptwerk „Das Kapital" von 1867 schrieb Karl Marx über die Ursachen der Ausbeutung:

Q1 … Der kapitalistische Produktionsprozess … zwingt beständig den Arbeiter zum Verkauf seiner Arbeitskraft, um zu leben, und befähigt ständig den Kapitalisten zu ihrem Kauf, um sich zu bereichern. …

Marx und Engels sahen die Ursachen des Massenelends also nicht in der Willkür einzelner Unternehmer, sondern in der Grundstruktur der kapitalistischen Produktionsweise.

Utopie*:
zunächst unvorstellbar erscheinende Zukunftsvorstellung.

Klassengesellschaft*:
Gesellschaft mit verschiedenen sozialen Gruppen (Klassen), in der jeweils eine Klasse die Macht über die anderen ausübt.

Veränderungen durch eine Revolution der Arbeiter

2 **Kundgebung 1. Mai 1977 auf dem Roten Platz in Moskau.** Foto.

1 *Erläutert, wie Marx und Engels das Elend der Arbeiter erklären. Sucht eigene Beispiele für den von Marx und Engels gezeigten Zusammenhang.*

Änderung durch Revolution

Marx und Engels sahen nur in einer revolutionären Neuordnung der Gesellschaft die Möglichkeit, die Lage der Arbeiter zu verbessern. Die kapitalistische Produktionsweise und die bestehende Herrschaftsordnung, die sie als Klassengesellschaft* sahen, musste beseitigt werden.

Über den Weg zur Veränderung der bestehenden Gesellschaft schrieben Marx und Engels bereits 1848 im „Manifest der kommunistischen Partei“, dem Gründungsprogramm einer revolutionären Partei:

Q2 ... Wir sahen schon ..., dass der erste Schritt in der Arbeiterrevolution die Erhebung des Proletariats* zur herrschenden Klasse, die Erkämpfung der Demokratie ist. Das Proletariat wird seine politische Herrschaft dazu benutzen, der Bourgeoisie* nach und nach alles Kapital zu entreißen, alle Produktionsinstrumente in den Händen des Staats, d. h. des als herrschende Klasse organisierten Proletariats zu zentralisieren und die Masse der Produktionskräfte möglichst rasch zu vermehren. Es kann dies natürlich zunächst nur geschehen vermittelst despotischer* Eingriffe in das Eigentumsrecht und in die bürgerlichen Produktionsverhältnisse ...

2 *Erklärt mit eigenen Worten welches Ziel die Revolution der Arbeiter nach Ansicht von Marx und Engels 1848 anstreben soll.*

Elemente einer neuen Gesellschaft

Marx und Engels haben kein fertiges Bild der künftigen Gesellschaft entworfen, sondern nur eine Zielvorstellung entwickelt.

- An die Stelle privater Unternehmen sollen vergesellschaftete Unternehmen treten: Genossenschaften, Kollektivbetriebe und staatlich geführte Unternehmen.
- Anstelle des Leistungslohns soll eine möglichst gleiche Bezahlung nach Bedürfnissen treten.
- Waren sollen nicht beliebig, sondern nach einem zentralen Plan hergestellt und verteilt werden.
- Anstelle des Parlaments und der Trennung von Gesetzgebung, Regierung und Rechtsprechung soll ein Rätesystem (siehe S. 12) treten. Die von der Basis gewählten Delegierten sollen an Weisungen ihrer Wähler gebunden sein.
- Schulbildung soll es nicht nur für die Reichen geben, es soll eine öffentliche und kostenlose Ausbildung aller erfolgen.
- An die Stelle der bürgerlichen Rechte (Erbrecht, Recht auf Meinungsfreiheit und Freizügigkeit) soll eine zeitweilige Beschränkung dieser Rechte treten, um Gleichheit aller herzustellen.
- Statt der Religionsfreiheit (freie Wahl eines Bekenntnisses) soll es ein Leben ohne Religion geben.

3 *Skizziert mit eigenen Worten, wie eine sozialistische Gesellschaft nach Meinung von Marx und Engels aussehen sollte.*

Auf den nächsten Seiten könnt ihr erarbeiten, wie der Versuch, eine sozialistische Gesellschaft in Russland zu errichten, verlief. Marx und Engels hatten erwartet, dass eine solche Gesellschaft eher in Großbritannien, der damals führenden Industriegesellschaft, entstehen würde.

Despot, despotisch*: *gewalttätiger Alleinherrscher, hier: gewalttätig.*

Friedrich Engels *Er wurde als Sohn eines Textilfabrikanten 1820 in Barmen geboren, erlernte den Kaufmannsberuf und arbeitete in der Fabrik seines Vaters. 1842 hatte er Marx kennen gelernt, während der Revolution von 1848 waren sie Redakteure der Neuen Rheinischen Zeitung in Köln. Ab 1850 leitete er wieder die Zweigniederlassung der väterlichen Fabrik in Manchester. Nach 1870 widmete er sich ausschließlich der politischen und wissenschaftlichen Arbeit und wurde nach dem Tod von Marx 1883 der führende Kopf des Sozialismus. 1895 ist er in London gestorben.*

Proletariat*: *(lat. proles = Nachkomme, Sprössling). Mit dem Begriff „Proletarier“ werden alle Arbeiter bezeichnet, die allein vom Verkauf ihrer Arbeitskraft leben.*

Bourgeoisie*: *reiches Bürgertum.*

Revolutionen in Russland

1 **Ausdehnung des Russischen Reiches.**

Die Lage in Russland

Obwohl Russland seit dem 19. Jahrhundert eine rasante Entwicklung vom Agrar- zu einem Industriestaat erlebt hatte, lag es wirtschaftlich noch weit hinter den Staaten Westeuropas zurück. Es herrschte eine tiefe Kluft zwischen Reichen und Armen.

Die Leibeigenschaft* wurde 1861 zwar aufgehoben, aber die Lage der Bauern verbesserte sich dadurch kaum. Sie konnten dem Gutsbesitzer ein Stück Land abkaufen, mussten sich dafür aber hoch verschulden und erhielten für ihr Geld zu wenig und meist minderwertigen Boden. Zwei Drittel des Landes blieben in der Hand der Gutsbesitzer. Bauernunruhen und -aufstände nahmen zu. Die politische Gruppierung der „Volksfreunde" forderte Land und Freiheit für die Bauern.

Um 1900 gab es etwa zwei Millionen adlige Gutsbesitzer und reiche Bürger im Russischen Reich. Von den ca. 125 Millionen Einwohnern lebten 107 Millionen auf dem Land und nur 14 Millionen in den Städten. Die Erfolge der Industrialisierung wurden besonders im Eisenbahnbau, in der Kohle- und Eisenerzförderung deutlich. Zentren der Industrialisierung waren St. Petersburg*, Moskau, das Donezbecken und das Ölgebiet um Baku. Neue Fabriken wurden gebaut und die Zahl der Arbeiter wuchs auf 2,5 Millionen. Ihre Lebens- und Arbeitsbedingungen waren sehr schlecht. Durch Streiks und den Zusammenschluss in der Sozialdemokratischen Arbeiterpartei versuchten sie eine Besserung ihrer Lage zu erreichen.

1 *Beschreibt mithilfe der Karte 1 die Ausdehnung Russlands bis ins 19. Jahrhundert.*

2 *Ermittelt aus den im Text genannten Zahlen, wie viel Prozent der Bevölkerung Adlige und reiche Bürger, Bauern und Arbeiter waren. Stellt das Ergebnis grafisch dar.*

Zu Beginn des 20. Jahrhunderts lebten über 100 verschiedene Völker in Russland. Nur 43 Prozent von ihnen waren Russen. Unabhängigkeitsbestrebungen einzelner Völker oder Volksgruppen wurden vom Zaren* nicht geduldet und hart bestraft. Dadurch wollte er den Zerfall seines Riesenreiches verhindern.

3 *Russland wurde oft als Völkergefängnis bezeichnet. Warum?*

Protektorat:
ein unter Schutzherrschaft stehendes Gebiet.

Leibeigenschaft*:
Eigentumsrecht eines Gutsbesitzers an Bauern, die auf seinem Grundbesitz leben. Der Gutsbesitzer durfte seine Leibeigenen verkaufen oder vermieten und in vielen Fragen ihres persönlichen Lebens über sie bestimmen. Einige Adlige besaßen bis zu 500 000 Leibeigene.

St. Petersburg*:
1703 durch Zar Peter I. gegründet, 1914 in Petrograd umbenannt, 1924–1991 Leningrad, ab 1991 wieder St. Petersburg.

Zar*:
(lat. Caesar): Bezeichnung für den russischen Kaiser seit 1547. Von 1613 bis 1917 regierte das Geschlecht der Romanows in Russland. Berühmtester Herrscher dieser Dynastie war Zar Peter I. (1689–1725). Unter seiner Herrschaft wurde Russland zur Großmacht.

Lesetipp:
Gudrun Ziegler: Das Geheimnis der Romanows. Ehrenwirth Verlag, München 1995.

Der Sturz des Zaren

Forderungen nach Reformen werden laut
Nach der Niederlage Russlands im Krieg gegen Japan (1904/05) häuften sich die Unruhen im Land. Der Ruf nach politischen Reformen wurde immer lauter und radikale Kräfte wie die Bolschewiki* mit ihrem Führer Lenin planten den Sturz des Zaren. Im Februar 1905 forderten Petersburger Arbeiter in einer Bittschrift an den Zaren mehr Freiheitsrechte, bessere Arbeitsbedingungen und eine Neuverteilung des Bodens. Ohne erkennbaren Grund richteten die zaristischen Soldaten unter den Demonstrierenden ein Blutbad mit Tausenden Toten und zahlreichen Verletzten an. Die Folge dieses „Blutsonntags" waren weitere Aufstände und Streiks in Russland. Der Zar machte Zugeständnisse: Bildung eines Parlaments (Duma), Erarbeitung einer Verfassung mit Rede- und Pressefreiheit. In der Macht des Zaren lag es aber, das Parlament aufzulösen, Minister zu ernennen und zu entlassen. Gesetze hatten erst mit seiner Zustimmung Gültigkeit.

4 *Nennt Ursachen und Ergebnisse der Revolution von 1905.*

Russland im Ersten Weltkrieg
Der Ausbruch des Ersten Weltkriegs und die Teilnahme auf Seiten der Alliierten stürzte Russland in eine tiefe Krise. Das Militär war auf einen solchen Krieg schlecht vorbereitet.
Aus einem Gespräch mit dem Generalstabschef der russischen Armee, 1915:

Q1 ... Sie kennen unseren Munitionsmangel ... Denken Sie sich, dass in mehreren Infanterieregimentern, die an den letzten Schlachten teilgenommen haben, mindestens ein Drittel der Mannschaft keine Gewehre hatte. Diese Unglücklichen warteten geduldig unter dem Regen des Schrapnells*, dass die vor ihren Augen umgefallenen Kameraden gefallen seien, um deren Waffen an sich zu nehmen ...

5 *Beschreibt die Lage der russischen Armee.*

Der Bolschewist Lew Trotzki schrieb später über die Bedeutung der Armee für eine erneute Revolution:

2 **Trotzki.** Foto.

3 **Lenin.** Foto.

Q2 ... Die Armee quoll auf ... Jeder hatte beim Militär die Seinen: einen Sohn, einen Mann, einen Bruder oder einen anderen Nächsten. Die Armee war nicht mehr wie vor dem Krieg vom Volk abgezäunt ... Man lebte mit ihnen, wenn sie auf Urlaub kamen, man unterhielt sich mit ihnen in den Straßen. Die Arbeiter wussten, was der Soldat dachte und fühlte. Sie führten endlose Gespräche über den Krieg, über Menschen, die sich am Krieg bereicherten, über Generäle, über Regierung, über Zar und Zarin: ... Wenn sich doch alle auf einmal erhöben ...

6 *Erklärt, was Trotzki ausdrücken wollte.*

Mit der Parole „Alles für die Armee" sollten die letzten Reserven mobilisiert werden. Die Versorgungslage der russischen Bevölkerung verschlechterte sich. Es fehlte an Kohle, Lebensmitteln und die Preise stiegen rasant. Mit Streiks versuchten die Menschen, die Regierung auf ihre Lage aufmerksam zu machen.

Februarrevolution
Im Februar 1917 demonstrierten Tausende in der russischen Hauptstadt. Anfänglich forderten sie nur „Brot", später wurde daraus „Schluss mit dem Krieg" und „Nieder mit der Zarenherrschaft". Die Demonstrationen entwickelten sich zum Generalstreik. Die Armee stellte sich auf die Seite der Streikenden und verweigerte den Gehorsam. Daraufhin dankte Zar Nikolaus II. am 2. März 1917 ab.

7 *Erklärt, wie es zum Sturz des Zaren kam.*

Wladimir Iljitsch Uljanow *(genannt Lenin, 1870–1924): Sohn eines Schulinspektors, studierte Jura, befasste sich intensiv mit den Schriften von Marx und Engels und wurde in der Oktoberrevolution mit Trotzki zum Anführer der Arbeiter und Soldaten.*

Lew Dawidowitsch von Bronstein *(genannt Trotzki, 1879 bis 1940): neben Lenin der führende Kopf der Bolschewiki; gründete die Rote Armee und wurde nach Lenins Tod zum Gegenspieler Stalins, der ihn im Exil in Mexiko ermorden ließ.*

Bolschewiki*:
Am Anfang des 20. Jahrhunderts hatten sich in der Sozialdemokratischen Arbeiterpartei Russlands zwei Gruppen gebildet: eine gemäßigte Gruppe und eine radikale, kommunistische Gruppe um Lenin. Lenins Gruppe hatte zwar weniger Mitglieder, aber nachdem sie bei einem Kongress 1903 die Mehrheit an Delegierten stellten, nannten sie sich Bolschewiki („Mehrheitler"). Die gemäßigte Gruppe hieß fortan Menschewiki („Minderheitler").

Schrapnell*:
Sprenggeschoss mit Kugelfüllung.

Die Oktoberrevolution 1917

25./26. Oktober (7./8. November) 1917*: *Sturz der Provisorischen Regierung, Beginn der Herrschaft der Bolschewiki unter Lenin. Der 7. und 8. November sind noch heute Feiertage in Russland. Bis 1918 galt in Russland der julianische Kalender. Später wurde der auch in Westeuropa benutzte gregorianische Kalender eingeführt. Deswegen gibt es zu den Ereignissen in Russland unterschiedliche Datumsangaben.*

Die Rolle der Provisorischen Regierung. *Zeitgenössische Karikatur.*

Sowjets*: *Lokale bzw. regionale Organe der Selbstverwaltung, von Arbeitern, Bauern und Soldaten in Städten, Dörfern oder Fabriken gebildet. Sie sollten mit ihren Entscheidungen die bisherigen Herrschaftsorgane ersetzen und so die Macht ausüben.*

Winterpalais*: *Ehemaliger Zarenpalast, Sitz der Provisorischen Regierung seit Frühjahr 1917.*

1 **Sturm auf das Winterpalais am 26. Oktober 1917.** Ausschnitt eines Gemäldes von P. P. Sokolov-Skalja.

Der Kampf um die Macht

Die Duma ernannte eine Provisorische Regierung, die bis zur Wahl einer verfassunggebenden Versammlung die Macht ausüben sollte. Die Regierung unter dem Ministerpräsidenten Kerenski garantierte Rede-, Presse- und Versammlungsfreiheit sowie das Recht zu streiken. Mit finanzieller Unterstützung durch die Alliierten sollte der Krieg gegen Deutschland bis zum Sieg fortgesetzt werden.
In den Städten hatten sich Arbeiter- und Soldatenräte (Sowjets* = Räte) gebildet, die ebenfalls die Macht für sich beanspruchten. Die Bolschewiki gewannen zunehmend Einfluss in den Sowjets. Lenin kehrte im April 1917 mit deutscher Hilfe aus seinem Schweizer Exil nach Russland zurück. In den Aprilthesen legte er das Programm der Bolschewiki dar:

- Enteignung der Gutsbesitzer
- Durchführung einer Bodenreform
- Nationalisierung der Banken und Fabriken
- sofortige Beendigung des Krieges
- alle Macht den Sowjets

1 *Stellt die Ziele der Provisorischen Regierung denen der Bolschewiki gegenüber.*

2 *Überlegt, warum sich die Alliierten und Deutschland in die Ereignisse in Russland einmischten.*

Revolution oder Putsch?

In der Nacht vom 25. zum 26. Oktober* hielten die Bolschewiki die Zeit zum Sturz der Provisorischen Regierung für gekommen.
Bewaffnete Brigaden unter der Führung Trotzkis besetzten strategische Punkte wie Brücken, Bahnhöfe und das Telegrafenamt von Petrograd. Der Panzerkreuzer Aurora lag auf der Newa vor Anker und feuerte einen blinden Schuss ab. Das war das Startsignal für die Truppen. Sie überwältigten die Wachen des Winterpalais* und verhafteten Mitglieder der Provisorischen Regierung. Kerenski gelang die Flucht. Sechs Menschen starben. Die Bevölkerung hatte davon fast nichts mitbekommen.

3 *Beschreibt, welchen Eindruck das Gemälde (Abbildung 1) von den Petrograder Ereignissen vermittelt.*

4 *Die Bolschewiki gaben den Ereignissen jener Nacht später den Namen „Große sozialistische Oktoberrevolution". In Westeuropa wurden sie als Staatsstreich oder Umsturz bezeichnet. Erklärt, wie es zu so unterschiedlichen Bezeichnungen kam.*

Am 26. Oktober (8. November) erfuhren die Menschen durch diese Erklärung, was geschehen war:

Q1 … An die Bürger Russlands!
Die Provisorische Regierung ist gestürzt. Die staatliche Gewalt ist in die Hände des Organs des Petrograder Rates der Arbeiter- und Soldatendeputierten … übergegangen, das an der Spitze des Proletariats und der Garnison von Petrograd steht. Die Sache, für die das Volk gekämpft hat: unverzüglicher Abschluss eines demokratischen Friedens, Abschaffung des Eigentumsrechts der Gutsbesitzer am Lande, Arbeiterkontrolle über die Produktion, Schaffung einer Sowjetregierung – dies alles ist gesichert. Es lebe die Revolution der Arbeiter, Soldaten und Bauern! …

5 *Erläutert, welche Ziele die Erklärung verkündet und an wen sie gerichtet ist.*

Aufbau der bolschewistischen Diktatur

2 **Im Smolny, einem Institut zur Ausbildung höherer Töchter, war vom Oktober 1917 bis März 1918 der Sitz der bolschewistischen Regierung untergebracht.** Zeitgenössische Fotografie.

Erste Maßnahmen der neuen Machthaber
Im Namen der Arbeiterklasse und der Bauern führte die Partei Lenins grundlegende politische und wirtschaftliche Veränderungen in Russland durch. Die Aprilthesen sollten in die Praxis umgesetzt und die Macht der Bolschewiki gegenüber der Opposition* behauptet werden.
Lenin beschrieb die neuen Machtverhältnisse in Russland so:

Q2 … Nur Schufte und Idioten können sich einbilden, dass das Proletariat erst die Majorität [Mehrheit] haben muss in Wahlen … Klassen werden von Parteien geführt und Parteien wiederum von einzelnen Individuen, Führer genannt. Der Wille einer Klasse wird manchmal von einem Diktator* ausgeführt … Was nottut, ist eine individuelle Regierung und die Anerkennung der diktatorischen Machtbefugnisse eines einzigen Mannes … Alle Phrasen über gleiche Rechte sind Unsinn …

6 *Wie begründet Lenin den Aufbau der bolschewistischen Diktatur?*

Mit den folgenden Maßnahmen wollten die Bolschewiki ihre Herrschaft sichern und ihre Vorstellungen von einer sozialistischen* Ordnung verwirklichen:

- Einschüchterung der Delegierten anderer politischer Parteien
- Bildung einer neuen Regierung (Rat der Volkskommissare)
- Aufbau der Roten Armee durch Trotzki
- Aufbau einer Geheimpolizei
- Schnelle Verabschiedung populärer Gesetze wie das Dekret* über den Boden und das Dekret über den Frieden
- Auflösung des Parlaments, nachdem die Bolschewiki darin nur 23,9 Prozent der Stimmen erreichten
- Verstaatlichung sämtlicher Betriebe
- Trennung von Kirche und Staat
- Beschlagnahme von 50 Millionen Hektar Boden und Gründung von Staatsgütern und Genossenschaften (Kolchosen)
- Verbot aller anderen politischen Parteien und Zeitungen
- Nichtanerkennung der Auslandsschulden des Russischen Reiches
- Reformen in der Bildungspolitik und im Rechtswesen

7 *Erläutert, welche Maßnahmen eindeutig auf eine Diktatur der Bolschewiki abzielten.*

8 *Nennt Gründe, warum der bolschewistische Regierungssitz (Abbildung 2) so stark bewacht wurde.*

Sozialismus und Kommunismus*:
Idee einer neuen Gesellschaftsordnung, in der nach der Diktatur des Proletariats die klassenlose Gesellschaft erreicht werden soll. Des Weiteren soll es keinen Privatbesitz an Produktionsmitteln und keine Ausbeutung von Schwächeren mehr geben.

Opposition*:
Widerstand der öffentlichen Meinung oder bestimmter Parteien und Gruppen gegen die Regierung.

Dekret*:
Beschluss, Verordnung.

Diktator*:
Der Begriff ist im Allgemeinen negativ besetzt und meint einen mit allen Macht- und Gewaltmitteln regierenden Alleinherrscher.

Bürgerkrieg zwischen Rot und Weiß

3. März 1918: *Friede von Brest-Litowsk. Im November 1918 von der Versailler Friedenskonferenz für ungültig erklärt.*

1918–1920: *Bürgerkrieg in Russland.*

1 **Hauptkampfgebiete des russischen Bürgerkrieges 1918–1920.**

2 **Hungersnot im Bürgerkrieg: eine völlig ausgezehrte Bauernfamilie an der Wolga.** Foto.

Frieden um jeden Preis

Lenin hatte in den Aprilthesen die sofortige Beendigung des Krieges versprochen und dafür die Zustimmung der kriegsmüden Bevölkerung erhalten. Für die Bolschewiki war das Ausscheiden Russlands aus dem Ersten Weltkrieg zudem eine Überlebensfrage. Die Versorgung der Bevölkerung machte besonders nach den Enteignungen große Probleme. Gegen den Widerstand vieler Parteigenossen setzte Lenin Verhandlungen mit Deutschland über einen Sonderfrieden durch. Im Frieden von Brest-Litowsk (März 1918) diktierte das Deutsche Reich harte Bedingungen. Russland verlor 1,4 Millionen km^2 Land, 60 Millionen Einwohner und 70 Prozent seiner Eisen- und Kohleindustrie.

1 *Fasst die Gründe zusammen, die zum Sonderfrieden mit Deutschland führten.*

Der Kampf zwischen „Rot" und „Weiß"

Adel, Kirche, Großgrund- und Fabrikbesitzer hatten unter der neuen Regierung und ihren ersten Maßnahmen besonders zu leiden. Es entbrannte ein blutiger Bürgerkrieg zwischen den neuen Machthabern (Roten) und ihren Gegnern (Weißen), die die alten Zustände wiederherstellen wollten. Sie wurden von den Alliierten und Japan unterstützt.

Seit 1917 wurde die gesamte Zarenfamilie in Jekaterinenburg gefangen gehalten und 1918 aus Angst vor einer Befreiung durch Zarenanhänger auf Befehl der Bolschewiki ermordet. Die Tscheka* verfolgte politische Gegner und ging dabei mit äußerster Brutalität vor. Auf Befehl Lenins wurde der Kriegskommunismus eingeführt. Das bedeutete, dass der Staat die Aufsicht über Produktion und Handel hatte, alle landwirtschaftlichen Güter abgegeben werden mussten und Privathandel verboten war.

Im Sommer 1918 kontrollierten die Weißen drei Viertel Russlands. Durch die Mobilisierung weiter Teile der Arbeiterschaft und der armen Bauern gelang es den Roten, eine schlagkräftige Armee (5,5 Mio. Mann) aufzubauen und die anfangs überlegenen Weißen zu besiegen. Die Bevölkerung litt besonders unter dem Krieg. Eine Hungersnot forderte fünf Millionen Opfer.

2 *Beschreibt Ursachen, Verlauf und Folgen des Bürgerkrieges. Nehmt auch die Karte 1, Abbildung 2 und die Übersicht über die ersten Maßnahmen der Bolschewiki (siehe S. 13) zu Hilfe.*

Tscheka*: *russische Abkürzung für Außerordentliche Kommission zum Kampf gegen Konterrevolution und Sabotage. Sie war von 1917 bis 1922 die Geheimpolizei Russlands, dann wurde sie in GPU (Staatliche politische Verwaltung) umbenannt und hieß ab 1954 KGB (Staatssicherheit).*

Die Entstehung der Sowjetunion

Das neue Russland unter Lenin
Die radikale Politik der Bolschewiki und der Bürgerkrieg hatten Russland in eine tiefe Krise gestürzt. Sinkende Produktionszahlen, Inflation, Hungersnöte und Aufstände zeigten deutlich, dass die Wirtschaftspolitik der Bolschewiki geändert werden musste.
1921 verkündete Lenin die NEP (Neue Ökonomische Politik). Privatwirtschaft war im kleinen Rahmen wieder möglich und eine Naturalsteuer ersetzte die bisherigen Zwangseintreibungen in der Landwirtschaft. Maschinen wurden importiert, um die Mechanisierung der Landwirtschaft zu beschleunigen. Mit ehrgeizigen Projekten wurde die Elektrifizierung des Landes vorangetrieben. Die Wirtschaft erholte sich und erreichte teilweise den Vorkriegsstand. 1923 begann eine große Kampagne der Regierung zur Alphabetisierung. Lehrer wurden in entlegene Gebiete geschickt, um Kinder und Erwachsene zu unterrichten. Laut Verfassung war das neue Russland ein Bundesstaat, auf dessen Gebiet mehrere Völker lebten. Seit 1917 hatten sich mehrere Räterepubliken gebildet. 1922 schlossen sich auf Druck Stalins, des Volkskommissars für Nationalitätenfragen, die russische, ukrainische, transkaukasische und weißrussische Sowjetrepublik zur Union der Sozialistischen Sowjetrepubliken (UdSSR oder SU = Sowjetunion) zusammen. Die neue Hauptstadt der UdSSR wurde Moskau.

3 *Entwerft eine Chronologie über die Ereignisse in Russland zwischen 1914 und 1922.*

4 *Beschreibt die Karikatur (Abbildung 3).*

5 *Sammelt Fakten über das heutige Russland und bereitet einen Kurzvortrag vor.*

Lenins Tod – wer wird sein Nachfolger?
1924 starb Lenin nach langer Krankheit. Vor seinem Tod hatte er in einem Brief die Frage seiner Nachfolge aufgeworfen. Für ihn standen Trotzki und Stalin, der seit 1922 Generalsekretär der kommunistischen Partei der Sowjetunion war, zur Auswahl.
Lenin schrieb über sie:

Q1 … Gen. Stalin hat, nachdem er Generalsekretär geworden ist, eine unermessliche Macht in seinen Händen konzentriert, und ich bin nicht überzeugt, dass er es immer verstehen wird, von dieser Macht vorsichtig genug Gebrauch zu machen. Andererseits zeichnet sich Gen. Trotzki … nicht nur durch hervorragende Fähigkeiten aus. Persönlich ist er wohl der fähigste Mann im gegenwärtigen ZK (Zentralkomitee), aber auch ein Mensch, der ein Übermaß von Selbstbewusstsein und eine übermäßige Vorliebe für rein administrative Maßnahmen hat.
Stalin ist zu grob, und dieser Mangel … kann in der Funktion des Generalsekretärs nicht geduldet werden. Deshalb schlage ich den Genossen vor, sich zu überlegen, wie man Stalin ablösen könnte …

3 **„Genosse Lenin reinigt die Erde von Ungeziefer."** Zeitgenössische Karikatur von Viktor Deni.

6 *Beschreibt mit eigenen Worten, wie Lenin die zwei Kandidaten charakterisiert.*

Auf dem Parteitag der Kommunistischen Partei wurde der Brief verlesen. Stalin bot seinen Rücktritt an, dieser wurde aber abgelehnt. Schließlich setzte er sich gegen seinen Rivalen Trotzki durch.

1922: *Gründung der UdSSR.*

Nationalflagge der UdSSR von 1924 bis 1991: *rote Fahne (Symbol des Widerstands und Kampfes) mit fünfzackigem Stern (auch Symbol der Roten Armee) sowie Hammer und Sichel (Symbole für die Arbeiterklasse und die Bauern).*

Josef Wissarionowitsch Dschugaschwili *(genannt Stalin, 1879–1953). Er besuchte ein Priesterseminar, wandte sich dann der Sozialdemokratischen Arbeiterpartei zu und musste das Seminar verlassen. Unter dem Zaren war er nach Sibirien verbannt. Ab 1917 gehörte er zum engsten Führungskreis der Bolschewiki und wurde 1917 in die Regierung unter Lenin berufen. Ab 1922 Generalsekretär, 1929–1953 Diktator.*

Die Diktatur Stalins

1 **„Dem besten Freund der Kinder, dem großen Stalin: Ruhm!"** Sowjetisches Plakat, 1931.

Stalins Weg zur Alleinherrschaft

Zwischen Stalin und Trotzki entbrannte ein heftiger Streit darüber, ob die sozialistische Revolution auf ein Land, die Sowjetunion, zu begrenzen sei oder zu einer Weltrevolution ausgeweitet werden sollte. Der Konflikt führte 1929 zur Verbannung Trotzkis nach Mexiko, wo er 1940 von einem Agenten ermordet wurde.

Aus den innerparteilichen Richtungskämpfen ging Stalin als Sieger hervor. Führende Mitglieder der Partei und auch Offiziere der Roten Armee sowie Wissenschaftler und Beamte ließ er ermorden oder als Volksfeinde in Schauprozessen* verurteilen und hinrichten.

Berija, der Minister für Staatssicherheit, definierte den Begriff „Volksfeind" so:

Q1 … Ein Volksfeind ist nicht nur der, der sabotiert, sondern auch der, der an der Richtigkeit der Parteilinie zweifelt. Und ihrer gibt es unter uns noch sehr viele. Wir müssen sie liquidieren* …

Schauprozess*: *ein Gerichtsverfahren, dessen Urteil schon bei Prozessbeginn feststeht, sodass die Verhandlung nur noch „zur Schau" abgehalten wird.*

liquidieren*: *jemanden beseitigen, (aus politischen Gründen) töten.*

Personenkult um Stalin

An seinem 50. Geburtstag im Jahr 1929 ließ sich Stalin in Lobreden und mit überlebensgroßen Porträts als Nachfolger Lenins, Führer der Sowjetunion und Mann feiern, der die Idee des Marxismus-Leninismus weiterentwickelte. Besonders beliebt war seine Abbildung mit Kindern („Vater des ganzen Volks") oder in Uniform („Kämpfer für den Sozialismus und großer Militärführer"). Seine Reden waren leicht verständlich und folgten dem Schema Frage-Antwort, Frage-Erklärung. Der sich um Stalin entfaltende Personenkult nahm bis zu seinem Tod 1953 immer schlimmere Formen an. Er wurde als unfehlbarer, weiser, gerechter und bescheidener Herrscher dargestellt, der sich ganz in den Dienst seines Landes stellte.

In einer sowjetischen Zeitung erschien in den 1930er-Jahren folgender Text:

Q2 … Du bist die helle Sonne des Volkes, die Sonne unserer Zeit, die niemals untergeht, und mehr noch als unsere Sonne, denn die Sonne hat keine Weisheit …

1 *Erklärt mithilfe von Q2 und der Abbildung 1 den Begriff „Personenkult".*

2 *Überlegt, warum Stalin den Kult um seine Person gefördert haben wollte.*

1989 schrieb ein russischer Autor:

Q3 … Dieser Mann (Stalin) war ein Monstrum. Millionen von Menschen wurden zu Opfern seines Misstrauens … Menschliche Regungen waren ihm fremd …

3 *Nach seinem Tod wurde die grenzenlose Verehrung Stalins beendet und auf die dunklen Seiten seiner Herrschaft hingewiesen. Warum?*

Die Herrschaft der Tscheka

Die Macht der Geheimpolizei

Eine wichtige Stütze der Macht Stalins war die allgegenwärtige Geheimpolizei unter ihrem Chef Berija. Kritik an Maßnahmen der Regierung oder abfällige Bemerkungen über Stalin galten als gegenrevolutionäre Handlungen und wurden hart bestraft. Ein weitverzweigtes System von Spitzeln versorgte die Geheimpolizei mit Informationen über so genannte „Volksfeinde, Abweichler und Saboteure". Niemand konnte sich sicher fühlen. Nur ein bloßer Verdacht genügte für eine Verhaftung. Ein deutscher Sozialdemokrat, der in der Sowjetunion arbeitete, berichtete 1930 über einen Fall:

Q4 … (In einer großen Stadt) lebte … der Sohn eines ehemaligen Fabrikbesitzers mit seiner jungen Frau … Eines Abends klopft es an, zwei Männer treten ein … „Geheimpolizei! Bitte folgen Sie uns! Sprechen Sie kein Wort." Bleich und wortlos folgt der Mann, verstört und hilflos bleibt die junge Frau zurück, … in der vierten Woche holt man die junge Frau: „… Wenn Sie Ihren Mann noch einmal sehen wollen." Stumm folgt sie, jede Frage wäre zwecklos. Und dann, am Bahnhof, steht sie plötzlich einem Mann gegenüber, den sie kaum wiedererkennt. In den drei Wochen ist sein Haar ergraut, sein Blick erloschen … Er erkennt seine Frau nicht mehr: geistesgestört – so schafft man ihn fort …

4 *Beschreibt die Folgen der Verhaftung für die Betroffenen in diesem Fall.*
5 *Diskutiert Aussage und Darstellungsmittel des Plakats (Abbildung 2).*
6 *Sammelt Informationen über Staaten, in denen auch heute noch Macht mithilfe von Terror ausgeübt wird. Gibt es Organisationen, die Betroffenen helfen?*

2 „Lasst uns Spione und Abweichler ausrotten!"
Sowjetisches Plakat, 1938.

Das System der Arbeitslager

Auf dem Parteitag 1934 ließ Stalin sich und die beachtlichen Wirtschaftserfolge der UdSSR feiern. Wie waren sie möglich geworden? Im Osten und im Norden der Sowjetunion existierte ein ausgedehntes System von Arbeitslagern*. Die Geheimpolizei und ihre Spitzel sorgten für ständigen Nachschub an Gefangenen, die als billige Arbeitskräfte an den Großprojekten des Landes mitarbeiten mussten. Neben Schwerverbrechern wurden unzählige so genannte „politische Häftlinge" und „Volksschädlinge" in Schnellverfahren verurteilt und in die Lager gebracht. Oft erfuhren sie erst dort die Dauer ihrer Haft. Nach Schätzungen kamen in den Lagern etwa zwölf Millionen Menschen ums Leben.
Der sowjetische Historiker Medwedew schilderte 1970 den Alltag der Gefangenen:

Q5 … Im Lager dauerte es 20 bis 30 Tage, bis aus einem gesunden Mann ein Wrack wurde. Siebzehn Stunden Arbeit im Schacht ohne Ruhetag, systematische Aushungerung, zerfetzte Kleidung, Schlaf in durchlöcherten Zelten bei 60 °C unter 0 bewirkten das …

7 *Fasst die Gründe für die Entstehung der Arbeitslager zusammen.*
8 *Die Zeit zwischen 1936 und 1938 in der Sowjetunion erhielt die Bezeichnung „Große Säuberung". Erläutert, was damit gemeint ist.*

Arbeitslager*:
Schon unter dem Zaren und Lenin existierten Arbeitslager für politische Gefangene und Schwerverbrecher. Stalin ließ etwa 50 neue „Besserungsarbeitslager" in Sibirien errichten. Sie wurden als Archipel (riesige zusammenhängende Inselgruppe) Gulag (Lagerhauptverwaltung) bekannt. In Zeiten schärfster Verfolgung saßen Millionen Menschen in diesen Lagern und wurden als billige Arbeitskräfte ausgebeutet.

Lesetipp:
Alexander Solschenizyn: Archipel Gulag. Rowohlt, Reinbek 2001.
Alexander Solschenizyn: Ein Tag im Leben des Iwan Denissowitsch. Droemer Knaur, München 1999.

Alltag im Sozialismus

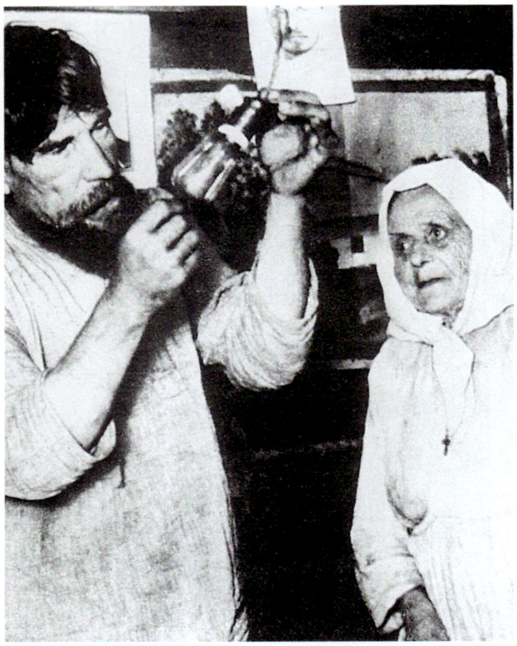

1 **Elektrifizierung der Dörfer. Die ersten elektrischen Glühbirnen wurden von den Bauern „Iljitsch-Lämpchen" genannt.** Foto, um 1927.

Entbehrungen

Das alltägliche Leben in der Stadt war über Jahre geprägt von fehlenden Lebensmitteln und Konsumgütern.

Der russische Sozialdemokrat F. Dan schrieb in seinen Erinnerungen im Juni 1919:

Q1 ... Auf den Bahnhöfen drängten sich Bauern, alte Weiber, Kinder mit Brot, Milch, Butter, Quark, gebratenem Fleisch, Geflügel. Von Zeit zu Zeit griffen Leute mit Gewehren sie auf, nahmen Verhaftungen vor. Die Verkäufer stoben auseinander, aber dann tasteten sie sich erneut zu ihren Waggons vor, boten unter der Hand ihre Ware an ... Es kam zu bedrückenden Szenen: ... Ein bleicher, völlig fertiger Eisenbahnarbeiter, den man auf frischer Tat mit zwei Blechkannen Hanföl aufgegriffen hatte. ...

Über die Produktion und den Schwarzmarkt in Jekaterinburg im Juli/August 1919 schrieb Dan:

Q2 ... Die Arbeit in der Schleiffabrik ruhte vollständig. In der ehemaligen Münze war jetzt irgendeine andere Produktion untergebracht, mit einer äußerst bescheidenen Anzahl von Arbeitern. Das riesige Verchne-Isetskij-Werk produzierte kaum noch etwas. Eine winzige Reparaturwerkstätte für medizinische Instrumente ..., zwei Handwerksbetriebe für Gummistempel, ein paar Schneidereien – das, so scheint es, war fast alles, was funktionierte. Alles (außer den Gummistempel und einigen Schneidereien) hatte man „nationalisiert". „Freien Handel" gab es auf dem Basar, wohin die Bauern irgendwelche Produkte brachten, auf dem Trödelmarkt, wo man auch mit Brot ..., Zuckerstückchen ... mit jeder Art von neuen, aber auch mit getragenen Sachen, mit Schuhen, Hemden ... handelte. ... Solange ich dort war, stiegen die Preise für alles und jedes unentwegt ...

1 *Beschreibt den Alltag in den ersten Jahren der sozialistischen Herrschaft und überlegt euch Gründe für die Zustände.*

Einheitsarbeitsschulen

Die junge Sowjetunion hatte nicht nur wirtschaftliche Schwierigkeiten. Das zaristische Russland hatte die sozialen Probleme grob vernachlässigt. Der Gesundheitszustand der Bevölkerung war miserabel, die Wohnungsverhältnisse elend, Bildung und Ausbildung auf dem niedrigsten Stand. Das Ziel der Bildungsreform war es, die Arbeitsteilung zwischen Kopf und Hand zu überwinden. Die Bolschewiki hatten die Vorstellung, dass durch eine enge Verbindung von Schule und Produktion das „Absterben der Schule" erreicht werden könne.

Am 30. September 1918 wurde die „Ordnung für die Einheitsarbeitsschule der Russisch-Sozialistisch-Föderativen Sowjetrepublik" erlassen:

Q3 ... 2) Die Einheitsschule gliedert sich in zwei Stufen. Eine erste für die Kinder vom 8.–13. Lebensjahr ... und eine zweite vom 13.–17. Lebensjahr ... 4) Ein Besuch der Schule der ersten und zweiten Stufe ist für alle Kinder im Schulalter obligatorisch. ... 12) Grundlage des schulischen Lebens muss die produktive Arbeit sein. ... Sie muss eng ... mit dem Unterricht verbunden sein. ... Der Unter-

Schulreformen und Erziehung

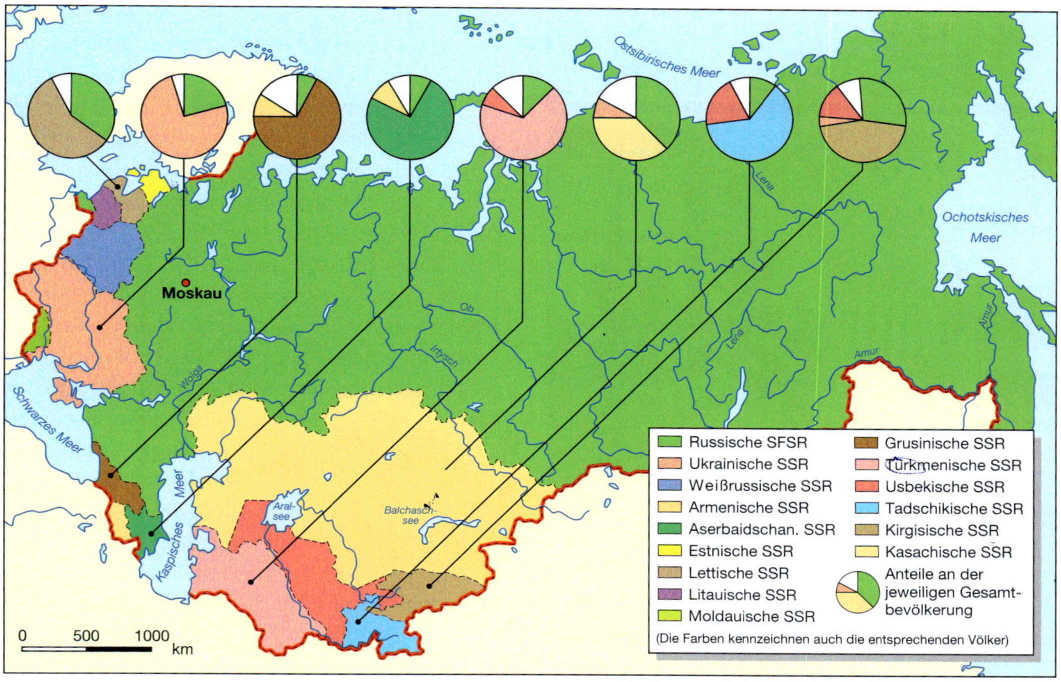

2 Sprachen und Völker der Sowjetunion.

richt in der Arbeitsschule trägt allgemeinbildenden und polytechnischen* Charakter, wobei der körperlichen und der ästhetischen Erziehung ein wichtiger Rang eingeräumt wird. … 15) Die Schulen sind für die Schüler an sieben Tagen der Woche geöffnet. … 17) Das Stellen von Hausaufgaben und Arbeiten ist unzulässig. 18) In der Schule sind keinerlei Strafen zugelassen. 19) Alle Examina, Aufnahme-, Versetzungs- und Abschlussprüfungen werden abgeschafft. … 27) Verantwortliches Organ der schulischen Selbstverwaltung ist der Rat der Schule. Er besteht aus a) allen Schularbeitern [Lehrern] b) aus Vertretern der werktätigen Bevölkerung … c) Vertretern der Schüler der älteren Jahrgangsgruppen. …

Außerdem sollten Lehrer und Schüler in selbst gestalteter Arbeit Projekte gemeinsam entwickeln und in Werkstätten oder Laboratorien durchführen.

2 *Erarbeitet aus Q3 die Grundzüge der neuen Schule und vergleicht sie mit eurer Schule.*

1923 wurde das Programm von 1918 etwas eingeschränkt und das Amt des Schulleiters wieder eingeführt. 1931 wurden wesentliche Bestandteile der Schulreform beseitigt. Es wurden wieder Lehrpläne erarbeitet und deren Beachtung im Unterricht durchgesetzt. Die Projektmethode wurde abgeschafft.

Unterricht in der Muttersprache

Eine Verordnung vom 31. Oktober 1918 gestand allen Nationalitäten das Recht zu, den Unterricht in der Einheitsarbeitsschule in der Muttersprache abzuhalten. Dies war in der Zarenzeit nicht möglich gewesen, hier war nur die russische Sprache in den Schulen zugelassen. 1934 erschienen Schulbücher in 104 Sprachen.

Durch die fortschreitende Industrialisierung und Mobilität der Arbeiter bildeten sich schließlich Republiksprachen heraus, die als jeweilige Verkehrssprache dienten. Ab 1938 mussten alle Schüler Russisch als Fremdsprache lernen.

3 *Betrachtet die Karte. Macht eine Liste der Probleme, wenn völlig verschiedene Sprachen und Kulturen in einem Staat bestehen.*

„Was gab die Oktoberrevolution den Arbeitern und Bauern: Schulen für Erwachsene, Arbeiterklubs, Bibliotheken …"
Propaganda-Plakat, 1925.

polytechnisch*: *mehrere Zweige der Technik, aber auch der Wirtschaft und der Gesellschaftspolitik umfassend.*

Die Rolle der Frauen

Emanzipation:* *Befreiung aus einem Zustand der Abhängigkeit mit dem Ziel einer gesellschaftlichen Gleichstellung; in Bezug auf Frauen ist damit die rechtliche und gesellschaftliche Gleichstellung der Frau mit dem Mann gemeint.*

Alexandra Kollontaj *(1872–1952). Sie war die Tochter eines zaristischen Generals und hatte Sozial- und Wirtschaftswissenschaften studiert. Besonders engagierte sie sich in der sozialistischen Emanzipationsbewegung. Nach der Revolution von Oktober 1917 bis März 1918 war sie als Volkskommissarin für staatliche Fürsorge die erste Frau in einem Regierungsamt. Sie setzte sich für die vollständige Gleichberechtigung der Frauen in der sozialistischen Gesellschaft ein. (Ihr erfahrt mehr über sie auf der Homepage:* ***www.fembio.org/frauen-biographie/alexandra-kollontai.shtml****)*

1 **„Frau, lerne lesen und schreiben!"** Plakat von Jelissa Kruglikowa, 1923.

Emanzipation* der Frauen

Bereits im 19. Jahrhundert konnten Frauen in Russland ihre Stellung verbessern. Seit 1872 wurden Frauen zu Ärztinnen ausgebildet. 1915 besuchten mehr Mädchen (293 000) das Gymnasium als Jungen (123 000). Schon Ende 1910 studierten an russischen Hochschulen mehr Frauen als in Frankreich oder Deutschland. 1911 waren bereits 63 Prozent der russischen Volksschullehrer Frauen. Das Wahlrecht erhielten Frauen allerdings erst im Sommer 1917.

Im Unterschied zu Westeuropa beteiligten sich russische Frauen besonders aktiv in der Revolutionsbewegung. Innerhalb der russischen Sozialdemokratie waren Frauen auch in leitenden Positionen stärker als üblich vertreten.

In einer Vorlesung vor Arbeiterinnen und Bäuerinnen sagte Alexandra Kollontaj 1921:

Q1 … Die wichtigste Tat der Revolution ist die Einführung der allgemeinen Arbeitspflicht für alle erwachsenen Männer und Frauen. Dieses Gesetz … hat die Rolle der Frau in Gesellschaft, Staat und Familie wesentlich stärker verändert als alle anderen Dekrete seit der Oktoberrevolution, die die politische … Gleichberechtigung der Frau verkündeten. … Sie ist jetzt allgemein als eine Arbeitskraft akzeptiert, die teilnimmt an der gesellschaftlich nützlichen Arbeit für das Kollektiv. …
Wenn wir die Arbeitsproduktivität … ganz besonders der Arbeiterinnen verbessern wollen, dann müssen zuerst die Lebensbedingungen verändert werden. Wir müssen schrittweise, aber zielbewusst das Fundament für eine kollektive Lebensweise legen, und dies heißt, dass wir zuerst ein weit verzweigtes Netz von Säuglingsheimen und Kindergärten aufbauen müssen und eines Tages auch völlig neue Produktionsstätten errichtet werden. … Deshalb müssen wir … den Einfamilienhaushalt durch den ökonomisch effektiveren Kommunehaushalt ersetzen. … Erst wenn die Frau von der eintönigen Haushaltsarbeit und anderen Familienpflichten entlastet ist, kann sie ihre gesamte Arbeitskraft für eine gesellschaftlich nützliche Arbeit verwenden. … Die sowjetischen Arbeitsgesetze schützen die Frauen. …
Der Staat garantiert allen Frauen, die physische Arbeit verrichten, 16 Wochen Schwangerschaftsurlaub. … Stillende Mütter erhalten während der ersten neun Monate nach der Geburt zusätzlich noch finanzielle Unterstützung. …

1 *Beschreibt mithilfe von Q1, welche Veränderungen der Frauenrolle durch die Revolution angestrebt wurden und welche Ziele verfolgt wurden.*

Leo Trotzki befragte 1932 für ein Buch Moskauer Parteifunktionäre über das Familienleben der Arbeiter und dessen Veränderung. Daraus zwei Antworten:

Q2 … Sacharow: „Die brennendste Tagesfrage ist die Gleichberechtigung der Frau. … Im Prinzip sind alle mit der Gleichberechtigung einverstanden und fügen dann hinzu: Aber – die Familie, die Kinder, der Haushalt …"
Lagutina und Lasanski: „Dort, wo die Frau genug Kräfte hat oder die Verhältnisse einigermaßen günstig für sie sind, führt sie in hartnäckiger und praktischer Weise neue

2 **Arbeitsalltag der Frauen in der Sowjetunion.** Foto, um 1930.

Ideen und Verhältnisse durch. In einer ganz unvorteilhaften Lage befindet sich der Mann – der Ehemann und Vater. Es sind Fälle bekannt, dass Kommunisten aus der Partei austraten, weil der Mann beharrlich darauf bestand, dass die Frau ‚zum häuslichen Herd, zur Küche und zur Versorgung des Mannes' zurückkehre. Für die Mehrzahl der Arbeiter ist die Ehefrau das ‚Weib'." …

2 *Wie bewerten die Befragten in Q2 die Folgen der Emanzipation der Frau? Überlegt euch, was Alexandra Kollontaj darauf geantwortet hätte.*

Veränderte Frauenrollen

Über seine Ehe mit einer sowjetischen Frau um 1935 berichtete der amerikanische Ingenieur John Scotts 1944 in einem Buch.
Er half beim Aufbau eines großen Industriekomplexes in Magnitogorsk:

Q3 … Einige Monate nach Elkhas Geburt legte Mascha das Examen ab und erhielt einen Platz als Mathematiklehrerin an der höheren Schule … Sie unterrichtete im Schnitt fünf Stunden am Tag und erhielt ein Monatsgehalt von 500 Rubel, ungefähr so viel, wie ich verdiente. Sie fühlte sich sehr wohl in ihrer Arbeit …
Mascha war typisch für eine ganze Generation junger Sowjetfrauen, die die umfassenden Ausbildungsmöglichkeiten … ausnutzten und gebildete Berufsfrauen wurden, während ihre Eltern nur gerade lesen und schreiben konnten. Diese Gruppe … war unter dem Schlagwort „Gleiche Möglichkeiten für Männer und Frauen" geformt worden. Sie waren in den zwanziger Jahren mit Propaganda über die Beseitigung der bürgerlichen Familie als Institution überschüttet worden. Mit Kochen, Abwaschen, Nähen wollten sie sich so wenig wie nur möglich befassen. Solche Aufgaben waren für Dienstboten da, die nicht genügend Intelligenz besaßen oder doch nicht genügend Schulung hatten, um einen anderen Beruf auszuüben. …
[Das Ehepaar stellte Vera als Haushaltshilfe ein, die drei Jahre bei ihnen arbeitete.]
Vera bekam 50 Rubel im Monat, was als guter Lohn für sie angesehen wurde. Weshalb sollte Mascha also Geschirr abwaschen. Das wäre gewiss keine produktive Arbeitsteilung. Diese Einstellung verursachte keine Schwierigkeiten, da Vera ja die meiste Hausarbeit tat und Mascha selbst, wenn es einmal notwendig war, ohne Einwendungen kochte und wusch. Ich habe sogar die Überzeugung, dass sie diese Arbeiten ganz gern tat, aber ideologisch fand sie es untragbar …

3 *Untersucht die Rolle der Frau in Q3. Diskutiert, ob hier die Ziele der Emanzipation, wie in Q1 formuliert, erreicht wurden.*

Industrialisierung und Kollektivierung

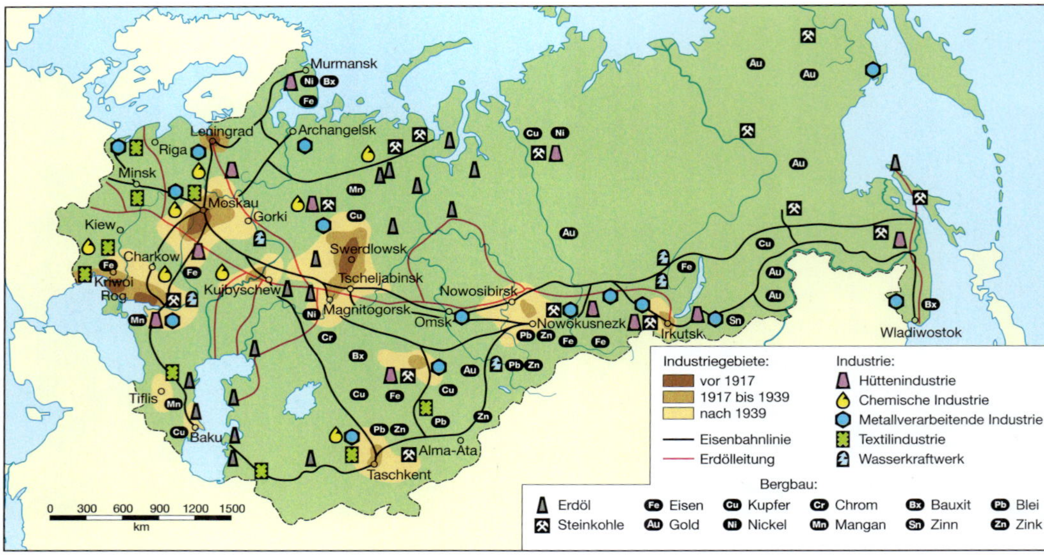

1 **Wirtschaftsentwicklung in der Sowjetunion.**

Bodenreform*: *Nach erfolgter Enteignung von Großgrundbesitzern und Großbauern (Kulaken) verteilten staatliche Behörden Boden an Kleinbauern und Landarbeiter zur eigenen Nutzung. Später folgte die Kollektivierung.*

Planwirtschaft*: *Wirtschaftsordnung, in der durch zentrale Planungsbehörden Pläne für die gesamte Volkswirtschaft erarbeitet werden, die festlegen, wie viel in welcher Zeit produziert wird. Ab 1928 gab es Fünfjahrespläne in der Sowjetunion.*

Kollektivierung*: *Zusammenschluss von Bauern (oder Arbeitern) zu Produktionsgenossenschaften, in denen gemeinsam und unter Aufsicht des Staates gewirtschaftet wird.*

Vom Agrarland zur Industriemacht

Das Agrarland Russland war nach Weltkrieg, Revolutionen und Bürgerkrieg wirtschaftlich völlig am Ende. Die Bolschewiki wollten mit Enteignung und anschließender Verstaatlichung der Betriebe und Banken, Bodenreform*, Planwirtschaft* und besonderer Förderung der Schwerindustrie die Rückstände aufholen. Die Industrie produzierte mit zu hohen Kosten und es fehlten lebensnotwendige Güter. Auch in der Landwirtschaft gab es immer wieder Engpässe in der Getreideversorgung, was zu Hungerkatastrophen führte.
Unter maßgeblicher Führung Stalins beschloss die Staatsführung, ab 1927 die Industrialisierung energischer voranzutreiben und die Landwirtschaft zwangsweise zu kollektivieren*.

1 *Nennt Merkmale der Wirtschaftsordnung in der Sowjetunion.*

In einer Rede vor dem Zentralkomitee der Partei rechtfertigte Stalin 1928 den hierzu beschlossenen Fünfjahresplan:

Q1 … Schauen Sie sich die kapitalistischen Länder an und Sie werden sehen, dass die Technik dort nicht nur fortschreitet, sondern geradezu vorwärts eilt …
Und so ergibt sich eine Situation, dass wir in unserem Land einerseits die fortschrittlichste Gesellschaftsordnung … haben, andererseits eine äußerst rückständige Technik der Industrie, die die Basis für den Sozialismus und die Sowjetunion abgeben muss. Um den endgültigen Sieg des Sozialismus in unserem Land zu erringen, müssen wir diese Länder auch in technisch-ökonomischer Sicht einholen und überholen. Entweder erreichen wir das oder wir werden zermalmt …

2 *Fasst zusammen, welche Voraussetzungen und Ziele Stalin für die Industrialisierung nennt.*

Was brachte die Industrialisierung dem Land?

Durch gewaltige Kraftanstrengungen war es ab 1928 gelungen, aus der UdSSR einen modernen Industriestaat zu machen. Selbst der Westen staunte über die Ausmaße der sowjetischen Wirtschaftsprojekte. Neue Industriestädte wurden in Sibirien (Nowokusnezk), im Ural (Magnitogorsk) oder in der Ukraine (Kriwoi Rog) gegründet. Kraftwerke wurden gebaut und die Infrastruktur durch den Bau von Kanälen wie den Moskwa-Wolga-Kanal oder den Weißmeerkanal und neuer Eisenbahnlinien verbessert. In Moskau entstand ein U-Bahnnetz, das besonders wegen der prunkvollen Ausgestaltung der Stationen mit Marmor und Kronleuchtern noch heute berühmt

Industrialisierung und Kollektivierung

ist. In Stalingrad* baute man ein modernes Traktorenwerk und in Moskau die Autofabrik ZIS auf.
Die Lebenssituation der sowjetischen Bevölkerung hat sich im Zeitraum des ersten Fünfjahresplans (1928–1932) nur unwesentlich verbessert. Einige Beispiele:

- Schuhverbrauch pro Kopf und Jahr von 0,4 auf 0,74 Paar
- Fleischverbrauch in den Städten pro Kopf und Jahr von 49,1 kg auf 62,7 kg
- Fleischverbrauch auf dem Land pro Kopf und Jahr von 22,6 kg auf 26,4 kg.

Das Volk wurde zu Volksanleihen aufgefordert, um die Industrialisierung finanzieren zu können. Mithilfe von Subbotniks (Arbeitseinsätzen an Samstagen), Wettbewerben und Orden für die sozialistische Arbeit sollten die Menschen zu Höchstleistungen angetrieben werden.

3 *Über welche Voraussetzungen und Leistungen der Industrialisierung gibt Karte 1 Auskunft?*

4 *Beschreibt anhand der Tabelle 2 die Entwicklung der sowjetischen Industrieproduktion zwischen 1913 und 1932. Beachtet, inwieweit die Planziele von 1932 erreicht wurden.*

5 *Diskutiert, was die Industrialisierung dem Land brachte.*

Maßnahmen in der Landwirtschaft

1928 fehlten in den Städten rund zwei Millionen Tonnen Getreide zur Versorgung der Bewohner. Durch die Kollektivierung in der Landwirtschaft sollte dieser Mangel abgedeckt und Überschüsse für den Export erwirtschaftet werden. Propagandisten wurden in die Dörfer geschickt und warben dort für die Gründung von Kolchosen* und Sowchosen*. Zwischen 1928 und 1930 stieg der Anteil der von Genossenschaften bewirtschafteten Fläche von 2,3 auf 33,6 Prozent; 1937 waren es 99,1 Prozent. Was war das Geheimnis dieses „Erfolges"? Wer sich gegen die Kollektivierung stellte, Saatgut und Tiere nicht ablieferte, wurde aus der Dorfgemeinschaft ausgeschlossen, die Männer (ca. 3 Millionen) in Arbeitslager gebracht und der Rest der Familie in unwirtlichen Gebieten Sibiriens angesiedelt. Viele Bauern bezahlten mit dem Leben, weil sie sich weigerten, in die Kolchosen einzutreten. 1931/32 kam es aufgrund von Missernten und falscher Bewirtschaftung der Kolchosen zu einer Hungerkatastrophe, sechs Millionen Menschen verhungerten. Trotzdem wurde in diesem Zeitraum Weizen exportiert. Dadurch sollte Geld für den Kauf von Maschinen, z. B. Traktoren, aus dem Ausland beschafft werden.

6 *1933 gestand Stalin: „ … Wir mussten dem Land die Sporen geben, es war um hundert Jahre zurück in der Entwicklung … " Erklärt, was er damit meinte.*

7 *Welchen Eindruck vermittelt das Plakat (Randspalte) von der Wirtschaftsentwicklung in der UdSSR?*

Stalingrad*: *zwischen 1925 und 1961 im Rahmen des Personenkults nach Stalin benannt. Vorher hieß die Stadt an der Wolga Zarizyn, seit 1961 Wolgograd.*

Kolchosen*: *landwirtschaftliche Produktionsgenossenschaften mit Gemeinschaftseigentum an den Produktionsmitteln.*

Sowchosen*: *Staatsgüter auf dem Land.*

Propagandaplakat. *Um 1930.*

	1913	1928	1932	1940	Planziel 1932
Elektroenergie (Mrd. kWh)	2	5	13,5	48,3	22
Stahl (Mio. t)	4,3	4,3	–		18,3
Erdöl (Mio. t)	10,3	11,6	21,4	31,1	22
Kohle (Mio. t)	29,2	35,5	64,4	166	75
Mineraldünger (Mio. t)	0,09	0,14		3,2	
Traktoren (1000 Stück)	–	1,3	48,9	–	53
Kraftfahrzeuge (1000 Stück)		0,8	23,9	–	100
Getreide (Mio. t)		73,3	69,9		105,8
Vieh (Pferde, Rinder, Schweine; Mio. Stück)		114,2	70,9		153,7
Produktionsmittel (Index 1913)	100	128	450	1554	
Konsumgüter (Index 1913)	100	102	196	497	

2 Die sowjetische Produktion – tatsächliche Produktion und Planziel 1932.

Methode: Fotos analysieren

Ein Foto entsteht

Fotografieren ist heutzutage kinderleicht. Wir brauchen nur einen Fotoapparat. Dann müssen wir noch durch den Sucher blicken und auf den Auslöser drücken. Durch das Objektiv fällt Licht auf den Film oder den Aufnahmechip, das Foto ist „geschossen".

Jeder kann also fotografieren. Das ist wohl auch der Grund, weshalb viele Menschen denken, ein Foto zu „lesen" sei so einfach wie ein Foto zu machen. Denn ein Foto sei einfach eine Abbildung der Wirklichkeit. Und da beim Foto die Bilder durch ein Objektiv gemacht werden, das für jeden Fotografen gleich ist, denken viele, ein Foto sei auch „objektiv".

1 **Im Zuge der Industrialisierungsmaßnahmen in der Sowjetunion erhalten die Bauern neue Maschinen, darunter auch erstmals moderne Traktoren.** Foto, 1935.

Das Foto als Quelle

Auch dieses Schulbuch nutzt in großem Umfang Fotografien, um historische Vorgänge zu veranschaulichen oder geschichtliche Ereignisse und Personen greifbar zu machen. Es ist sehr wichtig, diese vermeintlich so objektiven Quellen kritisch zu betrachten. Wir müssen uns daher überlegen, unter welchen Bedingungen diese Quellen entstehen und welche Besonderheiten sie haben. Dabei wird schnell klar, dass schon die Art der Entstehung eines Fotos Einfluss auf dessen Wertung durch den Betrachter hat.

Versuch Nr. 1

Wir gehen der Frage nach: Wie objektiv ist ein Foto?

1 *Einige von euch erhalten einen Fotoauftrag, der für jeden gleich ist, den sie aber getrennt voneinander durchführen sollen, z. B. eine bestimmte Straßenkreuzung, eine Eisdiele, Menschen auf einer Parkbank, eine Mutter mit ihrem Kind beim Essen in einem Restaurant. Ihr müsst euch in der Klasse darauf einigen. Die fertigen Bilder legt ihr nebeneinander. Schreibt auf, jeder für sich, was ihr seht. Dann lest euch gegenseitig eure Beobachtungen vor.*

2 *Stellt fest, wie die Fotografen unter euch ihre Aufgabe gelöst haben. Benennt die Unterschiede.*

3 *Achtet darauf, ob alle Betrachter dasselbe sehen: Was ist dargestellt? Welche Person wird zuerst genannt? Beschreiben alle zuerst den Bildmittelpunkt? Wer beschreibt die Farben? Wer Lichtreflexe?*

Versuch Nr. 2

4 *Denkt euch zu den Personen auf dem Foto oben Sprechblasen aus. Notiert die Aussagen, jeder für sich. Danach lest euch die Ergebnisse gegenseitig vor.*

5 *Achtet auf Gemeinsamkeiten und Unterschiede in euren Sprechblasen. Überlegt euch, inwiefern diese Unterschiede mit ungleichen Aussagen im Foto zusammenhängen oder inwiefern ihr selbst etwas hineingelegt habt.*

6 *Diskutiert, welche Sprechblasentexte am ehesten dem euch bekannten historischen Hintergrund entsprechen.*

7 *Das Foto oben ist an anderer Stelle mit der Unterschrift „Zwei Welten begegnen sich" abgebildet. Bewertet diesen Bildtitel.*

8 *Fasst zusammen, wovon Gestaltung und Bewertung eines Fotos abhängen.*

Methode: Internet-Informationen für ein Referat

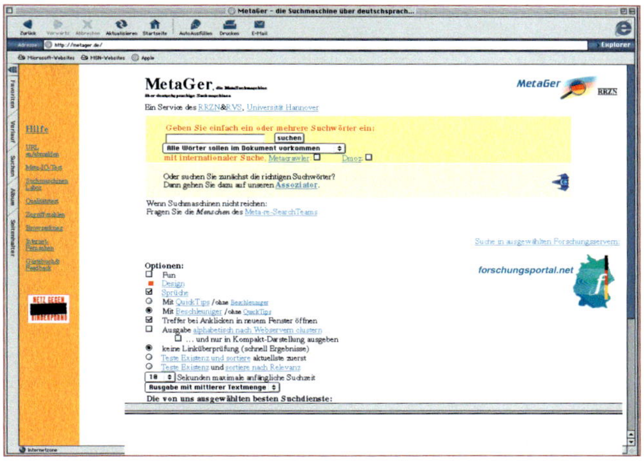

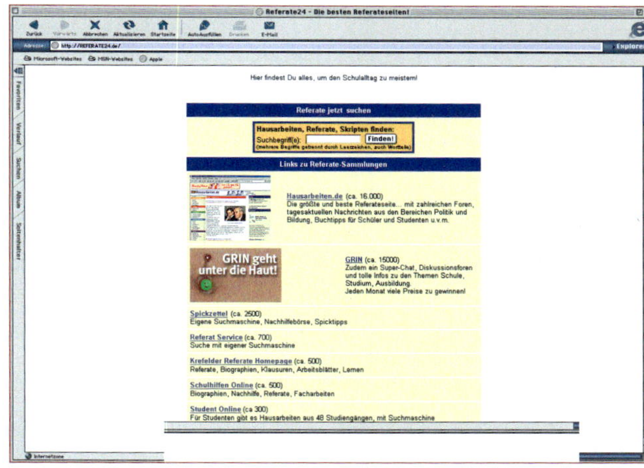

Referate vorbereiten mithilfe des Internets

Mithilfe eines Referats über die aktuelle Politik Russlands könnt ihr dieses Kapitel ergänzen. Die Hinweise zum Halten von Referaten gelten aber auch für jedes andere Thema.

1. Das Material sammeln und sichten

Da niemand in der Lage ist, aus dem Stegreif über ein Thema zu referieren, muss man sich Wissen aneignen, das andere Menschen schon veröffentlicht haben. Zunächst muss man Material aus Büchern, Lexika und Zeitschriften sammeln. Vielleicht habt ihr sogar eine Schulbücherei, deren Bibliothekar/-in euch weiterhelfen könnte. Mithilfe des Schlagwortkatalogs kann man das Material zu seinem Thema einkreisen.
Durch Nutzung des Internets kann man seine Materialbasis stark erweitern. Dabei helfen Suchmaschinen und Kataloge, die Internetseiten zu einem Suchbegriff aufzählen. Das Problem liegt aber darin, dass die Suchmaschinen gutes und schlechtes Material, neues und veraltetes einfach auflisten, ohne es zu bewerten. Diese Arbeit müsst ihr selbst bewerkstelligen.
Gute Suchmaschinen sind …

www.google.de
www.metager.de
www.metaspinner.de

…, da sie andere Suchmaschinen bereits mitauswerten.

Für aktuelle Informationen zu politischen und kulturellen Themen lohnt es sich immer, die Archive von Zeitungen und Wochenzeitungen über das Internet anzufragen, da sie Informationen in Zeitungsartikeln bündeln. Allerdings sind die Informationen des letzten Monats bzw. des letzten Jahres nicht immer kostenlos.

www.taz.de
www.nzz.ch
www.zeit.de
www.spiegel.de
www.sueddeutsche.de

Heruntergeladene Inhalte sollte man nicht ungeprüft gelten lassen; ferner sollte man die Herkunft der Internet-Informationen angeben können.

2. Das Material exzerpieren

Referieren bedeutet eigentlich, die Gedanken anderer Menschen zusammenzufassen und Zuhörern verständlich zu machen. Das scheint einfach zu sein. Doch Vorsicht! Einfach abschreiben geht nicht. Ihr müsst die wesentlichen Informationen aus den Texten herausziehen, exzerpieren. Diese Exzerpte werden dann von euch weiterbearbeitet, indem ihr sie zu einem von euch neu formulierten Text zusammenfasst.

3. Das Referat gliedern

Wie eine Erörterung, die ihr schon im Deutschunterricht kennen gelernt habt, ist auch ein Referat in drei Teile gegliedert: die Einleitung, den Hauptteil, den Schluss. In der Einleitung solltet ihr versuchen, bei den Zuhörern Neugierde und Interesse zu wecken. Ihr könnt erläutern, warum ihr das Thema gewählt und welche Hilfsmittel ihr benutzt habt. Im Hauptteil könnt ihr in einer sinnvollen, zusammenhängenden Gliederung euer Thema entwickeln und das Problem darstellen.
Der Schlussteil beinhaltet die wichtigsten Ergebnisse in Kurzform.

Sowjetunion 1945–1991

1 **Russland und neue osteuropäische Staaten nach 1990.**

Satellitenstaaten*:
von einer Großmacht abhängige, formal selbstständige Staaten.

KPdSU*:
Kommunistische Partei der Sowjetunion.

Kalter Krieg*:
Auseinandersetzung der beiden Großmächte USA und UdSSR um weltweiten Einfluss von 1947–1989. Angesichts der Tatsache, dass beide Großmächte über Atomwaffen verfügten, mit denen die jeweils andere Macht im Gegenschlag nach einem Angriff auch vernichtet werden konnte, war der direkte „heiße" Krieg sinnlos geworden. Stattdessen wurden Stellvertreterkriege durch kleinere Nationen geführt, die jeweils durch die Großmächte unterstützt wurden (z. B. Vietnam, siehe S. 178).

Weltmacht Sowjetunion

Der Macht und Einflussbereich der Sowjetunion erstreckte sich nach dem Zweiten Weltkrieg von Wladiwostock im Osten bis an die Elbe im Westen (vgl. S. 115). Die osteuropäischen Staaten wurden zu sowjetischen Satellitenstaaten*. Seit 1949 verfügte die Sowjetunion wie die USA über Atomwaffen. Als Weltmacht beanspruchte sie in allen weltpolitischen Fragen und Konflikten ein Mitspracherecht. Im Kalten Krieg* kam es zu einem Wettrüsten mit den USA.

Die Versorgung der Menschen (1980: 266 Millionen) und die Erneuerung der Landwirtschaft blieben aber weit hinter den selbst gesteckten Zielen zurück. Der Unterschied zwischen dem sowjetischen und dem amerikanischen Lebensstandard wurde immer größer. Die Situation der Landwirtschaft wurde so schwierig, dass die Sowjetunion seit den 1970er-Jahren jedes Jahr große Mengen Getreide aus den USA einführen musste.

Reformversuche

Die Aufwendungen für die Rüstung, über 60 Prozent des Haushalts, führten die UdSSR immer tiefer in eine Wirtschaftskrise, die durch die Mängel der Planwirtschaft verstärkt wurde. Mit der Wahl von Michael Gorbatschow zum Generalsekretär der KPdSU* im Jahr 1985 begann eine Phase tief greifender Umgestaltung in der UdSSR. Die Reformvorschläge stießen auf großen Widerstand, vor allem bei den Mitgliedern der KPdSU, die ihren bisherigen fast unbeschränkten Einfluss auf Staat und Gesellschaft immer stärker bedroht sahen. Im August 1991 versuchten konservative Führer der KPdSU mithilfe eines Putsches alle Reformen zu beenden. Der Putsch scheiterte, eine friedliche Revolution führte zur Entmachtung und Auflösung der KPdSU. Ende Dezember 1991 wurde die UdSSR aufgelöst.

Russland – die neue Weltmacht

Der größte Nachfolgestaat der UdSSR, Russland, stand vor großen wirtschaftlichen und sozialen Problemen. Die politische Macht blieb weitgehend in der Hand der alten Eliten der ehemaligen Sowjetunion. Unter Präsident Putin konzentrierte sich die Kontrolle über die Politik, die Medien und die Wirtschaft wie früher im Kreml. Wirtschaftlich entwickelte sich Russland zu einem großen Lieferanten von Erdöl und Gas für die westlichen Staaten.

1 *Erkundigt euch nach den politischen Verhältnissen in Russland und berichtet.*

Zusammenfassung

Revolution in Russland
Im Februar 1917 dankte Zar Nikolaus II. angesichts der verheerenden Niederlagen im Ersten Weltkrieg ab. Eine bürgerliche Regierung übernahm die Macht im Staate. Die neue Regierung setzte aber den verlustreichen Krieg fort. Die daraus resultierenden politischen Unruhen konnten sich die Kommunisten unter Leitung ihrer beiden führenden Köpfe, Lenin und Trotzki zunutze machen. Am 26. Oktober 1917 rissen die Bolschewiki in der so genannten Oktoberrevolution die Macht an sich.

Aufbau der Sowjetunion – Terrorherrschaft Stalins
Im russischen Bürgerkrieg zwischen den Bolschewiki und ihren bürgerlichen Gegnern, den „Weißen", setzten sich die Bolschewiki und die neu gegründete „Rote Armee" in verlustreichen Kämpfen durch. 1922 konnten sich die vier auf dem Gebiet des Russischen Reiches gebildeten Räterepubliken zur Union der Sozialistischen Sowjetrepubliken (UdSSR) zusammenschließen. Unter der Herrschaft Stalins entwickelte sich die „Diktatur des Proletariats" verstärkt zur Terrorherrschaft. Mit brutaler Gewalt trieb Stalin auch die Kollektivierung der Landwirtschaft und die Industrialisierung der Sowjetunion voran.

Weltmacht Sowjetunion
Aus dem Zweiten Weltkrieg ging die Sowjetunion 1945 als eine der Siegermächte hervor. Ihr Gebiet erstreckte sich nach dem Zweiten Weltkrieg von Wladiwostock im Osten bis an die Elbe im Westen. Die osteuropäischen Staaten wurden zu sowjetischen Satellitenstaaten. Im Kalten Krieg (1947–1989) beanspruchte die Sowjetunion wie die USA eine weltweite Mitsprache in allen wichtigen politischen Fragen. Zwischen ihr und den USA wurde die Welt quasi aufgeteilt. Der Besitz von Atomwaffen verhinderte aber einen direkten Krieg zwischen den Supermächten. Nach gescheiterten Reformversuchen und angesichts großer Wirtschaftsprobleme löste sich die Sowjetunion 1991 auf. Der 1917 begonnene Versuch, eine sozialistische Gesellschaftsordnung zu errichten, war gescheitert.

1917

Sturm auf das Winterpalais: Beginn der Revolution.

Seit 1917

Der Sozialismus will eine neue Gesellschaftsordnung und ein neues Wirtschaftssystem verwirklichen.

1924–1953

Diktatur Stalins mithilfe der Geheimpolizei.

1985–1991

Nach Reformen Michail Gorbatschows tritt nach 1991 Russland an die Stelle der aufgelösten Sowjetunion.

Standard-Check: Das solltet ihr wissen

Arbeitsbegriffe

- ✓ Utopie
- ✓ Tscheka
- ✓ Oktoberrevolution
- ✓ Sozialismus
- ✓ Kollektivierung
- ✓ Bodenreform
- ✓ Sowjet
- ✓ Bolschewiki

Was wisst ihr noch?

1 Mit welchen Argumenten kritisierten Marx und Engels die bestehende Gesellschaftsordnung?

2 Nennt vier Folgen der Industrialisierung in der UdSSR.

3 Schreibt in Stichworten auf, was ihr über Stalin wisst.

4 Mit welchen Maßnahmen wollten die Bolschewiki nach ihrer Machtübernahme ihre Herrschaft sichern? Nennt mindestens 9.

5 Skizziert die Entwicklung der Sowjetunion von 1945 bis 1991.

Tipps zum Weiterlesen

Esther Hautzig: Die endlose Steppe. Beltz & Gelberg, Weinheim 2005

Katharina Muraschowa: Fremde Gegend. Beltz & Gelberg, Weinheim 1998

Kathleen B. Murrell/Andy Crawford: Russland. Eine Entdeckungsreise durch das größte Land der Erde. Gerstenberg, Hildesheim 1998

Karla Schneider: Die Geschwister Apraskin. Das Abenteuer einer unfreiwilligen Reise. Hanser, München 2006

Standard-Check: Das solltet ihr wissen

Bürgerkrieg 1918–1920
Mit dem Frieden von Brest-Litowsk im März 1918 war Russland aus dem Ersten Weltkrieg ausgeschieden. Um die politischen Wirren in den Griff zu bekommen hatten die Bolschewiki erhebliche Einbußen hingenommen und gegenüber dem Deutschen Reich auf das Baltikum, die Ukraine und östliche Teile Polens verzichtet. Der Krieg wurde jedoch als Bürgerkrieg weitergeführt. Die zaristischen Weißgardisten versuchten mit der Unterstützung von Großbritannien und Frankreich und den USA und Japan von den abgetretenen Gebieten aus gegen die neu gegründete Rote Armee unter dem Kommunisten Leo Trotzki vorzugehen. Die Rote Armee war überlegen und Lenin und Trotzki blieben die Helden der Revolution. Der Weg zur Gründung der Union der Sozialistischen Sowjetrepubliken war 1922 frei.

1 *Überlegt, welches Interesse diese Länder an einem Sieg der Weißgardisten gehabt haben könnten.*
2 *Auf der Karte sind die Grenzen der Sowjetrepubliken eingezeichnet. Kopiert euch die Karte und beschriftet in der Kopie die einzelnen Republiken:* **Russische SSR, Ukrainische SSR, Transkaukasische SSR, Weißrussische SSR, Turkmenische SSR, Usbekische SSR, Kasachische SSR, Kirgisische SSR**

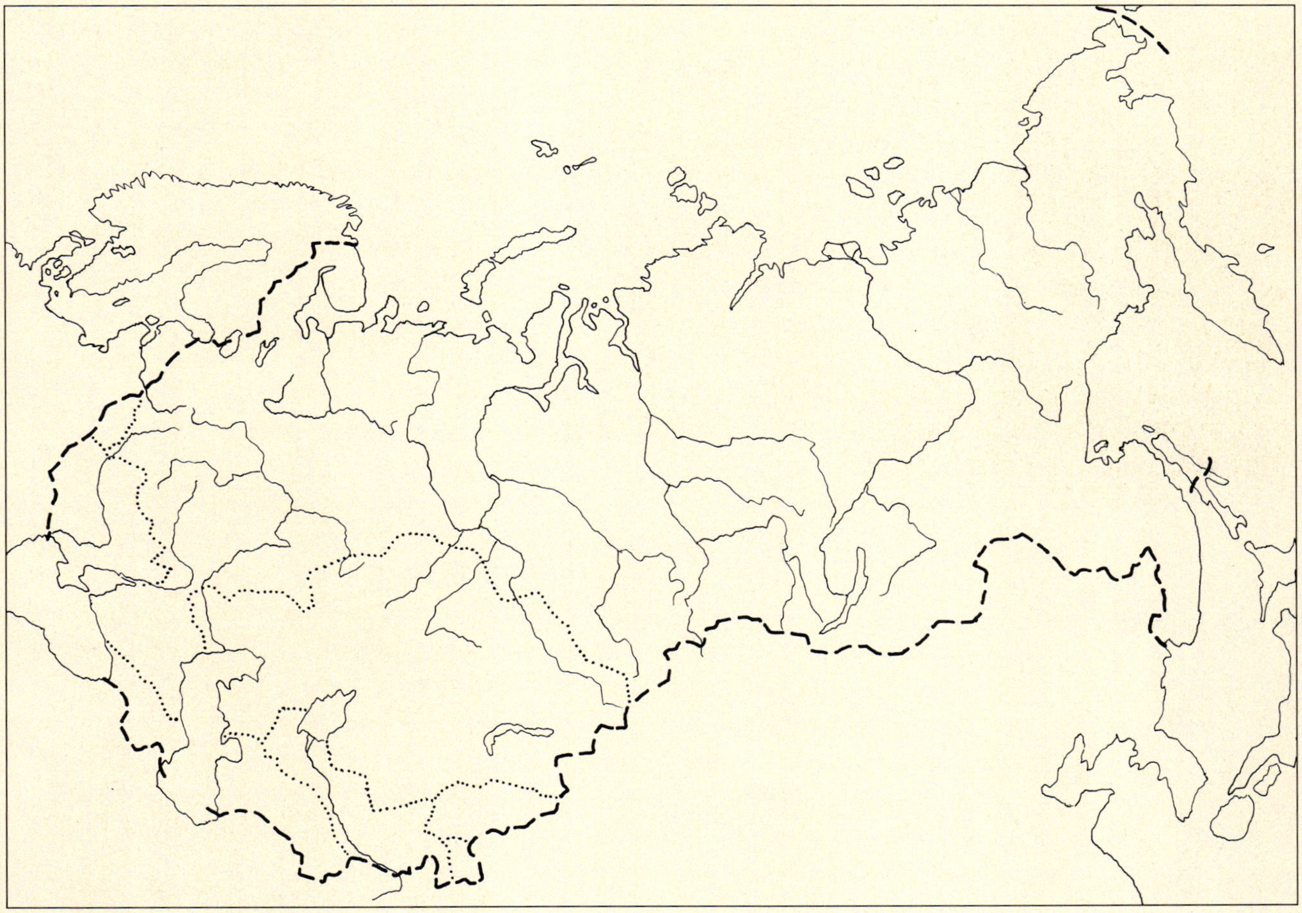

Sowjetunion 1925–1939

2. Weimarer Republik

9. November 1918 – AUSRUFUNG DER REPUBLIK

11. August 1919 – WEIMARER VERFASSUNG TRITT IN KRAFT

1923 – RUHRBESETZUNG, INFLATION, PUTSCHVERSUCHE

Nach der Novemberrevolution von 1918 am Ende des Ersten Weltkrieges wurde 1919 die „Weimarer Republik“ gegründet. Dieser neue Staat musste ein schweres Erbe antreten und für die Folgen des Ersten Weltkrieges aufkommen. Viele Menschen konnten den Niedergang des Kaiserreichs nicht verstehen und lasteten der jungen Demokratie die Schuld an den schwierigen Lebensumständen an, die ab 1919 als Folge des verlorenen Krieges in Deutschland herrschten.
In diesem Kapitel könnt ihr erarbeiten, warum so wenige Menschen die Demokratie in Deutschland stützten und welche demokratiefeindlichen Einstellungen zum Untergang der Weimarer Republik führten.

1925	1929	30. Januar 1933
VERTRAG VON LOCARNO	BEGINN DER WELTWIRTSCHAFTSKRISE	HINDENBURG ERNENNT HITLER ZUM REICHSKANZLER

Karl Liebknecht *(geb. in Leipzig 13. 8. 1871, ermordet 15. 1. 1919) versuchte als Führer des Spartakusbundes eine deutsche Räte-Republik nach russischem Vorbild zu errichten.*

Die Novemberrevolution

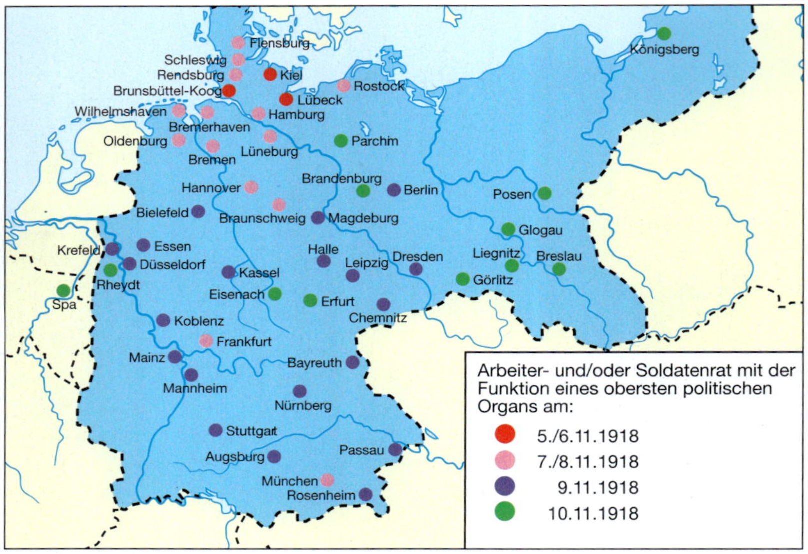

1 Die Novemberrevolution 1918 in Deutschland.

Arbeiter- und Soldatenräte*: *In den Fabriken von Arbeitern und in den Kasernen von Soldaten gewählte Vertretungen, die die bisherige Obrigkeit ersetzen sollen. Ein nationaler Rätekongress aus Delegierten der regionalen Räte erhebt den Anspruch, das oberste politische Machtorgan zu sein.*

29. Oktober 1918: *Meuterei der Hochseeflotte.*

Meuterei*: *Aufstand.*

3.–9. November 1917: *Novemberrevolution in Deutschland.*

Der Aufstand der Matrosen

Das Ende des Ersten Weltkriegs stand bevor, nachdem Deutschland im August 1918 eine große Niederlage in Frankreich erlitten hatte. Die Oberste Heeresleitung glaubte nicht mehr an einen Sieg und stellte ein Friedensangebot an den amerikanischen Präsidenten Wilson. Die Waffenstillstandsverhandlungen, die nun begannen, zogen sich jedoch wegen der harten Bedingungen der Alliierten hin.

Im Oktober 1918 wurde in ganz Deutschland bekannt, dass Waffenstillstandsverhandlungen eingeleitet worden waren. Die deutsche Seekriegsführung bereitete aber in Wilhelmshaven noch einen großen Angriff auf England vor. Als der Befehl zum Auslaufen kam, verweigerten Matrosen und Heizer am Abend des 29. Oktober den Gehorsam. Auf mehreren Großkampfschiffen löschten sie die Feuer unter den Kesseln und machten die Geschütze unbrauchbar. Die beginnende Meuterei* wurde aber niedergeschlagen. Viele Matrosen wurden verhaftet, der Angriff abgesagt und ein Teil der Flotte nach Kiel verlegt.

Die Mannschaften auf den Kriegsschiffen in Kiel solidarisierten sich aber mit ihren verhafteten Kameraden, für die sie Todesurteile befürchteten. So flammte der Aufstand am 3. November von neuem auf. Soldaten, Matrosen und Arbeiter der Kieler Werften übernahmen die Gewalt in der Stadt und bildeten einen Arbeiter- und Soldatenrat*.

Ihre Hauptforderungen waren: die Freilassung aller politischen Gefangenen, straffreie Rückkehr der Matrosen auf die Schiffe sowie Rede- und Pressefreiheit.

1 *Nennt die Gründe, die die Matrosen und Heizer zum Aufstand trieben.*

2 *Warum mögen sich die Werftarbeiter dem Aufstand angeschlossen haben?*

3 *Beschreibt nach der Karte 1 die Ausbreitung der Aufstände.*

4 *Beschreibt Abbildung 2. Beachtet die Gesichter der Menschen, ihre Haltung und Kleidung.*

Die Ausrufung der Republik

Auch in Berlin hatte sich ein Arbeiter- und Soldatenrat gebildet. Er forderte die Abdankung des Kaisers, Schaffung einer sozialen Republik und Übergabe der Regierungsgewalt an die Arbeiter- und Soldatenräte. Tausende von Menschen zogen am Morgen des 9. November auf das Regierungsviertel Berlins zu, um diese Forderungen durchzusetzen.

Das Herannahen der Massendemonstration setzte den kaiserlichen Reichskanzler Prinz Max von Baden stark unter Druck. Als der Kaiser sich mittags immer noch weigerte, zurückzutreten, verkündete von Baden eigen-

Die Ausrufung der Republik

2 **Demonstranten auf dem Weg zum Berliner Schloss.** Foto, 9. November 1918.

3 **Philipp Scheidemann (SPD) ruft am 9. November die Republik aus.** Foto.

mächtig dessen Abdankung. Aber die Massen waren nicht mehr zurückzuhalten. Am Mittag des 9. November 1918 versammelte sich die Menge vor dem Reichstag. Es wurde bekannt, dass Karl Liebknecht, der Führer des Spartakusbundes*, eine sozialistische Republik ausrufen wollte. Anhänger der SPD drängten ihr Vorstandsmitglied Philipp Scheidemann, dem zuvorzukommen.

In seiner Rede hieß es:

Q1 … Arbeiter und Soldaten. Furchtbar waren die vier Kriegsjahre, grauenhaft waren die Opfer …, das Morden ist vorbei, die Folgen des Krieges, Not und Elend, werden noch viele Jahre auf uns lasten … Der Prinz Max von Baden hat sein Reichskanzleramt dem Abgeordneten Ebert übergeben. Unser Freund wird eine Arbeiterregierung bilden, der alle sozialistischen Parteien angehören werden. Die neue Regierung darf nicht gestört werden in ihrer Arbeit für den Frieden, in der Sorge um Brot und Arbeit … seid einig, treu und pflichtbewusst. Das Alte und Morsche, die Monarchie, ist zusammengebrochen. Es lebe das Neue! Es lebe die Deutsche Republik. …

Das war gegen 14 Uhr. Um 16 Uhr hielt Karl Liebknecht, Anführer der extremen Linken, eine Rede. Er sagte:

Q2 … Der Tag der Revolution ist gekommen. Wir haben den Frieden erzwungen … Das Alte ist nicht mehr … Parteigenossen, ich proklamiere die freie sozialistische Republik Deutschland, die alle Stämme umfassen soll, in der es keine Knechte mehr geben wird. … Wir müssen alle Kräfte anspannen, um die Regierung der Arbeiter und Soldaten aufzubauen und eine neue staatliche Ordnung des Proletariats zu schaffen, eine Ordnung des Friedens, des Glücks und der Freiheit unserer deutschen Brüder und unserer Brüder in der ganzen Welt. Wir reichen ihnen die Hände und rufen sie zur Vollendung der Weltrevolution auf. …

5 *Vergleicht die beiden Redeauszüge. Listet auf, in welchen Zielen sie übereinstimmen und in welchen sie sich unterscheiden.*

6 *Warum übergab Max von Baden sein Amt dem Sozialdemokraten Ebert?*

Philipp Scheidemann *(geb. 26. 7. 1865, gest. 29. 11. 1939) war 1918/19 Mitglied der provisorischen Regierung, des Rates der Volksbeauftragten, und von Februar bis Juni 1919 deutscher Ministerpräsident. Wegen seiner Ablehnung des Versailler Vertrages trat er zurück.*

9. November 1918: *Ausrufung der Republik.*

Spartakusbund*: *von der SPD abgespaltene linksextreme Gruppe um Karl Liebknecht und Rosa Luxemburg.*

Lesetipp: *Klaus Kordon: Die roten Matrosen oder Ein vergessener Winter. Süddeutsche Zeitung: Junge Bibliothek 9, München 2005.*

Räte und Regierung

1 **Der Berliner Soldatenrat Anfang November 1918 im Reichstag.** Foto.

Rat der Volksbeauftragten*: *die 1918/19 amtierende provisorische Regierung aus Mitgliedern der SPD und USPD.*

Regime*: *Begriff für ein in der Regel negativ bewertetes, weil unterdrückerisches Herrschaftssystem.*

MSPD*: *Mehrheitssozialisten. Bezeichnung für die SPD nach Abspaltung der USPD im Jahr 1917.*

USPD*: *Unabhängige Sozialdemokratische Partei Deutschlands. Linksextreme Abspaltung von der SPD.*

Bildung einer Regierung

Am nächsten Tag, dem 10. November 1918, bildete die SPD eine provisorische Regierung: Sie nannte sich „Rat der Volksbeauftragten"*. Inzwischen hatte sich die Kriegslage für Deutschland noch weiter verschlechtert. So schloss die provisorische Regierung schon am 11. November den Waffenstillstand mit den Alliierten. Um die Mittagszeit dieses Tages wurden die Kampfhandlungen an allen Fronten eingestellt.

Rätekongress und Spartakusbund

In vielen Betrieben und Truppenteilen waren inzwischen Arbeiter- bzw. Soldatenräte gewählt worden. Vom 16. bis 21. Dezember 1918 fand im preußischen Abgeordnetenhaus in Berlin ihr erster Gesamtkongress statt. Zwei Drittel der Delegierten gehörten der gemäßigten MSPD* an und ein Drittel der linksextremen USPD*. Der Spartakusbund war nicht zugelassen.
Der Spartakusbund hatte nämlich noch am 14. Dezember 1918 folgenden programmatischen Aufruf veröffentlicht:

Q1 Dort wo die millionenköpfige Proletariermasse die ganze Staatsgewalt mit ihrer schwieligen Faust ergreift ..., dort allein ist die Demokratie, die kein Volksbetrug ist.
... Entwaffnung aller Angehörigen der herrschenden Klassen ... Bewaffnung der gesamten erwachsenen, männlichen Bevölkerung als Arbeitermiliz ...
... Ersetzung aller politischen Organe und Behörden des früheren Regimes* durch Vertrauensmänner der Arbeiter- und Soldatenräte.
... Beseitigung aller Parlamente und Gemeinderäte und Übernahme ihrer Funktionen durch Arbeiter- und Soldatenräte ...

1 *Besprecht, warum dieses Programm zu einem Ausschluss des Spartakusbundes vom Rätekongress geführt haben könnte.*

Am 18. Dezember 1918 lehnte der Rätekongress mit 344 gegen 98 Stimmen den Antrag ab, den Arbeiter- und Soldatenräten die höchste gesetzgebende und vollziehende Gewalt zuzugestehen. Das war die grundsätzliche Entscheidung für eine parlamentarische Demokratie.

Aufstände

Einige Beschlüsse des Kongresses zur Demokratisierung des Heeres waren sowohl bei der Obersten Heeresleitung (OHL) als auch bei linken Soldatenräten auf heftigen Widerstand gestoßen. Eine Abteilung der linksextremen

Januarkämpfe und Nationalversammlung

2 Barrikadenkämpfe im Berliner Zeitungsviertel. Foto, 1919.

3 Revolutionäre Soldaten am Brandenburger Tor in Berlin. Foto, 1919.

Rosa Luxemburg *(geb. 5. 3. 1871, ermordet 15. 1. 1919) war gemeinsam mit Karl Liebknecht Gründerin des Spartakusbundes und eine bedeutende Theoretikerin des Kommunismus.*

Volksmarinedivision* besetzte aus Protest mit Waffengewalt das Berliner Schloss. Diese Meuterei konnte der Rat nicht hinnehmen, zumal ein Regierungsmitglied als Geisel genommen worden war. So schloss der Vorsitzende des Rats, Ebert, mit dem Chef der OHL, Groener, ein Bündnis. Die Beschlüsse des Kongresses zur Heeresreform wurden für unwirksam erklärt. Als Gegenleistung ließ Groener Reichswehrtruppen in Berlin einmarschieren, um die gegen den Rat meuternden Matrosen niederzuwerfen. Dies führte wiederum zu einer breiten Aufstandsbewegung von Arbeitern und Soldaten gegen die Regierung Ebert/Scheidemann wegen des vermeintlichen Verrats an der gemeinsamen Sache.

2 *Beschreibt, was die Bilder 2 und 3 über die Lage in Berlin im Januar 1919 verraten.*

3 *Überlegt, was es für die Bevölkerung bedeutet, wenn sich verschiedene Truppenteile in einer Stadt bekriegen.*

Niederschlagung

Mit den Worten „Meinetwegen, einer muss der Bluthund werden, ich scheue die Verantwortung nicht!" übernahm der Mehrheits-Sozialdemokrat Gustav Noske den Oberbefehl, um die Aufstände niederzuschlagen. Zu diesem Zweck wurden regierungstreue Freikorps* zusammengestellt. In Berlin wüteten die Kämpfe eine Woche lang. Zu den Opfern gehörten auch Karl Liebknecht und Rosa Luxemburg. Sie wurden am 15. Januar 1919 von Freikorps-Offizieren ermordet. Auch in anderen Teilen Deutschlands kam es zu Aufständen, die auf Weisung der nun allein regierenden SPD-Regierung Ebert/Scheidemann von Militär und Freikorps niedergeschlagen wurden.

Wahlen zur Nationalversammlung

Am 19. Januar 1919 fanden die Wahlen zur deutschen Nationalversammlung statt. Es gingen 83 Prozent der Wahlberechtigten zur Wahl. Zum ersten Mal durften auch die Frauen wählen. 54 Prozent der abgegebenen Stimmen stammten von Frauen.

Wegen der Gefahr weiterer Unruhen in Berlin wurde Weimar zum Tagungsort der Nationalversammlung bestimmt. Hier hoffte man, unter dem Schutz eines Freikorps ungestört tagen zu können.

4 *Diskutiert das Vorgehen der SPD-Regierung. Lässt es sich vor dem Hintergrund der damaligen Ereignisse rechtfertigen?*

Volksmarinedivision*: *Bezeichnung für eine militärische Einheit von politisch linksgerichteten Matrosen, die sich nach dem Zusammenbruch des Kaiserreiches in der Revolution von 1918 zusammengeschlossen hatten.*

Freikorps*: *Soldaten der ehemaligen kaiserlichen Armee, die sich nach der Revolution 1918 freiwillig in einer Art Privatarmee organisierten und in der Regel konservative bis antidemokratische Positionen vertraten.*

Das deutsche Nationaltheater in Weimar: *Tagungsort der Nationalversammlung 1919.*

Die Weimarer Verfassung

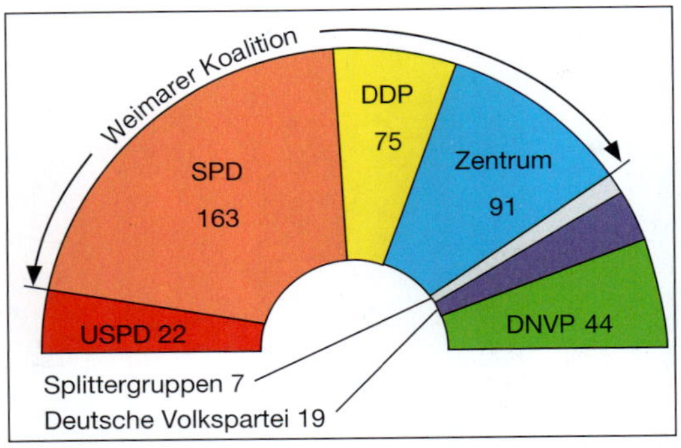

1 **Sitzverteilung der Parteien nach der Wahl zur Nationalversammlung 1919.**

Nationalversammlung

Die Wahlen zur Nationalversammlung hatten inmitten der Januarunruhen stattgefunden. Am 6. Februar 1919 trat die Versammlung in Weimar zusammen. Sechs Parteien und mehrere Splittergruppen waren in diesem Parlament vertreten. Am 11. Februar wählte die Versammlung Friedrich Ebert zum Reichspräsidenten und zwei Tage später die erste demokratische Regierung Deutschlands, der Mitglieder der SPD, des Zentrums* und der DDP* angehörten.

1 *Prüft, welche Parteien der Nationalversammlung ihr schon aus dem 19. Jahrhundert kennt.*

2 *Vergleicht die Stärkeverhältnisse der Parteien in der Nationalversammlung.*

3 *Gebt anhand von Abbildung 1 an, welche Parteien Koalitionen bilden konnten.*

Weimarer Verfassung

Nach langen Diskussionen in der Nationalversammlung konnte die Verfassung am 11. August 1919 in Kraft gesetzt werden.
In der Präambel* heißt es:

Q1 ... Das deutsche Volk, einig in seinen Stämmen und von dem Willen beseelt, sein Reich in Freiheit und Gerechtigkeit zu erneuern und zu festigen, dem inneren und dem äußeren Frieden zu dienen und den gesellschaftlichen Fortschritt zu fördern, hat sich diese Verfassung gegeben. ...

4 *Stellt dar, wer hier als Urheber der Verfassung genannt wird und welche Ziele angesprochen werden.*

2 **Friedrich Ebert (1871–1925), Mitglied der SPD, war von 1919 bis 1925 der erste Reichspräsident der Weimarer Republik.** Foto.

Der erste Artikel der Verfassung lautet:

Q2 ... Das Deutsche Reich ist eine Republik. Die Staatsgewalt geht vom Volke aus. ...

Dem Volk als dem eigentlichen Souverän* war die unmittelbare Mitwirkung an der Staatspolitik durch direkte Wahlen des Reichspräsidenten, der Mitglieder des Reichstages und der Länderparlamente gegeben. Außerdem wurde die Mitwirkung durch Volksbegehren* und Volksentscheide* geregelt. Beide Verfahren wurden in der Weimarer Republik* angewandt und führten jeweils zu heftigen politischen Auseinandersetzungen. Im Grundgesetz der Bundesrepublik Deutschland sind sie nicht vorgesehen.

5 *Überlegt, was der Satz in Quelle 2 konkret bedeutet, und erläutert die Begriffe.*

6 *Überprüft in Abbildung 3, wie die Gewaltenteilung in der Weimarer Verfassung geregelt ist.*

In einem zweiten Hauptteil der Verfassung werden die Grundrechte aufgeführt:
- die Gleichheit aller vor dem Gesetz, auch der Frauen (Art. 109, 119, 128),
- die Unverletzlichkeit der Person (Art. 114), der Wohnung (Art. 115) und des Post- und Fernmeldegeheimnisses (Art. 117),

Zentrum*:
Partei, die im Kaiserreich im Wesentlichen die Interessen der Katholiken vertrat.

DDP*:
Deutsche Demokratische Partei, liberal, gegen Verstaatlichung.

Souverän*:
(franz. „eigenständiger und unumschränkter Herrscher"): Vom Souverän geht die Macht im Staat aus. In einer Monarchie ist dies der König, in einer Demokratie das Volk.

Volksbegehren*:
das Recht einer Mindestzahl stimmberechtigter Bürger, dem Parlament einen Gesetzentwurf vorzulegen und dessen Erlass zu verlangen. Dies kann in Form eines Volksentscheids erfolgen.

Volksentscheid*:
rechtlich bindende Volksabstimmung.

Republik*:
eine Staatsform, bei der das Staatsvolk höchste Gewalt des Staates und oberste Quelle der Legitimität ist.

Präambel*:
Einleitung oder feierliche Vorrede.

Die Weimarer Verfassung

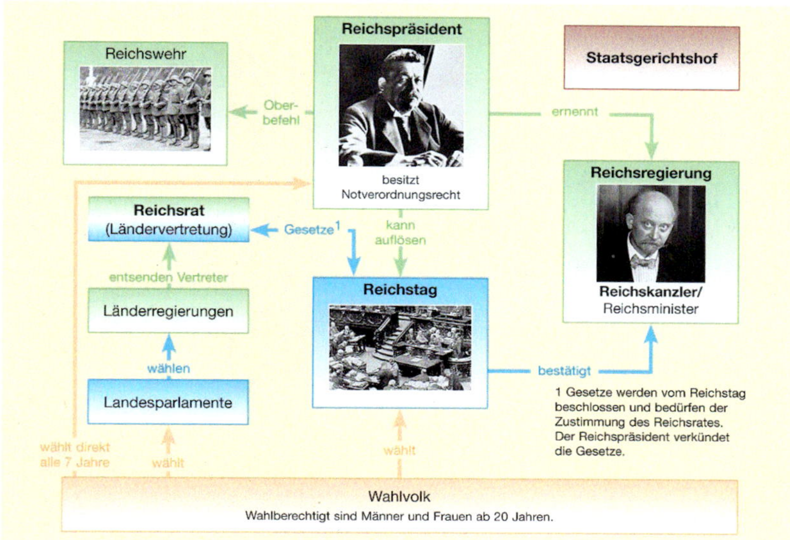

3 Weimarer Verfassung.

- die Freiheit der Meinungsäußerung in Wort und Bild sowie die Pressefreiheit (Art. 118),
- die Versammlungs- und Glaubensfreiheit (Art. 123),
- die Vereinsfreiheit (Art. 124) und
- die Freiheit des Eigentums (Art. 153).

Neben diesen schon 1848 verkündeten Grundrechten wurden neue Rechte in der Verfassung verankert:

- der Schutz der Jugend,
- das Recht auf Unterhaltszahlung bei unverschuldeter Arbeitslosigkeit und
- die Anerkennung der Gewerkschaften als Tarifpartner.

Die Verfassung galt als sehr demokratisch und freiheitlich. Sie ermöglichte allen, auch den kleinsten Parteien, an der Gestaltung der Politik mitzuarbeiten.

Rechte des Reichspräsidenten

Nach heftigen Auseinandersetzungen in der Nationalversammlung über die Aufgaben und Rechte des Reichspräsidenten wurden die folgenden Artikel in die Verfassung aufgenommen:

Q3 Artikel 25: … Der Reichspräsident kann den Reichstag auflösen, jedoch nur einmal aus dem gleichen Anlass …
Artikel 41: Der Reichspräsident wird vom ganzen deutschen Volk gewählt …
Artikel 43: Das Amt des Reichspräsidenten dauert sieben Jahre. Wiederwahl ist zulässig …
Artikel 47: Der Reichspräsident hat den Oberbefehl über die gesamte Wehrmacht des Reichs …
Artikel 48.2: Der Reichspräsident kann, wenn im Deutschen Reiche die öffentliche Sicherheit und Ordnung erheblich gestört oder gefährdet wird, die … nötigen Maßnahmen treffen, erforderlichenfalls mithilfe der bewaffneten Macht einschreiten. Zu diesem Zweck darf er vorübergehend die in den Artikeln 114, 115, 117, 118, 123, 124 und 153 festgesetzten Grundrechte … außer Kraft setzen …
Artikel 53: Der Reichskanzler und auf seinen Vorschlag die Reichsminister werden vom Reichspräsidenten ernannt und entlassen. …

7 *Begründet, warum diese Verfassung als sehr freiheitlich galt.*

8 *Fasst die Rechte des Reichspräsidenten zusammen und diskutiert seine Machtposition.*

9 *Diskutiert, welche Probleme vor allem aus den Artikeln 48.2 und 53 entstehen konnten.*

10 *Erklärt folgende Begriffe: Monarchie, Demokratie, Diktatur.*

11 *Vergleicht einzelne Punkte der Weimarer Verfassung mit dem Grundgesetz.*

Gewaltenteilung:
– gesetzgebende Gewalt
– ausführende Gewalt
– richterliche Gewalt.

6. Februar 1919:
Zusammentreten der ersten Weimarer Nationalversammlung.

11. August 1919:
Inkrafttreten der Weimarer Verfassung.

Verfassung:
Grundsätze über Form und Aufbau eines Staates.

Verhältniswahlrecht:
Beim Verhältniswahlrecht werden die Sitze im Parlament nach dem Verhältnis der auf die Parteien entfallenen Stimmen verteilt. Bei diesem Wahlsystem bekommen auch Parteien Sitze im Parlament, die nur wenige Stimmen erhalten haben. Aus diesem Grunde sind bei diesem Wahlsystem eine Vielzahl von Parteien im Parlament vertreten. In der Bundesrepublik werden nur Parteien berücksichtigt, die mindestens 5 % der Stimmen auf sich vereinigen.

Lesetipp:
Paul Ackermann: Bürger-Handbuch. Wochenschau-Verlag, Schwalbach 2004.

Der Versailler Vertrag

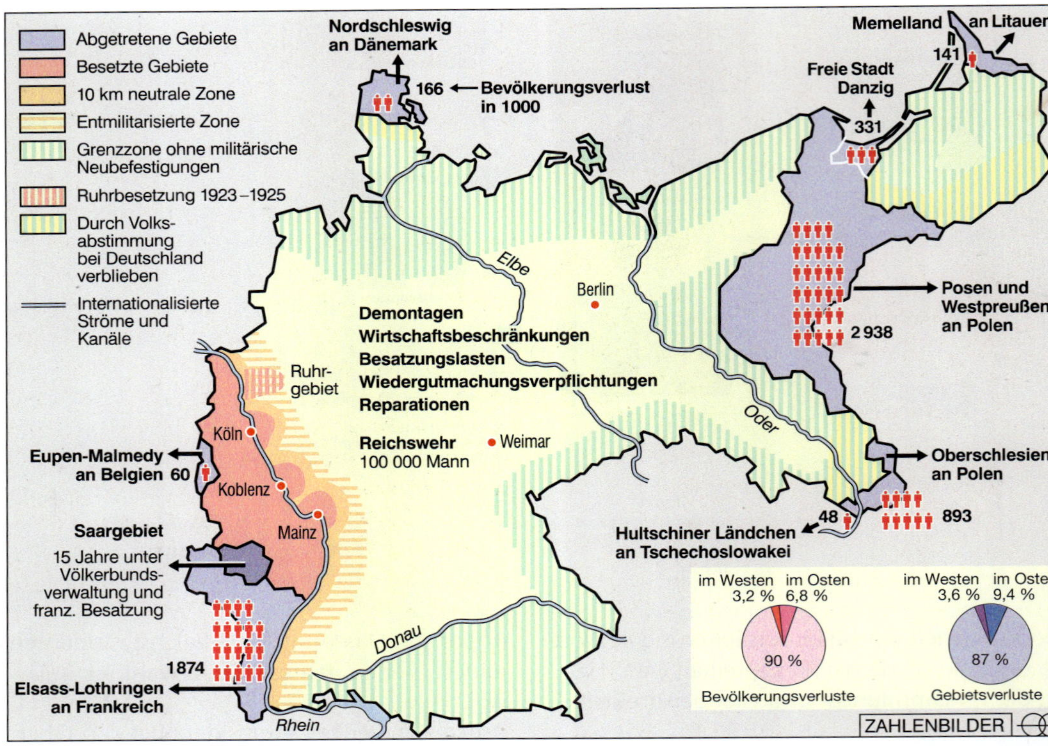

1 **Deutschlands Gebietsverluste in Europa durch den Versailler Vertrag.**

__Alliierte und assoziierte Regierungen:__ Insgesamt gehörten hierzu 27 Siegerstaaten, die gegen das Deutsche Reich verbündet (alliiert und assoziiert) waren.*

Friedensschluss ohne Verhandlung

1 *Erstellt eine Liste möglicher Forderungen, die ihr aus französischer, britischer und deutscher Sicht in Friedensverhandlungen gestellt hättet.*

2 *Versucht, einen Kompromiss zwischen den unterschiedlichen Forderungen zu finden.*

Während in Weimar die Nationalversammlung tagte, hatten sich in Paris die Vertreter der Siegermächte versammelt, um einen Friedensvertrag zu erarbeiten. Ziel war eine neue Friedensordnung für die Welt. Neue Staaten wie die Tschechoslowakei und Jugoslawien sollten errichtet, Polen wieder ein Staat werden. Der neu gegründete Völkerbund (siehe S. 41) sollte Kriege sogar für alle Zeiten unmöglich machen.

Deutschland als besiegtes Land war zu den Verhandlungen nicht zugelassen. Am 7. Mai 1919 wurde der deutschen Delegation der Vertragstext vorgelegt, ihre Veränderungswünsche wurden nicht verhandelt.

Artikel 231 des Versailler Vertrages:

Q1 … Die alliierten und assoziierten Regierungen* erklären und Deutschland erkennt an, dass Deutschland und seine Verbündeten als Urheber (des Krieges) für alle Schäden und Verluste verantwortlich sind, die die alliierten und assoziierten Regierungen und ihre Staatsangehörigen infolge des ihnen durch den Angriff Deutschlands und seiner Verbündeten aufgezwungenen Krieges erlitten haben. …

3 *Gebt Artikel 231 des Versailler Vertrages mit eigenen Worten wieder.*

4 *Überlegt, welche Forderungen sich aus dem Artikel 231 ableiten lassen.*

5 *Beschreibt anhand der Karte die deutschen Gebietsverluste.*

6 *Listet die Staaten auf, die deutsche Gebiete erhielten. Sucht die besetzten Gebiete heraus.*

Ein „Diktatfrieden“?

2 **Demonstration in Berlin gegen die Gebietsabtretungen im Versailler Vertrag.** Foto, 1919.

Der Friedensvertrag von Versailles

In der deutschen Bevölkerung hatte man den Krieg als einen aufgezwungenen Verteidigungskrieg verstanden. Deshalb war man empört und wütend über den Versailler Vertrag. Der Vertrag regelte vor allem die deutschen Gebietsabtretungen, die Abrüstung der deutschen Armee und das Verbot der allgemeinen Wehrpflicht. Weitere Punkte waren die Wiedergutmachung der alliierten Kriegsschäden und mögliche Eingriffsrechte der Alliierten in Deutschland. Wichtige Bedingungen des Versailler Vertrages besagten im Einzelnen: Deutschland musste alle Kolonien abtreten, für alle Kriegsschäden aufkommen und Reparationen* zahlen; die Höhe der Zahlungen sollte erst später festgelegt werden. Das deutsche Heer wurde auf 100 000, die Marine auf 15 000 Mann beschränkt. Schwere Waffen, Flugzeuge und U-Boote wurden verboten. Deutschland blieb vom Völkerbund vorläufig ausgeschlossen.

Politische und wirtschaftliche Folgen

Die Friedensbedingungen wurden von deutscher Seite als besonders hart empfunden. Die Siegermächte lehnten aber fast alle deutschen Einwände und Forderungen ab. In der Nationalversammlung gab es heftige Diskussionen über diese Bedingungen. Auf den Straßen kam es zu leidenschaftlichen Protesten gegen die Versailler Vorgaben. Der spektakulärste „Protest“ fand am 21. Juni 1919 statt. Der Kommandant der vor den Orkney-Inseln nördlich von Schottland festgesetzten deutschen Kriegsflotte befahl deren Selbstvernichtung: 57 Schiffe wurden von ihren Besatzungen selbst versenkt oder auf Grund gesetzt. Die Siegermächte drohten nun, in Deutschland einzumarschieren, wenn der Vertrag von der deutschen Regierung nicht angenommen würde. Die Abgeordneten sahen daher keinen anderen Weg, als zu unterschreiben. Wegen dieser Umstände sprach man in Deutschland vom „Versailler Zwangsfrieden“ oder dem „Friedensdiktat“. Gegen den „Diktatfrieden“* von Versailles entwickelte sich in der Folgezeit in der Weimarer Republik eine nationalistische Kampagne. Selbst in der britischen und amerikanischen Öffentlichkeit wurden wiederholt wirtschaftliche und territoriale Bestimmungen des Friedensvertrages kritisiert.

7 *Diskutiert die Bestimmungen des Vertrages und überlegt, welche Folgen er für die wirtschaftliche und politische Entwicklung der Weimarer Republik haben konnte.*

8 *Erklärt die Karikatur in der Randspalte.*

3 **Der französische Ministerpräsident Clemenceau und der amerikanische Präsident Wilson verlassen nach der Vertragsunterzeichnung das Schloss von Versailles.** Foto vom 28. Juni 1919.

Der Friedenskuss. *Karikatur von Thomas Theodor Heine. Titelbild des „Simplicissimus“ vom 8. Juli 1919.*

Diktatfrieden*: *Friedensbedingungen, die einseitig von den Siegern festgelegt werden. Die Verlierer können nur noch zustimmen.*

Verständigungsfrieden: *Frieden, der auf einem Kompromiss zwischen den Kriegsführenden beruht. Er zielt darauf ab, nach einem Krieg ein neues Zusammenleben der Völker zu ermöglichen.*

Reparationen*: *Zahlungen Deutschlands an die Siegermächte, mit denen Deutschland für die durch seine Aggression verursachten Zerstörungen und Kosten des Ersten Weltkrieges aufkommen sollte.*

28. Juni 1919: *Unterzeichnung des Versailler Vertrages.*

Die Neuordnung Europas

1 Mittel- und Osteuropa 1914.

2 Mittel- und Osteuropa 1920.

1919/20: *Pariser Vorortverträge.*

Neue Staaten entstehen

Die Pariser Friedensverträge sowie der Zerfall Russlands in der Revolution von 1917 und im anschließenden Bürgerkrieg hatten eine grundlegende Veränderung der Landkarte Europas zur Folge. Nach der Abdankung des österreichischen Kaisers Karl am 11. November 1918 löste sich die österreichisch-ungarische Doppelmonarchie auf. Die Nachfolgestaaten Österreich und Ungarn, aber auch die ehemaligen Verbündeten mussten ähnlich harte Bedingungen wie das besiegte Deutschland hinnehmen. Aus Gebieten, die sie abtreten mussten, entstanden neue Staaten bzw. wurden bestehende Staaten vergrößert. Ein neu entstandener Staatengürtel reichte nun vom Baltikum im Norden bis zum Balkan in Südosteuropa. Auf dem Balkan entstand ein „Königreich der Serben, Kroaten und Slowenen“, das 1923 in Jugoslawien umbenannt wurde.

Das Selbstbestimmungsrecht der Völker, das der amerikanische Präsident Wilson in seinem 14-Punkte-Programm von 1917 proklamiert hatte, war keineswegs überall verwirklicht worden. Stattdessen wurden so genannte „Vielvölkerstaaten“ gebildet. So lebten z. B. in der Tschechoslowakei 46 Prozent Tschechen und Slowaken, 28 Prozent Deutsche, 13 Prozent Kroaten, 8 Prozent Ungarn, 3 Prozent Ukrainer und je 1 Prozent Polen und Juden. Ein mitunter extremer Nationalismus der staatstragenden Völker versagte den Minderheiten aber die politische und kulturelle Gleichberechtigung, sodass sich in der Folgezeit erhebliche Spannungen unter den Nationalitäten entwickeln konnten, die bis heute andauern.

1 *Vergleicht die Karten 1 und 2 und listet die nach 1918 entstandenen Staaten auf.*

2 *Sucht für jeden der Staaten das Land heraus, auf dessen Boden er gegründet worden ist.*

3 *Prüft anhand der Karten, aus welchen Gebieten sich das neue Polen zusammensetzte.*

4 *Überprüft mithilfe einer aktuellen Karte, welche territorialen und staatlichen Veränderungen seit 1919/20 insbesondere auf dem Balkan eingetreten sind. Wie sind sie zu erklären?*

Der Völkerbund

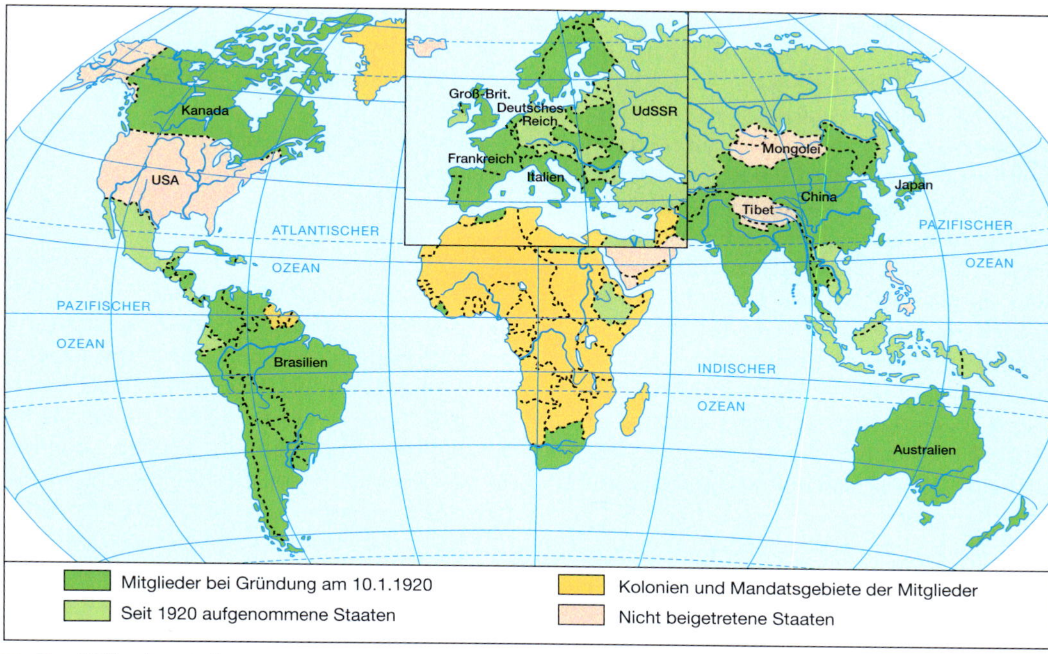

3 **Der Völkerbund ab 1920.**

Auf Drängen des US-Präsidenten Wilson arbeitete die Pariser Friedenskonferenz auch die Satzung für einen Völkerbund aus. Im Januar 1920 nahm dieser seine Arbeit in Genf auf. Die Ziele des Völkerbundes waren die Förderung der Zusammenarbeit unter den Staaten und die Gewährleistung des internationalen Friedens und der Sicherheit.
Dazu hieß es in der Satzung:

Q1 ... Art. 6: Die Bundesmitglieder bekennen sich zu dem Grundsatz, dass die Aufrechterhaltung des Friedens eine Herabsetzung der nationalen Rüstungen auf ein Mindestmaß erfordert.
Art. 10: Die Bundesmitglieder verpflichten sich, die Unversehrtheit des Gebietes und die politische Unabhängigkeit aller Mitglieder zu achten und gegen jeden äußeren Angriff ... zu schützen.
Art. 12: Alle Bundesmitglieder kommen überein, eine etwa zwischen ihnen entstehende Streitfrage ... der Schiedsgerichtsbarkeit zu unterbreiten.
Art. 16: Schreitet ein Bundesland zum Krieg ..., so ist es anzusehen, als hätte es einen Krieg gegen alle anderen Bundesländer begonnen. Diese verpflichten sich, unverzüglich alle Handels- und Finanzbeziehungen zu ihm abzubrechen ...

5 *Sucht aus Q1 die Maßnahmen heraus, die der Sicherung des Friedens dienen sollten.*

Der Völkerbund war aber zu schwach, um seine Ziele durchsetzen zu können; außer wirtschaftlichen Druckmitteln standen ihm keine wirklichen Machtmittel zur Verfügung. Als dann auch noch der amerikanische Senat beschloss, dem Völkerbund nicht beizutreten, war er zum Scheitern verurteilt. Dennoch ging vom Völkerbund eine richtungweisende Wirkung aus. Zum ersten Mal wurden gemeinsame Abrüstung und Friedenssicherung in Ansätzen verwirklicht. Deutschland blieb zunächst ausgeschlossen.

6 *Stellt mithilfe der Karte 3 eine Liste der Mitglieder des Völkerbundes bei der Gründung auf. Ergänzt sie um die nach 1920 aufgenommenen Staaten.*

7 *Stellt zusammen, was ihr über eine heutige Organisation wisst, die ähnliche Ziele verfolgt wie der Völkerbund.*

Januar 1920:
Inkrafttreten des Völkerbundes.

Krisenjahre 1920–1923

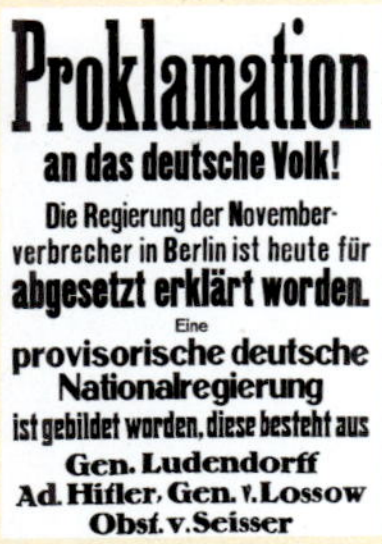

Proklamation zum Hitlerputsch. *Plakat vom 8. 11. 1923.*

Protestplakat gegen die Ruhrbesetzung 1923.

passiver Widerstand*: *Unter Verzicht auf Gewaltanwendung oder direkte Gegenmaßnahmen (aktiver Widerstand) besteht der passive Widerstand vor allem in Gehorsamsverweigerung, also der absichtlichen Nichterfüllung von Vorgaben und Anordnungen.*

Putschversuche

Von links und rechts unternahmen Gegner der Republik Putschversuche. Als im Frühjahr 1920 die Freikorps aufgelöst werden sollten, widersetzten sich einige und marschierten in Berlin ein. Sie erklärten die Regierung für abgesetzt. Der extrem nationalistische Wolfgang Kapp ernannte sich selbst zum Reichskanzler. Dagegen riefen die Gewerkschaften und die SPD zum Generalstreik auf. Als dieser im ganzen Reich befolgt wurde, brach der so genannte Kapp-Putsch zusammen.

Im Ruhrgebiet kam es zu einem von Kommunisten beeinflussten Arbeiteraufstand. Eine „Rote Ruhr-Armee" wurde gebildet. Reichswehreinheiten zerschlugen diese aber in blutigen Kämpfen.

Auch politische Morde erschütterten die Republik: 1921 ermordeten Rechtsradikale den Finanzminister Matthias Erzberger und 1922 den Außenminister Walther Rathenau.

1 *Fasst zusammen, welche Gruppen sich aktiv gegen die Weimarer Republik wendeten.*

Ruhrbesetzung

Eine sehr große Belastung für Deutschland waren die Reparationen. Die Siegermächte hatten 1921 beschlossen, dass Deutschland 132 Milliarden Goldmark bezahlen sollte. Besonders Frankreich, das selbst hohe Kriegsschulden hatte, drängte auf pünktliche Bezahlung. Die Reichsregierungen mussten die Forderungen weitgehend erfüllen. Von nationalistischen Gruppen wurden sie dafür als „Erfüllungspolitiker" beschimpft.

Als Deutschland Ende 1922 mit Holz- und Kohlelieferungen im Verzug war, ließ die französische Regierung Soldaten ins Ruhrgebiet einmarschieren, um auf diese Weise die Reparationszahlungen zu sichern und Deutschland gleichzeitig wirtschaftlich zu schwächen. Daraufhin rief die Reichsregierung die Menschen an der Ruhr zum passiven Widerstand* auf: Keinem Befehl der Besatzer sollte gehorcht werden. Es kam zu vielen Zusammenstößen. Die Franzosen reagierten hart auf jeden Widerstand. Mehr als 140 000 Beamte und Angestellte wurden mit ihren Familien aus dem Ruhrgebiet ausgewiesen. Tausende wurden zu Gefängnisstrafen verurteilt.

Aufgrund der wirtschaftlichen Not gab die Reichsregierung im September 1923 den passiven Widerstand gegen die Besetzung des Ruhrgebietes auf.

2 *Erklärt Ursache und Verlauf der Besetzung des Ruhrgebietes durch die Franzosen.*

Hitlerputsch

Als die Reichsregierung in Berlin den passiven Widerstand an der Ruhr abbrach, verkündete die bayerische rechtskonservative Landesregierung den Ausnahmezustand für Bayern. Die Führung der dort stationierten Reichswehr weigerte sich, weiterhin Befehle aus Berlin auszuführen. In dieser verworrenen Situation versuchte Adolf Hitler, der Führer der Nationalsozialistischen Deutschen Arbeiterpartei (NSDAP), die Macht an sich zu reißen. Als am Abend des 8. November 1923 führende Politiker in München im Bürgerbräukeller versammelt waren, drang Hitler mit Waffengewalt in den Saal ein. Er erklärte die Reichsregierung in Berlin und die bayerische Landesregierung in München für abgesetzt. Um die Massen für seine Pläne zu aktivieren, ließ er seine Anhänger am Morgen des 9. November zum Marsch durch die Münchener Innenstadt antreten. Viele Menschen jubelten den NS-Marschierern zu. Vor der Feldherrnhalle machte die Polizei dem Marsch ein Ende. Es gab Tote und Verwundete. Hitlers Putschversuch war zusammengebrochen.

1924 wurde Hitler zu fünf Jahren Zuchthaus verurteilt, davon musste er aber nur neun Monate wegen „guter Führung" absitzen. In der Haft schrieb er sein Buch „Mein Kampf", in dem er seinen Hass gegen die demokratische Ordnung und seinen Rassenhass darlegte.

3 *Informiert euch mithilfe eines Lexikons oder des Internets über Matthias Erzberger und Walter Rathenau.*

4 *Lest die Proklamation in der Randspalte und achtet genau auf die Wortwahl.*

5 *Vermutet, warum die Justiz Hitler so milde behandelte.*

Krisenjahre 1920–1923

Inflation*
Während des Krieges ließ die Reichsregierung viel Geld drucken, um die hohen Kriegskosten zu bezahlen. So war nach dem Krieg zu viel Geld im Umlauf, dem aber nur wenige Güter gegenüberstanden. Schon im Lauf des Krieges waren die Preise angestiegen.
Nach dem Waffenstillstand hatte Deutschland Kriegsschulden und Reparationen zu bezahlen. Die Staatseinnahmen waren geringer als die Ausgaben. Um die Bevölkerung nicht mit immer neuen und hohen Steuern belasten zu müssen, wurde wieder Geld gedruckt. Das führte aber zu weiteren Preisanstiegen. Das Geld verlor zunehmend an Wert.
Als die Regierung im Januar 1923 zum passiven Widerstand gegen die Ruhrbesetzung aufrief, musste sie notgedrungen die Wirtschaft im Ruhrgebiet unterstützen. Täglich wurden 40 Millionen Goldmark für den Ruhrkampf ausgegeben. Immer mehr Geld wurde gedruckt, die Preise stiegen und das Geld wurde immer weniger wert.

Wirtschaftliche Not
Die ersten Jahre der Weimarer Republik wurden zur wirtschaftlichen Zerreißprobe. Die großen Betriebe versuchten wieder weltmarktfähig zu werden. Vor diesem Hintergrund kam es in den Fabriken und Betrieben auch zu Massenentlassungen. Für die Arbeitslosen gab es kaum soziale Absicherungen.
Für den einfachen Bürger war die Lage unerträglich. Nach Zahlen waren sie Milliardäre.

1 Beim Lumpensammeln wurden Geldscheine, die noch vor kurzem ein Vermögen wert waren, vernichtet. Foto.

Sie schleppten ihren Lohn in Waschkörben nach Hause, konnten dafür aber kaum ein Stück Brot kaufen. So genannte „Kriegsgewinnler" in Industrie und Bankgewerbe bereicherten sich gleichzeitig im Zuge der Firmenkonkurse.
Mithilfe eines Notgesetzes wurde im November 1923 eine neue Währung, die Rentenmark, geschaffen. Jetzt gab es wieder stabile Preise, eine wichtige Voraussetzung für die Erholung der Wirtschaft.

6 *Überlegt, warum die Inflation besonders die einfachen Menschen trifft.*

7 *Fragt in euren Familien nach Inflationsgeld und Briefmarken aus den frühen 1920er-Jahren.*

Inflation*: *schrittweise Entwertung des Geldes.*

„Für den Sack müssen Sie auch 'n Fahrschein lösen!" – „Erlauben Sie mal, das is' das Fahrgeld, das ich Ihnen geben will!" *Karikatur aus „Berliner Illustrierte Zeitung", 1923.*

Datum	Preis für 1 Liter Milch	1 Pfund Butter
26. August	79000	432000
2. September	114000	622000
9. September	224000	1224300
16. September	960000	5200000
23. September	2630000	14437000
30. September	3800000	19800000
7. Oktober	4800000	24750000
13. Oktober	16900000	85200000
18. Oktober	115000000	572500000

2 Entwicklung der Höchstpreise (in Mark) zwischen August und Oktober 1923 für die Grundnahrungsmittel Milch und Butter.

Außenpolitische Entspannung

1 Plakat der DNVP zur Reichstagswahl 1928. Die Figur im Hintergrund stellt einen französischen Soldaten dar.

1. Dezember 1925: *Unterzeichnung der Locarno-Verträge.*

Aristide Briand *(1862–1932), französischer Außenminister, erhielt 1926 zusammen mit Gustav Stresemann den Friedensnobelpreis für die gemeinsame europäische Aussöhnungspolitik.*

Gustav Stresemann *(1878–1929), August bis November 1923 Reichskanzler und 1923–1929 Außenminister.*

Außenpolitische Zusammenarbeit

1 *Tragt zusammen, was ihr über das Verhältnis zwischen Frankreich und Deutschland wisst. Denkt dabei an den Krieg von 1870/71, an den Ersten Weltkrieg, an den Versailler Vertrag und an die Ruhrbesetzung.*

Die deutsche Republik hatte die Krisenjahre 1919 bis 1923 überstanden. Seit August 1923 war Gustav Stresemann Reichsaußenminister. Sein Ziel war es, Deutschland wieder zu einer respektierten Macht in Europa zu machen. Dazu mussten aber Teile des Versailler Vertrages außer Kraft gesetzt werden. Dies ging nur mit der Zustimmung Frankreichs. Deshalb galt es, die Beziehungen zu Frankreich zu verbessern.

Locarno 1925

Auch der damalige französische Außenminister Aristide Briand hatte erkannt, dass in Europa der Friede nur gesichert werden konnte, wenn Frankreich und Deutschland ihre Feindschaft überwanden. 1925 fand in Locarno (Schweiz) die erste große internationale Konferenz statt, an der Deutschland wieder als gleichberechtigter Partner teilnahm. Auf Anregung Stresemanns trafen sich hier die Außenminister Deutschlands, Frankreichs, Großbritanniens, Belgiens, Italiens, Polens und der Tschechoslowakei. Sie wollten über die Friedenssicherung in Europa verhandeln.

Im Vertragstext heißt es:

Q1 … Die hohen vertragschließenden Mächte garantieren jede für sich und insgesamt … die Aufrechterhaltung der Grenzen zwischen Deutschland und Belgien und zwischen Deutschland und Frankreich … (Die genannten Staaten) verpflichten sich gegenseitig, in keinem Fall zu einem Angriff oder zu einem Einfall oder zum Krieg zu schreiten … (Sie) verpflichten sich, auf friedlichem Weg … alle Fragen jeglicher Art zu regeln … Deutschland und Polen … bekennen den Willen, etwa entstehende Streitigkeiten ohne Anwendung von Gewalt auf friedlichem Weg zu regeln …

Bei der Unterzeichnung sagte Briand:

Q2 … Unsere Nationen haben sich oft auf den Schlachtfeldern gegenübergestanden. Der Vertrag von Locarno soll den Wert haben, dass derartige Metzeleien nicht noch einmal vorkommen sollen. Wir müssen jetzt zusammenarbeiten in der Arbeitsgemeinschaft des Friedens …

2 *Überlegt, welche Auswirkungen der Vertrag haben konnte.*

3 *Stellt zusammen, wozu sich die Mächte verpflichten.*

4 *Beschreibt das Plakat (Abbildung 1) möglichst genau. Welche politische Einstellung wird hier deutlich?*

Aufnahme in den Völkerbund

Deutschland im Völkerbund 1926
1919 hatten 32 Staaten den Völkerbund zur Sicherung des Weltfriedens gegründet (siehe S. 41). Deutschland war von dem Bund ausgeschlossen, weil es als Aggressor* galt.
Im Vertrag von Locarno hatte Deutschland sich verpflichtet, Grenzfragen nur auf friedlichem Weg zu regeln. Daraufhin beschloss die Völkerbundversammlung am 8. September 1926 einstimmig, Deutschland in den Völkerbund aufzunehmen.
Der Dolmetscher Paul Schmidt berichtete darüber später in seinen Erinnerungen:

Q3 … Bei Stresemanns Eintritt setzte im ganzen Saal ein wahrer Beifallssturm ein. Nur mit Mühe konnten sich die deutschen Delegierten durch die herandrängende Masse der ausländischen Völkerbundsvertreter den Weg zu ihren Plätzen bahnen …

Dieser überwältigende Empfang Deutschlands durch die Völker der Welt hatte große politische Bedeutung.
In seiner Antrittsrede sagte Gustav Stresemann:

Q4 … Nur auf der Grundlage einer Gemeinschaft, die alle Staaten ohne Unterschied in voller Gleichberechtigung umspannt, können Hilfsbereitschaft und Gerechtigkeit die Leitsterne der Menschenschicksale werden. Nur auf dieser Grundlage lässt sich der Grundsatz der Freiheit aufbauen …

Der französische Außenminister Aristide Briand antwortete auf Stresemanns Rede:

Q5 … Was bedeutet dieser Tag für Deutschland und für Frankreich? Das will ich Ihnen sagen: Es ist jetzt Schluss mit jener langen Reihe schmerzlicher und blutiger Auseinandersetzungen … In Zukunft werden wir (unsere Meinungsverschiedenheiten) vor dem Richterstuhl in Ordnung bringen. Deshalb sage ich: Fort mit den Waffen! Freie Bahn für die Versöhnung, die Schiedsgerichtsbarkeit und … den Frieden …

5 *Gebt mit eigenen Worten die Inhalte der kurzen Redeausschnitte (Q4 und Q5) wieder.*

2 **Briand und Stresemann, 1926.** Foto.

6 *Diskutiert, welche Vorteile sich aus dem Beitritt zum Völkerbund für Deutschland ergaben.*

Ein Vertrag mit der Sowjetunion
Die deutsche Souveränität war aber immer noch eingeschränkt. Die deutsche Politik wurde 1926 weiterhin belastet durch die Reparationszahlungen, die Besetzung von Teilen des Rheinlandes und das militärische Ungleichgewicht, da die anderen Staaten nicht abgerüstet hatten, wie Deutschland es hatte tun müssen.
Nach dem Abschluss des Locarno-Paktes zwischen Deutschland und Frankreich nahm Stresemann auch Verhandlungen mit der Sowjetunion auf. Im April 1926 wurde der Berliner Vertrag geschlossen, ein Freundschafts- und Neutralitätspakt*. Darin sicherten sich beide Staaten friedliches Verhalten zu. Außerdem sollte sich keine der beiden Seiten einem wirtschaftlichen oder finanziellen Boykott* gegen den anderen anschließen.
Acht Jahre nach dem verlorenen Krieg hatte Deutschland damit seine außenpolitischen Positionen in West und Ost wieder verbessert und gefestigt. Erst der Young-Plan* von 1929 erreichte eine deutliche Verbesserung der Reparationsbedingungen, dennoch: Die Reparationszahlungen blieben für Deutschland eine große Belastung.

7 *Fasst die Außenpolitik Stresemanns zusammen und versucht sie zu beurteilen.*

Aggressor*:
Angreifer; in diesem Fall der schuldige Verursacher des Ersten Weltkriegs.

8. September 1926:
Aufnahme Deutschlands in den Völkerbund.

Neutralität*:
Unparteilichkeit

Boykott*:
Maßnahmen zur Isolation von Personen und Institutionen; z. B. Warenboykott: die Nichteinfuhr oder der Nichtkauf bestimmter Waren aus bestimmten Ländern.

Young-Plan*:
1929 konnte Deutschland die festgelegte Reparationssumme nicht mehr bezahlen; es folgten Verhandlungen. Ein Vertrag, benannt nach dem amerikanischen Finanzexperten Owen D. Young (1874–1962), legte schließlich neue Regelungen fest, die für Deutschland insgesamt positiv waren: Die Reparationen wurden zeitlich begrenzt und reduziert; die ausländische Kontrolle über die Reichsbank entfiel; das Rheinland sollte 1930 geräumt werden (statt erst 1935).

Von der Republik zur Diktatur

1 Plakat, 1919.

2 **Bubikopf und Charleston – Modefrisur und Modetanz der „Goldenen Zwanziger"*.** Fotomontage aus „Das Magazin", Juli 1927.

Goldene Zwanziger*: *Bezeichnet in Deutschland den Zeitabschnitt von 1924 bis 1929. Vor dem Hintergrund eines wirtschaftlichen Aufschwungs kam es zu zahlreichen Veränderungen in Gesellschaft und Kultur.*

Frauen erreichen Gleichberechtigung

Nach dem Ersten Weltkrieg und den damit verbundenen gesellschaftlichen und wirtschaftlichen Umwälzungen konnte die Männerwelt in den Industrienationen den Frauen ihre demokratischen Rechte nicht länger vorenthalten. In England, Deutschland und Österreich wurde das Frauenwahlrecht 1918, in den USA 1920 eingeführt.
So hieß es im Reichswahlgesetz vom 30. November 1918:

Q1 … Für die Wahlen zur verfassunggebenden deutschen Nationalversammlung wird Folgendes angeordnet:
§ 2 Wahlberechtigt sind alle deutschen Männer und Frauen, die am Wahltag das 20. Lebensjahr vollendet haben.
… § 5 Wählbar sind alle Wahlberechtigten …

In der Nationalversammlung, die 1919 zusammentrat, waren erstmals Frauen als Abgeordnete vertreten. Es waren 37 von 421 Abgeordneten. Sie sorgten mit dafür, dass es dann in der Weimarer Verfassung hieß:

Q2 … Art. 109: Alle Deutschen sind vor dem Gesetz gleich. Männer und Frauen haben grundsätzlich dieselben staatsbürgerlichen Rechte und Pflichten. …

1 *Stellt zusammen, welche Rechte den Frauen zuerkannt wurden.*

Junge Frauen gewinnen Lebensqualität

Die Historikerin Ute Frevert schrieb über das Leben der Frauen in der Weimarer Republik:

M1 … Zwischen Schulzeit und Ehe – Frauen heirateten 1920/24 durchschnittlich mit 25,4 Jahren, Männer mit 28 Jahren – erlebten junge Mädchen individuelle Freiheit, sie waren in der Regel erwerbstätig, verdienten ihr eigenes Geld, organisierten sich in Berufsverbänden, Sport- und Jugendvereinen, nahmen

Frauen in der Weimarer Republik

an der expandierenden* und zunehmend geschlechtsneutralen Freizeitkultur teil. Junge Frauen hatten von den „modernisierenden" Veränderungen der Weimarer Gesellschaft am meisten profitiert. … Junge Frauen spielten Tennis, fuhren Rad, lernten schwimmen und turnten in Sportvereinen. Fast 400 000 Frauen gehörten 1929 der „Deutschen Turnerschaft" an, weitere 240 000 dem „Reichsverband für Frauenturnen", und die verschiedenen Leibesübungsvereine zählten weit über zwei Millionen weibliche Mitglieder. Untersuchungen der Sportverbände wiesen darauf hin, dass gerade jüngere Frauen den „sachlichen rationellen Sportbetrieb", d.h. Leichtathletik, Schwimmen oder Wettspiele, vorzogen und die fraulich-anmutige Gymnastik langweilig fanden. …

Neues Frauenbild

Im Zuge des Wirtschaftsbooms der Goldenen Zwanziger hielten Frauen auch millionenfach in das Erwerbsleben Einzug. Ob als „Fräulein vom Amt", Stenotypistin oder Buchhalterin – Mädchen aus dem Mittelstand waren nun nicht mehr wie ihre Mütter und Großmütter darauf angewiesen, um jeden Preis einen Mann zu bekommen. Der bescheidene Lohn reichte zu einem eigenständigen Leben. Aus scheuen Mädchen wurden selbstbewusste Frauen, die durch ihren Beruf aus dem Familienkreis in die moderne Welt traten.

Auch die Technik hatte ihren Anteil an dieser Phase der „Befreiung der Frau". Der Staubsauger, der Kühlschrank und vor allem die Waschmaschine ersparten einer wachsenden Zahl von Frauen die Arbeitsbelastungen ihrer Vorfahrinnen. Frauen der Unterschicht blieben von diesen Entwicklungen zwar aus finanziellen und sozialen Gründen noch weitgehend ausgeschlossen, aber wenigstens ihr Selbstbild veränderte sich angesichts der vielen Geschlechtsgenossinnen, die zunehmend selbstverständlicher „ihre Frau" standen.

Mode, Frisuren, Kosmetika, Tanz, Film und Heldinnen wie Amelia Earhart trugen das Ihre zum neuen Frauenbild bei.

2 *Beschreibt, wie sich das Leben der Frauen in der Weimarer Republik veränderte, achtet dabei auch auf die sozialen Unterschiede.*

3 **Die moderne – und wohlhabende – junge Frau der Zwanzigerjahre raucht und ist motorisiert.** Foto, um 1924.

3 *Sucht in Bildbänden und Büchern Beispiele für das veränderte Leben junger Frauen.*

Ute Frevert urteilte zusammenfassend:

M2 … Auch wenn sich die Berufsmöglichkeiten von Frauen erweiterten und Frauen Richter, Rechtsanwälte, Ärzte und Hochschullehrer wurden, wenn Frauen wählen konnten und gewählt werden durften, wenn sich Moralvorstellungen und Geschlechterschranken besonders bei Jugendlichen lockerten, war die Republik weit davon entfernt, Frauen gleiche Rechte, gleiche Macht- und Einflusschancen und gleiche Belohnungen zu gewähren wie Männern. …

In jeder wirtschaftlichen Krise, von denen es viele gab, war die berufliche Stellung der verheirateten Frauen bedroht, sie wurden als „Doppelverdiener" beschimpft und aufgefordert, zugunsten eines Mannes auf ihren Beruf zu verzichten.

4 *Diskutiert über das Urteil der Historikerin über die eingeschränkten Macht- und Einflusschancen von Frauen (M2) und überlegt euch, welche Gründe es dafür geben könnte. Vergleicht mit der Situation heute.*

Junge Dame im „Romanischen Café" in Berlin. *Foto, um 1924.*

expandieren*: *sich ausdehnen*

Amelia Earhart *(1897, verschollen 1937), amerikanische Pilotin. Nur ein Jahr nach dem ersten Nonstop-Atlantikflug 1927 durch Charles Lindbergh überflog sie am 18. Juni 1928 als erste Frau ebenfalls den Atlantik. Sie stellte später noch weitere Flugrekorde auf, bevor sie 1937 bei Lae (Neuguinea) verscholl.*

Die Weltwirtschaftskrise und ihre Folgen

1 **Aufgeregte Anleger vor der Börse an der Wall Street am „Schwarzen Donnerstag", 1929.** Foto.

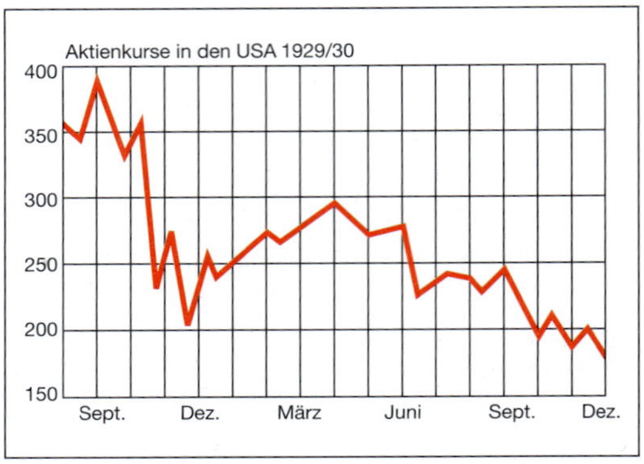

2 **Aktienkurse in den USA 1929/30.**

24. Oktober 1929: *„Schwarzer Donnerstag" an der New Yorker Wall Street.*

Henry Ford *(1863–1947).*

Wall Street*: *Straße im New Yorker Stadtteil Manhattan, mit Banken und Börsen; übertragen auch verwendet als Bezeichnung für das Finanzzentrum der USA.*

Der Weg in die Krise

Mit der Umstellung der Wirtschaft auf Friedensproduktion nach dem Ersten Weltkrieg und dem raschen Wirtschaftsaufschwung in den 1920er-Jahren ging in den USA die Entwicklung eines neuen Lebensgefühls einher: Wohlstand, Konsum und Vergnügen galten nun als neue Werte. Technische Neuerungen, z.B. die Einführung der Fließbandproduktion durch Henry Ford, ermöglichten die Massenproduktion von so genannten „Luxusgütern", sodass Automobile und Elektrogeräte (Kühlschrank, Radio) für einen Großteil der Bevölkerung erschwinglich wurden. Die neue Möglichkeit der Ratenzahlung beeinflusste das Konsumverhalten der Menschen zusätzlich.
Viele Amerikaner erhofften sich durch Aktiengeschäfte große Gewinne; das Vertrauen in die Wirtschaft war sogar so groß, dass Aktien auch auf Kredit gekauft wurden.

Der Börsenkrach in New York

Bereits im Jahr 1928 war der Markt so weit gesättigt, dass viele Produkte keine Abnehmer mehr fanden. Als Folge davon verloren zahlreiche Arbeiter ihren Arbeitsplatz und der Glaube an das Wirtschaftswachstum war erschüttert. Die Aktienkurse sanken und viele wollten durch den Verkauf ihrer Aktien ihr Vermögen noch retten. Durch diese Massenverkäufe rutschten die Kurse jedoch noch weiter nach unten, bis am Donnerstag, dem 24. Oktober 1929, die Börse in New York völlig zusammenbrach. Der Tag ging als „Schwarzer Donnerstag" in die Geschichte ein. Ca. 10 000 Banken wurden zahlungsunfähig, sodass nun auch die Sparer ihr Geld verloren.
Da es in den USA noch keine Arbeitslosenversicherung gab, traf die Wirtschaftskrise viele Menschen sehr hart, denn sie hatte in zahlreichen Industriezweigen zu Massenentlassungen geführt.

1 *Stellt die Entwicklung der Wirtschaftskrise als Kreislauf von Ursachen und Folgen dar.*

2 *Sucht Erklärungen für die weitere Entwicklung der Aktienkurse nach dem „Schwarzen Donnerstag".*

Die Krise greift auf Europa über

Eine Schweizer Zeitung berichtete einen Monat nach dem Zusammenbruch an der Börse in der Wall Street*:

Q1 … Amerikanische Banken ziehen Kredite aus Europa ab. Bestellungen von Schweizer Uhren, von Diamanten aus Amsterdam, von Wein aus Frankreich und Fabrikausrüstungen aus Deutschland werden zurückgezogen. In den Häfen der amerikanischen Ostküste lagern Waren, die aus Europa kommen und von den Empfängern nicht bezahlt werden können …

3 *Erklärt, wie der Bericht mit dem Börsenkrach zusammenhängt.*

Die Weltwirtschaftskrise und ihre Folgen

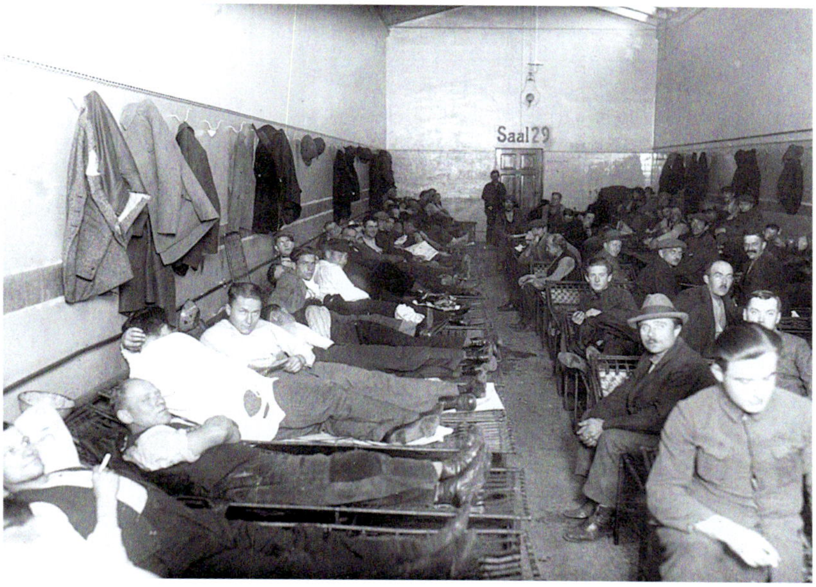

3 Der mit 100 Personen belegte Schlafsaal des Berliner Obdachlosen-Asyls. Foto, 1929.

Zahl der Arbeitslosen in Deutschland *(jeweils im Januar):*

1929	*2,850 Mio.*
1930	*3,218 Mio.*
1931	*4,887 Mio.*
1932	*6,024 Mio.*
1933	*6,014 Mio.*

Arbeitslosigkeit

Die Wirtschaftskrise in den USA traf ganz Europa, da die amerikanischen Kredite nun zurückgefordert wurden. Der kurze Aufschwung der deutschen Wirtschaft war hauptsächlich auf die Gelder aus den USA zurückzuführen, welche langfristig investiert worden waren. Da die USA nun als Abnehmer der Exporte ausfielen und gleichzeitig die Kredite an sie zurückgezahlt werden mussten, schränkten zahlreiche Unternehmen die Produktion ein und entließen viele Arbeiter.

Der amerikanische Publizist Hubert Renfro Knickerbocker schilderte die Not der Arbeiter in Berlin 1931:

Q2 ... Nach den Angaben des Arbeitsamtes in Neukölln beträgt der Reichsdurchschnitt der Unterstützung, die ein beschäftigungsloser Arbeiter mit Frau und Kind bezieht, 51 Mark im Monat. Gemäß den Berechnungen ... kommen Miete, Beleuchtung, Beheizung und unvermeidliche Nebenausgaben auf ein unerbittliches Minimum von 32 Mark und 50 im Monat.

Für die Ernährung dreier Menschen bleiben also 18 Mark 50 im Monat übrig ... Das bedeutet täglich ein halbes Brot, ein Pfund Kartoffeln, hundert Gramm Kohl, fünfzig Gramm Margarine und dreimal im Monat einen Hering pro Kopf ...

4 *Prüft anhand von Q2 nach, wofür kein Geld vorhanden war.*

5 *Überlegt, welche Folgen die angegebene Ernährungsweise für die Menschen hatte.*

6 *Vergleicht eure eigenen Ess- und Lebensgewohnheiten mit den Angaben.*

In der Zeitung „Der Tag" vom 22. September 1932 äußerte sich ein junger Arbeitsloser:

Q3 ... Der Hunger ist noch lange nicht das Schlimmste. Aber seine Arbeit verlernen, bummeln müssen und nicht wissen, ob man jemals wieder in seine Arbeit kommt, das macht kaputt.

Man ist rumgelaufen nach Arbeit, Tag für Tag. Man ist schon bekannt bei den einzelnen Fabriken, und wenn man dann immer das eine hört: Nichts zu machen – da wird man abgestumpft.

Ich hasse diesen Staat, und ich habe als Arbeitsloser das Recht und die Pflicht, den deutschen Besitzenden zu hassen ...

7 *Erläutert die Gedanken und Gefühle des jungen Mannes.*

8 *Diskutiert den letzten Satz in Q3.*

9 *Sammelt Zahlen und Informationen über die Arbeitslosigkeit in der heutigen Zeit. Schreibt einen Zeitungsartikel, in dem sich ein junger Arbeitsloser äußert.*

„Ich suche Arbeit jeder Art!". *Foto, um 1930.*

„Erst Essen – dann Miete." *Aufschrift in einem Hinterhof in Berlin 1932. Foto.*

Die Schwäche der Parteien

Ergänzung zum nebenstehenden Diagramm:

1) DStP (1 %, 4 Abgeordnete), DVP (1 %, 7 Abg.), Sonst. (3 %, 11 Abg.)

2) DStP (1 %, 2 Abgeordnete), DVP (2 %, 11 Abg.), Sonst. (3 %, 12 Abg.)

3) DStP (1 %, 5 Abgeordnete), DVP (1 %, 2 Abg.), Sonst. (2 %, 7 Abg.)

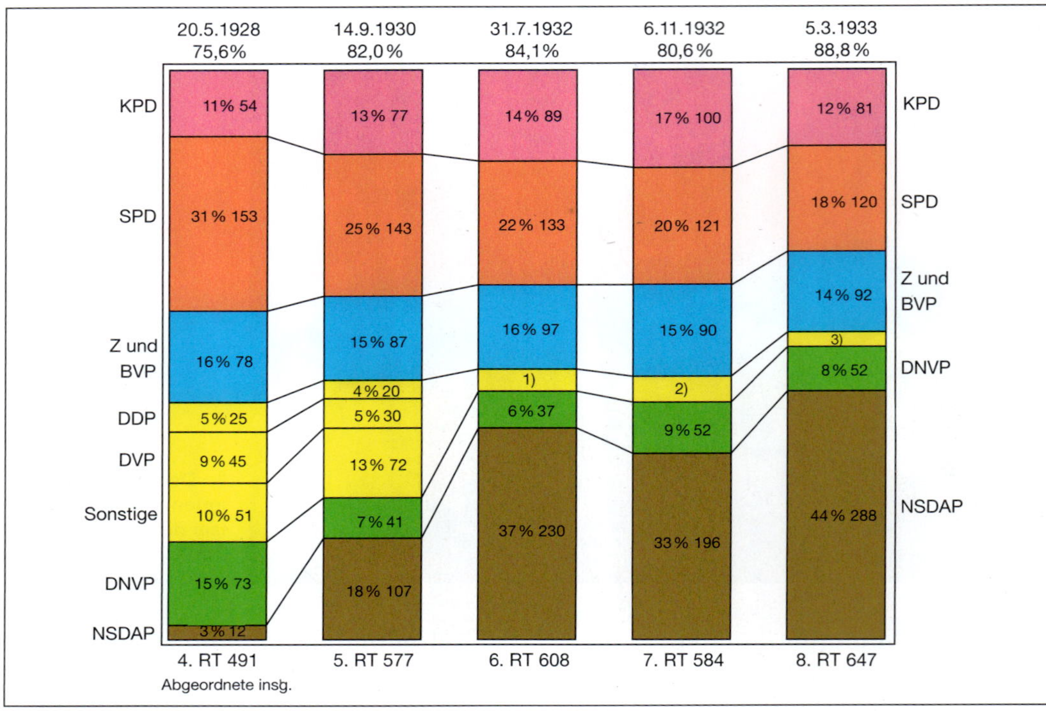

1 Die wechselnde Stärke der Parteien in den Reichstagen 1928–1933. Auf 60000 Wähler kam ein Abgeordneter. Über den Säulen ist die Höhe der Wahlbeteiligung angegeben.

Große Koalition*: *Regierungsbündnis von zwei oder mehr Parteien aus verschiedenen Lagern des politischen Spektrums.*

Parteien im Reichstag

1 *Beschreibt anhand der grafischen Übersicht die Entwicklung der einzelnen Parteien.*

2 *Vergleicht die Prozentzahlen der KPD und der NSDAP in den Reichstagen seit 1930. In welchen Reichstagen konnten diese beiden Parteien eine parlamentarische Regierung verhindern?*

Die Wirtschaftskrise traf fast alle Menschen in Deutschland, nicht nur die Arbeitslosen. Die, die noch Arbeit hatten, mussten um ihren Arbeitsplatz fürchten. Die Selbstständigen verdienten immer weniger und fürchteten, zahlungsunfähig zu werden. Den Beamten wurden die Gehälter gekürzt.

Wer jetzt erklärte, die Demokratie sei schuld an dem Elend, fand offene Ohren. In ihrer Not hofften viele auf Rettung durch solche Parteien, die „Arbeit und Brot" für alle und einfache „Lösungen" versprachen, auch wenn diese Parteien wie die NSDAP und die KPD Feinde der Republik waren. Nach der Reichstagswahl vom 20. Mai 1928 bildeten die SPD, das Zentrum, die Bayerische Volkspartei, die DDP und die DVP eine Große Koalition* unter dem Reichskanzler Hermann Müller (SPD). Als in der Wirtschaftskrise im Winter 1929/30 die Arbeitslosenzahlen immer höher stiegen, zeichnete sich ab, dass die Arbeitslosen-Versicherung das Arbeitslosengeld nicht mehr zahlen konnte. Arbeitnehmer und Arbeitgeber sollten deswegen auf Vorschlag der SPD 0,5 Prozent höhere Beiträge zahlen. Die DVP war dagegen, sie wollte, dass die Leistungen der Versicherung gesenkt würden. Beide Seiten vertraten die Interessen der hinter ihnen stehenden gesellschaftlichen Gruppen.

Als kein Kompromiss zwischen beiden Vorschlägen zustande kam, zerbrach die Koalition, und Reichskanzler Müller trat am 27. März 1930 zurück. Nur drei Tage später wurde der Zentrumspolitiker Heinrich Brüning vom Reichspräsidenten Hindenburg zum Reichskanzler ernannt.

3 *Überlegt, warum es wichtig war, die Arbeitslosenversicherung zahlungsfähig zu erhalten.*

Wahlplakat der KPD, 1932.

Das Scheitern der Republik

2 Der deutsche Staatsbaum. Nachzeichnung einer Karikatur aus dem „Simplicissimus", 30. Oktober 1932.

4 *Prüft, welche anderen Koalitionsmöglichkeiten bestanden, wenn SPD und DVP nicht zusammengehen wollten.*

Die Regierung Brüning

Brüning gelang es, aus Zentrum, BVP, DDP und DVP eine Koalition zu bilden, konnte sich aber damit nur auf 30 Prozent der Abgeordneten stützen. Regieren konnte er daher nur mit Notverordnungen*.

Brünings wichtigstes Ziel war es, die Wirtschaftskrise zu beenden. Damit es nicht nochmals wie 1923 zu einer Inflation käme, schlug er einen strengen Sparkurs ein: Die Steuern wurden heraufgesetzt, die Arbeitslosenunterstützung eingeschränkt, Löhne und Gehälter im öffentlichen Dienst gekürzt.

Die Politik von Brüning fand im Parlament keine Mehrheiten und bei der Bevölkerung stieß sie weitgehend auf Unverständnis. Schließlich entzog Hindenburg der Regierung Brüning im Mai 1932 das Vertrauen mit den Worten: „Diese Regierung muss weg, weil sie unpopulär ist."

Das Ende der Weimarer Republik

Zu Brünings Nachfolger wurde Franz von Papen ernannt, dessen Regierung als „Kabinett der Barone" bezeichnet wurde, da es zum Großteil aus Adligen bestand. Auch der neue Reichskanzler konnte auf keine Mehrheit im Reichstag zurückgreifen und wurde bereits im Dezember 1932 durch General Kurt von Schleicher abgelöst. Auch dieser scheiterte und trat nach nur 57 Tagen Amtszeit zurück. Am 30. Januar 1933 ernannte Hindenburg Hitler zum Reichskanzler. Dieser Tag wurde von den Nationalsozialisten als „Tag der Machtergreifung" gefeiert.

Goebbels, Hitlers späterer Propagandaminister, meinte dazu:

Q1 … Haben wir die Macht, dann werden wir sie nie wieder aufgeben. Es sei denn, man trägt uns als Leichen aus unseren Ämtern hinaus. …

5 *Erklärt die Aussage von Abbildung 2.*

6 *Überlegt, welche weiteren Ursachen man für den gefällten Staatsbaum einzeichnen müsste.*

Notverordnung*: *Art. 48 der Reichsverfassung erlaubte es, in Notsituationen Gesetze auch ohne Zustimmung des Reichstages in Kraft zu setzen, wenn der Reichspräsident die Notverordnungen unterschrieb.*

Präsidialregierungen: *Bezeichnung für die direkt vom Reichspräsidenten Hindenburg abhängigen und mithilfe von Notverordnungen gestützten Regierungen in der Endphase der Weimarer Republik.*

Methode: Wahlplakate untersuchen

Wahlplakate als Mittel der Werbung

Erstmals wurden in der Weimarer Demokratie in größerem Umfang Plakate verwendet, um Wählerinnen und Wähler zu gewinnen. Plakate enthalten meistens Bilder und kurze, einprägsame Texte (Slogans). Die Wirkung auf das Wahlverhalten ist nicht genau einzuschätzen. Unentschlossene dürften aber durch eine geschickte Plakatwerbung zu beeinflussen sein. Sollen die Ziele von Wahlplakaten durchschaut werden, müssen sie genauer untersucht werden.

Fragen zur Analyse von Wahlplakaten:

Wer ist der „Urheber" des Plakats?
An wen richtet sich die Werbung?
Werden bestimmte Gruppen angesprochen?
Welche Ziele sind zu erkennen?
Wie ist das Plakat gestaltet? Welche darstellerischen Mittel werden eingesetzt?
Welche Wirkung soll erzielt werden?
Lässt sich eine Gesamtaussage des Plakats formulieren?

1 *Vergleicht die Plakate.*

2 *Stellt fest, welche unterschiedlichen Standpunkte die Parteien in Bezug auf die Demokratie vertreten.*

3 *Beschreibt anhand der Plakate die politische Situation Anfang der 1930er-Jahre.*

Zusammenfassung

Vom Kaiserreich zur Weimarer Republik

Nach der Revolution vom November 1918 begann zunächst die Auseinandersetzung um die zukünftige Staatsform. Die beiden Hauptmodelle waren das kommunistisch geprägte Rätesystem und die demokratische Republik. Das Eintreten der SPD als stärkste politische Kraft für eine demokratische Verfassung gab den Ausschlag. Doch blieben die Konflikte nicht friedlich. Bürgerkriegsartige Zustände auch in der Hauptstadt Berlin führten dazu, dass die verfassunggebende Versammlung nach Weimar verlegt wurde.

Nachkriegszeit und innenpolitische Krisen

Auch nach Errichtung der Weimarer Republik blieben die politischen Lager unversöhnlich. Besonders auch an dem als Demütigung empfundenen „Diktatfrieden" von Versailles und den daraus entstehenden wirtschaftlichen Belastungen entzündete sich immer wieder Streit. Die französische Ruhrbesetzung, die Inflation und die soziale Entwurzelung weiter Bevölkerungskreise heizten die Situation in Deutschland zusätzlich an. 1923 gipfelten die Spannungen in mehreren Putschversuchen von links und rechts.

Aufnahme in den Völkerbund

In der Außenpolitik gewann Deutschland durch den Vertrag von Locarno wieder Ansehen. Mit dem Vertrag verpflichtete sich Deutschland, Grenzfragen nur auf friedlichem Wege zu regeln. Daraufhin wurde Deutschland am 8. September 1926 in den Völkerbund, der aus 32 Staaten bestand, aufgenommen. Der Völkerbund diente der Friedenssicherung.

Die Schwäche der Demokratie

Die Weltwirtschaftskrise zerstörte die wirtschaftliche Grundlage des mühsam errungenen politischen und sozialen Friedens der Weimarer Republik. Die Republik mit ihrer demokratischen Verfassung schien vielen Menschen für ihre persönliche Not verantwortlich zu sein. Besonders die rechtskonservativen Parteien, am erfolgreichsten die NSDAP, nutzten diese Stimmung. Die Demokratie fand immer weniger Verteidiger.

1918/19

Von der Novemberrevolution zur Weimarer Verfassung.

1923

Das Krisenjahr: Ruhrkampf und Putschversuche.

1926

Trotz des Misstrauens erscheint 1926 auch eine Entspannung in Europa möglich.

1928/1933

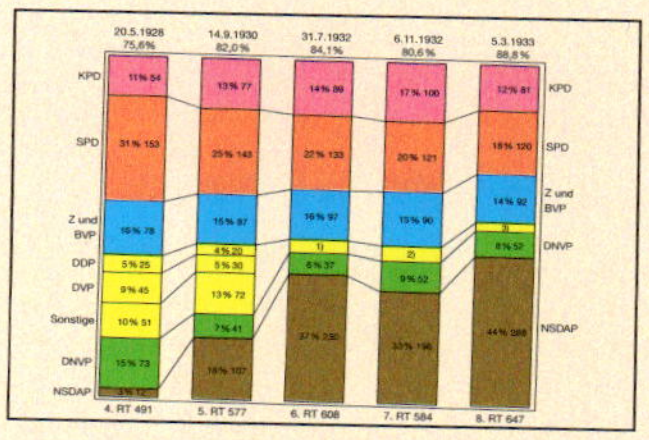

Die erste deutsche Demokratie scheitert am mangelnden politischen Rückhalt im Volk.

Standard-Check: Das solltet ihr wissen

Arbeitsbegriffe

- ✓ Versailler Vertrag
- ✓ Weimarer Verfassung
- ✓ politischer Radikalismus
- ✓ Krisenjahr 1923
- ✓ Stresemann
- ✓ Briand
- ✓ Völkerbund
- ✓ Goldene Zwanzigerjahre
- ✓ Weltwirtschaftskrise
- ✓ 9.11.1918
- ✓ Novemberrevolution 1918
- ✓ Meuterei der Matrosen
- ✓ Zusammenbruch
- ✓ Kapitulation
- ✓ militärische und zivile Opfer
- ✓ Ausrufung der Republik
- ✓ 1923
- ✓ 1929

Was wisst ihr noch?

1 Warum spricht man von der „Weimarer Republik“?

2 Welche beiden Republikmodelle „standen zur Auswahl“?

3 Nennt die Hauptbedingungen des Versailler Vertrags.

4 Zählt drei wesentliche Elemente der Weimarer Verfassung auf.

5 Warum wird das Jahr 1923 als Krisenjahr bezeichnet?

6 Nennt zwei außenpolitische Ereignisse, die zur Stärkung der Weimarer Republik führten.

7 Warum kann man die Weltwirtschaftskrise 1929 als „Beginn vom Ende der Weimarer Republik“ bezeichnen?

Wiederholen, nachdenken, diskutieren:

- Weimar – eine Demokratie ohne Demokraten?
- Welche politischen Gruppen haben die Weimarer Republik aufgebaut, welche haben sie zerstört?

Tipps zum Weiterlesen

Klaus Kordon, Mit dem Rücken zur Wand. Beltz & Gelberg, Weinheim 2006

Klaus Kordon, Die Zeit ist kaputt. Die Lebensgeschichte des Erich Kästner. Beltz & Gelberg, Weinheim 2005

Peter Berger, Im roten Hinterhaus. Arena Taschenbuch, Würzburg 2002

Standard-Check: Das solltet ihr wissen

1 *Ordnet die Begriffe und Namen der jeweils richtigen Revolution zu.*

Menschen- und Bürgerrechte

Französische Revolution

Robespierre

Berlin

Spartakusbund

Ludwig XVI.

Novemberrevolution

Arbeiter- und Soldatenräte

Paris

Rosa Luxemburg

2 *Erstellt ein Cluster zu den Krisen und Erfolgen der Weimarer Republik.*

Aufnahme in den Völkerbund

Kapp-Putsch

3 *Formuliert einen Zeitungsartikel über die deutsch-französische Verständigung 1925/26.*

4 *Schreibt den folgenden Lückentext in euer Heft ab und ergänzt dabei die fehlenden Begriffe.*

In ✎ versammelten sich 1919 die Abgeordneten der ✎ und schufen die ✎ der (bereits am 9. November 1918 ausgerufenen) ersten deutschen ✎.

Die Staatsorgane waren der ✎ sowie der Reichsrat, durch den die ✎ an der Gesetzgebung mitwirkten, die vom Reichskanzler geführte ✎ sowie der ✎, der vom Volk unmittelbar gewählt wurde. Er besaß das Recht, im Ausnahmefall ✎ mit Gesetzeskraft zu erlassen – eine unglaublich große ✎. Die Verfassung legte den Grundstein zu einer demokratischen Entwicklung in Deutschland. Doch noch immer gab es genügend Anhänger radikaler ✎, die die junge Republik erbittert bekämpften. Attentate auf Regierungsmitglieder, ✎ politischer Gegner und bewaffnete ✎ waren fast alltäglich.

Lösung: Weimar, Nationalversammlung, Verfassung, Republik, Reichstag, Länderregierungen, Reichsregierung, Reichspräsident, Notverordnungen, Macht, Gruppen, Ermordungen, Straßenkämpfe

5 *Bildet sinnvolle Wortpaare:*

	Walter Rathenau	
Heinrich Brüning		Aristide Briand
	Ruhrbesetzung	
passiver Widerstand		erster Reichspräsident
	Friedrich Ebert	
politische Morde		Präsidialregierung
	Gustav Stresemann	

3. Faschismus – Nationalsozialismus – Rassismus

1929–1933 – AUFSTIEG DER NSDAP

1933–1945 – NATIONALSOZIALISTISCHE DIKTATUR IN DEUTSCHLAND

9. 11. 1938 – NOVEMBERPOGROM

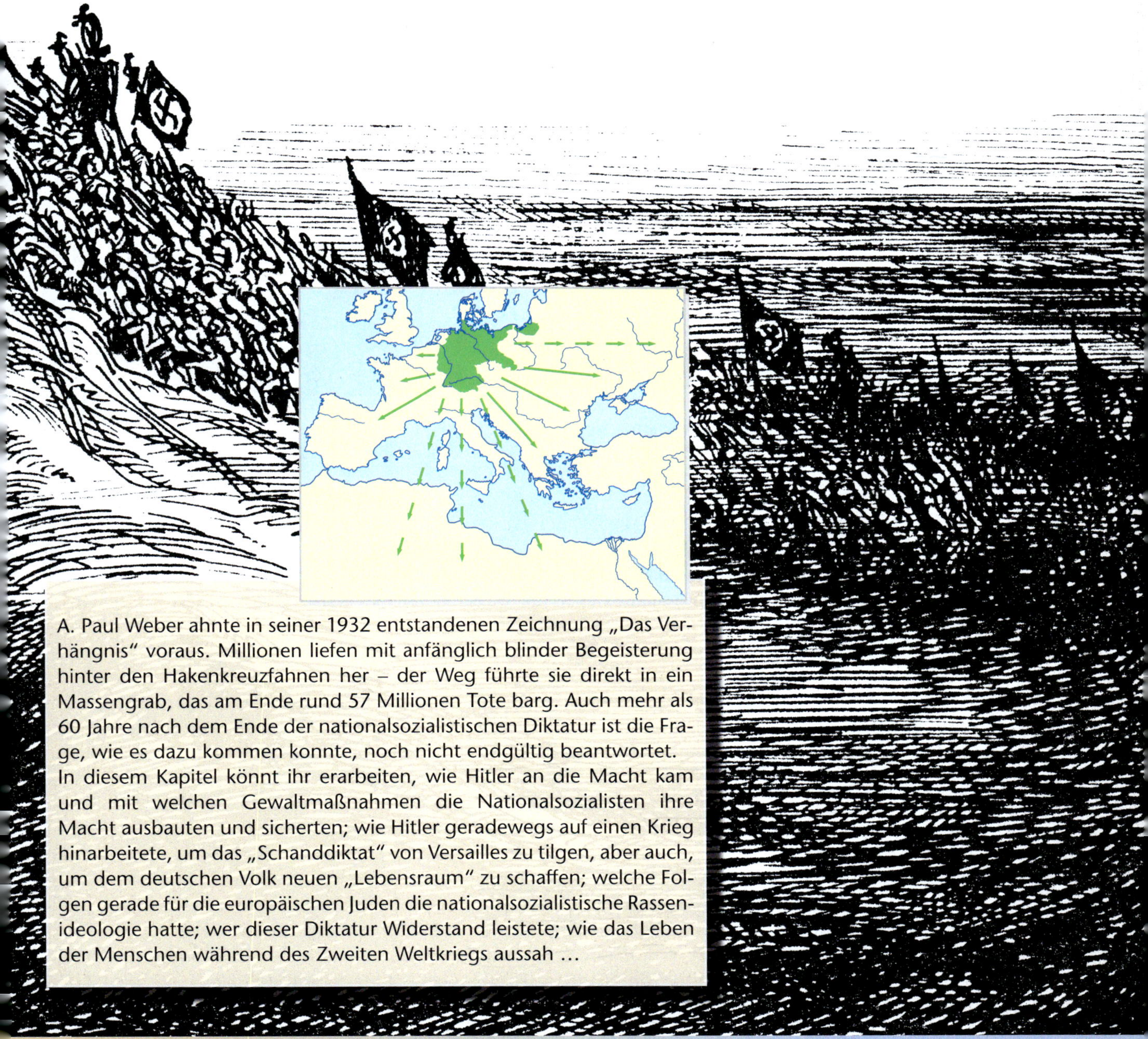

A. Paul Weber ahnte in seiner 1932 entstandenen Zeichnung „Das Verhängnis“ voraus. Millionen liefen mit anfänglich blinder Begeisterung hinter den Hakenkreuzfahnen her – der Weg führte sie direkt in ein Massengrab, das am Ende rund 57 Millionen Tote barg. Auch mehr als 60 Jahre nach dem Ende der nationalsozialistischen Diktatur ist die Frage, wie es dazu kommen konnte, noch nicht endgültig beantwortet.
In diesem Kapitel könnt ihr erarbeiten, wie Hitler an die Macht kam und mit welchen Gewaltmaßnahmen die Nationalsozialisten ihre Macht ausbauten und sicherten; wie Hitler geradewegs auf einen Krieg hinarbeitete, um das „Schanddiktat“ von Versailles zu tilgen, aber auch, um dem deutschen Volk neuen „Lebensraum“ zu schaffen; welche Folgen gerade für die europäischen Juden die nationalsozialistische Rassenideologie hatte; wer dieser Diktatur Widerstand leistete; wie das Leben der Menschen während des Zweiten Weltkriegs aussah …

1.9.1939	1942	1945
BEGINN DES ZWEITEN WELTKRIEGS	WANNSEE-KONFERENZ	ENDE DES ZWEITEN WELTKRIEGS

Rechtsextremismus heute

1 **29. Januar 2000: Erstmals in der Geschichte der Bundesrepublik marschieren Rechtsextreme durch das Brandenburger Tor in Berlin.** Mit ihrer genehmigten Demonstration wandten sie sich gegen die Errichtung eines Mahnmals zum Gedenken an die Opfer des Holocaust. Foto.

Aktionen der Rechtsextremisten

Nach zehnjähriger Diskussion wurde am 27. Januar 2000 in Berlin der Bau eines zentralen Mahnmals zur Erinnerung an die Opfer des Holocaust begonnen. Zahlreiche prominente Politiker hatten sich zu diesem Anlass am Platz des geplanten Denkmals zu einer kleinen Feierstunde versammelt. Zwei Tage später demonstrierten Rechtsextremisten gegen den Bau des Denkmals und zogen mit ihren an die NSDAP erinnernden Fahnen durch das Brandenburger Tor.

Die „Neue Zürcher Zeitung" berichtete am 31. 1. 2000:

Q1 Marsch der NPD durch das Brandenburger Tor, Kundgebung gegen das Berliner Mahnmal Berlin, 30. Jan. (ap) Erstmals seit Kriegsende sind deutsche Rechtsextremisten wieder legal und mit wehenden Fahnen durch das Brandenburger Tor marschiert. Mehrere Hundert Anhänger der NPD protestierten am Samstag mit ihrem Marsch gegen das geplante Mahnmal für die ermordeten Juden Europas, nachdem das Oberverwaltungsgericht ein Demonstrationsverbot der Polizei gekippt hatte. … Bei der Demonstration hielt die NPD unter Führung ihres Bundesvorsitzenden Udo Voigt am Mahnmalgelände eine Kundgebung ab und marschierte mit zahlreichen Fahnen in Schwarzweißrot zum Brandenburger Tor weiter. Dabei wurde in Parolen die Waffen-SS verherrlicht. …

Der Marsch durch das Brandenburger Tor war den Rechtsextremisten bei vorherigen Demonstrationen immer verwehrt worden. Passanten an der Demonstrationsroute über die Friedrich- und die Behrenstraße reagierten teilweise mit Fassungslosigkeit auf den NPD-Marsch. Einige schlugen die Hände vors Gesicht, andere brachen in Tränen aus. …

Rechtsextremismus heute

Immer wieder versuchen Rechtsextremisten, mit ihren Aktionen zu provozieren und lautstark auf sich aufmerksam zu machen.
Bei Wahlen gelingt ihnen nur selten der Einzug in ein Parlament. Im Bundestag sind die Rechtsextremisten nicht vertreten, aber in einigen Landtagen. In der praktischen Politik spielen sie aber keine Rolle, weil z. B. die Vertreter der Rechtsextremisten (NPD) im Landtag von Sachsen untereinander völlig zerstritten sind. Der Versuch der Bundesregierung, die NPD wegen Verfassungsfeindlichkeit durch das Bundesverfassungsgericht verbieten zu lassen, scheiterte an Verfahrensfehlern.

1 *Informiert euch in den Medien nach dem Verhalten von Rechtsextremisten in den Länderparlamenten.*

Rechtsextreme Parteien

Die Parteien und Gruppen, die ähnliche Ziele wie früher die „Nationalsozialistische Arbeiterpartei Deutschlands" (NSDAP) verfolgen, werden heute als rechtsextremistisch bezeichnet. Wenn sich Personen offen zu den Ideen der NSDAP bekennen, nennt man sie auch Neonazis. Einige Gruppen grenzen sich davon ab. Sie verbergen ihre wahren Ziele hinter einem gemäßigteren Auftreten.
2004 hatten diese Organisationen insgesamt etwa 40 700 Mitglieder. Die bekanntesten von ihnen sind die FAP (Freiheitliche Deutsche Arbeiterpartei), die NPD (Nationaldemokratische Partei Deutschlands), die DVU (Deutsche Volksunion) und „Die Republikaner" (Reps). Die Landtagswahlen in den Jahren 1998/99 und 2004 in Sachsen zeigten, dass der Rechtsextremismus aus dem Stand über 10 Prozent der Stimmen gewinnen konnte, obwohl viele Wähler, wie in Sachsen-Anhalt, die Kandidaten nicht einmal selbst kannten. Sie wählten die rechtsextreme DVU aufgrund ihrer aggressiven Werbekampagne und der Unzufriedenheit mit ihren wirtschaftlichen Verhältnissen.
Viele jugendliche Anhänger der rechtsextremen Gruppen wiederholen die Stammtischparolen der Rechtsextremen, ohne genau zu verstehen, was sie da brüllen. Sie schließen sich diesen Gruppen an, weil sie in ihnen ein Stück „Heimat" finden, das sie aufgrund ihrer schlechten sozialen Lage sonst nicht haben.
Besorgniserregender als die Stimmenanteile und die Mitgliederzahlen rechtsextremer Organisationen sehen Wahlforscher die Tatsache, dass im Westen etwa 11 bis 22 Prozent der Bevölkerung über ein geschlossenes rechtsextremes Weltbild verfügen, in Ostdeutschland liegt diese Zahl auf Grundlage neuer Untersuchungen bei 17 Prozent. Dies äußert sich z. B. in offen gezeigter Ausländerfeindlichkeit. Bisher ist es aber den rechtsextremen Parteien nicht gelungen, diese Menschen für sich bei Wahlen zu aktivieren.

Die gemeinsamen Grundvorstellungen der Rechtsextremisten

1. Die Idee von der natürlichen Ungleichheit der Menschen. Dazu gehören die Vorstellungen,
- dass die „nordeuropäischen Rassen" von Natur aus höher stehen als andere, „minderwertigere" Menschen (Rassismus),
- dass man auf Deutschland extrem stolz sein kann (Nationalismus),
- dass der Stärkere das Recht hat, sich immer durchzusetzen (Sozialdarwinismus),
- dass Mann und Frau von Natur aus nicht gleichberechtigt im Leben stehen können.

2. Die Idee von der Gewaltanwendung als wichtigstem Mittel bei der Lösung von Streitigkeiten zwischen Menschen und Staaten. Dazu gehören
- die Betonung autoritärer Umgangsformen,
- die Ablehnung demokratischer Willensbildung in gewählten Parlamenten,
- das Eintreten für autoritäre Staatsformen oder das „Führertum",
- die Gewaltanwendung gegen Andersdenkende.

Als politische Extremisten werden Menschen bezeichnet, die die bestehende Ordnung gewaltsam oder undemokratisch in ihrem Sinne verändern wollen.

2 *Versucht mit euren Worten zu erklären, welche Ziele die Rechtsextremen heute verfolgen.*

***Stimmenanteile** der DVU bei den Landtagswahlen Sachsen-Anhalt 1998: 12,9 %*

Wahlkreisergebnisse:
Halle III 17,0 %
Bitterfeld: 17,5 %,
Magdeburg II 13,7 %

Landtagswahl Sachsen 2004:
NPD 9,2 % (1999: 2,1 %)

Bundestagswahl 2005: NPD 1,6 % (748 593 Stimmen)
Bundestagswahl 2005 in Hessen:
NPD 1,2 % (+0,8 %)
in Sachsen:
NPD 4,9 % (+3,5 %)
in NRW:
NPD 0,9 %

***Auschwitzlüge:** Die neonazistische Behauptung von der „Auschwitzlüge", die Leugnung also der Ermordung der Juden durch die Nationalsozialisten, steht als Tatbestand der Volksverhetzung unter Strafe. Dieser Versuch, den Genozid an den europäischen Juden zu leugnen, ist das Herzstück der rechtsextremen Propaganda zur Rehabilitierung des Nationalsozialismus und der von ihm vertretenen Ideologie.*

***Hülle verbotener CD** mit rechtsextremistischen Inhalten.*

Der Faschismus in Italien

1 **Mussolini im Kreise seiner Anhänger beim „Marsch auf Rom".** Foto vom 28. Oktober 1922.

Benito Mussolini *(geb. 29. 7. 1883, hingerichtet 28. 4. 1945), genannt der „Duce" (Führer).*

28. Oktober 1922: *Mussolinis „Marsch auf Rom".*

Italiens Rolle im Ersten Weltkrieg*: *Italien blieb bei Ausbruch des Ersten Weltkriegs zunächst neutral, trat aber 1915 aufseiten Russlands, Frankreichs und Großbritanniens gegen Österreich-Ungarn, später dann auch gegen das Deutsche Reich in den Krieg ein. Als Kriegsgewinner erfüllten sich die Hoffnungen Italiens auf den Erhalt bestimmter Territorien aber nicht.*

Faschistische Bewegungen in Europa

In den Jahrzehnten nach dem Ersten Weltkrieg entwickelten sich in zahlreichen europäischen Ländern faschistische Herrschaftsformen. Das waren nach dem Führerprinzip organisierte, nationalistische und antidemokratische rechtsradikale Bewegungen. Ihr gemeinsames Vorbild waren die Faschisten Italiens. Auch in Deutschland und in Spanien gelang es diesen Gruppierungen, die Regierungsmacht zu erobern. Die Faschisten in den meisten anderen europäischen Staaten unterschieden sich in ihren Programmen und Aktionen im Übrigen sehr von den großen faschistischen Bewegungen in Deutschland und Italien. Im Zweiten Weltkrieg kamen in Ungarn, Rumänien und Jugoslawien durch Einfluss deutscher Nationalsozialisten für kurze Zeit nationale faschistische Bewegungen an die Macht. Alle übrigen faschistischen Parteien in Europa konnten zwar die Zahl ihrer Anhänger während des Krieges vergrößern, blieben aber ohne Einfluss.

Der italienische Faschismus

Die italienische Bewegung leitete ihren Namen von dem italienischen Wort „fascio" (lat. „fasces" = Rutenbündel) ab, der Bezeichnung für das Machtsymbol der antiken römischen Stadtregierung. Die Zeit des Römischen Kaiserreiches galt den Faschisten als vorbildhaft für die Größe der italienischen Geschichte. Auch der faschistische Gruß, die hochgereckte rechte Hand (Bild 2), bezog sich auf den Salut der römischen Legionäre. Die „Fasci di Combattimento" (Kampfbünde), 1919 von dem italienischen Volksschullehrer Benito Mussolini gegründet, wollten mithilfe von Bürgerkrieg und Terror die Macht in Italien erringen.

Viele Menschen in Italien* waren nach dem Ersten Weltkrieg sozial entwurzelt. Das Land hatte auf der Seite der Alliierten große Verluste erlitten, in den Augen vieler aber keinen Nutzen aus dem Sieg gezogen. Die allgegenwärtige Armut war der Nährboden für diese rechtsradikale italienische Bewegung. Ihr Ziel war die Beseitigung von Demokratie und liberaler Wirtschaftsordnung, denen viele Menschen die Schuld an ihrer Not gaben.

Im Oktober 1922 übernahmen die Faschisten mit dem „Marsch auf Rom" die Macht. Es war eine Art bewaffneter Demonstration, an der sich 40 000 organisierte Faschisten beteiligten. Entscheidend für den Erfolg dieses kommandoartigen Unternehmens war die Kom-

Der Faschismus in Italien

2 **Benito Mussolini, genannt der „Duce", italienischer Diktator von 1922–1943.** Foto.

promissbereitschaft der bürgerlichen Parteien und des italienischen Königs sowie die teilweise Unterstützung durch Polizei und Militär. Mussolini wurde schon am 31. Oktober 1922 Ministerpräsident einer Koalitionsregierung von Nationalisten und Faschisten. Aus dieser Position heraus errichtete er in der Folgezeit eine faschistische Diktatur in Italien, die sich bis 1943 an der Macht hielt.

1 *Vergleicht die Bilder 1 und 2 miteinander. Wie stellt sich Mussolini dar?*

2 *Lassen die Bilder Rückschlüsse auf Mussolinis politisches Vorgehen zu?*

Das Wesen des italienischen Faschismus

Trotz der Popularität des „Duce" Mussolini gelang es ihm im Unterschied zum deutschen Nationalsozialismus unter Hitler nicht, die Gesellschaft und den Staat völlig der faschistischen Bewegung unterzuordnen. Auch sein persönlicher Einfluss auf die faschistische Partei war wesentlich geringer als der Hitlers auf die NSDAP.

Im Jahr 1932 erläuterte Mussolini, was den italienischen Faschismus ausmache:

Q1 … alles in allem: Der Faschismus ist nicht nur Gesetzgeber und Gründer von Einrichtungen, sondern Erzieher und Förderer des geistigen Lebens. Er will nicht die Formen des menschlichen Lebens, sondern seinen Inhalt, den Menschen, den Charakter, den Glauben neu schaffen. Und zu diesem Zweck fordert er Zucht und Führung, die in die Geister eindringt und darin unbestritten herrscht …
Losgelöst von der Betrachtung der gegenwärtigen Politik, glaubt der Faschismus nicht an die Möglichkeit noch an die Nützlichkeit des ewigen Friedens. … Der Kampf allein bringt die menschliche Willenskraft auf die höchste Spannung und verleiht ihrem Träger die Würde des Adels derer, die den Mut und die Tugend haben, dem Kampf die Stirn zu bieten. … Eine Lehre, die von der vorgefassten Forderung des Friedens ausgeht, ist daher dem Faschismus fremd …

3 *Erläutert mit euren Worten, wie Mussolini das Wesen des italienischen Faschismus beschreibt.*

Das faschistische Italien im Krieg

Im Oktober 1935 überfiel das faschistische Italien ohne Kriegserklärung Abessinien (das heutige Äthiopien) und machte es zu einer italienischen Kolonie. Der Völkerbund verhängte Sanktionen, griff aber ansonsten nicht ein. Der äthiopische Kaiser Haile Selassie ging nach England ins Exil.

Italien beanspruchte den Mittelmeerraum als sein Einflussgebiet. Im April 1939 überfiel und eroberte Italien Albanien. Im Zweiten Weltkrieg (1939–45) versuchte Mussolini auch Griechenland zu erobern, was aber erst mit deutscher Unterstützung gelang.

Nach der Landung amerikanischer Truppen in Italien wurde der „Duce" 1943 entmachtet. Nach einer kurzen Phase als Führer einer norditalienischen Republik von Hitlers Gnaden wurde er Ende April 1945 auf der Flucht von italienischen Partisanen* standrechtlich hingerichtet.

4 *Vergleicht Mussolinis Politik mit seiner Auffassung vom Wesen des Faschismus.*

31. Oktober 1922 bis 28. Juli 1943: *faschistische Diktatur in Italien unter Benito Mussolini.*

Haile Selassie *(geb. 23. 7. 1892, gest. 27. 8. 1975) war 1928 durch einen Staatsstreich Kaiser von Äthiopien geworden. Nach der italienischen Besetzung wurde er von den Engländern wieder eingesetzt und 1974 durch einen Militärputsch gestürzt.*

Partisanen*: *Widerstandskämpfer, die außerhalb der regulären Streitkräfte gegen den eingedrungenen Feind kämpfen.*

NS-Ideologie*

Ideologie*: *Dieser Begriff bezeichnet ein System von Weltanschauungen und Wertungen, von politischen oder wirtschaftlichen Zielen, die einem bestimmten Zweck dienen. Der Nationalsozialismus stellt vor allem den Antisemitismus, die Eroberung neuen „Lebensraums", die Vernichtung „unwerten Lebens" und das Führerprinzip in den Mittelpunkt seiner Ideologie.*

Völkischer Beobachter*: *Tageszeitung und offizielles Mitteilungsblatt der NSDAP.*

Antisemitismus*: *seit Ende des 19. Jahrhunderts gebräuchlicher Begriff für „Judenhass" oder „Judenfeindlichkeit".*

Das Buch des Tages:

Mein Kampf

von Adolf Hitler

Was wird Adolf Hitler tun? — fragen heute Millionen hoffender Deutscher! — Diese Frage kann jeder beantworten, der sein Werk und damit sein Wollen und Ziel kennt. Jeder, ob Freund oder Feind, kann jetzt das Werk Hitlers nicht unbeachtet lassen.

2 Ausgaben: 2 Bände kartoniert je RM. 2,85, beide Bände in Ganzleinen gebunden RM. 7,20

Jede deutsche Buchhandlung hat dieses Buch vorrätig!

Verlag Frz. Eher Nachf., München 2 NO

1 Verlagsanzeige im „Völkischen Beobachter"*, 31. Januar 1933.

Hitlers Weltanschauung

Schon 1925 offenbarte Hitler in „Mein Kampf" seine Gedankenwelt. Dort legte er seine politischen Ziele und Vorstellungen für jedermann nachlesbar dar. Auch bei öffentlichen Auftritten und später in Rundfunkreden bekannte sich Hitler immer wieder zu den Kernpunkten seiner Weltanschauung:

Rassismus und Glaube an die deutsche Überlegenheit

Hitler verkündete eine wissenschaftlich unhaltbare, aber manchen Deutschen schmeichelnde „Rassenlehre" von der biologischen Überlegenheit der Deutschen. Wie in der Tierzucht gebe es auch bei Menschen „höher stehende und minderwertige Rassen".
Die Deutschen seien – laut Hitler – die reinste und hochwertigste Rasse und daher auch berechtigt, die minderwertigen zu beherrschen oder zu vernichten. Für diese erfundene „Herrenrasse" benutzte Hitler den Begriff „Arier".

Der Antisemitismus*

In seine Rassenlehre baute Hitler auch seinen Hass gegen die jüdische Bevölkerung ein.

In „Mein Kampf" schrieb Hitler über die Juden als „rassischen" Gegner:

Q1 … Den wichtigsten Gegensatz zum Arier bildet der Jude. Er ist und bleibt der ewige Parasit, ein Schmarotzer, der wie ein schädlicher Bazillus sich immer mehr ausbreitet, sowie nur ein günstiger Nährboden dazu einlädt. Die Wirkung seines Daseins aber gleicht ebenfalls der von Schmarotzern; wo er auftritt, stirbt das Wirtsvolk nach kürzerer oder längerer Zeit ab …

1 *Womit vergleicht Hitler die Juden?*
2 *Beschreibt, wie dieser Text auf euch wirkt.*

An allem, was Hitler als Übel in der Welt zu erkennen glaubte, gab er „den Juden" die Schuld. Egal, ob für die deutsche Niederlage im Ersten Weltkrieg, die Revolution von 1918/19, die ihm verhasste Demokratie der Weimarer Republik, den amerikanischen Kapitalismus oder wahlweise auch den „russischen Bolschewismus" – immer machte Hitler „die Juden" verantwortlich.

Stürmer

Wochenblatt zum Kampfe um die Wahrheit

Weltverschwörer

Die enthüllten Geheimnisse der Weisen von Zion

Das auserwählte Volk

Die Juden sind unser Unglück!

2 Titelseite des NS-Propagandablattes „Der Stürmer", Januar 1936.

Hass auf die Demokratie und Führerprinzip

Der Antibolschewismus*

Der Kampf gegen den Kommunismus oder Bolschewismus war ein weiterer Hauptbestandteil der NS-Ideologie. Unablässig beschworen die Nationalsozialisten die Gefahr einer bevorstehenden, Deutschland in Not und Chaos stürzenden kommunistischen Verschwörung. Dieses Schreckensbild diente dabei als Rechtfertigung für das rücksichtslose Vorgehen gegen KPD, SPD und die Gewerkschaften im eigenen Land.

„Lebensraum im Osten"

Ein etwaiger Krieg gegen die Sowjetunion sollte neben der Vernichtung des Kommunismus noch einem anderen Ziel dienen.

Aus Hitlers „Mein Kampf":

Q2 … Wir Nationalsozialisten (müssen) unverrückbar an unserem außenpolitischen Ziel festhalten, nämlich dem deutschen Volk den ihm gebührenden Grund und Boden auf dieser Erde zu sichern. Und diese Aktion ist die einzige, die vor Gott und der deutschen Nachwelt einen Bluteinsatz gerechtfertigt erscheinen lässt. … Deutschland wird entweder Weltmacht oder überhaupt nicht sein. … Wenn wir aber in Europa von neuem Grund und Boden reden, können wir in erster Linie nur an Russland und die ihm untertanen Randstaaten denken. … Das Riesenreich im Osten ist reif zum Zusammenbruch. Und das Ende der Judenherrschaft in Russland wird auch das Ende Russlands als Staat sein. …

3 *Überlegt, mit welchen Mitteln das Hauptziel deutscher Außenpolitik nach Hitler erreicht werden sollte.*

4 *Was bedeutete dies wohl für die betroffenen Menschen?*

Führerprinzip

Auch seinen Hass auf das parlamentarische System der Weimarer Republik verschwieg Hitler nicht und fand damit die Zustimmung vieler Deutscher. Demokratie, Toleranz anderer Meinungen und Mehrheitsentscheidungen waren für ihn Zeichen der Schwäche. Er setzte die „unbedingte Führerautorität" dagegen.

3 **Propagandaplakat der NSDAP.**

Aus einer Rede Hitlers:

Q3 … Es kann nur einer befehlen. Einer befiehlt und die anderen gehorchen. Da sagt man: wieso, wieso? Wieso muss ich gehorchen? – Wieso? Weil nur auf dem Weg etwas zu erreichen ist und weil wir Männer genug sind einzusehen, dass das, was notwendig ist, auch zu geschehen hat, und weil darum nicht mit dem Einzelnen diskutiert wird. Es ist ganz zwecklos, jedem Einzelnen dann zu sagen: Natürlich, wenn du dann nicht willst, dann brauchst du natürlich nicht nachfolgen. Nein, so geht das einfach nicht! Die Vernunft hat auch ein Recht und damit eine Pflicht. Sie hat das Recht, sich zu diktatorischer Gewalt zu erheben, und die Pflicht, die anderen zu zwingen, dem zu gehorchen …

5 *Erklärt, was Hitler als „Vernunft" bezeichnete.*

6 *Überlegt die Folgen, die sich für den Einzelnen aus diesem bedingungslosen Gehorsam ergaben.*

Antibolschewismus*: *Ausdruck der zur Zeit der Weimarer Republik weit verbreiteten Angst vor dem Kommunismus, die durch die Eindrücke der Russischen Revolution und ihrer Gräuel wesentlich gesteigert wurde.*

Hitler als Redner. *Gestelltes Foto, um 1930.*

Errichtung der NS-Diktatur

1 Die „Machtergreifung“ in einer propagandistischen Darstellung: Fackelzug der Nationalsozialisten am 30. Januar 1933 in Berlin. Gemälde von 1938.

30. Januar 1933: *Die Übertragung der Kanzlerschaft an Hitler feierten die Nationalsozialisten als „Tag der Machtergreifung“.*

Die Nationalsozialisten feiern die „Machtergreifung“

Die NSDAP organisierte am Abend des 30. Januar 1933 Aufmärsche und Fackelzüge, die von der Propaganda* als „spontane Dankkundgebungen des deutschen Volkes“ gefeiert wurden.

Eine damals 15-jährige Anhängerin Hitlers erinnerte sich:

Q1 … Am Abend des 30. Januar nahmen meine Eltern uns Kinder mit in das Stadtzentrum. Dort erlebten wir den Fackelzug, mit dem die Nationalsozialisten ihren Sieg feierten. Etwas Unheimliches ist mir von dieser Nacht her gegenwärtig geblieben. Das Hämmern der Schritte, die düstere Feierlichkeit roter und schwarzer Fahnen, zuckender Widerschein der Fackeln auf den Gesichtern und Lieder, deren Melodien aufpeitschend und sentimental zugleich klangen. Stundenlang marschierten die Kolonnen vorüber …

1 *Versucht euch in die Augenzeugin hineinzuversetzen. Was empfand sie wohl als „unheimlich“?*

Propaganda*: *Die systematische Verbreitung politischer oder weltanschaulicher Ideen und Meinungen mithilfe von Großveranstaltungen, Presse, Film, Theater, Rundfunk usw. zur gezielten Beeinflussung des allgemeinen Bewusstseins. Die Nationalsozialisten richteten dafür ein Ministerium mit Joseph Goebbels als Propagandaminister ein, das allein diesem Zweck dienen sollte.*

Hitlers Programm

Vier Tage nach seiner Ernennung zum Reichskanzler legte Hitler in einer Rede vor Befehlshabern des Heeres und der Marine die politischen Ziele seiner Regierung dar.

In einem Stichwortprotokoll der Rede hieß es:

Q2 … Völlige Umkehrung der gegenwärtigen innenpolitischen Zustände in D. … Wer sich nicht bekehren lässt, muss gebeugt werden. Ausrottung des Marxismus mit Stumpf und Stiel … Ertüchtigung der Jugend u. Stärkung des Wehrwillens mit allen Mitteln. Todesstrafe für Landes- u. Volksverrat. Straffste autoritäre Staatsführung. Beseitigung des Krebsschadens der Demokratie! … Eroberung neuen Lebensraums im Osten u. dessen rücksichtslose Germanisierung …

2 *Untersucht das Stichwortprotokoll und erläutert, was die Befehlshaber über Hitlers Politik schon im Februar 1933 wussten.*

Die ersten Notverordnungen

2 **Die eigentlich der Republik verpflichtete Schutzpolizei trägt das Symbol der herrschenden nationalsozialistischen Partei.** Foto.

Hermann Göring *(1893–1946), seit 1922 Mitglied der NSDAP, übernahm die Führung der SA, ab 1932 Reichstagspräsident, ab 1933 preußischer Ministerpräsident und Innenminister, später auch Reichsluftfahrtminister.*

Notverordnungen und Terror

Noch am Tag seiner Ernennung setzte Hitler beim Reichspräsidenten die Auflösung des Reichstages und die Ausschreibung von Neuwahlen durch. Dies ermöglichte dem Kanzler, die Wochen bis zur Wahl ohne den Reichstag, in dem die NSDAP keine Mehrheit hatte, zu regieren.

Indem er die Schwächen der Weimarer Verfassung schonungslos ausnutzte, beseitigte Hitler mithilfe von Notverordnungen schon in den ersten Tagen seiner Kanzlerschaft wesentliche demokratische Grundrechte. Versammlungen der politischen Gegner konnten nun mit fadenscheinigen Begründungen untersagt werden. Die Pressefreiheit wurde eingeschränkt: Kritische Zeitungen oder Zeitschriften wurden per Verordnung zeitweise oder ganz verboten.

Zur Durchführung von Zwangsmaßnahmen gegen den politischen Gegner brauchte die NSDAP eine zuverlässige Ordnungsmacht. Wichtigster Machtfaktor im Staat war – neben der Reichswehr – die Polizei. Mit der Übernahme des Reichsinnenministeriums durch Wilhelm Frick und der Besetzung des preußischen Innenministeriums mit Hermann Göring hielten die Nationalsozialisten Schlüsselpositionen im Staat in den Händen.

Schon im Februar 1933 verpflichtete Göring die Polizei, die nationalsozialistischen Kampfverbände zu unterstützen:

Q3 … Dem Treiben staatsfeindlicher Organisationen ist mit den schärfsten Mitteln entgegenzutreten …; wenn nötig, (ist) rücksichtslos von der Waffe Gebrauch zu machen. Polizeibeamte, die in Ausübung dieser Pflichten von der Schusswaffe Gebrauch machen, werden ohne Rücksicht auf die Folgen des Schusswaffengebrauchs von mir gedeckt. Wer hingegen in falscher Rücksichtnahme versagt, hat dienststrafrechtliche Folgen zu gewärtigen …

3 *Erklärt mit eigenen Worten, welchen Auftrag die preußische Polizei erhielt.*

Nur wenige Tage später ernannten die Nationalsozialisten per Notverordnung etwa 50 000 SA*-Männer zu Hilfspolizisten. Reguläre Schutzpolizisten sahen nun oftmals tatenlos zu, wenn im beginnenden Wahlkampf Teilnehmer von politischen Veranstaltungen der SPD, des Zentrums oder anderer Parteien von den SA-Verbänden brutal zusammengeschlagen wurden. Deren gewalttätiger Terror war durch die Notverordnungen quasi „legalisiert".

SA*: *Die „Sturmabteilung" war die uniformierte Kampf- und Propagandatruppe der NSDAP. Sie wurde vor allem bei Saal- und Straßenschlachten gegen Kommunisten eingesetzt und ging mit äußerster Brutalität gegen Gegner der NSDAP vor.*

Die Aufhebung der Grundrechte

Der niederländische Maurergeselle **Marinus van der Lubbe** wird nach dem Reichstagsbrand von den Nazis verhaftet, als Drahtzieher einer kommunistischen Verschwörung beschuldigt und im Januar 1934 hingerichtet. Die Ursachen des Reichstagsbrandes sind bis heute ungeklärt. Foto.

1 **Der Reichstagsbrand am 27. Februar 1933.**

Der Reichstag in Flammen

Zur Rechtfertigung ihres gewaltsamen Vorgehens gegen den politischen Gegner führten die Nationalsozialisten immer wieder das Feindbild des Kommunismus und eine angebliche „Bedrohung von links" an. Als nun am 27. Februar 1933 im Reichstag ein Feuer ausbrach, in dessen Folge das Gebäude komplett ausbrannte, nutzte Hitler die Gelegenheit und beschuldigte unverzüglich die Kommunisten der Brandstiftung. Noch in derselben Nacht wurde damit begonnen, Abgeordnete und Funktionäre der KPD zu verhaften.

Am Tag darauf erließ Reichspräsident Hindenburg auf Betreiben Hitlers Notverordnungen, die sämtliche Grundrechte der Weimarer Verfassung „bis auf weiteres" aussetzten und es erlaubten, jede beliebige Person unter dem Vorwurf des „Hochverrats am deutschen Volk" zu verhaften und ohne Verhandlung und Gerichtsurteil einzusperren. Allein in Preußen wurden daraufhin bis April ca. 35 000 politische Gegner von den Nazis inhaftiert.

Reaktionen in der Bevölkerung

Aufgrund der Notverordnungen nach dem Reichstagsbrand, die bis zum Ende der Naziherrschaft in Kraft blieben, befand sich Deutschland quasi im dauernden rechtlichen Ausnahmezustand. Und dennoch schien den meisten Menschen der Verlust ihrer Grundrechte gar nicht bewusst zu sein. Im Gegenteil: Viele begrüßten die Maßnahmen als „hartes Durchgreifen" für Recht und Ordnung.

1 *Welche Grundrechte kennt ihr? Schlagt dazu im Grundgesetz nach.*

Das Ergebnis der ersten Reichstagswahl nach seiner Ernennung zum Reichskanzler musste Hitler schwer enttäuschen. Trotz Einschüchterung, Behinderung und Verfolgung der politischen Gegner und eines aufwendig geführten Wahlkampfes erreichte die NSDAP im März 1933 nur 43,9 Prozent der abgegebenen Stimmen. Dies bedeutete zwar einerseits einen Zuwachs im Vergleich zu den letzten Wahlen, andererseits verfehlte die Partei aber die erhoffte absolute Mehrheit im Parlament. Mehr als die Hälfte der wahlberechtigten Deutschen verweigerte Hitler die Gefolgschaft. Viele Deutsche waren misstrauisch geworden und besorgt wegen des gewaltsamen Auftretens der SA und der radikalen Parolen der Nazis.

Das Ermächtigungsgesetz

Obwohl die Wahl vom 5. März 1933 keine absolute Mehrheit für die NSDAP gebracht hatte, feierte die Partei den Ausgang als „gewaltigen Sieg". Hitler verkündete sogar, dies sei eine „nationale Revolution" der Deutschen für ihn und seine Partei. Unbeirrt vom Wahlergebnis gingen die Nationalsozialisten weiter daran, den Rechtsstaat zu beseitigen und sich die Alleinherrschaft in Deutschland zu sichern.

Hauptziel war es zunächst, den Reichstag auszuschalten und seine gesetzgebende Gewalt auf Hitler zu übertragen. Das zur Kontrolle der Macht im Staat so wichtige Prinzip der Gewaltenteilung schafften die Nationalsozialisten damit ab. Durch das „Gesetz zur Behebung der Not von Volk und Staat" sollten die Reichstagsabgeordneten Hitler hierzu ihre Zustimmung geben und sich damit quasi selbst entmachten.

Die Zerschlagung des Rechtsstaats

Der sozialdemokratische Abgeordnete Otto Wels begründete die Ablehnung der Sozialdemokraten:

Q1 … Nach den Verfolgungen, die die Sozialdemokratische Partei in der letzten Zeit erfahren hat, wird billigerweise niemand von ihr verlangen oder erwarten können, dass sie für das hier eingebrachte Ermächtigungsgesetz stimmt. Die Wahlen vom 5. März haben den Regierungsparteien (NSDAP und DNVP) die Mehrheit gebracht und damit die Möglichkeit gegeben, streng nach Wortlaut und Sinn der Verfassung zu regieren. Wo diese Möglichkeit besteht, besteht auch die Pflicht …

Die Mehrheit des Parlaments fügte sich allerdings und gab damit Hitler am 23. März 1933 faktisch die Ermächtigung zur Diktatur. Dieser konnte nun auch ohne Zustimmung des Reichspräsidenten Gesetze erlassen, selbst solche, die gegen die Verfassung verstießen.

2 *Formuliert mit eigenen Worten, wie Otto Wels die Ablehnung begründet.*

2 SA und SS rücken am 23. März 1933 „als Saalschutz" in die Kroll-Oper ein. Hier tagte nach dem Brand des Reichstagsgebäudes der Reichstag. Foto.

Die Gleichschaltung

Zur Erringung der vollkommenen Alleinherrschaft im Staat strebte Hitler die Kontrolle sämtlicher staatlicher Behörden, Organisationen, der Medien, Verbände und Vereine durch die Nationalsozialisten an. Man nennt diesen Vorgang „Gleichschaltung".

In allen noch nicht nationalsozialistisch geführten Ländern hatten in den ersten Märztagen 1933 SA- und SS*-Trupps gewaltsame Ausschreitungen und Krawalle organisiert. Unter dem Vorwand, die Länderregierungen könnten offenbar nicht für Ruhe und Ordnung garantieren, setzte der nationalsozialistische Reichsinnenminister Frick nun per Verordnung nationalsozialistische Reichskommissare als Statthalter der Reichsregierung ein und entmachtete damit die gewählten Regierungen.

3 *Beschreibt in eigenen Worten das Vorgehen der Nazis zur „Gleichschaltung" der Länder.*

Das Ende der Gewerkschaften

Im Mai 1933 beseitigten die Nationalsozialisten in einer überraschenden Aktion die Gewerkschaften. Noch einen Tag zuvor war der von den Nazis zum Feiertag erhobene „Tag der Arbeit" mit Parolen wie „Ehret die Arbeit und achtet die Arbeiter" begangen worden. Am 2. Mai stürmten dann SA-Trupps Gewerkschaftshäuser, beschlagnahmten Gewerkschaftskassen und verhafteten etliche Arbeitnehmervertreter.

Der Einparteienstaat

Am 22. Juni 1933 wurde die SPD verboten. Büros, Zeitungen und Vermögen der Sozialdemokraten waren schon zuvor beschlagnahmt worden. Diesem Druck gaben die anderen Parteien in Deutschland schließlich nach und lösten sich selbst auf. Im Juli 1933 erklärte Hitler die NSDAP per Gesetz zur alleinigen Staatspartei, die Bildung anderer Parteien wurde verboten.

4 *Fasst die einzelnen Schritte zum Aufbau der NS-Herrschaft zusammen.*

5 *Überlegt, ob die Übernahme und der Ausbau der Macht durch die Nazis legal erfolgt ist. Sammelt Argumente dafür und dagegen und diskutiert sie.*

SS*:
Abkürzung für „Schutzstaffel". Kampfverband der NSDAP und ab 1934 Hauptträger des nationalsozialistischen Terrors nach innen und außen.

Der Fraktionsvorsitzende der SPD, ***Otto Wels*** *(1873–1939), hielt als einziger Reichstagsabgeordneter eine mutige Rede gegen das Ermächtigungsgesetz. Wenige Tage später musste er nach Prag emigrieren und gehörte somit zu den ersten Deutschen, die auf Anordnung der Nationalsozialisten ausgebürgert wurden.*

Propaganda-Postkarte zum 1. Mai. *Die „Arbeiter der Stirn und der Faust" stehen unter dem Schutz des „Führers".*

Alltag im Nationalsozialismus

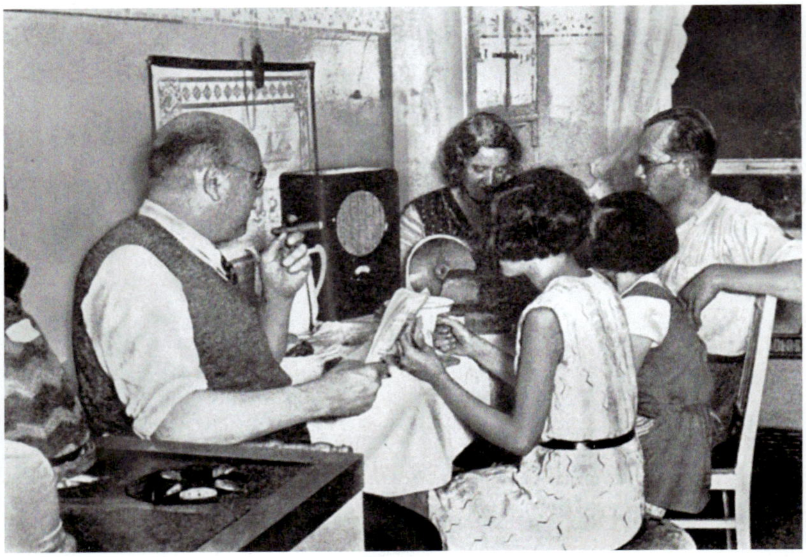

1 Durch die flächendeckende Verbreitung des Volksempfängers gelangte die NS-Propaganda in jeden Haushalt. Foto.

***Rundfunkgerät „VE 301"**, der so genannte „Volksempfänger", hergestellt im Rundfunkwerk Staßfurt, um 1935. Er kostete 76 RM, was dem Wochenlohn eines Facharbeiters entsprach. Foto.*

Die Macht der Medien

Nach der gewaltsamen Beseitigung des Rechtsstaates und der Gleichschaltung von Ländern, Parteien und Gewerkschaften mahnte Hitler seine Parteigenossen: „Der Erringung der äußeren Macht muss die innere Erziehung des Menschen folgen."

Wesentliches Instrument hierzu sollte das im März 1933 geschaffene „Reichsministerium für Volksaufklärung und Propaganda" unter Propagandaminister Dr. Joseph Goebbels sein. Es hatte damit die Kontrolle über Presse, Film, Theater und den ebenfalls gleichgeschalteten Rundfunk.

Neben der Erfassung der Menschen in Schulen, Betrieben und Vereinen sollten auch möglichst alle Bereiche des privaten Lebens vom Geist des Nationalsozialismus durchdrungen werden.

1 *Überlegt, warum die Kontrolle der Medien eine enorme Macht bedeutete.*

2 *Erläutert die Gefahren, die damit verbunden sind, wenn Meinungsvielfalt in den Medien unterbunden wird.*

Sammlung für das „Winterhilfswerk"

Um die Not der Arbeitslosen zu lindern, veranstalteten die Nationalsozialisten groß angelegte Sammelaktionen. Die Bevölkerung wurde aufgefordert, Kleider, Lebensmittel und Geld für die Arbeitslosen zu spenden. Die bekannteste Einrichtung zur Linderung der Not der Arbeitslosen war das „Winterhilfswerk", zu dessen Gunsten alle Deutschen einmal im Monat auf ihren Sonntagsbraten verzichten sollten.

Nach 1935 wurden ohne Wissen der Bevölkerung Teile der für das „Winterhilfswerk" gesammelten Gelder für Rüstungszwecke ausgegeben.

3 *Sucht Gründe dafür, warum Menschen bereit waren, für das „Winterhilfswerk" zu sammeln und zu spenden.*

4 *Wie bewertet ihr diese Initiative? Diskutiert eure Meinungen dazu in der Klasse.*

2 Hitler und Goebbels beim Eintopfessen. Propagandaplakat, 1934.

*Das **„Winterhilfswerk"** veranstaltet eine Altkleidersammlung. Plakat, 1934.*

Die Erfassung des Volkes

3 **Mit Blechschildern wurde auf den Hitlergruß aufmerksam gemacht.**

4 **Werbeprospekt für den KdF-Wagen, 1938.**

„Wir bleiben Kameraden." *Plakat der Deutschen Arbeitsfront (DAF). Die DAF ersetzte als nationalsozialistische Wirtschaftsorganisation die am 2. Mai 1933 zerschlagenen Gewerkschaften.*

Überwachung und Freizeitangebote
Mit der Auflösung aller privaten Vereine und Berufsverbände versuchten die Nationalsozialisten, die Bürger gleichzuschalten. An die Stelle der Vereine und der Berufsverbände traten Untergliederungen der Partei, die möglichst alle Bürger erfassen sollten.
Haus- und Blockwarte sorgten darüber hinaus für die Überwachung des Einzelnen auch zu Hause. Im öffentlichen Leben wurde der Hitlergruß eingeführt. An die Stelle der Gewerkschaften trat die „Deutsche Arbeitsfront" (DAF), ein Zusammenschluss von Arbeitern und Unternehmern. Die DAF sollte soziale Verbesserungen in den Betrieben erreichen.

„Kraft durch Freude" – KdF
Eine der größten Unterorganisationen der DAF war die Organisation „Kraft durch Freude" (KdF). Sie lockte die Arbeiterinnen und Arbeiter mit Freizeitangeboten, wie Wanderfahrten, Tagesausflügen und sogar Seereisen, die ausgesprochen günstig waren und sich großer Beliebtheit erfreuten.

Robert Ley, Leiter der DAF, im November 1933 über die „Organisation der Freizeit":

Q1 … Es wäre falsch, dass wir zwar den Arbeitstag bis ins Kleinste organisieren, aber die 16 Stunden Freizeit ungeregelt lassen … Das Dringendste für ein Volk sei, dass es seine Nerven stark erhalte. Ein Volk ohne Nerven könnte im Sturm des Schicksals nur erliegen …

5 *Was haltet ihr von einer „bis ins Kleinste" durchorganisierten Freizeit?*

Die Nationalsozialisten versprachen zudem die Konstruktion eines für jedermann erschwinglichen „Volkswagens". Die KdF verteilte nun Sparkarten, auf denen Marken zum Kauf des 990 Reichsmark teuren Autos gesammelt werden konnten. Doch die 360 000 Besteller, von denen 60 000 das Auto bereits voll bezahlt hatten, gingen mit Kriegsbeginn leer aus. Das Geld floss vollständig in die Rüstungsproduktion von Militärfahrzeugen. Kein einziger der „KdF-Volkswagen" wurde an seinen Käufer ausgeliefert.

„Auch du kannst jetzt reisen!" *Plakat der NS-Organisation „Kraft durch Freude", 1937.*

Frau und Familie

1 Feierliche Verleihung des Mutterkreuzes. Foto, 1939.

*„**Hilf auch Du mit!**". Plakat, 1943. Als während des Krieges immer mehr Männer zur Front abgezogen wurden, mussten Frauen auch verstärkt körperlich und seelisch belastendere Arbeiten übernehmen.*

Zurück in Küche und Kammer

Frauenemanzipation, Gleichberechtigung und Selbstständigkeit gegenüber dem Mann – dies alles wurde von den Nationalsozialisten entschieden abgelehnt. Nach ihrer Meinung wurden in der Frauenbewegung Frauen gegen Männer aufgehetzt und von ihrer „naturgegebenen Bestimmung" abgehalten.
Hitler sagte 1934 vor dem Reichsparteitag über die Rolle von Mann und Frau:

Q1 … Wenn man sagt, die Welt des Mannes ist der Staat, die Welt des Mannes ist sein Ringen, die Einsatzbereitschaft für die Gemeinschaft, so könnte man vielleicht sagen, dass die Welt der Frau eine kleinere sei. Denn ihre Welt ist der Mann, ihre Familie, ihre Kinder und ihr Haus …

1 *Stellt fest, welche Rolle Hitler der Frau im Nationalsozialismus zuschreibt.*

Mindestens vier Kinder sollte jede Frau gebären. Die Abtreibung galt als „Verbrechen an der Volksgemeinschaft". Sie wurde schwer bestraft. Nur Frauen jüdischen Glaubens durften ab 1938 straffrei abtreiben.

2 *Vermutet, warum jüdischen Frauen Abtreibung „erlaubt" wurde.*

Gezielte Propaganda und verschiedene Aktionen erinnerten die Frauen an ihre wichtigste staatsbürgerliche Aufgabe.
Am 24. Dezember 1938 berichtete der „Völkische Beobachter":

Q2 … Die deutsche kinderreiche Mutter soll den gleichen Ehrenplatz in der deutschen Volksgemeinschaft erhalten wie der Frontsoldat, denn ihr Einsatz für Leib und Leben, für Volk und Vaterland war der gleiche wie der des Frontsoldaten im Donner der Schlachten …

3 *Diskutiert das nationalsozialistische Rollenbild von Mann und Frau (Q1, Q2) und vergleicht es mit den Rollenbildern heute.*

Für kinderreiche Mütter wurde 1939 ein „Ehrenzeichen" geschaffen, das Mutterkreuz. Am Muttertag 1939 verlieh der Staat drei Millionen Frauen für Kinderreichtum feierlich dieses neue Ehrenzeichen. Auch finanziell wurde kinderreichen Familien mit Kindergeld und Steuerfreibeträgen geholfen.

4 *Vermutet, warum den Nationalsozialisten eine möglichst große Kinderzahl so wichtig war.*

5 *Erkundigt euch, ob und welche Hilfen es heute für kinderreiche Familien gibt.*

2 **Hauswirtschaftliche Beratung der NS-Frauenschaft auf einem Wochenmarkt.** Foto, 1939.

3 **Das „Heer der Mütter".** Foto, 1939.

Förderung der Ehe

Mit einem groß angelegten Programm förderten die Nationalsozialisten Eheschließungen. Seit Juni 1933 konnten Hochzeitspaare ein großzügiges Ehestandsdarlehen erhalten. Der zurückzuzahlende Betrag verminderte sich mit der Zahl der Kinder. Nach vier Geburten galt er als „abgekindert". Das Geld erhielten nur gesunde „arische" Paare, deren politische Einstellung stimmte. Mit dem Darlehen wurde ein weiteres Ziel verfolgt.

Aus dem Reichsgesetzblatt 1933:

Q3 … Voraussetzung für die Bewilligung des Ehestandsdarlehens ist:
a) dass die künftige Ehefrau mindestens sechs Monate lang … in einem Arbeitnehmerverhältnis gestanden hat;
b) … dass die künftige Ehefrau ihre Tätigkeit als Arbeitnehmerin spätestens zum Zeitpunkt der Eheschließung aufgibt oder … bereits aufgegeben hat …

Die von den heiratswilligen Frauen geräumten Arbeitsplätze wurden meistens mit Männern wieder besetzt. Die Nationalsozialisten sahen in der Berufstätigkeit von Frauen nur eine Ersatzbeschäftigung für Nichtverheiratete. Frauen sollten – wenn überhaupt – nur in solchen Bereichen arbeiten, die angeblich ihrer weiblichen Wesensart entsprachen, z. B. als Krankenschwester, Hausgehilfin, Fürsorgerin. Aus leitenden Positionen wurden Frauen entlassen. Verheiratete Frauen sollten gar nicht berufstätig sein.

6 *Gebt die Einstellung der Nationalsozialisten zur Berufstätigkeit von Frauen mit euren Worten wieder. Was meint ihr dazu?*

Erziehung zur Ehe

Hauswirtschaft, Handarbeiten, Säuglingspflege und Rassenbiologie waren für Mädchen verpflichtende Unterrichtsfächer. Vor der Zulassung zur Oberstufe der höheren Schulen mussten Mädchen eine hauswirtschaftliche Prüfung ablegen. Sie mussten beweisen, dass sie trotz Abitur ihre eigentliche Aufgabe als Hausfrau und Mutter erfüllen würden. Auch das Studium der Mädchen wurde beschränkt. Nur zehn Prozent der jährlich zugelassenen Studienanfänger durften Frauen sein. Mädchen bekamen frühestens ein Jahr nach der Schulentlassung eine Lehrstelle. Vorher mussten sie hauswirtschaftlich arbeiten. 1938 wurde das Pflichtjahr eingeführt: Alle ledigen Frauen unter 25 Jahren, die in bestimmten Berufen arbeiten wollten, mussten vorher ein Jahr in der Haus- oder Landwirtschaft tätig sein.

7 *Sprecht über die Inhalte der Mädchenerziehung.*

8 *Entwerft eine Antwort auf den NSDAP-Aufruf (siehe Randspalte).*

Für das ***Pflichtjahr*** *wurde 1934 in einer Propagandabroschüre unter anderem folgendermaßen geworben: „Dem deutschen Mädel! Pack Kochtopf, Schaufel, Besen an, du bekommst viel eher einen Mann!*

Erkenne deinen natürlichen Beruf – handele danach. Stelle nicht äußere Annehmlichkeiten in der Fabrik- und Büroarbeit höher als die Vorbereitung auf deinen späteren Hausfrauenberuf. So bleibst du auch gesünder, frischer und schöner …"

Hitlers neue Jugend – …

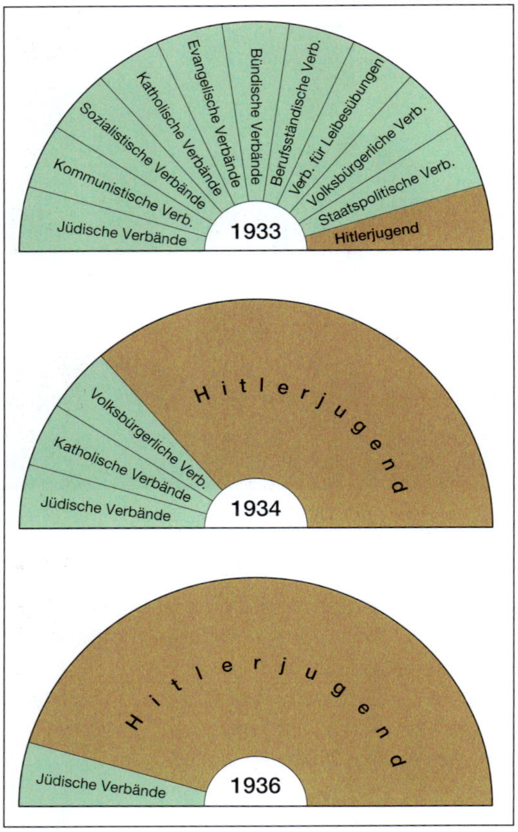

1 Die Entwicklung der Jugendverbände zwischen 1933 und 1936.

*Parallel zum bestehenden Schulsystem sollte in so genannten „**Napolas**" („Nationalpolitischen Erziehungsanstalten") die zukünftige Führungselite herangezogen werden. Bis 1935 wurden zwölf Schulen dieser Art gegründet, die besonders fähige Jugendliche im Alter von 10 bis 18 Jahren durch starke Betonung militärischer Ausbildung zu systemtreuen Offizieren heranbilden sollten. Eine vergleichbare Erziehung – jedoch völlig im Sinne der Partei und fern von jeglichen Schullehrplänen – bot man für Jungen, die später zur Parteispitze gehören sollten, in den zehn „Adolf-Hitler-Schulen".*

Jugendbild der NS-Ideologie

Der Nationalsozialismus hatte als totalitäres System die Erfassung des gesamten Menschen und die Gleichschaltung der Gesellschaft zum Ziel. Dementsprechend wichtig war für die NS-Ideologie die Erziehung der Jugend. Hitler wollte systemtreue Kinder und Jugendliche heranzüchten, die das „arische Erbe" weitertragen und für Deutschland kämpfen sollten. Die körperliche Ertüchtigung spielte eine herausragende Rolle. In Sportstunden, Wehrertüchtigungslagern und durch den anschließenden Arbeits- und Wehrdienst sollte die Jugend einen kerngesunden Körper bekommen, der bei den Mädchen die Voraussetzung für die Geburt möglichst vieler gesunder Kinder bilden und die Jungen auf den Einsatz in der Wehrmacht vorbereiten sollte.

Nach der körperlichen Ertüchtigung kam „erst in zweiter Linie die Ausbildung der geistigen Fähigkeiten", wie Hitler in „Mein Kampf" schrieb. Dabei war wiederum die Ausbildung des nationalsozialistischen Charakters wichtiger als die wissenschaftliche Schulung der Kinder.

Von der Vielfalt zur Hitlerjugend

Bereits Ende des 19. Jahrhunderts gab es in Deutschland eine Jugendbewegung. Unter der Bezeichnung „Wandervogel" fanden sich vor allem Jugendliche aus Stadt und Bürgertum zusammen, um gemeinsam dem Protest gegen die alte Welt der Kaiserzeit Luft zu machen. Pfadfinder, kirchliche und parteispezifische Jugendvereine bildeten sich in der Weimarer Republik und sie alle hatten durch gemeinsame Uniformen, Lieder oder Heimabende eine integrierende Funktion. Nach der „Machtergreifung" durch die Nationalsozialisten gerieten diese Jugendverbände allmählich in den Prozess der Gleichschaltung. Mit dem Verbot der SPD und KPD hörten auch deren Jugendverbände zu existieren auf. Lange Zeit konnten sich noch die katholischen Jugendbünde gegen die neue „Hitlerjugend" behaupten, doch auch sie wurden, ebenso wie alle anderen Arten von Sport- und Gesangsvereinen, gleichgeschaltet.

1 *Erläutert mithilfe der Grafik 1, wie sich die Jugendverbände in Deutschland seit 1933 entwickelt haben.*

Aus dem Gesetz über die Hitlerjugend vom 1. Dezember 1936:

Q1 Von der Jugend hängt die Zukunft des deutschen Volkes ab. Die gesamte deutsche Jugend muss deshalb auf ihre künftigen Pflichten vorbereitet werden. Die Reichsregierung hat daher folgendes Gesetz beschlossen …:

§ 1 Die gesamte deutsche Jugend innerhalb des Reichsgebietes ist in der Hitlerjugend zusammengefasst.

§ 2 Die gesamte deutsche Jugend ist außer in Elternhaus und Schule in der Hitlerjugend körperlich, geistig und sittlich im Geiste des Nationalsozialismus zum Dienst am Volk und zur Volksgemeinschaft zu erziehen …

... „hart wie Krupp-Stahl, zäh wie Leder"

2 *Nennt mithilfe von Q1 die nationalsozialistischen Erziehungsziele.*
3 *Überlegt, warum gerade für ein totalitäres System die Erziehung der Jugend so wichtig ist.*

Die „ideale" Hitlerjugend

Hitler hatte ganz bestimmte Vorstellungen von „seiner Jugend": hart, ausdauernd und ihm jederzeit treu ergeben sollte sie sein, die Jungen einmal tapfere Soldaten, die Mädchen treu sorgende Mütter und Frauen werden. Entsprechend wurden die Lehrpläne an den Schulen um die neuen Erziehungsziele ergänzt. Drei Fächer waren von den Veränderungen besonders betroffen: Geschichte, Biologie und Deutsch. Zusätzlich stand in den Gymnasien das Fach „Rassenkunde" auf dem Stundenplan. In Geschichte und Biologie wurde der nationalsozialistische Rassengedanke stark betont. Geschichte sollte die Schülerinnen und Schüler im Sinne der NS-Ideologie beeinflussen, damit sie die Welt als ständigen Kampf ums Überleben und andere Völker vornehmlich als Gegner betrachten.

Aus Äußerungen Hitlers über die Jugend:

M1 ... – Diese Erziehung soll einmal gute deutsche Soldaten und Mütter hervorbringen.
- Die Jugend soll flink wie Windhunde, zäh wie Leder und hart wie Krupp-Stahl sein.
- Ich will keine intellektuelle Erziehung. Mit Wissen verderbe ich mir die Jugend.
- Meine Pädagogik ist hart. Die Schwäche muss weggehämmert werden ... Eine gewalttätige, herrische, unerschrockene, grausame Jugend will ich ... Schmerzen muss sie ertragen. Es darf nichts Schwaches und Zärtliches an ihr sein. ...

4 *Findet Schlagwörter, mit denen man die Vorstellungen Hitlers von der Jugend beschreiben kann.*

Organisation der Hitlerjugend

Bereits im Alter von zehn Jahren wurden die Kinder in staatliche Organisationen einbezogen. Im „Jungvolk" (DJ = Deutsches Jungvolk, auch „Pimpfe" genannt) waren die zehn- bis 14-jährigen Jungen, ihre weiblichen Altersgenossinnen bei den „Jungmädeln" (JM)

2 Organisatorischer Aufbau des Lebensweges der Jugend im System des NS-Staates.

organisiert. Alljährlich am 20. April waren die Zehnjährigen Hitlers „Geburtstagsgeschenk". An diesem Tag traten sie dem „Jungvolk" bzw. den „Jungmädeln" bei. Die Jugendlichen im Alter von 14 bis 18 Jahren bildeten die eigentliche Hitlerjugend (HJ) bzw. den Bund Deutscher Mädel (BDM). Seit 1938 gehörten junge Frauen ab dem 18. Lebensjahr für weitere drei Jahre zum BDM-Werk „Glaube und Schönheit". In dieser Zeit wurde von ihnen auch – zunächst freiwillig – Arbeitsdienst, z. B. Hilfe bei der Ernte, geleistet.

5 *Erklärt mithilfe der Grafik 2, welchen Organisationen ein Junge bzw. ein Mädchen angehörte.*

Alle Gruppen der HJ und des BDM wurden von Jugendlichen selbst angeführt und in festen Einheiten zusammengefasst. Sie trugen militärische Bezeichnungen. Die Jugendlichen mussten sich in der nationalsozialistischen Jugend einheitlich kleiden: Für die Jungen waren braune Hemden, schwarze Hosen und ein schwarzes Halstuch Vorschrift, für die Mädchen einheitliche Röcke und Westen.

Lesetipp:
Winfried Bruckner, Christine Nöstlinger, Renate Welsh: Damals war ich vierzehn. Berichte und Erinnerungen. Ravensburg 2005.

HJ und BDM

1 **HJ-Gruppe mit Zugführer.** Foto, um 1935.

Das Leben in der Hitlerjugend

Die „Pimpfe" und die „Jungmädel" trafen sich wöchentlich für je zwei Stunden zu einem Heim- und einem Sportnachmittag, für die Jungen kamen Gelände- und Schießdienst dazu. Die Jugendlichen der HJ und des BDM kamen nur am Abend zusammen, weil sie bereits in einem Ausbildungsverhältnis standen. Monatlich gab es in allen Organisationen je eine Fahrt und einen Gruppenappell. Die Fahrt sollte besonders der Integration aller Mitglieder, die ja aus allen Bevölkerungsschichten kamen, und der Förderung des Gemeinschaftsgeistes dienen. Durch Sportwettkämpfe und Prüfungen (z. B. Jungmädelprobe, JM-Leistungsabzeichen) trat jedoch auch von Anfang an der Wettkampfcharakter in diese Gemeinschaften.

Wenn die Jugendlichen auf Fahrt waren, war das Leben im Lager durch einen strengen Tagesablauf bestimmt. Von ca. 5.30 Uhr morgens bis zum Zapfenstreich um ca. 21.00 Uhr wurden die Jugendlichen in nationalsozialistischer Weltanschauung unterrichtet, sie sangen, führten Sport- und Geländeübungen durch und mussten z. B. zum „Schuh- bzw. Fingernagelappell" antreten. Abends saß man am Lagerfeuer und empfand meist in diesen romantisierten und gefühlsbetonten Situationen Gemeinschaftsgefühl und Kameradschaft.

2 **BDM-Fahnenzug.** Foto, 1936.

Sondereinheiten in der Hitlerjugend

In der HJ konnten sich die Jungen, im Interesse ihrer beruflichen und militärischen Weiterbildung, bestimmten Sondereinheiten anschließen. Das bedeutete – zusätzlich zum üblichen HJ-Dienst – weitere Nachmittage der Ausbildung in der Motor-HJ, Flieger-HJ, Nachrichten-HJ oder der Reiter-HJ. Für die Mädchen bestand die Möglichkeit zur Fortbildung im Gesundheits- oder Haushaltsdienst.

Eine besondere Bedeutung innerhalb der Hitlerjugend kam der Sondereinheit „HJ-Streifendienst" zu, der dienstliche Vergehen und Disziplinverstöße der Jugendlichen aufdeckte und den jeweiligen Vorgesetzten meldete. Im Anschluss daran konnte der/die Betroffene einer ganzen Reihe von Ordnungsmaßnahmen unterzogen werden, die z. B. von einer einfachen Verwarnung über die Aberkennung eines Dienstgrades bis hin zum kompletten Ausschluss aus der Organisation reichte.

*„**Der deutsche Luftsport ruft dich.**" Mit Attraktionen wie dieser sollten Jugendliche für die Hitlerjugend begeistert werden.*

BDM-Plakat, 1935.

*„**Auch du gehörst dem Führer**". BDM-Plakat, 1936.*

HJ und BDM

Ein ehemaliger Hitlerjugend-Führer erinnerte sich 1975:

Q1 ... Wenn andere von der Pimpfenzeit schwärmen (als sei das Ganze nur ein Pfadfinderklub mit anderem Vorzeichen gewesen), so kann ich diese Begeisterung nicht teilen. Ich habe beklemmende Erinnerungen. In unserem Fähnlein bestanden die Jungvolkstunden fast nur aus „Ordnungsdienst", das heißt aus sturem militärischem Drill. Auch wenn Sport oder Schießen oder Singen auf dem Plan stand, gab es erst immer „Ordnungsdienst": endloses Exerzieren mit „Stillgestanden", „Rührt euch", „Links um", „Rechts um", „Ganze Abteilung – kehrt" – Kommandos, die ich noch heute im Schlaf beherrsche. Zwölfjährige Hordenführer brüllten zehnjährige Pimpfe zusammen und jagten sie kreuz und quer über die Schulhöfe, Wiesen und Sturzäcker. Die kleinsten Aufsässigkeiten, die harmlosesten Mängel an der Uniform, die geringste Verspätung wurden sogleich mit Strafexerzieren geahndet – ohnmächtige Unterführer ließen ihre Wut an uns aus. Aber die Schikane hatte Methode: Uns wurde von Kindesbeinen an Härte und blinder Gehorsam eingedrillt ... Wir alle waren vom Ehrgeiz gepackt, wollten durch vorbildliche Disziplin, durch Härte im Nehmen, durch zackiges Auftreten den Unterführern imponieren. Denn wer tüchtig war, wurde befördert, durfte sich mit Schnüren und Litzen* schmücken, durfte selber kommandieren ... Mit dreizehn hatte ich es geschafft: Ich wurde „Jungzugführer" ... Beim Sport und beim Geländespiel vertrugen wir uns prächtig, und wenn ich zum Dienstschluss mein „dreifaches Sieg Heil auf unseren geliebten Führer Adolf Hitler" ausrief, strahlten die Augen „meiner Kameraden". Doch der befohlene „Ordnungsdienst" langweilte sie. Eines Tages muckten sie auf. Nun war die Reihe an mir zu treten. Nach Dienstschluss um sechs Uhr abends knöpfte ich mir ... die drei ärgsten „Rabauken" vor und „schliff sie nach Strich und Faden": „Hinlegen – auf", „An die Mauer – marsch – marsch", „Zurück – marsch – marsch", „Tiefflieger von links", „von rechts", „von links", „zehn Liegestützen", „fünfzehn Liegestützen", „zwanzig" – so in immer schnellerem Wechsel. Ich brauchte nur zu brüllen, den Daumen auf und ab zu bewegen und die Liegestützen zu zählen ... Die armen Kerle stöhnten, schwitzten, schnappten nach Luft – aber sie gehorchten. Ihr (Eigen-)Wille war gebrochen ...

3 **„Tag der Wehrmacht" am 19. März 1939. Kinder nehmen an Schießübungen in einer Maschinengewehrstellung teil.** Foto.

1 *Fasst zusammen, was ihr bei der Hitlerjugend gut, was schlecht gefunden hättet.*

Strenge Ordnung und Disziplin

Gerade diese strenge Ordnung lehnten auch einige Jugendliche ab. So gab es z. B. die „Swing-Gruppen"*, die durch ihre auffällige Kleidung und Haartracht ihre Sympathie mit der anglo-amerikanischen Musikrichtung des Swing zum Ausdruck brachten, oder die wilden Cliquen wie die „Edelweiß-Piraten"*, die sich vor allem unter den Arbeiterkindern in den Großstädten bildeten und die sich den Zwängen der Hitlerjugend entziehen wollten. Diese beiden Gruppierungen konnten die Nationalsozialisten nie ganz für sich vereinnahmen (siehe auch S. 106).

Litze*:
hier: ein farbiges Rangabzeichen.

Swing-Gruppen*:
Jugendliche der Mittel- und Oberschicht, die sich für die anglo-amerikanische Swing-Musik begeisterten; entstanden in Norddeutschland (Hamburg), durch ihre auffällige Kleidung und längere Haartracht in Opposition zur nationalsozialistischen Gesellschaft.

Edelweiß-Piraten*:
unorganisierte Gruppen von jugendlichen Widerstandskämpfern, überwiegend im Rheinland und im Ruhrgebiet vertreten, aus Arbeiterfamilien stammend; Aktionen vor allem gegen HJ, deren militärischen Drill und organisierte Freizeitgestaltung sie ablehnten.

Internettipp:
www.museenkoeln.de/ausstellungen/nsd_0404_edelweiss
Auf dieser Homepage erfahrt ihr etwas über die Edelweiß-Piraten und andere Jugendgruppen in Köln 1933–1945.

Der NS-Terror

1 Eintreffen von „Schutzhäftlingen" im Konzentrationslager Oranienburg bei Berlin, August 1933. Von links nach rechts: Ernst Heilmann, Vorsitzender der preußischen SPD-Fraktion, Fritz Ebert, Sohn des ehemaligen Reichspräsidenten, Alfred Braun, Sekretär der Berliner SPD, sowie Ministerialrat Giesecke, Dr. Flesch und Dr. Magnus, alle drei vom Reichs-Rundfunk. Foto.

Überwachung der Bevölkerung

Die Unterdrückung und Verfolgung politischer Gegner und jedweder oppositioneller oder auch nur regimekritischer Haltung sollte die Herrschaft der Nationalsozialisten sichern. Dazu galt es, die Stimmung in der Bevölkerung genau zu überwachen. Doch diese flächendeckende Überwachung war nur durch die Einbeziehung und die tatkräftige Unterstützung möglichst vieler Bürger und die Durchdringung möglichst aller Bereiche des Alltags erreichbar.

Aus einer modernen Darstellung:

M1 … Die Führer der Unterorganisationen der NSDAP, die Ortsgruppen-, Zellen- oder Blockleiter, hatten überschaubare Einheiten zu betreuen, die Wohnumgebung, den „Block", zu kontrollieren und insbesondere oppositionelle Verhaltensweisen zu melden. Gelegenheit, dies festzustellen, gab es reichlich: Wurde der deutsche Gruß erwidert? Wurde bei den Wohnung für Wohnung vorgenommenen Sammlungen für Winterhilfswerk (WHW), NS-Volkswohlfahrt etc. gespendet? Wurde bei NS-Festtagen geflaggt? Gab es Äußerungen, die auf die Einstellung zum Regime schließen ließen? Im Prinzip oblag die gleiche Aufgabe jedem der ca. 10 Millionen Mitglieder der NSDAP. Die Informationen wurden in der NSDAP-Kreisleitung gesammelt. Bei Bedarf, z. B. bei Anklagen wegen politischer Delikte vor dem Sondergericht, wurden „politische Beurteilungen" abgegeben, deren Inhalt über Leben und Tod entscheiden konnte …

1 *Fasst zusammen, für welche „Vergehen" man bei den Polizeiorganisationen gemeldet werden konnte.*
2 *Überlegt, wer letztlich für die Überwachung des Volkes zuständig war.*
3 *Erläutert, warum in einem solchen System persönlicher Willkür Tür und Tor geöffnet war.*

Verfolgung politischer Gegner

Den Kern dieses Überwachungsapparates bildeten der Sicherheitsdienst (SD)* der SS, Polizei und Gestapo*, die auch den Hinweisen und Denunziationen aus der Bevölkerung nachgingen. Nach dem Inkrafttreten der „Verordnung zum Schutz von Volk und Staat" am 28. Februar 1933 (Reichstagsbrandverordnung), die wesentliche Grundrechte außer Kraft setzte, konnten die Nationalsozialisten alle politischen Gegner und solche, die sie dafür hielten, festnehmen lassen: Kommunisten, linke Intellektuelle, SPD- und Gewerkschaftsfunktionäre und andere wurden nun zeitlich unbegrenzt und ohne richterliche und rechtsstaatliche Kontrolle inhaftiert. Diese Verhaftungen ohne richterliche Anordnung nannten die Nationalsozialisten „Schutzhaft".

Einem Verhafteten wurde 1933 erklärt:

Q1 … Die Schutzhaft wird damit begründet, dass infolge Ihrer Betätigung im kommunistischen Sinne die Bevölkerung … derart gegen Sie aufgebracht ist, dass mit Gewaltmaßnahmen gegen Ihre Person gerechnet werden muss …

4 *Erklärt den Begriff „Schutzhaft" mit eigenen Worten.*

Sicherheitsdienst (SD)*: *Unter der Leitung von Reinhard Heydrich war der SD dafür zuständig, Nachrichten über weltanschauliche Gegner zu sammeln, die Stimmung in der Bevölkerung zu ermitteln und in Einzelfällen über die politische Zuverlässigkeit von Personen zu urteilen.*

Gestapo*: *Die Geheime Staatspolizei, 1933 von Hermann Göring und Heinrich Himmler geschaffen, diente als politische Polizei zur rücksichtslosen Unterdrückung aller Gegner des Nationalsozialismus. Dabei bediente sie sich unter anderem der Folter, der Einweisungen in KZ und politischer Morde.*

Die ersten Konzentrationslager

2 **Zählappell in einem Konzentrationslager, um 1934.** Foto.

Heinrich Himmler *(1900–1945), „Reichsführer SS" und Chef der Deutschen Polizei und damit Herr über den gesamten Unterdrückungs- und Terrorapparat; betrieb im Zweiten Weltkrieg eine brutale „Germanisierungspolitik" im besetzten Osteuropa und war treibende Kraft der „Endlösung" (siehe S. 83).*

Von den „wilden" zu den organisierten KZs

Aufgrund der Überfüllung regulärer Justizvollzugsanstalten, aber auch, um ungehindert von Anstaltsordnungen an den politischen Gegnern Rache nehmen zu können, waren nach dem Reichstagsbrand überall im Reich Lager errichtet worden. In ehemaligen Fabrikhallen, Lagerschuppen und Kellern entstanden die ersten „wilden KZs", in denen SS-Einheiten und andere nationalsozialistische Verbände die politischen Gefangenen oftmals bis zum Tod quälten. Insgesamt existierten ca. 70 solcher Haft- und Folterlager. Im ersten Jahr der NS-Herrschaft wurden ca. 100 000 Menschen in diese Lager verschleppt.

Nachdem die SS die Oberherrschaft über die politische Polizei gewonnen hatte, ging ihr Führer Heinrich Himmler daran, diese „wilden KZs" zu wenigen großen Lagern zusammenzufassen und einheitlich zu organisieren. Am 22. März 1933 vermeldete der „Völkische Beobachter" offiziell die Einrichtung des ersten KZs in Dachau nordwestlich von München. Die Oberaufsicht über diese Lager wurde SS-Oberführer Theodor Eicke übertragen. Dieser ließ bis 1939 fünf weitere Großlager einrichten: Buchenwald bei Weimar, Flossenbürg bei Weiden, Mauthausen bei Linz (Österreich) und das Frauen-KZ Ravensbrück in Brandenburg.

Kennzeichnung der Häftlinge

Die Lebensbedingungen in den KZs waren absolut menschenunwürdig: Zur völlig unzureichenden Verpflegung, Hygiene und ärztlichen Versorgung kam ein abgestuftes System von Strafen.

Neben politischen Gegnern wurden schließlich auch all jene Menschen verfolgt und inhaftiert, die nicht in das nationalsozialistische Weltbild passten. Die Häftlinge mussten auf der gestreiften Häftlingskleidung farbige Dreiecke, auch „Winkel" genannt, tragen: Außer dem roten Dreieck für politische Häftlinge gab es Winkel für „Zeugen Jehovas", für Auswanderungswillige, für Homosexuelle, für so genannte „Asoziale" sowie Sinti und Roma (siehe S. 85) und einen besonderen für Kriminelle. Wer Jude war, hatte zusätzlich ein gelbes Dreieck zu tragen, das so über den Grundwinkel gelegt wurde, dass ein Stern entstand.

Jacke eines KZ-Häftlingsanzuges *1933–1945. Foto.*

Methode: In Archiven recherchieren

Wie verlief in meinem Heimatort die Machtübernahme durch die Nationalsozialisten? Wie haben die Nationalsozialisten ihre Herrschaft ausgebaut? Wurden in meinem Heimatort Menschen wegen ihrer politischen oder religiösen Überzeugung schikaniert, ausgegrenzt, verhaftet oder gar ermordet?
Fragen dieser und ähnlicher Art werden sich wohl viele Schülerinnen und Schüler stellen. Doch Antworten zu finden wird schwieriger werden, da immer weniger Zeitzeugen, die man dazu befragen könnte, noch am Leben sind.
Ein wichtiges Hilfsmittel, um an heimatbezogene Informationen zu gelangen und geschichtliche Zusammenhänge herzustellen, kann das Benutzen eines Archivs sein. Dort sind alte Zeitungen, Tagebücher, Akten, Schriftstücke unterschiedlichster Art, Plakate oder gar Film- und Tondokumente gesammelt.
Ein Archivar eures Stadt- oder Gemeindearchivs sowie eure Lehrkraft können euch auf eurer Entdeckungsreise durch ein Archiv begleiten. Wie geht ihr vor?

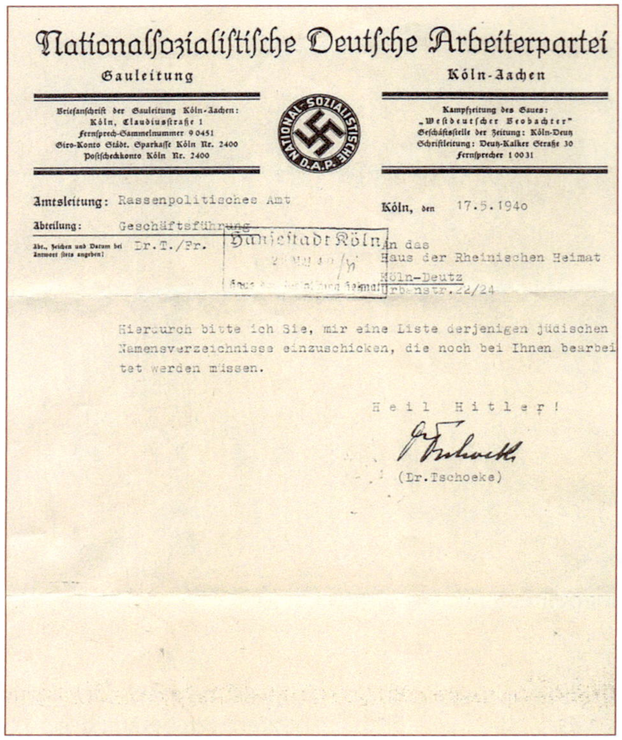

Nationalsozialistische Deutsche Arbeiterpartei

Gauleitung Köln-Aachen

Briefanschrift der Gauleitung Köln-Aachen:
Köln, Claudiusstraße 1
Fernsprech-Sammelnummer 9 0451
Giro-Konto Städt. Sparkasse Köln Nr. 2400
Postscheckkonto Köln Nr. 2400

NATIONAL-SOZIALISTISCHE D.A.P.

Kampfzeitung des Gaues:
„Westdeutscher Beobachter"
Geschäftsstelle der Zeitung: Köln-Deutz
Schriftleitung: Deutz-Kalker Straße 30
Fernsprecher 1 00 31

Amtsleitung: Rassenpolitisches Amt
Abteilung: Geschäftsführung
Abt., Zeichen und Datum bei Antwort stets angeben! Dr.T./Fr.

Köln, den 17.5.1940

Hansestadt Köln

An das
Haus der Rheinischen Heimat
Köln-Deutz
Urbanstr. 22/24

Hierdurch bitte ich Sie, mir eine Liste derjenigen jüdischen Namensverzeichnisse einzuschicken, die noch bei Ihnen bearbeitet werden müssen.

Heil Hitler!

(Dr. Tschoeke)

1 Anweisung des Rassenpolitischen Amtes an das Haus der Rheinischen Heimat vom 17. 5. 1940 mit der Bitte um die Zusendung der Liste eines jüdischen Namensverzeichnisses (aus dem NS-Dokumentationszentrum Köln).

1. Schritt: Das Thema eingrenzen

Je genauer ihr euer Thema eingrenzt, umso gezielter könnt ihr überlegen, wonach ihr im Archiv suchen wollt.

2. Schritt: Eine Archivführung vereinbaren

Euer/eure Geschichtslehrer/-in muss die Klasse natürlich anmelden und sich mit dem Archivar über Umfang und Inhalt des Archivbesuchs verständigen. Es wäre gut, wenn ihr während der Vorstellung des Archivs ständig die Möglichkeit zum Fragen hättet. Ihr solltet auf diese Weise viele Informationen über das jeweilige Archiv und seine Aufgabenstellung sammeln. Die Arbeit eines Archivars sollte ebenso deutlich werden: Wie werden Objekte konserviert und archiviert? Wie werden die Überlieferungen bewertet?

3. Schritt: Betreute Arbeitsgruppen bilden

Nachdem ihr bei der Archivführung die Grundzüge der Archivbenutzung und die Bedeutung des Archivs für eure Arbeit kennen gelernt habt, geht es nun an die Ermittlung entsprechender Quellen und deren Auswertung.
Sehr schnell werdet ihr bei den ersten Leseversuchen Grundlegendes für die Arbeit in einem Archiv erkennen: Entschlüsseln unterschiedlicher Schreibweisen, Auflösen von Kürzeln, Klären der Bedeutung veralteter Ausdrücke etc. Manchmal verfügen Archive auch über „Reinschriften" von Originalquellen, deren Sprache überarbeitet wurde, selbstverständlich ohne dass der Inhalt verändert wurde. Der Reiz des „detektivischen Vorgehens" bei der Schriftentschlüsselung geht hier allerdings verloren. Sind die schriftsprachlichen Probleme beseitigt, ist nun der kritische Umgang wie bei jeder Quelle erforderlich: Wovon berichtet der Text? Was ist über den Verfasser bekannt? usw.

4. Schritt: Selbstständig recherchieren

Ihr seid jetzt mit den wichtigsten Benützungsbedingungen im Archiv vertraut und könnt langsam selbstständig recherchieren. Macht euch ständig Notizen darüber, wie ihr vorgeht und was ihr findet.

Warum gibt es Gedenkstätten?

Bertolt Brecht sagte: „Das Gedächtnis der Menschheit für erduldete Leiden ist erstaunlich kurz. Ihre Vorstellungsgabe für kommende Leiden fast noch geringer."

Nach dem Zweiten Weltkrieg wurden vielerorts alle Spuren, die an die Verbrechen des Hitler-Regimes erinnerten, schnell beseitigt. Man versuchte zu verdrängen, was man nicht vergessen konnte.

Andernorts wurden die Konzentrationslager nicht abgerissen, sondern blieben als Gedenkstätten erhalten. Auch die Stätten der Täter wurden verschiedentlich nicht zerstört, beispielsweise das Reichsparteitagsgelände in Nürnberg und der Obersalzberg in Berchtesgaden. Der Obersalzberg war Hitlers Feriendomizil und wurde nach 1933 – neben Berlin – zweiter Regierungssitz. Seit 1999 wird hier in Form von Ausstellungen an die Gewaltherrschaft der Nationalsozialisten erinnert (*www.obersalzberg.de*).

Diese Stätten und viele andere Denkmäler und Gedenksteine sollen uns ein Mahnmal im Kampf gegen das Vergessen sein. Sie wollen uns erinnern an eine Zeit, in der ein Unrechtsstaat das Leben von Millionen von Menschen zerstört und vernichtet hat. Die Erinnerung an diese Zeit des Terrors und der Willkür soll unsere Sinne schärfen – damit wir neu entstehendes Unrecht sensibel erkennen und es mit unseren Möglichkeiten bekämpfen lernen.

1 *Welche Gefühle, Gedanken oder Erinnerungen verbindet ihr mit Gedenkstätten?*

2 *Erhalt und Nutzung von Stätten der Täter, wie der Obersalzberg, sind sehr umstritten. Was spricht für, was spricht gegen Gedenkstätten?*

Eine Fahrt zu einer Gedenkstätte planen und Organisatorisches klären

Der Aufbau der Gedenkstätte, die Möglichkeit einer Führung, die Organisation der An- und Abreise und die Finanzierung können im Vorfeld häufig schon mit Hilfe des Internets geklärt werden. Für viele Gedenkstätten gibt es bei Klassenfahrten auch Zuschüsse.

Informationen einholen

Der Besuch einer Gedenkstätte ist keine Fahrt, die Unterhaltung und Action bringt. Es ist notwendig, sich bereits vorher über die Hintergründe der Gedenkstätte zu informieren, sich kundig zu machen, was dort passiert ist.

Man muss sich auch darüber im Klaren sein, dass die NS-Gräueltaten in der heutigen Umgebung nicht mehr erfassbar sind. Nicht selten wirken Gedenkstätten sehr still und ruhig oder man wird von der Betriebsamkeit der Besuchermassen abgelenkt. Es ist notwendig, gut informiert zu einer Gedenkstätte zu fahren, um durch diese Ruhe oder durch das rege Treiben hindurchschauen zu können zu dem, was einst an dem Ort geschehen ist.

Auswertung

- Was habt ihr bei dem Besuch gefühlt? Was hat euch besonders bewegt, beeindruckt?
- Was habt ihr Neues erfahren, was wusstet ihr schon?
- Gibt es neu entstandene Fragen? Wie könnt ihr die fehlenden Informationen beschaffen?
- Welche Botschaft nehmt ihr für euch persönlich aus dem Besuch mit?

2 Mahnmal für die Opfer des KZs Wuppertal-Kemna. Foto, 2001.

Gedenkstätten in NRW

Über die NS-Gedenkstätten und Dokumentationszentren in Nordrhein-Westfalen informiert ausführlich eine Webseite des Arbeitskreises der NS-Gedenkstätten in Nordrhein-Wesfalen e. V. (*www.ns-gedenkstaetten.net/nrw/index_startseite_de.html*).

Über das „wilde" KZ Wuppertal-Kemna, das bis Januar 1934 bestand, wird dort berichtet:

M1 … Am 5. Juli kamen die ersten Häftlinge nach Kemna, wo sie von den SA-Wachmannschaften mit Schlägen und Tritten „in Empfang" genommen wurden. Bis auf wenige Ausnahmen handelte es sich in Kemna um politische Gefangene. … Mehr als 4500 Häftlinge wurden während des halben Jahres, in dem dieses Lager bestand, misshandelt und gefoltert. Obwohl für maximal 200 bis 300 Personen vorgesehen, befanden sich dort zeitweise auf engstem Raum zusammengepfercht mehr als 1000 Gefangene. …

Die Verfolgung der Juden

1 **Aufruf zum Boykott jüdischer Geschäfte am 1. April 1933.** Foto, 1933.

2 **Schild am Tor eines Bauernhofs in Dortmund-Schüren: „Juden betreten das Gehöft auf eigene Gefahr."** Foto, 1935.

1. April 1933: Der „Judenboykott" ist der Auftakt zur systematischen Judenverfolgung in Deutschland.

Beginn der Verfolgung

Die Verfolgung der jüdischen Bürger durch die Nationalsozialisten begann sofort nach der Machtübertragung an Hitler. In seinem Buch „Mein Kampf" hatte er die Juden zum Haupt- und Todfeind des deutschen Volkes erklärt.

Als Auftakt zur systematischen Verfolgung der Juden in Deutschland wurde seit April 1933 reichsweit zum Boykott jüdischer Geschäfte aufgerufen, was dann auch in vielen Orten Nordrhein-Westfalens geschah. Jüdische Kinos und Theater sollten nicht besucht werden. Firmen und Betriebe von jüdischen Eigentümern erhielten kaum Aufträge. Die Bürger wurden aufgefordert, sich nicht von Juden unterrichten, behandeln und rechtlich vertreten zu lassen. Banken verweigerten oder kündigten Darlehen, sodass viele jüdische Händler vor dem wirtschaftlichen Ruin standen und ihre Geschäfte aufgeben mussten.

Es zeigte sich aber schnell, dass sich dieses Vorgehen negativ auf die deutsche Gesamtwirtschaft auswirkte, und so stellten die Nazis ihren „Judenboykott" vorerst ein. Zu willkürlichen Gewaltakten kam es jedoch auch weiterhin. Viele Menschen verharmlosten das Vorgehen der Nationalsozialisten gegen die Juden und leisteten kaum Widerstand.

Die ständig steigenden Beschimpfungen und Verfolgungen der Juden im täglichen Leben veranlassten bis 1938 über 220 000 jüdische Bürger, aus Deutschland auszuwandern. Ihnen folgten bis 1941 mehr oder minder unfreiwillig weitere 100 000.

1 *Überlegt, was die Nazis mit dem Boykott erreichen wollten.*

2 *Besprecht, warum viele Juden trotz der Verfolgung nicht auswanderten.*

Der damals 16-jährige Gerhard Moss aus Hamburg berichtete 1978:

M1 … Bis … 1936 etwa ließ ich als echter HSV-Anhänger kein Fußballspiel … aus. Bis dann Juden der Besuch von Fußballspielen verboten wurde! – Ich erinnere mich an einen Sonntagnachmittag. Wir fuhren zum Café Randel in Wellingsbüttel, um wie so oft zuvor … dort Kaffee zu trinken. Aber wir mussten dieses Mal wieder umkehren, denn am Eingang hing ein großes Schild: „Juden ist der Zutritt verboten!" Wir fanden auch kein anderes Lokal mehr. Überall hingen solche Schilder. Einmal fuhren wir im Sommer an die Ostsee. Da waren Transparente über die Straße gespannt: „Hier scheint den Juden die Sonne nicht." …

3 *Überlegt, wie es euch anstelle des 16-jährigen Gerhard Moss wohl zumute gewesen wäre.*

Lesetipp:
Victor Klemperer: Das Tagebuch 1933–1945. Eine Auswahl für junge Leser. Mit Anregungen für den Unterricht. Bearbeitet von Harald Roth. Aufbau Taschenbuch, Berlin 2002.

Die „Nürnberger Gesetze"

3 Antisemitischer Karnevalswagen im Kölner Karnevalszug. Foto, 1935.

Juden als Sündenböcke

Die von den Nationalsozialisten verbreiteten Vorurteile gegenüber den Juden wurden von vielen Deutschen geteilt oder hingenommen. Diese Vorurteile waren seit der Mitte des 19. Jahrhunderts in Deutschland immer wieder aufgekommen. Sie entstanden unter anderem aus Neid über den Erfolg von Juden in Handel und Bankgewerbe. Auch die herausragende Stellung jüdischer Gelehrter an den Universitäten erweckte Argwohn und Missgunst.

Die deutschen Juden waren mit 526 000 Personen eine Minderheit von 0,8 Prozent der deutschen Bevölkerung. Mit hasserfüllter Propaganda gelang es den Nationalsozialisten, die Juden zu Sündenböcken zu machen.

Die „Nürnberger Gesetze"

Sie bildeten die Grundlage für die weitere Ausgrenzung und Verfolgung der Juden. Eine neue Stufe der Demütigung und Verfolgung war 1935 mit dem Erlass der „Nürnberger Gesetze" erreicht. Sie bildeten die Grundlage für die weitere Verfolgung der Juden.

Aus den „Nürnberger Gesetzen":

Q1 Reichsbürgergesetz

- Reichsbürger ist nur der Staatsangehörige deutschen und artverwandten Blutes, der durch sein Verhalten beweist, dass er gewillt und geeignet ist, in Treue dem Deutschen Reich und Volk zu dienen.
- Nur der Reichsbürger kann als Träger der vollen politischen Rechte das Stimmrecht in politischen Angelegenheiten ausüben und ein öffentliches Amt bekleiden.
- Ein Jude kann nicht Reichsbürger sein. Ihm steht ein Stimmrecht in politischen Angelegenheiten nicht zu; er kann ein öffentliches Amt nicht bekleiden.

Gesetz zum Schutz des deutschen Blutes und der deutschen Ehre

§ 1 Eheschließungen zwischen Juden und Staatsangehörigen deutschen und artverwandten Blutes sind verboten. Trotzdem geschlossene Ehen sind nichtig …

§ 2 Außerehelicher Verkehr zwischen Juden und Staatsangehörigen deutschen und artverwandten Blutes ist verboten.

§ 3 Juden dürfen weibliche Staatsangehörige deutschen oder artverwandten Blutes unter 45 Jahren nicht in ihrem Haushalt beschäftigen …

4 *Listet auf, was den Juden aufgrund der „Nürnberger Gesetze" verboten war.*

Nun waren die Bürger jüdischen Glaubens auch juristisch aus der „Volksgemeinschaft" ausgeschlossen. Vor jeder Eheschließung oder bei Bewerbungen musste der Nachweis der „arischen Abstammung" erbracht werden. Den Juden wurde es verboten, Bibliotheken, Theater, Kinos und Badeanstalten zu besuchen. Auch Parkanlagen und öffentliche Verkehrsmittel blieben ihnen zunehmend verwehrt. Durch den „Reichsverband der jüdischen Kulturbünde in Deutschland", gegründet 1935, kontrollierten die Machthaber die jüdischen Kultur- und Sportvereinigungen noch mehr. Ab 1941 mussten alle Juden in der Öffentlichkeit einen gelben Stern tragen.

DEUTSCHES REICH
J
REISEPASS
Nr. 122
NAME DES PASSINHABERS
Wilhelm Israel Sander
~~BEGLEITET VON SEINER EHEFRAU~~
UND VON — KINDERN
STAATSANGEHÖRIGKEIT:
DEUTSCHES REICH

Ausweis eines jüdischen Bürgers 1938.

15. September 1935: *Erlass der „Nürnberger Gesetze".*

Der so genannte „Judenstern".

Judenpogrome

*deportieren**: verschleppen, zwangsweise verschicken.*

1 Nach einer Brandstiftung brennt die Synagoge von Essen nieder. Foto, 10.11.1938.

Die „Reichskristallnacht"

Am 7. November 1938 wurde in Paris ein Beamter der deutschen Botschaft, Ernst vom Rath, erschossen. Der Täter war der 17-jährige deutsche Jude Herschel Grynspan, dessen Familie wenige Tage zuvor von den Nationalsozialisten aus Hannover nach Polen ausgewiesen worden war. Die nationalsozialistische Hetzpropaganda nahm das Attentat zum Anlass, die bis zu diesem Zeitpunkt größten Pogrome* gegen die jüdische Bevölkerung in Deutschland zu organisieren. Am 9. November 1938 brannten in Deutschland 191 Synagogen. Jüdische Friedhöfe wurden geschändet, jüdische Kaufhäuser, Anwaltsbüros und Wohnungen ausgeraubt, verwüstet und die Besitzer deportiert* oder ermordet. Insgesamt wurden in dieser Pogromnacht 90 Juden getötet und 30000 in Konzentrationslager verschleppt.

Die NS-Regierung beschloss, von den Juden als Sühneleistung eine Milliarde Reichsmark für die entstandenen Schäden zu verlangen, sämtliche Versicherungsgelder, die den Juden für die Zerstörungen zugestanden hätten, zu beschlagnahmen und die Trümmer von den Juden beseitigen zu lassen.

Ein menschenwürdiges Leben in Deutschland war für die jüdische Bevölkerung nach 1938 kaum mehr möglich. Denen, die nicht auswandern konnten oder wollten, wurde das Leben weiter erschwert. Einige Beispiele:

- Dezember 1938: Juden dürfen keine Personenkraftwagen oder Motorräder mehr fahren, ihre Führerscheine werden eingezogen.
- Januar 1939: Jüdische Zahnärzte, Tierärzte und Apotheker dürfen ihren Beruf nicht mehr ausüben.
- Februar 1939: Juden müssen alle ihre persönlichen Wertgegenstände aus Gold, Silber und Platin beim Staat abliefern.
- September 1939: Juden müssen ihre Rundfunkgeräte abliefern.
- Oktober 1941: Juden wird die Auswanderung verboten.

***Pogrom**:** *Ausschreitungen und gewaltsame Verfolgung aus religiösen oder in Vorurteilen begründeten Absichten.*

9./10. November 1938: *„Reichskristallnacht": Von den Nationalsozialisten inszenierte Pogrome gegen die deutschen Juden. Der Begriff wurde von den Nationalsozialisten geprägt aus Hohn über die zahllos zerstörten Schaufensterscheiben jüdischer Geschäfte und alle übrigen Glasschäden.*

2 Deportation Dortmunder Juden. Mindestens 2200 Dortmunder Juden kamen in Konzentrations- und Vernichtungslagern ums Leben. Foto.

Lesetipp: *Lutz van Dijk: Der Attentäter. Bertelsmann, München 2003.*

Die „Endlösung der Judenfrage"

Die Wannsee-Konferenz

Der größte Teil der Bevölkerung stand diesen antisemitischen Ausschreitungen passiv gegenüber. Einige bereicherten sich sogar. Das Vermögen der Juden zog das NS-Regime ein. In fast allen Städten wurden Kaufhäuser, die jüdischen Händlern gehörten, „arisiert".

Nach dem Ausbruch des Zweiten Weltkriegs wurde die Judenverfolgung noch weiter verschärft. Am 20. Januar 1942 schließlich organisierte eine Konferenz am Großen Wannsee* in Berlin die „Endlösung der Judenfrage". Das hieß systematische Ermordung der Juden* in Deutschland und in den inzwischen von Deutschland besetzten Gebieten.

Aus dem Wannsee-Protokoll:

Q1 ... Im Zuge dieser Endlösung der europäischen Judenfrage kommen rund elf Millionen Juden in Betracht. ... In großen Arbeitskolonnen, unter Trennung der Geschlechter, werden die arbeitsfähigen Juden Straßen bauend in diese Gebiete geführt, wobei zweifellos ein Großteil durch natürliche Vernichtung ausfallen wird. Der ... verbleibende Rest wird, da es sich bei diesem zweifellos um den widerstandsfähigsten Teil handelt, entsprechend behandelt werden müssen. ...

1 *Fasst in eigene Worte, was im Protokoll festgehalten war.*

Täglich gingen nun Transporte aus allen Teilen Deutschlands in die Vernichtungslager nach Chelmno, Belzec, Sobibor, Treblinka, Auschwitz oder Majdanek. Die Deportationen verliefen jetzt planmäßig mit Zügen der Deutschen Reichsbahn.

2 *Schaut in eurem Atlas nach, wo die angegebenen Orte liegen. Überlegt, warum die Nationalsozialisten gerade dort Vernichtungslager errichteten.*

Vor ihrer Deportation erhielten alle Juden im Reichsgebiet folgendes Schreiben:

Q2 ... Es wird Ihnen hiermit eröffnet, dass Sie innerhalb von zwei Stunden Ihre Wohnung zu verlassen haben. Die beauftragten Beamten sind gehalten, bis Sie Ihre Koffer gepackt und Ihre Wohnung ordnungsgemäß hergerichtet haben, bei Ihnen zu bleiben und Sie alsdann zum Sammelplatz zu bringen. Sie werden ersucht, die Schlüssel an sämtlichen Behältnissen, Schränken usw. stecken zu lassen, ebenso die inneren Wohnungsschlüssel. Den Haus- und Korridorschlüssel haben Sie mit einem Bändchen und einem daran befestigten Stück Pappe zu versehen und Ihren Namen und Wohnung und Kennnummer darauf zu schreiben. Vor Verlassen der Wohnung ist das Ihnen ausgehändigte Vermögensverzeichnis genauestens ausgefüllt und unterschrieben abzugeben.

Sie haben mitzunehmen:

1. Zahlungsmittel RM 50,–.
2. Rucksack oder Handgepäck mit Wäsche und sonstiges zur einfachen Lebensführung notwendiges Gerät.
3. Vollständige Bekleidung (es können auch zwei Mäntel und doppelte Unterwäsche angezogen werden).
4. Verpflegung für zwei Tage, Löffel, Teller oder Napf, Trinkbecher.
5. Reisepass, Kennkarte, Arbeits- und sonstige Ausweispapiere sowie Lebensmittelkarten, Kartoffel- und Kohlenbezugsscheine. Sie dürfen nicht eingepackt werden, sondern sind von jeder Person bei sich zu führen. Nicht mitgenommen werden dürfen: Wertpapiere, Devisen, Sparkassenbücher usw. sowie Wertsachen jeder Art (Gold, Silber, Platin), ebenfalls kein lebendes Inventar. Der Ehering sowie eine einfache Uhr dürfen mitgenommen werden ...

Außerdem haben Sie sich selbst ein Schild um den Hals zu hängen, auf dem Ihr Name und Geburtstag angegeben sind sowie Kennnummer ...

3 *Versucht euch in die Lage der Menschen zu versetzen, die diesen Bescheid erhielten. Was mögen sie empfunden haben?*

4 *Erkundigt euch nach ähnlichen Vorgängen in eurem Heimatort. Gab es hier Juden? Was ist aus ihnen geworden?*

Wannsee-Konferenz*:
Unter der Leitung Reinhard Heydrichs planten Vertreter verschiedener Amtsstellen am Großen Wannsee in Berlin die konkrete Organisation des Völkermords an den Juden.

Ermordung der Juden*:
Für die von den Nationalsozialisten systematisch betriebene Ermordung der Juden wird häufig der Begriff „Holocaust" verwendet. Im Englischen bezeichnet der Begriff „Holocaust" die vollständige Verbrennung eines Opfers. Da dieses Wort aber zu sehr die Rolle der Ermordeten als Opfer betont, wird heute vermehrt der Begriff „Shoa" für die Vernichtung der jüdischen Bevölkerung verwendet. Shoa bedeutet im Hebräischen „Zerstörung" oder „große Katastrophe".

Internettipp:
Jüdische Lebenswege in Westfalen:
www.petrinum-dorsten.de/lebenswege

Massenmorde in Vernichtungslagern: ...

1 **Auf dem Weg in die Gaskammern, 1942.** Foto.

Bei der „Selektion" auf der Rampe von Auschwitz, 1942. *Foto.*

Organisierter Massenmord

Aus allen von den Nazis eroberten Ländern gingen mittlerweile die Transporte von Juden in die Vernichtungslager. Eng zusammengepfercht wurden Juden in Viehwaggons, zumeist ohne jegliche Versorgung mit Essen oder Trinken, verschleppt.

Bereits Ende 1941 hatte man mit Vergasungen begonnen, um den geplanten millionenfachen Mord möglichst effektiv durchführen zu können. Nach der Ankunft in den Lagern wurden die Juden von SS-Ärzten begutachtet und „selektiert", d.h. ausgesondert. Arbeitsfähige brachte man zu Tausenden in primitiven Baracken unter, sie mussten Schwerstarbeit leisten. Die nicht Arbeitsfähigen, vor allem Frauen, Kinder und alte Menschen, wurden sofort in die Gaskammern geschickt.

Der SS-Offizier Kurt Gerstein berichtete über eine Massenvergasung im Vernichtungslager Belzec:

Q1 ... Die Kammern füllen sich. Gut vollpacken – so hat es der Hauptmann Wirth befohlen. Die Menschen stehen einander auf den Füßen. 700 bis 800 auf 25 Quadratmetern, in 45 Kubikmetern! ... Die Türen schließen sich ... Mit den Dieselauspuffgasen sollen die Menschen zu Tode gebracht werden ... Von der anderen Seite öffnen Männer vom Arbeitskommando die Holztüren ... Wie Basaltsäulen stehen die Toten aufrecht aneinander gepresst in Kammern. Es wäre auch kein Platz, hinzufallen oder auch nur sich vornüber zu neigen.

Selbst im Tod kennt man die Familien. Sie drücken sich, im Tode verkrampft, noch die Hände, sodass man Mühe hat, sie auseinander zu reißen, um die Kammern für die nächste Charge freizumachen. Man wirft die Leichen, nass von Schweiß und Urin, kotbeschmutzt, Menstruationsblut an den Beinen, heraus. Kinderleichen fliegen durch die Luft. Man hat keine Zeit, die Reitpeitschen der Ukrainer sausen auf die Arbeitskommandos. Zwei Dutzend Zahnärzte öffnen mit Haken den Mund und sehen nach Gold. Gold links, ohne Gold rechts. Andere Zahnärzte brechen mit Zangen und Hämmern die Goldzähne und Kronen aus den Kiefern ...

Rudolf Höß, Kommandant von Auschwitz, erklärte am 5. April 1946 eidesstattlich:

Q2 ... Ich befehligte Auschwitz (vom 1. Mai 1940) bis zum 1. Dezember 1943 und schätze, dass mindestens 2500000 Opfer dort durch Vergasung und Verbrennung hingerichtet wurden ...; mindestens eine weitere halbe Million starb durch Hunger und Krankheit ... Die zur Vernichtung bestimmten Juden wurden zu den Krematorien geführt. Im Auskleidungsraum wurde ihnen gesagt, dass sie hier nun zum Baden und zur Entlausung kämen ... Nach der Entkleidung gingen die Juden in die Gaskammer ... Zuerst kamen die Frauen mit den Kindern hinein, hernach die Männer. Die Tür wurde schnell zugeschraubt und das Gas sofort durch die Decke in einem Luftschacht bis zum Boden geleitet ... Durch das Beobachtungsloch in der Tür konnte man sehen ..., dass ungefähr ein Drittel sofort tot war. Die anderen fingen an zu taumeln, zu schreien und nach Luft zu ringen. In wenigen Minuten lagen alle. Nach wenigstens 20 Minuten regte sich keiner mehr ...

1 *Vergleicht die Sprache von Gerstein und Höß miteinander. Stellt sie in Zusammenhang mit dem Inhalt.*

... Juden und andere Opfer

2 Leichengrube im KZ Bergen-Belsen. Das Foto entstand nach der Befreiung der Überlebenden.

Lesetipp:
Markus Tiedemann: „In Auschwitz wurde niemand vergast." 60 rechtsradikale Lügen und wie man sie widerlegt. Goldmann, München 2000.

Andere Opfer der Nationalsozialisten

Millionen anderer Menschen wurden ebenso wie die Juden Opfer der nationalsozialistischen Vernichtungspolitik. Viele Gegner der Nationalsozialisten, wie Sozialdemokraten, Kommunisten oder Christen beider Konfessionen und Zeugen Jehovas, wurden verfolgt und in Konzentrationslager gebracht. Auch Homosexuelle wurden als „Volksfeinde" denunziert und Zehntausende in Konzentrationslagern ermordet.

Nach dem Ausbruch des Krieges töteten die Nationalsozialisten etwa 200 000 psychisch Kranke und Behinderte durch Gas oder Gift. Genannt wurde dieses systematische Töten „lebensunwerten Lebens" Euthanasie*. Geistliche der katholischen und evangelischen Kirche protestierten jedoch gegen diese Aktion, woraufhin sie zeitweilig eingestellt wurde.

Ein ähnliches Schicksal wie die Juden erlitten die Sinti und Roma*. Mehr als 250 000 Angehörige dieses Volkes wurden aus ganz Europa in Vernichtungslager gebracht und getötet. Nach dem Entzug der Bürgerrechte im Jahr 1935 konnten die Sinti und Roma in Deutschland jederzeit verhaftet und in Lager eingesperrt werden. Von den 30 000 Sinti und Roma, die 1939 in Deutschland lebten, überlebten nur 5000 das Ende der nationalsozialistischen Gewaltherrschaft.

Mitwirkung und Mitschuld

Ohne die Mitwirkung zahlreicher Menschen und vieler Behörden, etwa der Reichsbahn, hätte der Massenmord an den Juden nicht verwirklicht werden können. Die Angst, selbst Opfer der Mordmaschinerie zu werden, hinderte viele Menschen, aktiven Widerstand gegen den Massenmord zu leisten oder gegen ihn zu protestieren.

Nach vorsichtiger Schätzung fielen etwa 6 Millionen Juden der „Endlösung" zum Opfer, davon wurden allein drei Millionen Juden in den Vernichtungslagern durch Gas fabrikmäßig getötet. Einheiten der SS erschossen etwa 1,25 Millionen Juden in den besetzen Gebieten Osteuropas. Gegen die massenweise Ermordung der Juden durch die SS regte sich in Deutschland kein Widerstand. Viele, die davon wussten oder etwas ahnten, schwiegen. Auch die beiden großen Kirchen protestierten nicht gegen die Verfolgungen und den Massenmord an den Juden.

2 *Berichtet über Opfer der nationalsozialistischen Mordaktionen.*

3 *Auch heute gibt es Verleumdungen gegen Minderheiten. Überlegt, was man tun kann, um diesen Parolen Einhalt zu gebieten.*

4 *Neonazis sprechen heute von der so genannten Auschwitz-Lüge. Recherchiert, was sie darunter verstehen und widerlegt ihre Aussage.*

Euthanasie*
(griech.) schöner Tod.

Sinti und Roma*:
Sammelbezeichnung für weltweit verbreitete Minderheitsgruppen, deren kulturelle Zusammengehörigkeit vor allem in ihrer Sprache, dem Romani, liegt. Die Sinti bilden dabei die mitteleuropäische Gruppe, die Roma entstammen im Wesentlichen dem außerdeutschen Sprachraum. Unter den Nationalsozialisten von Beginn an verfolgt, war das Zentrum des späteren Völkermords an den Sinti und Roma vor allem Auschwitz.

Verfolgung und Widerstand im Warschauer Getto

1 Hungernde und frierende Kinder am Straßenrand im Warschauer Getto. Foto.

sadistisch*: *grausam.*

Straßenbahn, gekennzeichnet mit einem Davidstern. *Sie war das einzige Transportmittel für über 500 000 Bewohner des Warschauer Gettos. Foto.*

Leben und Sterben im Getto

In Polen und in Russland verwirklichten die Nationalsozialisten während des Zweiten Weltkriegs ihre rassistische Vernichtungspolitik gegenüber den Einwohnern dieser Länder, besonders aber gegenüber den osteuropäischen Juden. Der anfänglichen Verfolgung, Entrechtung und Ausbeutung der Juden folgte seit 1942 die systematische Ermordung der jüdischen Bevölkerung in Vernichtungslagern. Ein Beispiel für diese unmenschliche Politik sind die Ereignisse in Warschau.

In der polnischen Hauptstadt lebten 1939 eine Million Einwohner, davon waren 350 000 Juden. 1940 wurden die jüdischen Einwohner gezwungen, wie im Mittelalter in einem engen Wohnbezirk, der von hohen Mauern umgeben war, zu wohnen. Das hoffnungslos überfüllte Getto war von der Außenwelt fast total abgeschottet, die Ausgänge wurden von der SS scharf bewacht. Die Menschen wurden besonders schlecht versorgt, die Tagesration von Lebensmitteln auf 200 Kalorien reduziert. Ein Judenrat wurde gezwungen, die Befehle der Deutschen gegenüber den eigenen jüdischen Mitgefangenen im Getto durchzusetzen.

Marcel Reich-Ranicki, der als junger Mann im Getto leben musste, schrieb 1999 in seinen Erinnerungen:

Q1 ... Den deutschen Posten an dieser Brücke bereitete es ein Vergnügen, die Juden, die dort vorbeigehen mussten (anders konnte man nicht vom kleinen Getto ins große gelangen und umgekehrt), auf besondere Art zu behandeln. Viele wurden ohne weiteres durchgelassen, andere sadistisch* gequält. Ging etwa ein bärtiger, womöglich älterer Jude vorbei, wurde ihm befohlen: „Fünfzig Kniebeugen!" Keiner hat das ausgehalten, alle brachen nach zwanzig oder dreißig ohnmächtig zusammen. Wir wohnten einige Monate lang unmittelbar an dieser Holzbrücke. So habe ich den düsteren Zirkus, der sich dort beinahe täglich abspielte und an dem sich die Wachtposten offenbar nicht satt sehen konnten, oft vom Fenster aus beobachtet. An die nächtlichen Schüsse und Schreie hatte man sich bald gewöhnt. ...

Man traf ihn im Getto auf Schritt und Tritt, den Tod. Das ist wörtlich gemeint: Am Straßenrand lagen, vor allem in den Morgenstunden, die mit alten Zeitungen nur dürftig bedeckten Leichen jener, die an Entkräftung oder Hunger oder Typhus gestorben waren und für deren Beerdigung niemand die Kosten tragen wollte.

Zum Straßenbild im Getto gehörten unzählige Bettler, die, an eine Hauswand gelehnt, auf der Erde saßen und laut jammernd um ein Stück Brot baten; ihr Zustand ließ vermuten, dass sie sehr bald nicht mehr sitzen, sondern liegen würden – von Zeitungen bedeckt. ...

Planmäßiger Mord

Im Sommer und Herbst 1942 begann die systematische Ermordung der Juden. In drei Aktionen wurden die Bewohner des Gettos von der SS, der deutschen Polizei und der Gettopolizei zusammengetrieben und in Viehwaggons in das Vernichtungslager Treblinka gebracht. Etwa 250 000 Juden fanden den Tod in den Gaskammern.

Verfolgung und Widerstand im Warschauer Getto

2 Überlebende der Aufstände im Warschauer Getto ergeben sich der SS. Foto, 1943.

Reich-Ranicki erinnert sich:

Q2 … Aber am 5. September gab es wieder eine an allen Mauern plakatierte Anordnung: Sämtliche noch im Getto lebenden Juden hatten sich am nächsten Tag um zehn Uhr morgens auf den Straßen eines genau bezeichneten Bezirks in der Nähe des „Umschlagplatzes" zu stellen: „zur Registrierung". Man sollte Lebensmittel für zwei Tage mitbringen und Trinkgefäße. Die Wohnungen durften nicht verschlossen werden. Was jetzt stattfand, nannte man die „große Selektion": 35 000 Juden, somit weniger als zehn Prozent der Bewohnerzahl des Gettos vor Beginn der „Umsiedlung", erhielten gelbe „Lebensnummern", die auf der Brust zu tragen waren – es waren vorwiegend die „nützlichen" Juden, diejenigen, die in den deutschen Betrieben arbeiteten oder im „Judenrat". Tausende bekamen keine „Lebensnummern", ließen sich aber von der angedrohten Todesstrafe nicht beirren: Sie hielten sich irgendwo im Getto verborgen. Alle anderen, es waren Zehntausende, wurden von der „Registrierung", von der „großen Selektion" direkt zu den Zügen nach Treblinka abgeführt.

1 *Lest Q1 und Q2 und berichtet über die Situation der Juden im Getto.*

Aufstand der Verzweifelten

Im Januar 1943 leisteten die im Getto verbliebenen Juden erstmals bewaffneten Widerstand. Eine „Jüdische Kampforganisation" unter Mordechai Anielewicz wehrte sich gegen die deutschen Unterdrücker. Als im April 1943 die letzten 60 000 Juden nach Treblinka deportiert werden sollten, kam es zum bewaffneten Aufstand. In erbitterten Kämpfen wehrten sich die Juden bis Ende Mai 1943 gegen die überlegenen Polizei- und SS-Einheiten, die das Getto systematisch niederbrannten und zerstörten.

Im Bericht des SS- und Polizeiführers Stroop über den Einsatz heißt es:

Q3 … Nur durch den ununterbrochenen und unermüdlichen Einsatz sämtlicher Kräfte ist es gelungen, insgesamt 56 065 Juden zu erfassen bzw. nachweislich zu vernichten. Dieser Zahl hinzuzusetzen sind noch die Juden, die durch Sprengungen, Brände usw. ums Leben gekommen sind, aber zahlenmäßig nicht erfasst werden konnten.

2 *Berichtet über die Motive und den Verlauf des Widerstandes der Juden im Getto.*

3 *Analysiert die Sprache des SS- und Polizeiführers (Q3).*

Lesetipp:
Uri Orlev: Lauf, Junge, lauf. Beltz & Gelberg, Weinheim 2006. – Das Buch erzählt die Geschichte von Jurek, dem die Flucht aus dem Warschauer Getto gelingt.

Der Weg in den Zweiten Weltkrieg

1 Karikatur aus der amerikanischen Zeitschrift „The Nation" zu Hitlers „Friedensrede" vom 17. Mai 1933 im Deutschen Reichstag.

März 1935: Wiedereinführung der allgemeinen Wehrpflicht in Deutschland.

Voraussetzungen für einen Krieg

Hitlers weltanschauliche Überzeugungen liefen im Kern darauf hinaus, dass Deutschland unter nationalsozialistischer Führung einen neuen Krieg führen würde. Viele Menschen verschlossen vor dieser Einsicht ihre Augen. Hitler behauptete bereits 1925 in seinem Buch „Mein Kampf" (vgl. S. 62), dass die Deutschen Angehörige einer Herrenrasse seien und das Recht hätten, ihren Lebensraum auf Kosten angeblich niedriger Rassen mit Gewalt, also durch Krieg, zu erweitern. Deutschland habe eine zu kleine Fläche, um das eigene Volk zu ernähren. Offen nannte er „Russland und die ihm untertanen Randstaaten" als Ziele seiner Kriegspolitik. Eng verbunden mit dieser Lebensraumideologie war Hitlers Judenhass (vgl. S. 62). Bis 1938 verschleierte Hitler aber seine Absichten und hielt „Friedensreden".

Friedensreden und Aufrüstung

Kurz nach der Machtübertragung erklärte Adolf Hitler am 17. Mai 1933 vor dem Reichstag:

Q1 ... Die deutsche Regierung wünscht sich über alle schwierigen Fragen politischer und wirtschaftlicher Natur mit den anderen Nationen friedlich und vertraglich auseinander zu setzen. Sie weiß, dass jeder militärische Akt in Europa, auch im Falle seines vollständigen Gelingens, gemessen an seinen Opfern in keinem Verhältnis steht zu möglichem, endgültigem Gewinn.

1 *Welche Politik scheint Hitler hier zu vertreten?*

2 *Beschreibt die Karikatur (Abb. 1) und stellt Vermutungen an, was der Zeichner 1933 damit sagen wollte.*

Noch in vielen anderen Reden zwischen 1933 und 1938 betonte Hitler seinen Willen zum Frieden. Aber bereits drei Tage nach seiner Ernennung zum Reichskanzler versprach er der Reichswehrführung, aufzurüsten und die allgemeine Wehrpflicht einzuführen. Er deutete seine Absicht an, neuen „Lebensraum" im Osten zu erobern.

1938 formulierte Hitler in einer geheimen Rede vor deutschen Verlegern unverblümt seine Methoden: Durch die Betonung des deutschen Friedenswillens habe er Deutschland die Zeit zum Aufrüsten verschafft. Nun müsse er das Volk auf einen Krieg vorbereiten.

3 *Erläutert, in welcher Form und in welchem Sinne Hitler jeweils die öffentliche Meinung beeinflusst hat.*

Revision: Prüfung, Änderung.*

Revision* des Versailler Vertrages

Durch viele Einzelaktionen hatte Hitler den Versailler Vertrag verletzt: die Stationierung deutschen Militärs im Rheinland 1936 und an der Ruhr, die neuerliche Aufrüstung und Erhöhung der Truppenstärke, der Bruch von Zahlungsverpflichtungen. Doch die Lage in Europa hatte sich seit dem Ersten Weltkrieg wirtschaftlich und politisch so entwickelt, dass die ehemaligen Hauptgegner Frankreich und Großbritannien an einem Konflikt mit Deutschland nicht interessiert waren.

Nationalsozialistische Außenpolitik

2 Erweiterung des deutschen Machtbereichs nach 1938.

„Appeasement-Politik*"

Großbritannien und Frankreich wollten einen möglichen Krieg unter allen Umständen vermeiden. Im März 1938 nahmen sie selbst den „Anschluss" Österreichs und die ihm folgende brutale Verfolgung von Juden und Regimegegnern hin. Die Regierungen in Großbritannien und Frankreich fürchteten den Ausbruch eines neuen großen Krieges und hofften, diese Gefahr zu bannen, indem sie Deutschland so weit wie möglich gewähren ließen. Hitler war daher bemüht, bei jedem seiner Schritte zu versichern, dies sei nun die letzte Forderung Deutschlands gewesen. So wurde zunächst nichts gegen die aggressive Politik Deutschlands unternommen.

Münchener Abkommen

Bereits im Mai 1938 drohte Hitler erneut mit Krieg, um seine Forderungen nach Abtretung des Sudetenlandes durch die Tschechoslowakei an Deutschland durchzusetzen. Daraufhin trafen sich die Regierungschefs Italiens, Frankreichs, Großbritanniens und Deutschlands im September 1938 in München. Die betroffene Tschechoslowakei wurde nicht eingeladen. Im Münchener Abkommen (29. 9. 1938) billigten die drei Mächte die deutschen Forderungen nach Abtretung des Sudetenlandes und vereinbarten dafür mit Deutschland den Fortbestand der restlichen Tschechoslowakei. Diese musste die Münchener Entscheidung ohnmächtig hinnehmen. Es schien, als ob durch das britische und französische Entgegenkommen gegenüber Hitler der Frieden in Europa noch einmal gerettet worden sei.

4 *Versetzt euch in die Lage eines Tschechen und beurteilt das Münchener Abkommen.*

„Protektorat" Böhmen und Mähren

Entgegen Hitlers Versicherung, nach dem „Anschluss" des Sudetenlandes keine Gebietsansprüche mehr zu stellen, überfielen deutsche Truppen am 15. März 1939 die Rest-Tschechoslowakei. Böhmen und Mähren wurden als „Protektorat" dem Reich ebenso eingegliedert wie das Memelland. Die Slowakei wurde ein „selbstständiger" Staat unter deutscher Oberhoheit.

5 *Beschreibt die Vorgehensweise Hitlers und bewertet die europäischen Reaktionen.*

Legion Condor: *deutsche Militäreinheit, die den faschistischen General Franco 1936 im spanischen Bürgerkrieg unterstützte.*

Arthur Neville Chamberlain *(geb. 18. 3. 1869, gest. 9. 11. 1940), 1937–40 englischer Premierminister, versuchte durch die Appeasement-Politik, den europäischen Frieden zu retten. Erst ab 1939 trat er Hitlers Kriegspolitik entgegen.*

Appeasement-Politik*: *(engl. = Beschwichtigung): Der Begriff bezeichnet die englische Beschwichtigungspolitik gegenüber Hitler, wie sie vor allem im Münchener Abkommen 1938 zum Ausdruck kam.*

12. März 1938: *„Anschluss" Österreichs an das Deutsche Reich.*

29. September 1938: *Im Münchener Abkommen wird Deutschland das Sudetenland zugesprochen.*

15. März 1939: *deutscher Überfall auf die Rest-Tschechoslowakei.*

Aufrüstung

Bau der Autobahn Hamburg – Lübeck.

Autobahnbau:
Die Bezeichnung Autobahn prägten die Nationalsozialisten. Bis 1939 wurden insgesamt 3300 Autobahn-Kilometer fertig gestellt.

1 Panzermontage in einer deutschen Rüstungsfabrik. Foto, 1941.

Vierjahresplan*:
Festlegung der wirtschaftlichen Investitionen, Ausrichtung, Betriebs- und Produktionszahlen für einen Zeitraum von vier Jahren im Voraus.

autark*:
wirtschaftlich unabhängig vom Ausland.

IG Farben*:
Aus dem Chemiekonzern IG Farben (Interessengemeinschaft Farbenindustrie, 1925 durch Firmenübernahmen der BASF gegründet) gingen nach dem Krieg Firmen wie Agfa, BASF, Cassella Farbwerke, Farbenfabriken Bayer, Farbwerke Hoechst und andere hervor.

Wirtschaftspolitische Ziele

Schon vor 1932 hatten die Nationalsozialisten ihre wirtschaftspolitischen Ziele festgelegt und den Spitzen der Wirtschaft und der Wehrmacht erläutert. Die wirtschaftliche Krise mit den über 6 Millionen Arbeitslosen im Jahr 1933 sollte durch eine massive Aufrüstung unter Beibehaltung des kapitalistischen Wirtschaftssystems überwunden werden. Die Beseitigung der Arbeitslosigkeit war aber nicht das erste Ziel der NS-Wirtschaftspolitik. Das eigentliche Ziel war die Aufrüstung der Reichswehr, der alle anderen wirtschaftlichen Entscheidungen untergeordnet wurden. Die Reichswehr, ab 1935 Wehrmacht genannt, sollte die modernste Armee Europas werden. Mit diesem Instrument sollten die Niederlage von 1918 revidiert und das Lebensraumprogramm im Osten verwirklicht werden.

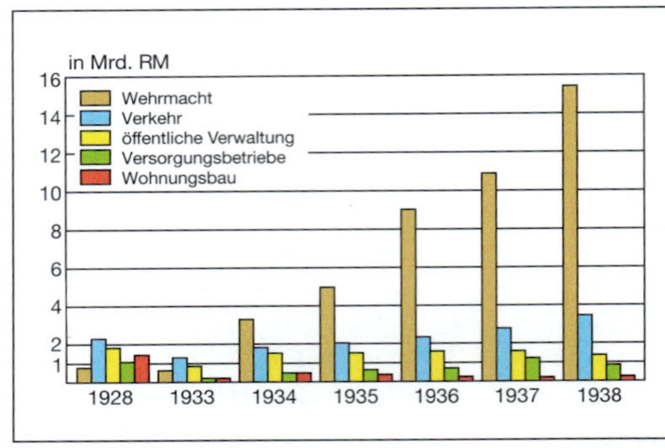

2 Die öffentlichen Ausgaben im Deutschen Reich.

Aufrüstung seit 1933

1 *Betrachtet die Grafik 2 und untersucht die Entwicklung der Ausgaben für die Wehrmacht im Vergleich zu den anderen öffentlichen Ausgaben.*

2 *Verfolgt die Entwicklung der Ausgaben für Versorgung und Wohnungsbau und fasst eure Beobachtungen in einem Satz zusammen.*

3 *Stellt Vermutungen darüber an, warum die Ausgaben für Verkehr nach 1933 anstiegen.*

Durch staatlich gesteuerte Vierjahrespläne* richteten die Nationalsozialisten alle wirtschaftlichen Maßnahmen auf die Rüstung aus. Die Bewirtschaftung der Rohstoffeinfuhren und die besondere Förderung der Produktion einheimischer Rohstoffe und Ersatzstoffe sollten die deutsche Wirtschaft unabhängig von Einfuhren machen (autark*). Schon im Dezember 1933 garantierte die NS-Regierung dem IG-Farben-Konzern* im so genannten Benzinvertrag die Abnahme von synthetisch erzeugtem Benzin aus Kohle, dessen Produktion um ein Vielfaches teurer war als das aus Erdöl gewonnene Benzin. Nach 1936 stellten die immer stärker werdenden staatlichen Lenkungsmaßnahmen die Industrieproduktion fast ausschließlich in den Dienst der Aufrüstung. Die Versorgung der Bevölkerung wurde bewusst nachrangig behandelt. Statt der dringend benötigten Wohnungen wurden die Mittel der Bauindustrie überwiegend für rüstungswichtige Objekte eingesetzt. 1939 wurden im Deutschen Reich 100 000 Wohnungen weniger fertig gestellt als 1929.

Die Rolle der Rüstungsindustrie

Produktion in 1000 Tonnen			
	1928	1936	1939
Eisenerz	2089	2259	3928
Aluminium	33	95	194
Flugbenzin	–	43	302
Benzin	–	1214	1633
Selbstversorgungsgrad in Prozent			
	1927/28	1938/39	
Brotgetreide	79	115	
Kartoffeln	96	100	
Fleisch	91	97	
Fett	44	57	

3 **Ausgewählte Wirtschaftszahlen 1928–39.**

Finanzierung der Rüstung

Die Aufrüstung wurde von den Nationalsozialisten durch eine starke Staatsverschuldung finanziert, wobei sie sich komplizierter wirtschaftlicher Methoden bedienten, um den Menschen das Ausmaß der Rüstung und der Staatsverschuldung zu verschleiern.

1938 befand sich die NS-Wirtschaftspolitik in einer Krise. Beim „Anschluss" Österreichs 1938 und dem Einmarsch in die Tschechoslowakei 1939 fielen den Nationalsozialisten die Gold- und Devisenvorräte* dieser Länder in die Hände, mit denen die deutsche Wirtschaftskrise kurzfristig überwunden werden konnte.

Die innere Ordnung in den Industriebetrieben hatten die Nationalsozialisten durch die Zerschlagung der Gewerkschaften 1933 in ihrem Sinne geregelt (vgl. S. 67). Der Einsatz der Gestapo in den Rüstungsbetrieben brach jeden Widerstand gegen die Aufrüstungspolitik. Die Unternehmer, seit 1934 „Führer des Betriebes" mit alleiniger Entscheidungsgewalt, arbeiteten im Rahmen der Vierjahrespläne eng mit den Nationalsozialisten zusammen.

Die deutsche Rüstungs- und die gesamte Schwerindustrie waren insbesondere an den Militärprogrammen Hitlers interessiert, da hier die größten Aufträge ergingen. Die politische Zielsetzung der Nationalsozialisten wurde daher auch aktiv unterstützt oder doch zumindest als notwendiges Übel mitgetragen.

4 **Hitler bei einer KdF-Festrede.** Foto, 17. 2. 1938.

Das Beispiel Volkswagen

Manche wirtschaftliche Maßnahme, die als positive Errungenschaft dargestellt wurde, entsprang der nationalsozialistischen Vorbereitung auf den geplanten Krieg. So auch der „Volkswagen", der einerseits als preiswerter „KdF-Wagen" und Symbol des deutschen Wohlstands geplant war, in seiner Entwicklung aber andererseits vor allem als störungsarmes und robustes Militärauto konzipiert wurde.

4 *Diskutiert, in welchem Umfang die deutschen Unternehmer – vor allem in der Rüstungsindustrie – mitverantwortlich für den Aufstieg der Nationalsozialisten und deren Kriegspolitik waren.*

Plakat von 1939 für den KdF-Wagen: *Der „Volkswagen" sollte 990 Reichsmark kosten. Mit monatlich 20 RM Spareinlage war man dabei. Doch infolge des Krieges wurde kein einziger Volkswagen an einen KdF-Sparer ausgeliefert.*

Devisen*: *Zahlungsmittel in ausländischer Währung.*

Das Gesicht des Krieges

22. Mai 1939:
Freundschafts- und Bündnispakt mit Italien („Stahlpakt").

23. August 1939:
Hitler-Stalin-Pakt (Nichtangriffspakt zwischen dem Deutschen Reich und der Sowjetunion).

1. September 1939:
Mit dem deutschen Überfall auf Polen beginnt der Zweite Weltkrieg.

Kapitulation*:
Aufgabe aller Kriegshandlungen einer Truppe in aussichtsloser Lage.

1 Französische Karikatur auf den Hitler-Stalin-Pakt. Stalin: „Ein Hammer? ... Bitte schön!"

Der Hitler-Stalin-Pakt von 1939

Zur völligen Überraschung schlossen das nationalsozialistische Deutschland und die Sowjetunion am 23. August 1939 einen gegenseitigen Nichtangriffspakt. Die Sowjetunion sagte sogar die Lieferung wichtiger Rohstoffe und Erze zu, die Deutschland für die Kriegführung benötigte.
In einem geheimen Zusatzprotokoll hieß es weiter:

Q1 ... Für den Fall einer ... Umgestaltung in den zu den baltischen Staaten gehörenden Gebieten bildet die nördliche Grenze Litauens zugleich die Grenze der Interessensphären Deutschlands und der UdSSR. ... Für den Fall einer ... Umgestaltung der zum polnischen Staate gehörenden Gebiete werden die Interessensphären Deutschlands und der UdSSR ungefähr durch die Linie der Flüsse Narew, Weichsel und San abgegrenzt. Die Frage, ob die beiderseitigen Interessen die Erhaltung eines unabhängigen polnischen Staates erwünscht erscheinen lassen und wie dieser Staat abzugrenzen wäre, kann endgültig erst im Laufe der weiteren politischen Entwicklung geklärt werden. ...

1 *Beschreibt die deutschen und sowjetischen Absichten gegenüber Polen. Verfolgt die „Interessenlinie" auf der Karte auf Seite 89.*
2 *Erläutert die Karikatur 1.*
3 *Diskutiert, ob sich die Sowjetunion nach dem Vertragsabschluss vor einem deutschen Angriff sicher fühlen konnte.*

Der Zweite Weltkrieg beginnt

Am 1. September 1939 überschritten deutsche Truppen ohne Kriegserklärung die polnische Grenze. Großbritannien und Frankreich erklärten Deutschland daraufhin den Krieg, kamen aber Polen nicht mehr rechtzeitig zu Hilfe. Nach 18 Tagen war Polen besiegt. Bereits am 17. September 1939 marschierte auch die Sowjetunion in Polen ein und besetzte Ostpolen bis zur Weichsel. Dies entsprach dem Abkommen vom August 1939.

Der Krieg im Westen

Während der ersten Phase des Zweiten Weltkriegs bis 1941 schien es, als ob Deutschland bald ganz Europa beherrschen würde. Nach dem Sieg über Polen eroberten deutsche Truppen ab April 1940 Dänemark und Norwegen, um die Zufuhr wichtiger Erzlieferungen nach Deutschland zu sichern.
Im Mai 1940 befahl Hitler den Angriff auf Frankreich. Unter Bruch der Neutralität Belgiens und der Niederlande stießen Panzertruppen durch Belgien nach Frankreich vor. Fallschirmjäger und Panzertruppen besetzten die Niederlande. Am 22. Juni 1940 kapitulierten* die französischen Truppen. Eine britische Armee entging erst in letzter Minute durch eine groß angelegte Rettungsaktion der Vernichtung durch deutsche Truppen bei Dünkirchen.
In allen eroberten Gebieten errichteten die Deutschen eine brutale Besatzungsherrschaft – besonders grausam in Polen. Dabei waren Einheiten der SS und der Polizei, aber auch reguläre Truppen eingesetzt. Sie verfolgten insbesondere Juden, verschleppten sie in Konzentrationslager oder ermordeten sie an Ort und Stelle.

Der Krieg in Europa und Asien

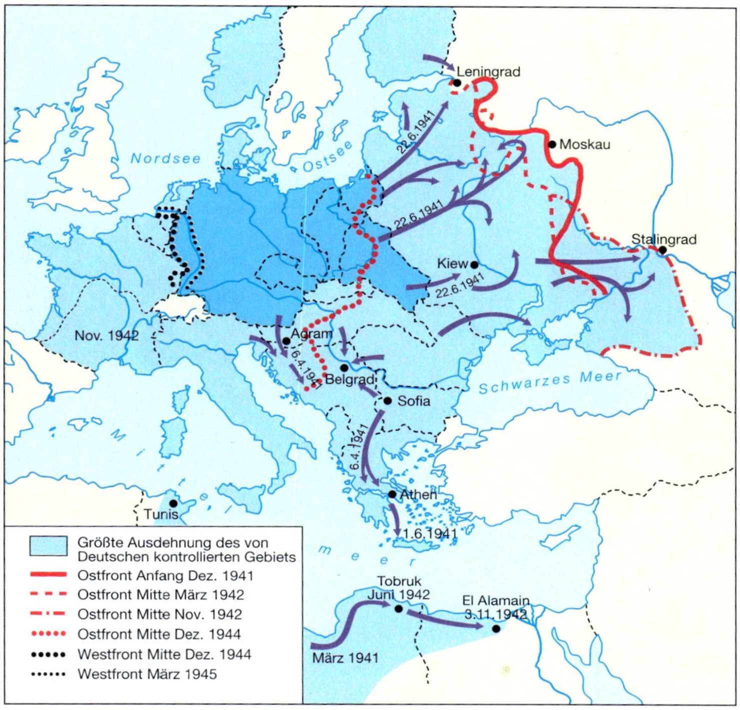

2 Größte Ausdehnung des deutschen Machtbereichs im Verlauf des Zweiten Weltkriegs.

Überfall auf die Sowjetunion

Mit dem Sieg über Frankreich war Hitler auf dem Höhepunkt seiner Macht. Die deutsche Bevölkerung bejubelte die Erfolge. Die hohen Verluste auch auf der deutschen Seite wurden heruntergespielt und hingenommen. Einzig Großbritannien unter seinem neuen Premier Winston Churchill leistete auch nach der erlittenen Niederlage von Dünkirchen erbitterten Widerstand.

Am 22. Juni 1941 überfiel die deutsche Wehrmacht auf Weisung Hitlers überraschend auch die UdSSR und eröffnete damit eine zweite Kriegsfront. Bis zu diesem Angriff hatte das kommunistische Regime seine Handelslieferungen von Rohstoffen, Erzen und Getreide an Deutschland entsprechend den Vereinbarungen des deutsch-sowjetischen Abkommens fortgesetzt.

Wiederum schien es, als ob die Nationalsozialisten auch die Sowjetunion durch einen Blitzkrieg* besiegen könnten. Mit dem Einbruch des Winters 1941 kam aber der deutsche Vormarsch zum Erliegen.

4 *Berichtet mithilfe der Karten und des Textes über den Kriegsverlauf.*

Kriegseintritt der USA und Krieg in Asien

Japan, auf dessen Hilfe Hitler gesetzt hatte, griff am 7. Dezember 1941 die US-Marine in Pearl Harbor auf Hawaii an und eroberte in der Folgezeit große Teile des Pazifikraumes und Südostasiens – Indochina, Sumatra, Java, Borneo, Philippinen, Celebes, Neuguinea.

Hitler ergriff die Gelegenheit zur Kriegserklärung an die USA. Die USA waren durch ihre Rüstungslieferungen bereits seit 1939 wenigstens indirekt an der englischen Kriegführung beteiligt. Seit März 1941 konnte England im Rahmen eines Leih- und Pachtgesetzes amerikanische Kriegsmaterialien in unbegrenzter Höhe ohne Gegenleistung erhalten. Im November 1941 wurde auch die Sowjetunion in dieses Programm einbezogen, da sie sich nach dem deutschen Überfall vom politischen Gegner zum militärischen Verbündeten gewandelt hatte. Mit dem Kriegseintritt Japans und der USA wurde der europäische Krieg an der Jahreswende 1941/42 endgültig zum Weltkrieg.

5 *Erläutert die Bedeutung des Kriegseintritts von Japan und der USA.*

Winston Churchill *(geb. 30. 11. 1874, gest. 24. 1. 1965), der schon seit 1929 vor den von Hitler drohenden Gefahren gewarnt hatte, war von 1940 bis 1945 britischer Premierminister.*

22. Juni 1941: *Beginn des Russlandfeldzugs („Unternehmen Barbarossa").*

Blitzkrieg*: *Bezeichnung für einen extrem schnellen und erfolgreichen Angriffskrieg.*

Rassismus im Krieg

1 **„Vergeltungsaktion" an polnischen Partisanen.** Foto, 1942.

2 **Ausführung des „Kommissarbefehls".** Foto, um 1942.

Freischärler*: *eigenständig handelnde Kampftruppen, die nicht unter Armeebefehl stehen, z. B. Partisanen und Widerstandskämpfer.*

Bolschewismus*: *Bezeichnung für das politische System in Russland, gemeint ist die Herrschaft der kommunistischen Partei, die in Russland auch Bolschewiki (Mehrheitspartei) genannt wurde.*

Kommissar*: *Beamter mit besonderem Auftrag. Die politischen Kommissare der kommunistischen Partei der Sowjetunion sollten die Truppen der Roten Armee ideologisch im Sinne Stalins führen.*

jüdisch-bolschewistisch*: *nationalsozialistische Bezeichnung für die in Russland regierende Kommunistische Partei, die seit der Revolution von 1917 in Russland die Macht innehatte.*

„Leitlinien für den Krieg im Osten"

Entsprechend den Vorgaben Hitlers erließ die Wehrmachtsführung Anweisungen über die Art der Kriegführung im Osten.
In einem Befehl vom 13. Mai 1941 für den Russlandfeldzug stand:

Q1 … Freischärler* sind durch die Truppe im Kampf oder auf der Flucht schonungslos zu erledigen. …
Für die Handlungen, die Angehörige der Wehrmacht und des Gefolges gegen feindliche Zivilpersonen begehen, besteht kein Verfolgungszwang, auch dann nicht, wenn die Tat zugleich ein militärisches Verbrechen oder Vergehen ist …

Am 6. Juni 1941 erging der so genannte Kommissarbefehl:

Q2 … Im Kampf gegen den Bolschewismus* ist … von den politischen Kommissaren* … als den eigentlichen Trägern des Widerstands eine hasserfüllte, grausame und unmenschliche Behandlung unserer Gefangenen zu erwarten. …
Sie sind daher … grundsätzlich sofort mit der Waffe zu erledigen; … der für Kriegsgefangene völkerrechtlich geltende Schutz findet auf sie keine Anwendung. …

Die Juden als Feindbild der Armee

Aus einem Befehl des Oberbefehlshabers der 6. Armee, Feldmarschall von Reichenau, vom 10. Oktober 1941:

Q3 … Der Soldat ist im Ostraum nicht nur ein Kämpfer nach den Regeln der Kriegskunst, sondern auch Träger einer unerbittlichen völkischen Idee und der Rächer für alle Bestialitäten, die deutschem oder artverwandtem Volkstum zugefügt wurden. Deshalb muss der Soldat für die Notwendigkeit der harten, aber gerechten Sühne am jüdischen Untermenschen volles Verständnis haben. …

Aus einem Befehl des Oberbefehlshabers der 11. Armee, Erich von Manstein, vom 20. November 1941:

Q4 … Das jüdisch-bolschewistische* System muss ein für alle Mal ausgerottet werden. …
Für die Notwendigkeit der harten Sühne am Judentum, dem geistigen Träger des bolschewistischen Terrors, muss der Soldat Verständnis aufbringen. Sie ist auch notwendig, um alle Erhebungen, die meist von Juden angezettelt werden, im Keime zu ersticken. …

1 *Fasst den Inhalt der Wehrmachtsbefehle zusammen.*

2 *Untersucht die in den Befehlen verwendete Sprache. Welche Begriffe fallen besonders auf?*

Verbrechen im deutschen Namen

Verbrechen von SS und Wehrmacht

Stellvertretend für Verbrechen von Einheiten der SS, aber auch der Wehrmacht stehen vor allem folgende Orte:

- Pančevo: Als Vergeltungsmaßnahme für die Erschießung zweier SS-Männer trieben Wehrmachtsangehörige die Einwohner der serbischen Stadt zusammen. Am 22. April 1941 wurden insgesamt 36 Menschen getötet, davon 18 Personen an der Friedhofsmauer erschossen.
- Babi Yar (westlich von Kiew): Hier wurden 33 000 Juden aus Kiew in einer Schlucht von einem Sonderkommando der SS umgebracht. Anschließend planierte eine zur Wehrmacht gehörende Pioniereinheit das Massengrab.
- Lidice (Tschechoslowakei): Als Rache für die Ermordung des deutschen Statthalters in der Tschechoslowakei, Reinhard Heydrich, am 4. Juni 1942 ermordete die SS alle Männer (rund 190 Personen) des tschechischen Dorfes. Frauen und Kinder wurden in KZs verschleppt.
- Oradour-sur-Glane (Frankreich): Als Vergeltung für Partisanentätigkeit ermordeten im Juni 1944 Einheiten der Waffen-SS alle Einwohner auf barbarische Weise. Rund 180 Männer wurden erschossen, über 440 Frauen und Kinder in der Kirche verbrannt.
- Warschau: Den Aufstand der polnischen Juden im Warschauer Getto im April/Mai 1943 schlug die SS blutig nieder. Die Überlebenden wurden in KZs gebracht und ermordet. Im August 1944 erschossen SS-Einheiten nach Beginn des Warschauer Aufstands etwa 15 000 Menschen. Warschau wurde dem Erdboden gleichgemacht.

Außerdem umstellten Soldaten eines zur Heeresgruppe Mitte gehörenden Infanterieregiments russische Dörfer, trieben die Juden zusammen und erschossen sie.

Die Mitschuld der Wehrmacht

Als nach dem Zweiten Weltkrieg die deutschen Verbrechen einer breiten Öffentlichkeit bekannt geworden waren, wurde die ausschließliche Schuld der SS oder der Gestapo zugemessen, während nach allgemeiner Auffassung der „Ehrenschild der Wehrmacht" unbefleckt geblieben sei. Diese Legende von der „sauberen" Wehrmacht lässt sich nicht mehr aufrechterhalten. Es konnte inzwischen nachgewiesen werden, dass Teile dieser Streitkräfte am Vernichtungskrieg im Osten beteiligt waren. Dies reichte von einer Hilfeleistung durch Absperraktionen oder Materiallieferungen bis hin zu aktiver Beteiligung an Morden. Es bleibt aber festzuhalten, dass die meisten Wehrmachtsangehörigen von diesen Mordaktionen nichts wussten oder lediglich gerüchteweise davon erfuhren.

3 Ermordung von Juden und so genannten Zigeunern* durch Wehrmachtstruppen in Pančevo. Foto, 22. 4. 1941.

Aus einem Brief von Major Hellmuth Stieff an seine Frau über die Zustände in Polen, 21. November 1939:

Q5 … Diese Ausrottung ganzer Geschlechter mit Frauen und Kindern ist nur von einem Untermenschentum möglich, das den Namen Deutsch nicht mehr verdient. Ich schäme mich, ein Deutscher zu sein! Diese Minderheit, die durch Morden, Plündern und Sengen den deutschen Namen besudelt, wird das Unglück des ganzen deutschen Volkes werden, wenn wir ihnen nicht bald das Handwerk legen …

3 *Erläutert anhand der Texte, wie die Rolle der Wehrmacht heute beurteilt wird.*

Zigeuner*:
Diese Benennung der Sinti und Roma ist zwar im deutschen Sprachraum weit verbreitet, wird aber von den Angehörigen dieser Volksgruppen als diskriminierend abgelehnt.

Einsatzgruppen:
Mobile Einheiten der SS. Die Größe der Einheiten lag zwischen 600 und 900 Mann. Die Einsatzgruppen folgten im Zweiten Weltkrieg den Truppen der Wehrmacht. Sie töteten, meist durch Massenerschießungen, später mithilfe mobiler Gaswagen, angebliche politische Gegner und „rassisch Unerwünschte" wie Juden, Sinti und Roma und Behinderte. Insgesamt ermordeten die Einsatzgruppen weit über 500 000 Menschen.

Meldung der Einsatzgruppe A vom 15. Oktober 1941:
Übersicht über die Zahl der bisher durchgeführten Exekutionen (= Hinrichtungen).

Litauen:
80 311 Juden
860 Kommunisten
Lettland:
30 025 Juden
1843 Kommunisten
Estland:
474 Juden
684 Kommunisten
Weißrussland:
7620 Juden
Insgesamt:
118 430 Juden
3387 Kommunisten

Zwangsarbeit

Arbeitsbuch
eines als so genannte „Ostarbeiterin" eingesetzten sowjetischen Mädchens, Dezember 1943.

1 **Zwangsarbeiterinnen aus dem Osten beim Arbeitseinsatz in Deutschland.** Foto, 1942.

Der Entschädigungsfonds:
Erst im Juni 2000 ist es nach 15-monatigen Verhandlungen zum Abschluss einer Entschädigungsregelung für ehemalige Zwangsarbeiter gekommen. Aus einem Fonds von insgesamt rund 5 Milliarden Euro – je zur Hälfte vom deutschen Staat und der deutschen Wirtschaft getragen – sollen die noch lebenden Opfer des nationalsozialistischen Zwangsarbeitssystems entschädigt werden. 4,2 Milliarden Euro wurden bis 2005 ausgezahlt – etwa 96 Prozent der Mittel, die für die Entschädigung der ehemaligen Zwangsarbeiter zur Verfügung gestellt worden sind. Gezahlt wurde an 1,6 Millionen Empfänger, von denen über 80 Prozent in Osteuropa leben.

Arbeitskräfte für Deutschland

Um die Rüstungs- und Lebensmittelproduktion während des Krieges aufrechtzuerhalten, wurden überall in Deutschland Kriegsgefangene und zivile ausländische Arbeiterinnen und Arbeiter zwangsweise beschäftigt. Die meisten von ihnen kamen aus Osteuropa. Dort wurden sie oft unter Androhung von Gefängnis oder sogar der Todesstrafe zusammengetrieben und verschleppt.

Ende 1944 gab es etwa zehn Millionen Zwangsarbeiter in Deutschland, darunter fast zwei Millionen Russen und 850 000 Polen, mehr als die Hälfte von ihnen Frauen. Jede vierte Arbeitskraft war ein Zwangsarbeiter.

Die Lebensbedingungen der ausländischen Zwangsarbeiter und Gefangenen unterschieden sich sehr stark nach ihrem Einsatzort in Industrie oder Landwirtschaft und nach ihrer Herkunft. Je nach Arbeitsbedarf waren sie über das ganze Land verteilt, kaum ein Ort blieb ausgenommen.

Wer in einem Rüstungsbetrieb eingesetzt war, musste bei unzureichender Ernährung in schmutzigen Barackenlagern leben, während die Lebens- und Arbeitsbedingungen auf dem Land, auf den Bauernhöfen, oft weniger hart und bedrückend waren. Besonders schrecklich war die Behandlung der russischen Arbeiterinnen und Arbeiter, die oft völlig unterernährt wie Arbeitssklaven leben mussten.

Die Einstellung zu ihnen drückte Heinrich Himmler, Reichsführer SS, deutlich aus:

Q1 … Ob beim Bau eines Panzergrabens 10 000 russische Weiber an Entkräftung umfallen oder nicht, interessiert mich nur insoweit, als der Panzergraben für Deutschland fertig wird. Wir werden niemals roh und herzlos sein, wo es nicht sein muss; das ist klar. Wir Deutsche, die wir als Einzige auf der Welt eine anständige Einstellung zum Tier haben, werden auch zu diesen Menschentieren eine anständige Einstellung einnehmen …

1 *Beschreibt das Schicksal der nach Deutschland verschleppten Zwangsarbeiter/-innen.*
2 *Welche Einstellung zu ihnen spiegelt sich im Quellentext wider?*

Bei den geringsten Verstößen gegen Arbeitsanweisungen oder die Lagerdisziplin wurden die Zwangsarbeiter streng bestraft. Essensentzug, Bunkerhaft und körperliche Misshandlungen waren üblich.

Erst nach jahrzehntelangen Verhandlungen haben die Bundesregierung und die Industrie im Jahr 2000 eine Lösung für das Problem geleisteter Zwangsarbeit gefunden. Allen überlebenden Zwangsarbeitern wurde eine finanzielle Entschädigung gezahlt.

Geschichte vor Ort: Zwangsarbeit bei uns

Zwangsarbeit in Hagen

Das Leben und Leiden der Zwangsarbeiterinnen und Zwangsarbeiter auf dem Gebiet des heutigen Nordrhein-Westfalen ist gut dokumentiert. Zum Beispiel wurde in Hagen das Historische Centrum Hagen mit der Erforschung des Zwangsarbeiter-Einsatzes in Hagen beauftragt. Auf der sehr informativen Webseite (www.hco.hagen.de/nrw_zw/start.html) finden sich u. a. diese Informationen:

Rüstungsindustrie in Hagen

M1 ... Als Industriestadt mit zahlreichen metallverarbeitenden Unternehmen war Hagen zwischen 1939 und 1945 ein kriegswirtschaftlich bedeutender Standort. ...
Viele dieser Firmen besaßen aufgrund ihrer speziellen Produktion eine hohe Priorität für die Rüstungsindustrie. Deshalb erhielten sie bevorzugt ausländische Arbeitskräfte und Kriegsgefangene zugewiesen. Das rüstungswirtschaftlich wichtigste Hagener Werk war die Accumulatoren Fabrik im Stadtteil Wehringhausen. Dort wurden die riesigen Batterieanlagen für U-Boote gefertigt, die die Elektromotoren bei der Unterwasserfahrt antrieben ...

Zwangsarbeiter in Hagen

M2 ... Zwischen 1939 und 1945 waren rund 35 000 ausländische Arbeitskräfte und Kriegsgefangene auf dem Gebiet des heutigen Stadtkreises Hagen eingesetzt. ... Über 47 % der in Hagen eingesetzten ausländischen Arbeitskräfte stammten aus dem Gebiet der ehemaligen Sowjetunion, 20 % aus Frankreich. Polnische Staatsangehörige waren mit 10 % und Arbeitskräfte aus den Niederlanden mit 9 % vertreten. 4 % der ausländischen Arbeitskräfte in Hagen kamen aus Italien und 3 % aus Belgien. Darüber hinaus lebten und arbeiteten in Hagen zahlreiche Menschen aus anderen europäischen Ländern. Der Anteil von Kriegsgefangenen unter den ausländischen Arbeitskräften in Hagen war geringer als 30 %. Der überwiegende Teil (58 %) der 26 700 ausländischen Arbeitskräften, von denen das Geburtsjahr bekannt ist, war zwischen 22 und 39 Jahre alt, gefolgt von den 40- bis 60-Jährigen, die mit 16 % vertreten waren. Unter 21 Jahren waren 6 %, lediglich 2 % der Arbeitskräfte war unter 15 Jahren. Die in Hagen zum Einsatz gekommenen ausländischen Arbeitskräfte befanden sich folglich in den produktiven Lebensjahren. ... Die Mehrzahl der ausländischen Arbeitskräfte begannen zwischen 1942 und 1944 ihren Arbeitseinsatz in Hagen. Dies gilt besonders für die „Ostarbeiter", die ab Frühjahr 1942 vermehrt nach Hagen zum Arbeitseinsatz deportiert wurden. Belgische, französische und niederländische Arbeitskräfte wurden 1943 besonders häufig in Hagener Betrieben eingestellt. Zu dieser Zeit setzten auch in Westeuropa die Zwangsdeportationen in den unter deutscher Militärverwaltung stehenden Ländern ein. ...

1943 und 1944 erreichte auch die Arbeitsaufnahme von polnischen Arbeitskräften in Hagen einen Höhepunkt. Besonders nach der Niederschlagung des Warschauer Aufstandes im August 1944 wurden zahlreiche Polen zur Zwangsarbeit auch nach Hagen deportiert. Während 1942 die Mehrzahl von „Ostarbeitern" eingestellt wurden, ging die Zahl im darauffolgenden Jahr erheblich zurück. Im Frühjahr 1944 stieg die Zahl von in Hagen neu eingestellten „Ostarbeitern" erneut an. Die Ursache lag in den deutschen Rückzugsbewegungen ...

2 Sowjetische Zwangsarbeiter und -arbeiterinnen mit ihren Kindern nach ihrer Ankunft im Lager. Foto.

1 *Erkundigt euch nach der Beschäftigung und den Lebensbedingungen von Zwangsarbeiterinnen und Zwangsarbeitern in eurem Ort oder in der näheren Umgebung und berichtet darüber im Unterricht.*

Der Krieg führt in die Niederlage

1 **Toter deutscher Soldat in Stalingrad.** Foto, Januar 1943.

Friedrich Paulus *(geb. 23. 9. 1890, gest. 1. 2. 1957), General und Oberbefehlshaber der 6. Armee vor Stalingrad, wurde 1953 aus der Kriegsgefangenschaft entlassen und ließ sich in der DDR nieder.*

Stalingrad

Im Osten wurde der deutsche Vorstoß gestoppt. Bei Stalingrad an der Wolga entbrannte eine erbitterte Schlacht, in deren Verlauf im November 1942 280 000 deutsche Soldaten eingekesselt wurden. Die Kesselschlacht von Stalingrad tobte zwei Monate lang. Sowohl die Kämpfe als auch die furchtbare Kälte (–31 °C) forderten auf beiden Seiten zahlreiche Opfer. Die Bitte des kommandierenden Generals Paulus, einen Ausbruch unternehmen oder kapitulieren zu dürfen, wurde von Hitler in Berlin abgelehnt. Die Luftunterstützung für die Eingekesselten schlug aber weitgehend fehl. Die Luftwaffe verlor etwa 8000 Mann und rund 500 Flugzeuge. Ende Januar 1943 gaben die völlig entkräfteten deutschen Truppen auf. Hitler sprach von „Feigheit vor dem Feind“. Etwa 146 000 Soldaten waren allein auf deutscher Seite ums Leben gekommen. Die Verluste auf sowjetischer Seite werden auf etwa 400 000 Mann geschätzt. Darüber hinaus kamen 50 000 Bewohner Stalingrads durch die deutsche Belagerung ums Leben. Weitere 65 000 Menschen wurden als Zwangsarbeiter nach Deutschland verschleppt. Die Stadt selbst wurde völlig vernichtet.

In der deutschen Bevölkerung wuchs die Überzeugung, dass Deutschland den Krieg nicht mehr gewinnen könne.

Die Reaktion der deutschen Bevölkerung

In einem geheimen Lagebericht der Gestapo wird die Reaktion auf die Nachricht von der Niederlage bei Stalingrad in der deutschen Bevölkerung beschrieben:

Q1 … Die Meldung … hat im ganzen Volk … eine tiefe Erschütterung ausgelöst … In erster Linie ist es die Höhe der Blutopfer, nach denen die Bevölkerung fragt …

Die einen erklären, die Gefangenschaft sei schlimmer als der Tod, weil die Bolschewisten die lebend in ihre Hände gelangten Soldaten unmenschlich behandeln würden. Andere wiederum meinen, es sei doch ein Glück, dass nicht alle gefallen seien, so sei doch noch Hoffnung, dass später einmal ein Teil von ihnen in die Heimat zurückkehre …

Allgemein ist die Überzeugung vorhanden, dass Stalingrad einen Wendepunkt des Krieges bedeute. …

1 *Welche Grundstimmung in der deutschen Bevölkerung wird in diesem Bericht deutlich?*

2 *Bewertet die Rolle Hitlers in den Geschehnissen um die Schlacht von Stalingrad.*

3 *Erklärt, warum die Schlacht von Stalingrad als Wendepunkt im Zweiten Weltkrieg bezeichnet wird.*

4 *Erklärt die verschiedenen Einschätzungen des Schicksals russischer Gefangenschaft.*

Luftkrieg gegen deutsche Städte

2 **Blick vom Rathausturm auf die zerstörte Dresdener Innenstadt.** Foto, 1945.

3 **Das von Bombenangriffen zerstörte Dortmund.** Foto, 1945.

Coventry

Die deutsche Luftwaffe hatte im August 1940 mit der Bombardierung englischer Städte den Luftkrieg gegen die Zivilbevölkerung eröffnet. Sie erreichte ihren zerstörerischen Höhepunkt noch im selben Jahr mit dem Bombardement der Stadt Coventry in der Nacht vom 14. zum 15. November. Bereits einen Monat später schlug die britische Luftwaffe mit ihrem ersten Flächenbombardement massiv zurück. 134 Maschinen erschienen über Mannheim. Die Bilanz: 1266 Obdachlose, 34 Tote.

Massive Luftangriffe an Rhein und Ruhr

Besonders im Herbst 1944 waren die Städte am Rhein und im Ruhrgebiet immer wieder Ziele flächendeckender Luftangriffe durch britische und amerikanische Bomber. Ziel dieser oft mit jeweils 1000 Flugzeugen geflogenen Einsätze bei Tag und Nacht war es, wichtige Rüstungsbetriebe und Verkehrsknotenpunkte zu zerstören. Durch die Luftangriffe sollte aber auch die städtische Bevölkerung demoralisiert werden. Der erste Tausend-Bomber-Angriff erfolgte am 30. Mai 1942 auf Köln. In 90 Minuten wurden 3 300 Häuser völlig zerstört, 474 Menschen starben. Die „Battle of the Ruhr" begann am Abend des 6. Oktobers 1944 mit einem Angriff auf Dortmund. Der Angriff kostete 1 148 Menschenleben. 9 000 Tonnen Bomben zerstörten am 15. Oktober 1944 Duisburg und sein Umland. 2 500 Menschen starben in dem Flammenmeer. Köln wurde am 14. und 15. Oktober 1944 in Schutt und Asche gelegt. In den drei Nächten ab dem 23. Oktober 1944 zerstörten 1 800 Bomber Essen und die Kruppwerke, 1 160 Menschen starben. Bis zum Kriegsende wurden die Luftangriffe auf alle Städte an Rhein und Ruhr fortgesetzt.

Dresden, 13. Februar 1945

Vom 13. bis 15. Februar 1945 bombardierten mehr als 1300 Flugzeuge in vier aufeinander folgenden Angriffen Dresden. Die Innenstadt war nach 24 Minuten ein Flammenmeer, 10 000 Menschen, die sich in den Großen Garten gerettet hatten oder auf den Elbwiesen Schutz suchten, wurden auch dort gezielt angegriffen. Dresden brannte fünf Tage lang. Offiziell 35 000, möglicherweise aber über 100 000 Tote waren zu beklagen.

5 *Wie bewertet ihr diese Art der Kriegführung beider Seiten aus heutiger Sicht?*

***London** nach einem deutschen Luftangriff am 15. 9. 1940. Foto.*

***Die durch Luftangriffe zerstörte Innenstadt von Köln.** Foto, 1945 (vgl. S. 116).*

***Essen: zerstörtes Wohnhaus nach einem Bombenangriff.** Foto.*

Auf der Flucht

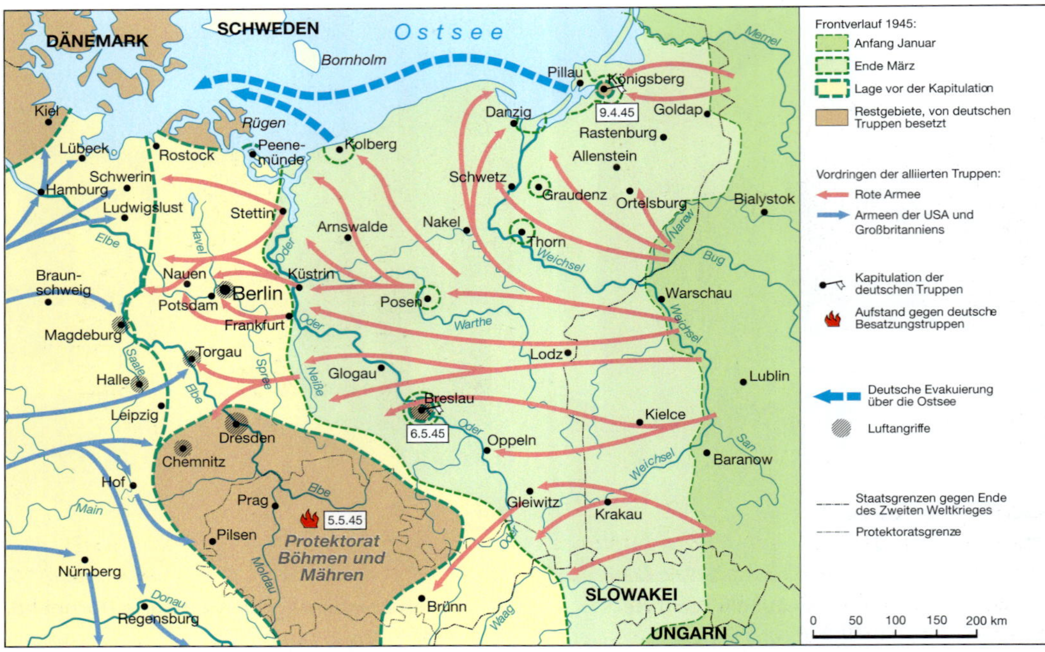

1 **Das Vordringen der alliierten Truppen am Ende des Zweiten Weltkrieges.**

Volksdeutsche*: *in der NS-Zeit ein amtlicher Begriff für deutschsprachige Minderheiten, die nicht deutsche, österreichische oder Schweizer Staatsbürger waren. Die Volksdeutschen lebten vor allem in Regionen Ost- und Südosteuropas. Die im Reich lebenden Deutschen wurden als „Reichsdeutsche" bezeichnet.*

Rassistische Siedlungspolitik im Osten

Nach dem Sieg über Polen im Herbst 1939 begannen die Nationalsozialisten, ihr rassistisches Siedlungsprogramm zur Erweiterung des germanischen Lebensraumes zu verwirklichen. Aus dem westlichen Polen wurden etwa 1,2 Millionen Polen, darunter 500 000 polnische Juden, aus ihrer Heimat mit Gewalt vertrieben. Gleichzeitig wurden ca. 4 000 000 „Reichsdeutsche" und die gleiche Zahl deutschstämmiger Menschen aus alten deutschen Siedlungsgebieten wie Bessarabien, Wolhynien, Bukowina und dem Baltikum gezwungen, die verlassenen Höfe und Ortschaften in Westpolen zu übernehmen. Ziel war es, den deutschen Lebensraum weit in den Osten auszudehnen, auf Kosten der dort lebenden Menschen. Sie sollten als Arbeitssklaven den deutschen „Herrenmenschen" dienen. Noch im August 1944, als die Russen bereits vor Ostpreußen standen, verfolgten die Nationalsozialisten ihre wahnhaften Siedlungspläne, für 120 Millionen Germanen Lebensraum im Osten zu schaffen. Im Oktober 1944 begann die Flucht der Volksdeutschen* aus Ungarn und die Flucht der Deutschen aus dem Memelland, Ostpreußen und Pommern.

Der Historiker Wolfgang Benz urteilte 1995:

Q1 … Die nationalsozialistische Politik war Ursache des Unglücks, das am Ende des Zweiten Weltkrieges über die Opfer von Flucht und Vertreibung hereinbrach. …

1 *Diskutiert das Urteil des Historikers.*

Durchhaltebefehle und verspätete Flucht

Sinnlose Durchhaltebefehle verhinderten die rechtzeitige Flucht der Menschen aus Ostpreußen und Pommern. Millionen Menschen flüchteten deswegen zu spät und unter chaotischen Umständen vor den russischen Truppen. Etwa 2,8 Millionen Menschen, so wird geschätzt, verloren auf der Flucht aus dem Osten ihr Leben. Aus dem eingeschlossenen Ostpreußen konnten in einer dramatischen Rettungsaktion der Marine 1,5 Millionen Flüchtlinge und 500 000 deutsche Soldaten über die Ostsee gerettet werden.

2 *Beschreibt das Schicksal der Deutschen in Ostpreußen und erklärt seine Ursachen.*

Flucht über die Ostsee

2 **Deutsche Flüchtlinge auf dem zugefrorenen Haff.** Foto, Januar 1945.

3 **Flüchtlinge beim Gang auf das Schiff.** Foto, Januar 1945.

***Das Schiff „Wilhelm Gustloff"**. Foto.*

Flucht über das Haff

Um eine Panik zu verhindern und damit die Straßen für die Wehrmacht frei blieben, war es den Bewohnern Ostpreußens verboten, rechtzeitig nach Westen zu fliehen. Erst wenn die Front schon bis auf wenige Kilometer herangerückt war, erhielten die Bewohner die Genehmigung, im Treck nach Westen zu ziehen. Wer ohne Fluchterlaubnis aufbrach, konnte erschossen werden. Die Pferdefuhrwerke, Leiterwagen und Fußgänger waren aber viel langsamer als die immer schneller vorrückende Rote Armee. Deshalb flohen viele Ostpreußen im Frühjahr 1945 über das zugefrorene Haff, da sie hofften, in Pillau (vgl. Karte 1) oder einem anderen Hafen ein Schiff zu erreichen.

Die Wehrmacht, die einen Durchbruch der Sowjets nicht hatte verhindern können, bemühte sich, den Fliehenden möglichst lange den Fluchtweg offen zu halten. Alle verfügbaren Schiffe wurden eingesetzt, um die Flüchtlinge über die Ostsee in Sicherheit zu bringen. Viele verloren ihr Leben jedoch schon auf dem Weg zur Küste, weil das Eis auf dem Haff brüchig war und sie zudem von russischen Fliegern beschossen wurden. War man schließlich an der Ostsee, so begann der Kampf um einen Platz an Bord.

Der Weg über die Ostsee

Als die „Wilhelm Gustloff" am 30.1.1945 nach Westen fuhr, um einen neuen Transport mit verletzten Soldaten und Flüchtlingen nach Schleswig-Holstein zu bringen, war sie so überladen, dass sie kaum noch manövrierfähig war. Noch am selben Abend, um 21.08 Uhr, wurde sie von einem sowjetischen U-Boot torpediert und sank innerhalb von 50 Minuten. 1239 der etwa 10 500 Passagiere konnten aus der eiskalten Ostsee gerettet werden.

Auch das Flüchtlingsschiff „Goya" wurde versenkt. Zahlreiche andere Schiffe mit Flüchtlingen an Bord erreichten aber den schützenden Zielhafen. Viele von ihnen liefen den Kieler Hafen an. Fischerboote wurden in die kleineren Häfen an der holsteinischen Küste geschickt. Andere Schiffe brachten ihre Passagiere nach Dänemark, wo sie nach der deutschen Kapitulation interniert* und später nach Deutschland gebracht wurden.

3 *Berichtet über die Flucht über die Ostsee und ihre Motive. Besorgt euch zusätzliche Informationen aus Büchern und dem Internet.*

4 *Stellt aus Zeitungen und Zeitschriften eine Übersicht zusammen, wo Zivilisten heute die Leidtragenden einer politischen Auseinandersetzung sind.*

internieren**:* *Unterbringen von Menschen fremder Nationalität in einem bewachten Lager.*

Das Kriegsende in Europa

1 Amerikanische und russische Truppen treffen an der zerstörten Elbbrücke in Torgau zusammen. Foto, 1945.

2 Russische Soldaten hissen die sowjetische Flagge auf dem gestürmten Reichstag in Berlin. Foto, 1945.

Zusammenbruch an Ost- und Westfront

In den letzten anderthalb Kriegsjahren kamen auf allen Seiten mehr Menschen ums Leben als in den vorangegangenen zusammen. Letzte Gegenoffensiven wie etwa der deutsche Truppenvorstoß in den Ardennen blieben erfolglos. Nacheinander wurden alle von den Deutschen besetzten Gebiete von den Alliierten wieder befreit. Aufgrund der erdrückenden Überlegenheit der Alliierten waren seit 1944 alle deutschen Truppen auf dem Rückzug. Im Westen zogen sie sich bis September 1944 zum Westwall* zurück, im Osten erzwang die Rote Armee im Oktober, die Front auf die Linie Ostpreußen-Warschau-Karpaten zurückzunehmen. Jetzt begannen Millionen Deutsche nach Westen zu fliehen. Die Front kam nach Deutschland.

Westwall*: *deutsche Befestigungsanlage an der Westgrenze zu Frankreich, zwischen 1936 und 1939 errichtet.*

Das Kriegsende in Deutschland

Durch eine sowjetische Großoffensive wurde Ostpreußen vom Reich abgeschnitten, Schlesien von der Roten Armee erobert. Die sowjetischen Truppen drangen bis an die Oder vor. Ende März 1945 setzten die Westalliierten über den Rhein und leiteten die Endphase des Krieges ein. Amerikaner und Briten bombardierten die deutschen Städte Tag und Nacht. Dresden, Nürnberg, Würzburg und viele andere Städte wurden durch Bombenangriffe zerstört. Die alliierten Truppen eroberten den Westen Deutschlands und rückten über Süddeutschland nach West-Böhmen vor. Am 25. April trafen sich sowjetische und amerikanische Truppen östlich von Leipzig bei Torgau an der Elbe.

8./9. Mai 1945: *bedingungslose Kapitulation der deutschen Wehrmacht und damit Kriegsende in Europa.*

Im April 1945 eroberten sowjetische Truppen schließlich Berlin. Auf dem Reichstag wurde die sowjetische Flagge gehisst.

Die nationalsozialistische Herrschaft endete mit dem Selbstmord Hitlers am 30. April 1945 im Berliner „Führerbunker" und der Unterzeichnung der bedingungslosen Kapitulation am 8./9. Mai 1945 durch die Führung der deutschen Wehrmacht. In allen deutschen Gebieten übernahmen die Siegermächte die Regierungsgewalt.

1 *Berichtet über das Ende des Krieges in Deutschland.*

2 *Diskutiert über den Sinn und Unsinn der langen Rückzugskämpfe.*

Das Kriegsende in Asien

3 **Hiroshima nach dem Abwurf der ersten Atombombe am 6. August 1945.** Foto, 1945.

4 **Überlebende des Atombombenabwurfs von Hiroshima.** Foto, August 1945.

Kriegsschauplatz Pazifik

In Ostasien ging der Krieg zwischen Japan und den USA weiter. Dabei gelang es den Alliierten, die Japaner aus zahlreichen ihrer Eroberungsgebiete zu verdrängen. Die Kämpfe wurden unter hohen Verlusten auf beiden Seiten geführt. Längst hatten die Amerikaner auch die Lufthoheit über Japan errungen, und so forderten die Alliierten nun die bedingungslose Kapitulation. Dies aber lehnte Japan ab, der Krieg ging weiter.

3 *Überlegt, warum Japan eine bedingungslose Kapitulation ablehnte.*

Der erste Atombombenabwurf

Am 6. August 1945 warfen die Amerikaner über der japanischen Stadt Hiroshima, in der 340 000 Menschen lebten, erstmals eine Atombombe ab. Durch die Explosion starben 80 000 Menschen sofort, 40 000 weitere erlagen innerhalb weniger Monate ihren Strahlenverletzungen und Verbrennungen. Mindestens 30 000 Überlebende erlitten schwere Strahlenschäden, deren Spätfolgen bis heute nicht abzusehen sind. Die Rate an Krebserkrankungen und Missbildungen bei Neugeborenen liegt in Hiroshima weit über dem Landesdurchschnitt. Hiroshima wurde fast völlig zerstört. Doch erst nachdem die UdSSR Japan am 8. August den Krieg erklärt und die Mandschurei besetzt hatte und nachdem von den Amerikanern am 9. August eine zweite Atombombe über Nagasaki abgeworfen worden war, bei der 72 000 Menschen ihr Leben verloren, kapitulierte Japan bedingungslos am 2. September 1945.

4 *Versucht, Informationen über die Auswirkungen des ersten Atombombenabwurfs aus Büchern und Zeitschriften zusammenzustellen (Stadtbibliothek, Schulbibliothek).*

5 *Informiert euch im Internet (z. B. Stichwort „Abrüstung" in Wikipedia) über den derzeitigen Stand der internationalen Abrüstungsverhandlungen zur Begrenzung und Abschaffung von Atomwaffen.*

Präsident Truman äußerte sich 1965 im Rückblick zu seiner Entscheidung:

Q1 Mir war natürlich klar, dass die Explosion einer Atombombe unvorstellbare Schäden und Menschenverluste zur Folge haben würde. … Eines möchte ich klarstellen: Ich betrachtete die Bombe als militärische Waffe und hatte nie den geringsten Zweifel, dass sie eingesetzt werden sollte.

6 *Diskutiert, ob Trumans Entscheidung zu rechtfertigen ist.*

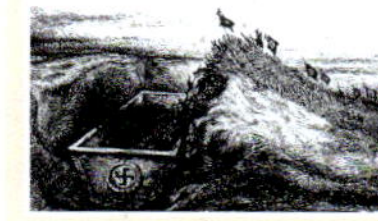

*Der **Atompilz** einer Wasserstoffbombe.*

Harry S. Truman *(geb. 8. 5. 1884, gest. 26. 12. 1972) war von 1945 bis 1953 Präsident der Vereinigten Staaten.*

2. September 1945: *bedingungslose Kapitulation Japans und damit Kriegsende in Asien.*

6./9. August 1945: *Atombombenabwürfe über Hiroshima und Nagasaki. Bis heute starben weitere 200 000 Menschen allein in Hiroshima an den Spätfolgen des Abwurfs.*

Der deutsche Widerstand

1 **Der evangelische Pfarrer Martin Niemöller** (1892–1984).

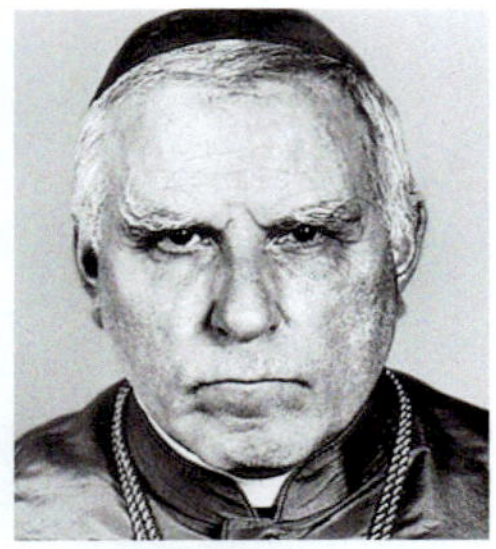

2 **Clemens August Graf von Galen,** Bischof von Münster, 1946 Kardinal (1878–1946).

3 **Der katholische Jesuitenpater Alfred Delp** (1907–1945, hingerichtet in Berlin-Plötzensee).

4 **Der katholische Jesuitenpater Rupert Mayer** (1876–1945, starb an den Folgen jahrelanger Inhaftierung).

Widerstand im Krieg

Der evangelische Pfarrer Martin Niemöller war zwischen 1938 und 1945 in KZ-Haft, weil er den Nationalsozialismus offen ablehnte.
In einer Osterpredigt 1976 sagte er:

M1 … Als die Nazis die Kommunisten holten,
habe ich geschwiegen;
ich war ja kein Kommunist.
Als sie die Sozialdemokraten einsperrten,
habe ich geschwiegen;
ich war ja kein Sozialdemokrat.
Als sie die Katholiken holten,
habe ich nicht protestiert;
ich war ja kein Katholik.
Als sie mich holten,
gab es keinen mehr,
der protestieren konnte. …

1 *Fasst die Erkenntnis, zu der Martin Niemöller kommt, mit eigenen Worten zusammen. Diskutiert in diesem Zusammenhang den Artikel 20 (4) des Grundgesetzes.*
2 *Welche Gruppen nennt Niemöller, die von den Nazis „geholt" wurden. Was wird deren Schicksal gewesen sein?*

Artikel 20 (4) Grundgesetz: *Gegen jeden, der es unternimmt, diese Ordnung zu beseitigen, haben alle Deutschen das Recht zum Widerstand, wenn andere Abhilfe nicht möglich ist.*

Die Frage nach der Auflehnung gegen den Nationalsozialismus ist nicht einfach zu beantworten. Viele Deutsche waren lange Zeit mit der nationalsozialistischen Herrschaft einverstanden, sodass selbst in den letzten Kriegsjahren der Widerstand in der Bevölkerung wenig Rückhalt fand. Zudem glaubten viele Menschen, man dürfe insbesondere während des Krieges nichts gegen die eigene Regierung unternehmen. Andersdenkende unterschätzten zunächst die Nazis, später glaubten sie, nichts gegen den gut organisierten Staats- und Terrorapparat ausrichten zu können. Denn immer wieder gelang es der Gestapo, Mitglieder von Widerstandsgruppen zu verhaften, auch weil diese von Mitbürgern denunziert wurden. Erst als die Kriegserfolge ausblieben und die Niederlagen sich häuften, wurden viele wach – den Mut zum Widerstand hatten aber nur wenige.
Dennoch waren trotz der Gefahr für das eigene Leben immer wieder Menschen bereit, Widerstand zu leisten. Man schätzt die Zahl der aktiven Widerstandskämpfer auf 20 000 bis 40 000, davon waren ca. 15 Prozent Frauen. Viele Widerstandsgruppen konnten nur bestehen, weil sie von Frauen unterstützt wurden. Sie besorgten Wohnungen und Verpflegung und erbrachten zahlreiche andere Hilfsdienste. Widerstandshandlungen, die besonders von Frauen geleistet wurden, reichten von der offenen Verweigerung des Hitlergrußes bis zum Verstecken und Unterstützen verfolgter Juden oder politisch Verfolgter in der eigenen Wohnung oder in Kellern und Schuppen. Offenen Widerstand leisteten die „Frauen der Rosenstraße" in Berlin, deren jüdische Ehemänner verhaftet wurden. Tagelang belagerten sie das Hauptquartier der SS, bis ihre Männer freigelassen wurden.
Die Gründe, warum sich Menschen gegen Hitler stellten, ob nun aus politischer oder religiöser Überzeugung, moralischer Verpflichtung oder persönlicher Betroffenheit, waren

Lesetipp: *Harald Roth (Hg.): Widerstand. Otto Maier, Ravensburg 1993.*

Wenige handeln für viele

5 **Mildred Harnack von der „Roten Kapelle"** (1902–1943, hingerichtet in Berlin-Plötzensee).

6 **Arvid Harnack von der „Roten Kapelle"** (1901–1942, hingerichtet in Berlin-Plötzensee).

7 **Harro Schulze-Boysen von der „Roten Kapelle"** (1909–1942, hingerichtet in Berlin-Plötzensee).

8 **Georg Elser** (1903–1945, hingerichtet im KZ Dachau).

*Der Schreiner **Georg Elser** aus Königsbronn bei Heidenheim war davon überzeugt, mit der Ermordung Hitlers den Weltkrieg verhindern zu können. Deshalb versuchte er auf einer Gedenkveranstaltung im Münchner Bürgerbräukeller am 8. November 1939, Hitler mit einer selbst gebastelten Bombe zu töten.*

verschieden, ihr Ziel aber war dasselbe: Sie wollten die NS-Diktatur stürzen.

Christlicher Widerstand

Die christlichen Kirchen haben dem Nationalsozialismus nur bedingt Widerstand geleistet, ein Verhalten, das nach 1945 von den Kirchenleitungen selbst eingestanden und bedauert wurde.

Der Bischof von Münster, Clemens August Graf von Galen, verurteilte immer wieder die kirchenfeindliche Politik der Machthaber. 1941 hielt er Predigten, in denen er den Mord an den psychisch Kranken und Behinderten (siehe S. 85) anprangerte: „Jetzt sind es die Unproduktiven", rief er. „Wann sind die anderen an der Reihe?" Da er bei der Bevölkerung sehr beliebt war, wagte die NS-Führung nichts gegen ihn zu unternehmen.

So war es nicht der Widerstand organisierter Gruppen, sondern der einzelner Pfarrer und Pastoren, die mutig gegen das NS-Regime und vor allem gegen die Ermordung von psychisch kranken Menschen und die Vernichtung von Juden predigten. Bekannte Vertreter waren z. B. der evangelische Pastor Martin Niemöller oder der katholische Jesuitenpater Rupert Mayer, die für ihren engagierten Widerstand jahrelang in Konzentrationslagern büßten. Der evangelische Pastor Dietrich Bonhoeffer und der katholische Pater Alfred Delp standen in Kontakt mit politischen Widerstandsgruppen wie dem „Kreisauer Kreis"* und bezahlten dies mit ihrem Leben. Besonders brutal ging der NS-Staat gegen Angehörige christlicher Sekten vor, insbesondere gegen die Zeugen Jehovas, die aus religiöser Überzeugung den Wehrdienst verweigerten.

Widerstand politischer Gruppen

Zu politischen Widerstandsgruppen fanden sich vor allem Kommunisten, Sozialdemokraten und Gewerkschaftler zusammen. Die Münchner Kommunisten Emil Meier und Robert Eisinger verbreiteten Nachrichten, Flugblätter und illegale Zeitungen. Wegen Wehrkraftzersetzung wurde die Nürnberger Kommunistin Therese Mai zum Tode verurteilt.

Sozialdemokratische Gruppen in der Arbeiterschaft organisierten auch Anschläge in Rüstungsbetrieben. So existierte bei der Münchner Firma Krauss-Maffei eine Widerstandsgruppe, die 1944 von der Gestapo aufgedeckt und zerschlagen wurde. In einer Pulverfabrik bei Ingolstadt wurde durch Sabotage ein „erheblicher Produktionsausfall" verursacht. Die kommunistische Widerstandsgruppe der „Roten Kapelle"* um den Luftwaffenoffizier Harro Schulze-Boysen und das Ehepaar Arvid und Mildred Harnack sammelte militärische Nachrichten und leitete sie an die Sowjetunion weiter. Sie wurde 1942 von der Gestapo enttarnt und ihre führenden Mitglieder wurden hingerichtet.

3 *Informiert euch mithilfe von Lexika und des Internets über die Biografien der auf dieser Doppelseite abgebildeten Personen und berichtet vor der Klasse.*

Kreisauer Kreis*: *Gruppe von etwa 20 aktiven Mitgliedern, die dem NS-Unrechtsstaat eine neue Gesellschaftskonzeption für die Nachkriegszeit entgegensetzen wollten. Benannt war er nach dem niederschlesischen Gut Kreisau des Grafen Helmuth James von Moltke. Im Frühjahr 1944 erfolgte die Verhaftung führender Angehöriger des Kreisauer Kreises, u. a. von Moltkes. Die restlichen Mitglieder schlossen sich der Gruppe des 20. Juli um Oberst von Stauffenberg an (siehe S. 107).*

Die Rote Kapelle*: *Sammelbegriff für verschiedene politische Gruppen in Westeuropa, die in den ersten Jahren des Zweiten Weltkriegs Spionage für die Sowjetunion betrieben.*

Jugendliche leisten Widerstand

Kurt Huber (1893–1943, hingerichtet in München-Stadelheim), Professor für Psychologie und Philosophie in München.

Willi Graf (1918–1943, hingerichtet in München-Stadelheim).

1 Die Geschwister Hans (geb. 1918) und Sophie Scholl (geb. 1921) – hier mit Christoph Probst – von der „Weißen Rose“. Alle wurden am 22. Februar 1943 in München-Stadelheim hingerichtet.

Jugend im Widerstand

Der Widerstand von Jugendlichen, die sich gegen den Nationalsozialismus stellten, zeigt sich in vielschichtigen Formen.

In vielen deutschen Städten bildeten sich Kreise unzufriedener Jugendlicher, die sich in Cliquen oder „Blasen“ organisierten. Wie die Swing-Jugend in Hamburg protestierten sie mit langem Haarschnitt, mit einer bewusst lässigen Kleidung und besonderen Abzeichen gegen die staatliche Bevormundung und Gleichschaltung.

Sie trafen sich in Cafés oder Clubs, um die von den Nazis verbotene Swing-Musik zu hören. Vor allem durch das brutale Vorgehen der Geheimen Staatspolizei gegen die „Swing-Cliquen“ wurde die Swing-Jugend politisiert.

Im rheinisch-westfälischen Industriegebiet trafen sich viele Jugendliche aus dem Arbeitermilieu, die den Drill und die wachsende Militarisierung der Hitler-Jugend ablehnten. Wegen ihrer Kleidung und vor allem ihres Erkennungszeichens, einer Edelweiß-Anstecknadel, erhielten sie den Namen „Edelweiß-Piraten“. Auch ihnen ging es um die Schaffung von Freiräumen, um nach ihren eigenen Vorstellungen zu leben. Von der Gestapo wurden sie, ähnlich wie die Swing-Jugendlichen, erbarmungslos verfolgt.

Die „Weiße Rose“

Die „Weiße Rose“, eine Studentengruppe um die Geschwister Scholl, ihre Freunde Willi Graf und Christoph Probst sowie den Münchner Professor Kurt Huber, rief in ihren Flugblättern zum Widerstand gegen Hitler auf.

In ihrem letzten Flugblatt vom 18. Februar 1943 schrieben die Autoren unter dem Eindruck der deutschen Niederlage von Stalingrad (siehe S. 98):

Q1 … Erschüttert steht unser Volk vor dem Untergang der Männer von Stalingrad … Wollen wir den niederen Machtinstinkten einer Parteiclique* den Rest der deutschen Jugend opfern? Nimmermehr! Der Tag der Abrechnung ist gekommen, der Abrechnung der deutschen Jugend mit der verabscheuungswürdigsten Tyrannis*, die unser Volk je erduldet hat. Im Namen der deutschen Jugend fordern wir vom Staat Adolf Hitlers die persönliche Freiheit, das kostbarste Gut des Deutschen, zurück, um das er uns in der erbärmlichsten Weise betrogen hat … Der deutsche Name bleibt für immer geschändet, wenn nicht die deutsche Jugend endlich aufsteht …

Bei der Verteilung dieses Flugblattes an der Münchner Universität wurden die Geschwister Scholl und ihre Freunde verhaftet (siehe auch Abbildung 1) und bereits vier Tage danach hingerichtet.

1 *Beschreibt, wie und warum Jugendliche Widerstand leisteten.*

Parteiclique:* Parteiklüngel, Parteiseilschaft.

Tyrannis:* (griech.) Gewaltherrschaft.

Filmtipp: Sophie Scholl – Die letzten Tage, 2005, Regisseur: Marc Rothemund.

Der 20. Juli 1944

2 **Das „Führer"-Hauptquartier Wolfsschanze in Ostpreußen nach dem Attentat am 20. Juli 1944.** Foto.

Der 20. Juli 1944
Die Niederlage von Stalingrad (siehe S. 98) bedeutete einen Wendepunkt im Widerstand gegen das NS-Regime. War er bisher im Wesentlichen auf vereinzelte Gruppen und mehr oder weniger erfolgreiche Einzelaktionen beschränkt, so entwickelte sich jetzt der Plan einer gemeinsamen Aktion von Militärs, Diplomaten und Beamten, die in einem Attentat und Staatsstreich Hitler und sein Regime beseitigen wollten.
Zivile Widerstandsgruppen um den ehemaligen Leipziger Oberbürgermeister Carl Friedrich Goerdeler und den Großgrundbesitzer Helmuth James Graf von Moltke („Kreisauer Kreis") berieten über eine neue staatliche Ordnung nach dem Sturz Hitlers und standen in Verbindung mit dem militärischen Widerstand, der sich um den 1938 entlassenen Generaloberst Ludwig Beck gebildet hatte. Es waren vor allem jüngere Wehrmachtsoffiziere, die sich nicht mehr an ihren Gefolgschaftseid, den sie dem „Führer" geschworen hatten, gebunden fühlten. Nachdem schon mehrere Attentatsversuche auf Hitler gescheitert waren, plante eine Gruppe um Oberst Claus Schenk Graf von Stauffenberg das Unternehmen „Walküre".
Am 20. Juli 1944 wurde Stauffenberg zu einer Besprechung mit Hitler in das Führerhauptquartier „Wolfsschanze" nach Ostpreußen gerufen. Bei der Lagebesprechung stellte er eine Aktentasche mit einer Bombe neben Hitler ab und verließ den Raum, um nach Berlin zu fliegen. Von dort sollte Stauffenberg den Umsturz selbst leiten. Durch die Detonation der Bombe wurden zwar mehrere Menschen getötet, Hitler wurde aber nur leicht verletzt. Da die überwiegende Mehrzahl der Generäle sich nach dem gescheiterten Attentat auf die Seite Hitlers stellte, brach der Umsturzversuch schnell zusammen. Stauffenberg und andere beteiligte Offiziere wurden noch in der Nacht des 20. Juli erschossen, und in den nächsten Monaten verhaftete die Gestapo über 5 000 Personen, die an dem Staatsstreich beteiligt waren. Viele von ihnen wurden vom Volksgerichtshof zum Tod verurteilt und hingerichtet.

2 *Diskutiert, welche historische Bedeutung ihr dem 20. Juli und dem deutschen Widerstand beimessen könnt.*

Carl Friedrich Goerdeler *(1884–1945, hingerichtet in Berlin-Plötzensee), ehemaliger Oberbürgermeister von Leipzig.*

Helmuth James Graf von Moltke *(1907–1945, hingerichtet in Berlin-Plötzensee).*

Generaloberst ***Ludwig Beck*** *(1880 bis 1944, von einem Wehrmachtsfeldwebel erschossen).*

Oberst ***Claus Schenk Graf von Stauffenberg*** *(1907–1944, hingerichtet in Berlin).*

Die Bilanz des Zweiten Weltkriegs

1 Deutsche Soldaten gehen in amerikanische Kriegsgefangenschaft. Foto, 1945.

Die Bilanz des Schreckens

Der Zweite Weltkrieg kostete rund 57 Millionen Menschen das Leben, etwa 26,75 Millionen Soldaten und rund 30,25 Millionen Zivilisten. Hinzu kamen 35 Millionen Verwundete und drei Millionen Vermisste. Die deutschen Verluste betrugen insgesamt rund 7,8 Millionen Tote, unter denen die 3,8 Millionen Zivilisten überwiegend bei den Luftangriffen auf deutsche Städte und auf der Flucht bzw. bei der Vertreibung aus den östlichen Kriegsgebieten den Tod gefunden hatten. Auf der Flucht vor den deutschen Truppen waren zuvor bereits etwa 7 Millionen Russen und 4,2 Millionen Polen ums Leben gekommen. Die höchsten Verluste trug die Rote Armee mit etwa 13,6 Millionen Toten. Allein die UdSSR hatte also insgesamt etwa 20,6 Millionen Tote zu beklagen. Aber auch in Ostasien waren die Verluste enorm: Den japanischen Angriffen fielen allein in China etwa 5,4 Millionen Zivilisten und 6,4 Millionen Soldaten zum Opfer. Die Japaner selbst verloren etwa 1,2 Millionen Soldaten. Briten und Amerikaner hatten etwa 326 000 bzw. 259 000 Gefallene.

Kriegsgefangene

Die Behandlung der Kriegsgefangenen, die in deutsche Gefangenschaft gerieten, war für Russen und Polen grausam und inhuman und vom Rassenhass der Nationalsozialisten geprägt. Gefangene anderer Nationen wurden, soweit sie nicht Juden waren, einigermaßen korrekt behandelt. Von den 5,3 Millionen sowjetischen Gefangenen kamen etwa drei Millionen in deutschen Lagern ums Leben. Am Ende des Zweiten Weltkriegs gerieten alle deutschen Soldaten in Gefangenschaft, etwa 6 Millionen Soldaten kamen in britische und amerikanische Gefangenschaft. Sie wurden relativ schnell entlassen und bis auf Ausnahmen gut behandelt. Die 3,1 Millionen Gefangenen in sowjetischer Gefangenschaft hatten erheblich mehr zu leiden. Die katastrophale Versorgungslage und die harte Zwangsarbeit führten dazu, dass nach Schätzungen etwa eine Million Gefangene starben. Die letzten sowjetischen Kriegsgefangenen wurden 1955 nach Westdeutschland entlassen.

Kosten

Die Rüstungskosten des Krieges werden auf etwa 1500 Milliarden Dollar geschätzt. Die weltweiten Schäden sind nie berechnet worden. Die politischen Machtverhältnisse änderten sich grundlegend: Europa verlor seine Bedeutung, die USA und die UdSSR bestimmten von jetzt an das Weltgeschehen.

1 *Gibt es in euren Familien noch Menschen, die den Zweiten Weltkrieg bewusst erlebt haben? Befragt sie nach ihren Erinnerungen.*

2 *Der Zweite Weltkrieg war der größte Krieg in der Menschheitsgeschichte. Er hat bis heute Auswirkungen. Geht auch in eurem Ort auf Spurensuche.*

Der Zweite Weltkrieg 1939–45:

Der Zweite Weltkrieg begann am 1. September 1939 um 4.45 Uhr.

Er endete am 2. September 1945 um 9.25 Uhr.

Er dauerte sechs Jahre und einen Tag oder 2194 Tage oder 52 641 Stunden.

Durch den Krieg verloren in jeder Stunde 1045, in jeder Minute 17 Menschen ihr Leben. Insgesamt starben über 57 Millionen Menschen als Soldaten, als Opfer des Luftkriegs, als Flüchtlinge, als Opfer der Gewaltherrschaft.

Zusammenfassung

Errichtung der NS-Diktatur
Mit der Übertragung der Macht an Adolf Hitler begann am 30. Januar 1933 der Aufbau der nationalsozialistischen Diktatur. Mit Notverordnungen und dem Ermächtigungsgesetz (30. 3. 1933) wurde die demokratische Ordnung der Weimarer Verfassung zerstört.

„Gleichschaltung"
Die Zerschlagung der Gewerkschaften und die Verfolgung von Sozialdemokraten und Kommunisten prägten die erste Zeit der Diktatur. Innerhalb von 18 Monaten gelang es den Nationalsozialisten, durch die „Gleichschaltung" aller Behörden im Reich und in den Ländern die Macht in ihren Händen zu sichern.

Verfolgung und Ermordung der Juden
In besonderem Maß wurden die Juden Opfer des nationalsozialistischen Terrors. Mit den Nürnberger Gesetzen 1935 und der Reichspogromnacht am 9./10. 11. 1938 begann die systematische Judenverfolgung. Eine ständige Verschlechterung ihrer Situation und die politische Entrechtung kennzeichneten die Lebensverhältnisse der Juden bis 1939. Nach Beginn des Zweiten Weltkriegs begann die massenweise Ermordung der Juden in den Vernichtungslagern (z. B. Auschwitz) – fast sechs Millionen Juden verloren ihr Leben. Ein ähnliches Schicksal erlitten Sinti und Roma.

Deutschland entfesselt den Zweiten Weltkrieg
Seit 1933 hatte die deutsche Wirtschafts- und Außenpolitik auf den Zweiten Weltkrieg hingearbeitet. Er begann mit dem Einmarsch deutscher Truppen in Polen. Entsprechend den Vereinbarungen im Moskauer Abkommen teilten Deutschland und die Sowjetunion Osteuropa unter sich auf. Nach dem schnellen Sieg über Polen und Frankreich befahl Hitler, den Angriff auf die Sowjetunion. Einheiten der SS und der Wehrmacht verübten in den eroberten Gebieten unmenschliche Verbrechen an Zivilbevölkerung und Kriegsgefangenen.

Widerstand
Wenige Menschen, darunter Pfarrer und Pastoren, setzten ihr Leben aufs Spiel, um Verfolgten des NS-Regimes zu helfen. Die beiden großen Kirchen leisteten keinen Widerstand. Verschiedene politische Widerstandsgruppen organisierten im Krieg den Widerstand. Ein Attentat auf Hitler am 20. Juli 1944 scheiterte.

30. Januar 1933

Hitler wird Reichskanzler.

1. September 1939

Mit dem deutschen Überfall auf Polen beginnt der Krieg.

Januar 1943

Die Niederlage von Stalingrad bringt die Wende an der Ostfront und damit auch im Krieg.

8./9. Mai 1945

Die bedingungslose Kapitulation der deutschen Wehrmacht beendet den Krieg in Europa.

Standard-Check: Das solltet ihr wissen

Arbeitsbegriffe

- ✓ Faschismus
- ✓ NS-Ideologie
- ✓ „Machtergreifung"
- ✓ Antisemitismus
- ✓ Rolle von Frau und Familie
- ✓ Hitlerjugend
- ✓ SS und SA
- ✓ Konzentrationslager
- ✓ Holocaust/Shoa
- ✓ Zweiter Weltkrieg 1939–1945
- ✓ Luftkrieg
- ✓ Vertreibung
- ✓ Zwangsarbeit
- ✓ 9. November 1938
- ✓ 20. Juli 1944

Typische Uniformen von HJ und BDM

Was wisst ihr noch?

1 Erklärt wesentliche Elemente der nationalsozialistischen Ideologie.

2 Welche Folgen hatte der Reichstagsbrand vom 27. Februar 1933?

3 Was bedeutet „Gleichschaltung"?

4 Welche Aufgaben hatte das Propagandaministerium unter Joseph Goebbels?

5 Was wisst ihr über die Hitlerjugend?

6 Zählt wesentliche Stationen der Verfolgung der jüdischen Bevölkerung auf.

7 Welche anderen Bevölkerungsgruppen – außer den Juden – wurden von den Nationalsozialisten verfolgt und ermordet?

8 Die NS-Machthaber sorgten für einen enormen wirtschaftlichen Aufschwung. Welches Ziel verfolgten sie dabei hauptsächlich?

9 Welche Formen des Widerstands gegen das NS-Regime habt ihr kennen gelernt?

10 Beschreibt das Schicksal der Zwangsarbeiter in Deutschland.

Tipps zum Weiterlesen

Horst Burger: Warum warst du in der Hitler-Jugend? Rowohlt, Reinbek 2001
Inge Deutschkron: Ich trug den gelben Stern. dtv, München 1985
Torsten Körner: Die Geschichte des Dritten Reiches. Campus, Frankfurt/New York 2000
Mirjam Elias: Geheimversteck Hotel Atlantic. Fischer, Frankfurt 2005
Günter Grass: Im Krebsgang. dtv, München 2004
Guido Knopp: Der Jahrhundertkrieg. Ullstein, Berlin 2003
Waltraut Lewin: Paulas Katze. Ravensburger, Ravensburg 2002
Gudrun Pausewang: Reise im August, Ravensburger, Ravensburg 1997
Renate Wind: Dem Rad in die Speichen fallen. Die Lebensgeschichte des Dietrich Bonhoeffer. Beltz & Gelberg, Weinheim 2006
Ursula Wölfel: Ein Haus für alle. Carlsen, Hamburg 2004
Arnulf Zitelmann: Paule Pizolka oder eine Flucht durch Deutschland. Beltz & Gelberg, Weinheim 2002

Standard-Check: Das solltet ihr wissen

Der Zweite Weltkrieg – Ein Überblick

1 *Erstellt eine Übersicht über den Zweiten Weltkrieg in eurem Heft. Arbeitet dabei die folgenden Stichworte ab.*

1. Ursachen
2. Kriegsziele
3. Kriegsausbruch und Verlauf
4. „Gesicht" des Krieges: Deutsche Herrschaft in den eroberten Gebieten
5. Luftkrieg
6. Flucht
7. Ende des Krieges

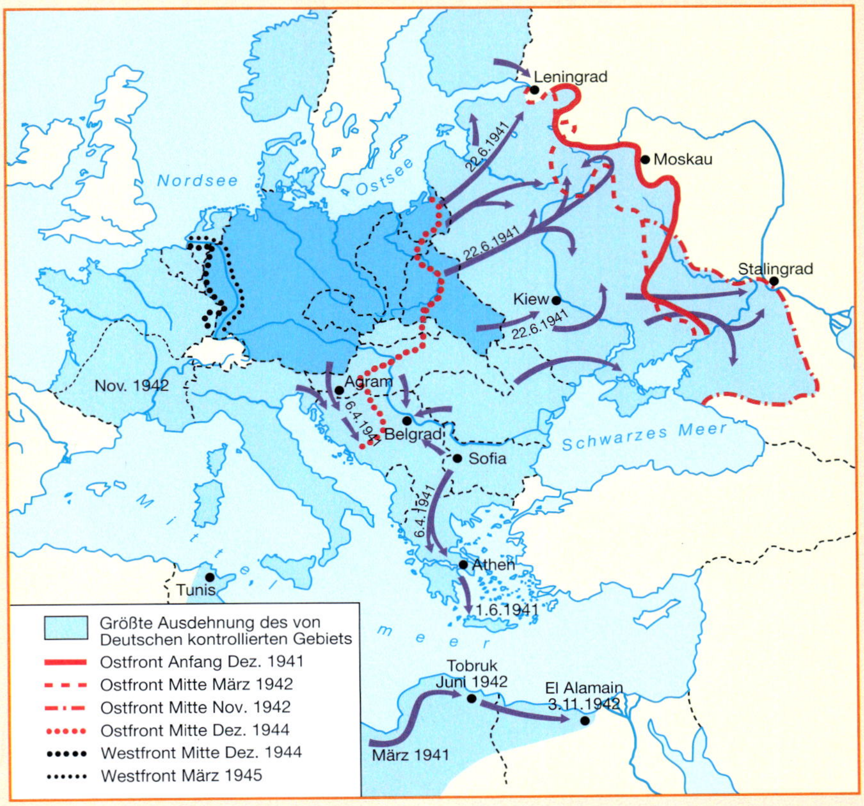

2 *Entwerft ein Plakat zu einem dieser Themen:*

Bilanz des Zweiten Weltkrieges

Nie wieder Krieg!

Millionen Tote mahnen

Das wahre Gesicht des Nationalsozialismus

Schon vergessen?

4. Deutschland – Von der Teilung zur Einheit

1945	1949	1953
KONFERENZ VON POTSDAM	GRÜNDUNG DER BUNDESREPUBLIK UND DER DDR	VOLKSAUFSTAND IN DER DDR

Am 3. Oktober 1990 war es so weit: Menschen aller Altersgruppen versammelten sich vor dem Reichstagsgebäude in Berlin, um die wiedergewonnene staatliche Einheit Deutschlands zu feiern. 45 Jahre waren seit dem Ende des Zweiten Weltkriegs vergangen – Jahre, in denen das Leben der Menschen in Deutschland intensiv vom Gegensatz zwischen Ost und West geprägt war. Lang erhofft und dann doch unerwartet war die DDR im Herbst 1989 zusammengebrochen. Innerhalb kurzer Zeit konnte die Einheit Deutschlands dann verwirklicht werden.
Wie es zur Trennung kam und wie sich die beiden unterschiedlichen politischen Systeme der Bundesrepublik und der DDR entwickelten, erfahrt ihr in diesem Kapitel.

1961 – DDR BEGINNT MIT DEM BAU DER MAUER

1989 – FALL DER MAUER

1990 – WIEDERVEREINIGUNG DER BEIDEN DEUTSCHEN STAATEN

Die Stunde Null

1 **Churchill, Truman, Stalin: Die Konferenz von Potsdam.** Foto, 1945.

Die „4 D" der Alliierten:
– Denazifizierung
– Demilitarisierung
– Demontage
– Demokratisierung

Pläne der Alliierten vor Kriegsende

1 *Betrachtet die Karte auf Seite 115 und notiert, welche Veränderungen sich für Deutschland und Polen im Vergleich zu den Grenzen von 1937 ergeben haben.*

Während des Krieges trafen die „Großen Drei" (der amerikanische Präsident Roosevelt, der sowjetische Diktator Stalin und der britische Premierminister Churchill) mehrmals zusammen. Im Februar 1945 beschlossen sie in Jalta am Schwarzen Meer u. a. Folgendes:

– Einteilung Deutschlands in vier Besatzungszonen,
– Einsetzung eines Alliierten Kontrollrates* unter Beteiligung Frankreichs,
– Erweiterung des polnischen Staatsgebietes nach Westen auf Kosten Deutschlands und die Festlegung der neuen polnischen Ostgrenze,
– gemeinsame Verwaltung Berlins durch die USA, Sowjetunion, Großbritannien und Frankreich.

Alliierter Kontrollrat*: *von den Alliierten eingesetzte Institution, in der die Maßnahmen abgestimmt werden sollten, die für die Besatzungszonen getroffen wurden.*

Die Konferenz von Potsdam

Nach dem Sieg über Deutschland errichteten die Sieger auf einem bereits um die Ostgebiete verkleinerten Staatsgebiet die vier Besatzungszonen. In ihnen bestimmte der jeweilige Oberbefehlshaber nach den Anweisungen seiner Regierung. Entscheidungen für ganz Deutschland konnten nur einstimmig im Alliierten Kontrollrat getroffen werden.

Auf einer Konferenz in Potsdam im Juli und August 1945 legten die „Großen Drei" weitere Punkte für ihre Politik in Deutschland fest. In vielen Punkten konnten sie sich nur noch mühsam auf Kompromisse einigen. Unter anderem wurde beschlossen,

– alle aktiv tätig gewesenen Nationalsozialisten aus den öffentlichen Ämtern und Führungspositionen in wichtigen Privatfirmen zu entfernen,
– in ganz Deutschland alle demokratischen politischen Parteien zu erlauben,
– das Erziehungswesen nach demokratischen Grundsätzen zu gestalten,
– Deutschland trotz der Besatzungszonen als eine wirtschaftliche Einheit zu betrachten (die Besatzungszonen sollten sich gegenseitig unterstützen),
– dass jede Besatzungsmacht Entschädigungen für Kriegskosten aus ihrer Zone entnehmen konnte (und die Sowjetunion zusätzlich aus den westlichen Zonen bestimmte Güter erhielt),
– die endgültige Festlegung der Westgrenze Polens bis zu einer Friedenskonferenz zurückzustellen.

2 *Lest den Text und gestaltet ein Plakat mit Stichworten zum Thema: „Die Zukunft Deutschlands 1945".*

Besatzungsherrschaft

2 **Die Aufteilung des Deutschen Reiches.**

Besatzungszonen

Am 8./9. Mai 1945 war der Zweite Weltkrieg mit der Unterzeichnung der bedingungslosen Kapitulation durch die Spitze der deutschen Wehrmacht in Berlin auch offiziell zu Ende gegangen. Schon zuvor war die faktische Macht in fast allen Gebieten Deutschlands durch die örtlichen Militärkommandanten der jeweiligen Truppen der Sowjetunion, Großbritanniens und der USA ausgeübt worden. Bereits vor Kriegsende hatten die USA, die Sowjetunion und Großbritannien auf ihren Konferenzen in Teheran und Jalta die Aufteilung Deutschlands in vier Besatzungszonen unter Beteiligung Frankreichs beschlossen. Berlin sollte von allen vier Mächten gemeinsam verwaltet werden.

Verkleinerung Deutschlands

Ohne Absprache mit den übrigen Siegermächten übertrug die Sowjetunion die Verwaltung der von ihr besetzten deutschen Ostgebiete Deutschlands östlich der Oder und der Lausitzer Neiße bereits am 7./8. Mai 1945 an die provisorische polnische Regierung. Faktisch bedeutete dies, wie die gleichzeitige Eingliederung des nördlichen Ostpreußens mit Königsberg in das Gebiet der Sowjetunion, eine Verkleinerung des deutschen Gebietes, auch wenn eine endgültige Regelung einem zukünftigen Friedensvertrag mit Deutschland vorbehalten bleiben sollte.

Besatzungsherrschaft

In den vier Besatzungszonen regierten die Militärregierungen nach den Anweisungen ihrer Regierungen, wobei sich in jeder Zone unterschiedliche Verfahrensweisen herausbildeten. In jeder Stadt oder jedem größeren Ort herrschte ein Militärkommandant, der die wichtigsten Fragen des Alltagslebens regelte und zunächst die Versorgung mit Strom, Wasser und Lebensmitteln wieder organisierte. Brücken und Straßen mussten repariert, zerstörte oder stillgelegte Betriebe wieder in Gang gebracht werden. Am dringendsten war die Beschaffung von Wohnraum, vor allem auch für die aus den Ostgebieten vertriebenen Deutschen. Schließlich musste eine örtliche Verwaltung aufgebaut werden, die unter der Kontrolle der jeweiligen Besatzungsmacht lokale Fragen regelte. Dafür griffen die Besatzungsmächte auf deutsche Kräfte zurück, auch auf ehemalige Mitglieder der NSDAP.

3 *Berichtet über den Beginn der Besatzungsherrschaft und ihre Probleme.*

4 *Erkundigt euch bei älteren Mitbürgern nach dem Kriegsende in eurem Wohnort.*

Museumstipp:
Das Haus der Geschichte der Bundesrepublik Deutschland in Bonn bietet mit seiner Dauerausstellung einen Überblick über die deutsche Geschichte seit 1945. Auf der Homepage könnt ihr euch informieren: ***www.hdg.de****.*

Wohnungsnot

1 **Zerstörtes Köln am 24. April 1945.** Foto.

***Behelfswohnung im Jahr** 1945. Foto.*

2 **Kriegszerstörungen in deutschen Städten.**

Wohnraumzerstörung und Wohnungsnot

Der Schriftsteller Paul Schallück beschrieb 1970 einen Gang, der ihn 1945 durch das zerstörte Köln führte:

Q1 … Ich bin über einen Trampelpfad geschlichen, der vom Dom wegführte irgendwohin in eine Wüste aus Schutt, und habe erst hinterher erfahren, dass es die Hohe Straße war, das Zentrum des Kaufens und Verkaufens. Ich habe hinter dem Rathaus gesucht und nicht gefunden. Ich habe mich umgedreht und von überall her den Dom in seiner ganzen Größe gesehen und immer ganz nah. Denn da war nichts, was den Blick hinderte. Da waren nur Trümmer, nur schmale Schornsteine, nur entlaubte Baumstrünke, nur leere Fensterhöhlen in Fassaden, hinter denen kein Haus stand. Dies war eine eingewalzte Stadt, die keine mehr war. …

1 *Beschreibt eure Eindrücke angesichts des Fotos und des Textes.*

2 *Gebt anhand der Karte einen Überblick über die Zerstörungen in Deutschland.*

3 *Versucht herauszufinden, welche Schäden euer Heimatort im Krieg erlitten hat.*

Frauenalltag

3 „Trümmerfrauen" bei Aufräumungsarbeiten. Foto, 1945.

4 Frauen suchen nach ihren Angehörigen. Foto, um 1946.

Die Situation der Frauen

4 *Betrachtet die Bilder auf dieser Seite. Tragt zusammen, was ihr über die Lebensverhältnisse der Frauen zu dieser Zeit erfahrt.*

5 *Lest den folgenden Text aufmerksam durch. Beurteilt das Leben der Frauen damals.*

Frau G. Arends erinnerte sich 1982, wie sie 1946 Kartoffeln beschaffte:

Q2 … Eine Bekannte und ich sind mit Hacken und meinem Kinderwagen losgezogen. Es waren sicher mehr als vier Kilometer, bis wir auf ein abgeerntetes Kartoffelfeld kamen. Wir haben uns auf den Acker gestürzt und haben Reihe für Reihe nachgehackt. Ich weiß noch, wie stolz wir waren, als wir nach einigen Stunden fast einen Zentner gesammelt hatten. Aber das war zu viel für den Kinderwagen. Wir waren noch nicht auf der Asphaltstraße, da zerbrach ein Rad. Aber die Kartoffeln aufgeben? Nie! Wir drehten aus Bindfaden und meinen Schnürsenkeln einen Tragegriff, den wir an die Achse mit dem zerbrochenen Rad banden. Nun hielt eine den Wagen im Gleichgewicht und die andere schob. Zum Glück hielten die anderen drei Räder und wir brachten die Kartoffeln heim. …

5 Frauenalltag in einer Notunterkunft. Foto, um 1946.

Flucht und Vertreibung

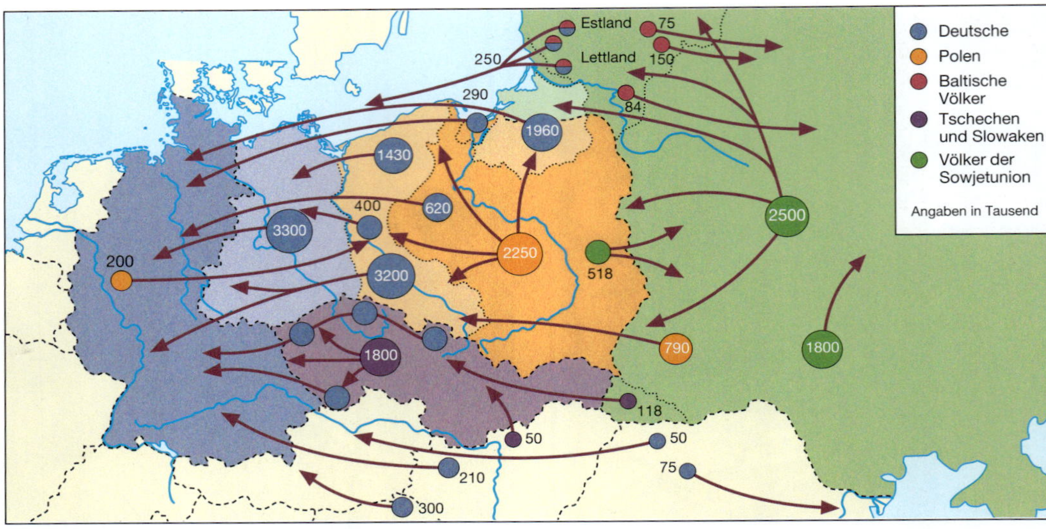

1 **Flucht, Vertreibung und Umsiedlung 1945–50.**

Flüchtlingslager Mai 1945. *Foto.*

Behelfswohnung im Jahr 1945. *Foto.*

Flüchtlinge auf dem Bahnhof. *Foto, 1946.*

Flucht als Folge des verlorenen Krieges

Zu Beginn des Zweiten Weltkriegs lebten in Ostpreußen, Pommern, Brandenburg, Schlesien und Danzig 9,9 Millionen Deutsche.

In der Sowjetunion, in Polen, in der Tschechoslowakei, in Ungarn, in Rumänien und Jugoslawien und in den baltischen Staaten lebten etwa weitere 9 Millionen Deutsche oder Deutschstämmige als nationale Minderheiten.

Als sich die deutsche Niederlage an fast allen Fronten abzeichnete, flohen ab Mitte 1944 Deutsche und Deutschstämmige aus Rumänien und Jugoslawien vor den russischen Truppen. Im Winter 1944/45 wurde die Flucht vieler Deutscher vor den russischen Truppen aus Ostpreußen aufgrund der mangelnden Vorbereitung und der Durchhalteparolen der Nationalsozialisten zur Katastrophe.

In einer großen Rettungsaktion gelang es aber, 1,5 Millionen Menschen aus dem eingeschlossenen Ostpreußen über die Ostsee in den Westen Deutschlands zu bringen. Aus Schlesien flohen die Menschen zunächst nach Böhmen und Mähren. Ab März 1945 räumten die deutschen Truppen die besetzte Tschechoslowakei und veranlassten die Flüchtlinge unter oft chaotischen Umständen, nach Süddeutschland weiterzuziehen. Nicht wenige Sudetendeutsche blieben aber in ihrer Heimat. Nach der deutschen Kapitulation (Mai 1945) versuchten viele Flüchtlinge, wieder in ihre Heimat zurückzukehren, da sie sich eine endgültige Vertreibung aus ihrem Zuhause nicht vorstellen konnten.

Die Gebiete der heutigen ostdeutschen Bundesländer, die damalige Sowjetische Besatzungszone (SBZ), wurde im Spätsommer 1945 von Flüchtlingsströmen überrannt. Im November 1945 zählte man bereits eine Million Flüchtlinge aus dem Osten. Insgesamt blieben 3,5 Millionen Flüchtlinge und Vertriebene aus dem Osten in der SBZ, etwa 3 Millionen zogen nach kurzem Aufenthalt weiter in die westlichen Besatzungszonen. Die westlichen Zonen nahmen etwa 8 Millionen Flüchtlinge und Vertriebene auf.

2 **Auf der Flucht.** Foto, 1945.

Flucht und Vertreibung

Vertreibung

Bereits im Juni 1945 setzten in Polen, in den polnisch verwalteten Gebieten und in der Tschechoslowakei „wilde" Vertreibungen ein. Eine neue Flüchtlingswelle von etwa 2,5 Millionen Menschen gelangte unter schlimmen Umständen in den Westen. 1946 wurden dann, entsprechend den Absprachen der Siegermächte, fast alle Deutschen aus den Gebieten östlich von Oder und Neiße, aus Ungarn und der Tschechoslowakei planmäßig vertrieben. Die Sieger waren sich darin einig, „dass diese Überführung auf eine geregelte und menschliche Weise erfolgen soll".

Tschechoslowakischer Ausweisungsbescheid:

Q1 ... Ich ordne Ihnen an, dass Sie sich heute bis zur 7. Stunde zum Verlassen des Gebietes der Tschechoslowakischen Republik vorbereiten.

Es ist Ihnen erlaubt, Gepäck von höchstens 30 kg für eine Person mitzunehmen, Verpflegung für fünf Tage. ... Die Schlüssel der Wohnung und des Hauses, versehen mit einem Zettel mit Ihrer Anschrift, übergeben Sie den Sicherheitsorganen. ...

Hals über Kopf mussten die Menschen ihre Heimat verlassen und durften nur so viel mitnehmen, wie sie tragen konnten. Historiker schätzen, dass etwa 2 Millionen Menschen infolge von Hunger, Entkräftung und eisiger Kälte starben. Bei der Vertreibung kam es zu schweren Verbrechen und furchtbaren Racheakten.

1 *Unterscheidet die Begriffe „Flucht" und „Vertreibung".*

2 *Erläutert die verschiedenen Fluchtbewegungen anhand der Karte 1. Berechnet die Zahl der betroffenen Menschen.*

Schwierige Lebensbedingungen

Am Ende wurden 12 Millionen Vertriebene in Deutschland gezählt. Die Menschen waren meist völlig mittellos und so lebten sie anfänglich in größter materieller Not. Schon die Unterbringung bereitete Probleme, es fehlte an Wohnraum und Arbeit. Die Integration der Menschen ging nur langsam voran, zu unterschiedlich waren die Lebenssituationen.

3 **Zusammengetriebene Deutsche in Prag.** Foto, 1945.

Eine Frau erinnerte sich 1990 an die Ankunft in einem Dorf:

Q2 ... Da haben sie uns ausgeladen am Dorfplatz. Und dann haben wir dagestanden, wie die armen Sünder, mit unserem Gepäck und den Kindern. Und dann sind die gekommen und haben sie uns, haben sie ausgesucht. Na ja, und die mit den kleinen Kindern, die wollte niemand haben. ... Na ja, jedenfalls hat uns der Bürgermeister dann ja eingewiesen. Also, die mussten ja nehmen. Also sind wir eben zum Bauern gekommen. Das war halt ein ganz kleines Zimmerchen. Können Sie sich ja denken, wenn vier Leute dann, also ich und die drei Kinder, in so ein kleines Zimmerchen. ...

3 *Überlegt, was die Integration der neu angekommenen Menschen erschwert haben könnte.*

4 *Erkundigt euch, ob auch eure Heimatgemeinde nach dem Krieg Flüchtlinge aufnehmen musste.*

5 *Auch heute gibt es noch Flüchtlingsbewegungen. Informiert euch darüber mithilfe des Internets. Stellt zusammen, welche Gründe die Flüchtlingsbewegungen haben und welche Probleme damit verbunden sind.*

Geregelte Ausweisung: *offizielle Bezeichnung tschechischer Behörden für die plötzliche und meist nicht organisierte bzw. vorbereitete Aufforderung an die verbliebene deutsche Bevölkerung, ihre bisherige Heimat zu verlassen. Der Begriff wurde so zu einer den wahren Sachverhalt verschleiernden Bezeichnung.*

Für einige Jahre blieben die Notunterkünfte ein Zuhause. *Foto.*

Die notwendigsten Hilfen waren oft nur schwer bereitzustellen. *Foto.*

Nordrhein-Westfalen

Rheinland-Pfalz

Hamburg

Hessen

Bremen

Gründung der Länder

1 **Ländergründungen in den Besatzungszonen**

Langsamer Wiederaufbau

Es zeigte sich bald, dass die Alliierten die Probleme der Nachkriegsjahre ohne tatkräftige deutsche Hilfe nicht lösen konnten. So besetzten sie schließlich untere Verwaltungsstellen mit Personen, die frei vom Verdacht des Nationalsozialismus waren. Allerdings entwickelte sich die deutsche Beteiligung an politischen Entscheidungen in den einzelnen westlichen Besatzungszonen recht unterschiedlich.

1 *Listet mithilfe der Karte 1 auf, wann welche Länder durch die Siegermächte gegründet wurden.*

Parteien werden wieder gegründet

Schon im Sommer 1945 fanden sich auf örtlicher Ebene politisch Gleichgesinnte und bildeten wieder Parteien: Die 1933 zerschlagenen Parteien SPD und KPD wurden als Erste wieder gegründet. In der CDU (in Bayern CSU) schlossen sich Christen beider Bekenntnisse zu einer Partei zusammen.

Die FDP entstand erst etwas später aus dem Zusammenschluss liberaler Parteien der Westzonen und Westberlins. Nachdem die alliierten Militärregierungen die Gründungen offiziell zugelassen hatten, organisierten sich die Parteien in Kreis- und Landesverbänden.

Länder werden gegründet

In der SBZ gründete die Sowjetische Militäradministration (SMAD) bereits im Sommer 1945 die Länder Mecklenburg, Sachsen, Thüringen und die Provinzen Brandenburg und Sachsen-Anhalt. Mit der Gründung von elf Zentralverwaltungen im Sommer 1945, die den Ländern übergeordnet waren, legte die sowjetische Regierung den Grundstein für eine sozialistische Staats- und Gesellschaftsordnung in ihrer Zone. 1952 wurden die Länder in der DDR aufgelöst und durch Bezirke ersetzt.

Mit den Ländern Bayern und Württemberg-Baden konnten die Amerikaner 1945 auf schon vorher bestehende Ländertraditionen aufbauen. Aus dem ehemaligen Hessen und den früheren preußischen Provinzen Kurhessen und Nassau bildeten sie neu das Land Großhessen.

In der Französischen Zone wurde 1946 das Land Rheinland-Pfalz gegründet, dazu kamen 1947 die aus Verwaltungsbezirken entstandenen Länder Baden und Württemberg-Hohenzollern.

In der Britischen Zone wurden 1946 die Länder Nordrhein-Westfalen und Niedersachsen gegründet. Im selben Jahr folgte Bremen.

1947 gründeten die Briten Schleswig-Holstein und Hamburg.

Allen Ländergründungen in der Britischen Zone waren intensive Beratungen mit den deutschen Verwaltungsstellen vorausgegangen. Einige lehnten die britischen Planungen ohne Erfolg ab.

Eine Sonderrolle nahm das Saarland ein. Im Sommer 1946 trennte Frankreich das Saarland von seiner Zone ab. Parteien wurden im Saarland nur unter der Bedingung zugelassen, dass sie sich nicht für einen Anschluss an Deutschland einsetzten. Erst 1957 wurde das Saarland nach einer Volksabstimmung ein Bundesland der Bundesrepublik Deutschland.

Gründung von Nordrhein-Westfalen

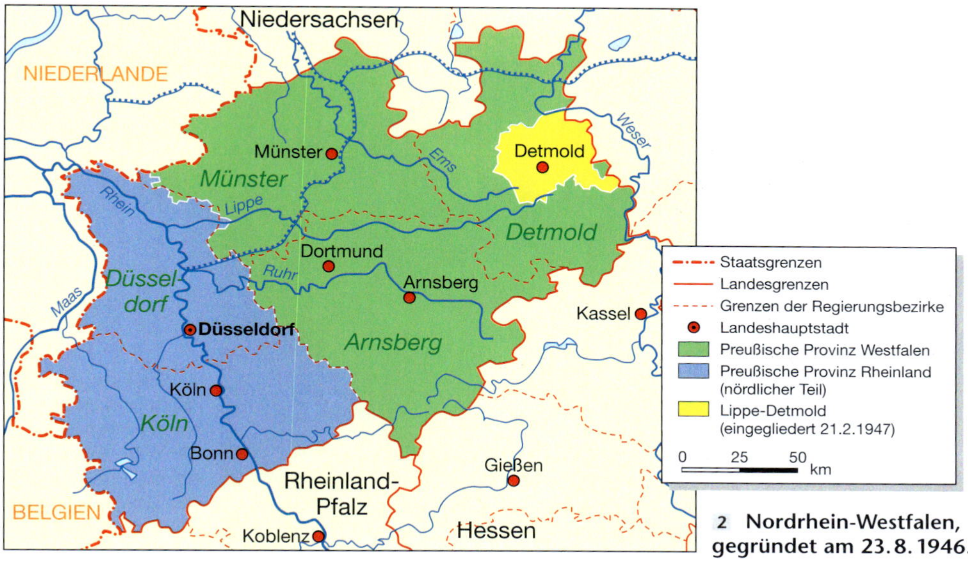

2 Nordrhein-Westfalen, gegründet am 23.8.1946.

Rudolf Amelunxen *(1888–1969), erster Ministerpräsident von Nordrhein-Westfalen.*

Briten gründen NRW

Die Gründung des Landes Nordrhein-Westfalen am 23. August 1946 war die alleinige Entscheidung der britischen Besatzungsmacht. Sie verbanden nach der Anhörung deutscher Politiker und hoher Verwaltungsbeamter den nördlichen Teil der ehemals preußischen Rheinprovinz und die ehemalige preußische Provinz Westfalen zu einem neuen Land mit zwölf Millionen Einwohnern. Andere Vorschläge deutscher Politiker wurden nicht berücksichtigt. Schon im Juni 1945 hatten die britische und die amerikanische Besatzungsmacht verfügt, dass die Regierungsbezirke Köln, Düsseldorf und Aachen als Nord-Rheinprovinz an die britische Besatzungszone fielen. Die südlichen Teile mit den Regierungsbezirken Koblenz und Trier wurden der französischen Besatzungszone zugeschlagen. Aus ihnen entstand später das Land Rheinland-Pfalz. Im Frühjahr 1947 wurde das Land Lippe durch britische Entscheidung dem neuen Land NRW zugeschlagen und nicht dem ebenfalls von den Briten neu gegründeten Niedersachsen.

Düsseldorf wird Landeshauptstadt

Den westfälischen Oberpräsidenten Rudolf Amelunxen ernannten die Briten zum ersten Ministerpräsidenten, als Landeshauptstadt bestimmten sie Düsseldorf. Weiter ernannten die Briten einen Landtag und legten auch dessen parteipolitische Zusammensetzung fest. Gesetze des Landtages bedurften der Zustimmung der Besatzungsmacht. Hauptsorge der im August 1946 gebildeten Regierung aus SPD, Zentrum, FDP und KPD war die in Gangsetzung der Verwaltung und die Versorgung der Bevölkerung mit Lebensmitteln und Heizmaterial. Alle wichtigen Entscheidungen lagen aber in der Hand der Besatzungsmacht.
Am 20. April 1947 fanden die ersten Wahlen zum Landtag statt. Nach längeren Verhandlungen bildete der CDU-Politiker Karl Arnold eine Koalitionsregierung aus CDU, SPD und KPD sowie dem Zentrum.
Gegen den Willen der CDU, aber befürwortet durch den CDU-Ministerpräsidenten Arnold, beschloss der Landtag ein Gesetz zur Sozialisierung* der Großindustrie, das aber die Briten nicht genehmigten.
Nach der Gründung der Bundesrepublik Deutschland gab sich Nordrhein-Westfalen eine Verfassung, die durch Volksentscheid bei der zweiten Wahl zum Landtag am 18. Juni 1950 mit großer Mehrheit von der Bevölkerung angenommen wurde.

2 *Berichtet über die Gründung der Länder und insbesondere über die Gründung von NRW.*

3 *Erkundigt euch nach der Zusammensetzung des gegenwärtigen Landtages von NRW und der Landesregierung.*

Wahl zum 1. Landtag, 20.4.1947

Wahlberechtigte: 7 860 608

Wahlbeteiligung: 67,3 %

CDU 37,5 % (92)*
SPD 32 % (64)
FDP 5,9 % (12)
Zentrum 9,8 % (20)
KPD 14 % (28)
** Sitze im Landtag*

Wahl zum 2. Landtag, 18.6.1950

Wahlberechtigte: 8 892 305

Wahlbeteiligung: 72,3 %

CDU 36,9 % (93)*
SPD 32,3 % (68)
FDP 12,1 % (26)
Zentrum 7,5 % (16)
KPD 5,5 % (12)
** Sitze im Landtag*

Sozialisierung*: *Überführung des Privateigentums in den Allgemeinbesitz des Volkes.*

Abrechnung mit dem NS-Regime

1 **Die Hauptangeklagten im Nürnberger Prozess 1945/46. In den ersten Reihen die Verteidiger, dahinter in zwei Reihen die Angeklagten.** Foto, 1946.

1945/46: *Nürnberger Prozesse.*

NS-Elite:* *(franz. élite = Auslese). Der Begriff meint die Führungsschicht der Partei.*

Die Aufarbeitung der NS-Verbrechen

In den Richtlinien des Generalstabs der amerikanischen Streitkräfte an den Oberbefehlshaber der Besatzungstruppen in Deutschland vom 26. April 1945 hieß es unter anderem:

Q1 ...Das Hauptziel der Alliierten ist es, Deutschland daran zu hindern, je wieder eine Bedrohung des Weltfriedens zu werden. Wichtige Schritte zur Erreichung dieses Ziels sind die Ausschaltung des Nazismus und des Militarismus in jeder Form, die sofortige Verhaftung der Kriegsverbrecher zum Zwecke der Bestrafung und die Vorbereitung zu einem späteren Wiederaufbau des deutschen politischen Lebens auf demokratischer Grundlage. ...

Alle Mitglieder der Nazipartei, die nicht nur nominell in der Partei tätig waren, alle, die den Nazismus oder Militarismus aktiv unterstützt haben ..., sollen entfernt und ausgeschlossen werden aus öffentlichen Ämtern und aus wichtigen Stellungen in halbamtlichen und privaten Unternehmungen wie Organisationen des Bürgerstandes, des Wirtschaftslebens und der Arbeiterschaft ... Industrie, Handel, Landwirtschaft und Finanzen, Erziehung und Presse, Verlagsanstalten. ...

1 *Fasst zusammen, mit welchen Mitteln die Amerikaner eine Demokratisierung der deutschen Bevölkerung erreichen wollten.*

Die Nürnberger Prozesse 1945/46

Mitglieder der Naziregierung, Führer der NSDAP und Befehlshaber der Wehrmacht wurden vor einen internationalen Gerichtshof in Nürnberg gestellt. Ihnen wurden Verbrechen gegen den Frieden und die Menschlichkeit vorgeworfen. Nach einjähriger Verhandlung verhängte das Gericht zwölf Todesurteile (z. B. über Hermann Göring), sieben Haftstrafen (drei lebenslange), sprach aber auch drei Angeklagte frei.

Es hat manche Kritik an der juristischen Rechtmäßigkeit dieser Verfahren gegeben, da es sich um ein einseitiges Gericht der Sieger über die Besiegten handelte und Kriegsverbrechen anderer ausgespart blieben. Als sicher kann aber gelten, dass dadurch ein großer Teil der politischen NS-Elite* ihre Macht verlor. Außerdem konnten in diesem Prozess die NS-Verbrechen in ihrem ganzen Ausmaß erstmalig einer breiten Öffentlichkeit sichtbar gemacht werden.

2 *Benennt in eigenen Worten die Kritik an der Rechtmäßigkeit der Nürnberger Prozesse.*

Abrechnung mit dem NS-Regime

Ausweitung der Entnazifizierung

In den einzelnen Besatzungszonen wurden danach weitere führende Militärs, SS-Leute, aber auch Wirtschaftsführer angeklagt, in den Westzonen 5 133 Personen. Es gab 688 Todesurteile, aber nicht alle wurden vollstreckt; einige Wirtschaftsführer wie Friedrich Flick oder Alfred Krupp wurden schon nach erheblich verkürzter Haftzeit entlassen.
Anfang 1946 wurde das Entnazifizierungsverfahren auf die gesamte Bevölkerung ausgedehnt. So musste beispielsweise in der amerikanischen Zone jeder einen Fragebogen ausfüllen, der über die Mitgliedschaft in NS-Organisationen, aber auch über entlastende Punkte Aufschluss geben sollte.
Von „Spruchkammern", in denen unbelastete Deutsche ohne juristische Vorbildung saßen, wurde das Urteil gefällt. Es konnte in fünf Abstufungen von „unbelastet" über „Mitläufer" bis „Hauptschuldiger" lauten.
Mit so genannten Persilscheinen versuchten viele ihre Unschuld zu beweisen. „Persilschein" nannte man eidesstattliche Erklärungen, in denen beispielsweise Juden, politisch Verfolgte oder Geistliche jemandem untadeliges Verhalten in der Nazizeit bescheinigten. Mit einem „Persilschein" wurde mit etwas finanziellem Einsatz aber auch manche „schmutzige Weste" reingewaschen.
Ein besonderes Problem lag darin, dass die Abwicklung der gesamten Entnazifizierung sehr lange dauerte. Da in der ersten Zeit sehr viel strenger vorgegangen wurde, die „größeren Fälle" oftmals aber erst später verhandelt wurden, kamen einige der schwerer Belasteten mit relativ milden Strafen davon.

3 *Schildert die Probleme der Entnazifizierung in der amerikanischen Zone.*

2 **Plakat zur Anwerbung von Neulehrern in der SBZ 1945.**

Entnazifizierung in der SBZ

Mit der Parole von der „Ausrottung der Überreste des Faschismus" wurden die bisherigen Eliten in Schule, Justiz, Verwaltung, Polizei und Wirtschaft radikal entmachtet und durch Sozialisten bzw. Kommunisten ersetzt. Die Kommunisten nutzten die Entnazifizierung aber auch, um gemäßigte politische Gegner unter schwer nachprüfbarem Vorwand wegzudrängen. Bei der Entnazifizierung achtete man auf eine klare Unterscheidung zwischen aktiven Nazis und Mitläufern. Bis 1948 wurden etwa 520 000 Personen aus ihren Stellungen entfernt, im Bereich der Justiz 85 Prozent des bisherigen Personals. „Volksrichter" und „Neulehrer" ohne fachliche Ausbildung, angelernt in Schnellkursen, ersetzten die bisherigen Amtsinhaber in Justiz und Schule.
Die SED (Sozialistische Einheitspartei Deutschlands) ging davon aus, dass die antifaschistische Gesinnung wichtiger sei als Fachkenntnisse, die man sich erwerben könne. Andererseits wurden bereits nach wenigen Jahren auch in der DDR viele ehemalige Fachleute wieder in staatlichen Funktionen (Polizei, Militär) eingesetzt, soweit ihnen nicht konkrete Vergehen angelastet wurden und wenn sie vor allen Dingen nur glaubhaft die „richtige" Gesinnung zeigten.

4 *Beschreibt die Unterschiede des Verfahrens in der sowjetischen und amerikanischen Zone.*

5 *Erkundigt euch bei älteren Menschen nach der Entnazifizierung in eurer Heimat.*

Institutionen:* öffentliche Einrichtungen mit staatlicher oder kirchlicher Trägerschaft.

Investitionsgüter:* Güter, die der Produktion dienen.

George Marshall (geb. 31. 12. 1880, gest. 16. 10. 1959) war von 1947 bis 1949 amerikanischer Außenminister und 1950/1951 Verteidigungsminister der USA.

5. Juni 1947: Verkündung des Marshallplans.

Doktrin:* politischer Lehrsatz.

Der Marshallplan und seine Folgen

1 Werbung für den Marshallplan im Westen.
Plakat, 1950.

Der Marshallplan

Am 5. Juni 1947 verkündete der US-Außenminister Marshall in einem Vortrag ein Hilfsprogramm für den Wiederaufbau Europas (European Recovery Program), in das alle Länder einschließlich der UdSSR einbezogen sein sollten, wenn sie die Bedingungen des Programms annähmen.

Marshall sagte hierzu:

Q1 ... Die Wahrheit ist, dass die Bedürfnisse Europas für die nächsten drei oder vier Jahre an ausländischen Nahrungsmitteln und anderen lebenswichtigen Produkten, in der Hauptsache aus Amerika, um vieles größer sind, als die gegenwärtige Fähigkeit Europas, dafür zu bezahlen. Europa muss deshalb eine wesentliche zusätzliche Hilfe erhalten. ... Unsere Politik ist nicht gegen irgendein Land oder irgendeine Doktrin*, sondern gegen Hunger, Armut, Verzweiflung und Chaos gerichtet. Ihr Zweck soll es sein, die Weltwirtschaft wieder herzustellen, um das Entstehen politischer und sozialer Verhältnisse zu ermöglichen, unter welchen freie Institutionen* existieren können. ...

Die amerikanische Hilfe bestand in langfristigen Krediten und der Lieferung von Investitionsgütern* und Lebensmitteln. Ihre Annahme setzte die Beibehaltung oder Wiederzulassung der freien Marktwirtschaft voraus. Nach der Rede Marshalls legten 16 europäische Länder einen Entwurf für ein Aufbauprogramm vor. Der Marshallplan hatte in den westeuropäischen Ländern günstige psychologische und wirtschaftliche Folgen. Er verstärkte hier den begonnenen Wiederaufbau und legte in Westdeutschland die Grundlage für das spätere „Wirtschaftswunder“ (vgl. S. 133)

Die UdSSR untersagte den osteuropäischen Ländern und der Sowjetischen Besatzungszone Deutschlands die Teilnahme, weil sie im Marshallplan ein Mittel zur direkten Einflussnahme auf die Politik der Länder Osteuropas sah. Auch widersprach die Forderung nach Zulassung der freien Marktwirtschaft völlig den Vorstellungen von einer sozialistischen Wirtschaftsordnung.

1 *Erklärt, welche Ziele die USA mit dem Marshallplan verfolgten und warum die UdSSR den osteuropäischen Staaten die Teilnahme untersagte.*

2 Lebensmittelpaket der Organisation CARE.
Die private amerikanische Wohltätigkeitsorganisation „Cooperative for American Remittance to Europe“ verteilte in den Jahren 1946 und 1947 fünf Millionen Lebensmittelpakete in Deutschland. Foto.

Der Marshallplan und seine Folgen

Die Antwort der UdSSR

Als Antwort auf den Marshallplan gründete die UdSSR ein Kommunistisches Informationsbüro (KOMINFORM), mit dem die Arbeit der kommunistischen Parteien Osteuropas besser kontrolliert und organisiert werden sollte.
Der sowjetische Delegierte Malenkow erklärte auf der Gründungsversammlung des KOMINFORM im September 1947 zur Politik der Sowjetunion und der USA:

Q2 … Es bildeten sich zwei entgegengesetzte Richtungen in der internationalen Politik heraus. Die eine Politik wird von der Sowjetunion und den Ländern der neuen Demokratie verfolgt. Die Außenpolitik der Sowjetunion und der demokratischen Länder ist auf die Untergrabung des Imperialismus, auf die Sicherstellung eines festen demokratischen Friedens zwischen den Völkern und auf den größtmöglichen Ausbau der freundschaftlichen Zusammenarbeit der friedliebenden Völker gerichtet. …
In der anderen Richtung der internationalen Politik ist die herrschende Clique der amerikanischen Imperialisten führend. In dem Bestreben, die Position zu festigen, die das amerikanische Monopolkapital* während des Krieges in Europa und Asien erobert hat, hat diese Clique nun den Weg der offenen Expansion betreten, den Weg der Versklavung der geschwächten kapitalistischen Länder Europas, … den Weg der Vorbereitung neuer Kriegspläne gegen die UdSSR und die Länder der neuen Demokratie, wobei sie sich des Vorwandes eines Kampfes gegen die „kommunistische Gefahr" bedient. Den klarsten und konkretesten Ausdruck fand diese Politik in den Plänen von Truman und Marshall. …

2 *Arbeitet heraus, welche Ziele Malenkow der amerikanischen Politik zuschreibt.*
3 *Beurteilt Malenkows Darstellung der sowjetischen Politik mit Hilfe von Q1.*
4 *Klärt, welche Länder mit der Bezeichnung „Länder der neuen Demokratie" gemeint sind. Betrachtet dazu auch die Karte 1 auf Seite 120.*

3 **SED-Plakat von 1947.**

Die politische Situation 1947/48

Im November 1947 schrieb ein hoher amerikanischer Beamter dem US-Außenminister einen Brief, in dem er die politische Situation bewertete:

Q3 … Der politische Vormarsch der Kommunisten in Westeuropa konnte wenigstens zeitweise aufgehalten werden. Dies ist das Ergebnis mehrerer Faktoren, von denen einer die Aussicht auf US-Hilfe ist. … Der Stillstand des kommunistischen Vormarsches zwingt Moskau, seinen Einfluss in Osteuropa zu konsolidieren*. … Alles in allem muss unsere Politik darauf ausgerichtet sein, ein Kräftegleichgewicht in Europa und Asien wiederherzustellen. Das bedeutet, dass wir … darauf bestehen müssen, Westdeutschland von kommunistischer Kontrolle freizuhalten. Wir müssen dann sehen, dass es besser in Westeuropa integriert wird. …

5 *Sagt mit euren Worten, welche politische Entwicklung der Beamte erwartet und was er daraus folgert.*

Der Marshallplan von 1948 bis 1952:

Großbritannien
3,6 Mrd. Dollar

Österreich
0,6 Mrd. Dollar

Frankreich
3,1 Mrd. Dollar

Griechenland
0,8 Mrd. Dollar

Italien
1,6 Mrd. Dollar

Belgien/Luxemburg
0,6 Mrd. Dollar

Niederlande
1,0 Mrd. Dollar

Verschiedene
1,8 Mrd. Dollar

Westzonen, Bundesrepublik Deutschland
1,5 Mrd. Dollar

Monopolkapital*: *im Sinne der Wirtschaftstheorie von Karl Marx Bezeichnung für die Unternehmen, die aufgrund ihrer marktbeherrschenden Stellung ohne Konkurrenten hohe Gewinne erzielen können.*

konsolidieren*: *in seinem Bestand sichern, festigen.*

Vertiefte Trennung

Luftbrückenhelfer entladen Mehlsäcke. Foto.

Das 1951 eingeweihte ***Luftbrückendenkmal*** *am Flughafen Tempelhof in Berlin erinnert an die Leistungen und Opfer der Berliner Luftbrücke. Der Berliner Volksmund nennt es die „Hungerharke". Foto.*

1 **Verkauf ohne Marken. Mit der Einführung des neuen Geldes fiel das bisherige Markensystem weg.** Foto, 1948.

Währungsreform in den Westzonen

Die Kluft zwischen den Siegermächten wurde in den Jahren von 1946 bis 1949 immer größer. Die Westmächte schlossen ihre Zonen eng zusammen. Der Hunger der Bevölkerung wurde durch amerikanische Lebensmittel gelindert. Der Wiederaufbau eines westlichen Wirtschaftssystems wurde mit Krediten unterstützt (Marshallplan). Diese Hilfen konnten für die Westzonen erst dann richtig wirksam werden, wenn auch das deutsche Geld wieder etwas wert war. Am 20. Juni 1948 (in Westberlin am 24. Juni) trat in den Westzonen eine Währungsreform in Kraft. Jeder Westdeutsche erhielt zunächst 40 DM und später noch einmal 20 DM („Kopfgeld"). Bargeld wurde im Verhältnis RM : DM = 10 : 1 umgetauscht. Sparguthaben in einem Verhältnis von zirka 15 : 1. Grundbesitz, Produktionsstätten und Aktien behielten ihren Wert und wurden weiter frei gehandelt. Die bisherige Rationierung vieler Produkte und die Preiskontrollen entfielen.

Der Bonner „Generalanzeiger" berichtete am 20. Juni 1958 zum 10. Jahrestag der Währungsreform:

Q1 ... Die DM erwirkte schnell das erwartete Wunder. Am Montag, dem 21. Juni, war Bonn wie verwandelt. Waren, die man jahrelang nicht gesehen hatte, erschienen in den Schaufenstern, vor allem Haushaltsartikel. Wer sich seit Jahren um einen Bezugsschein für einen Topf oder eine Pfanne bemüht hatte, sah mit Erstaunen, wie sich die begehrten Dinge nun in erstaunlicher Vielzahl präsentierten. Einer der ersten Artikel, die wieder auftauchten, waren übrigens Fahrradreifen. Sie fanden Stück für Stück um 7,50 DM reißenden Absatz. ...

1 *Betrachtet das Bild und lest Q1. Beschreibt die Stimmung der westdeutschen Bevölkerung am Tag der Währungsreform.*

Berlinkrise

Berlin wurde seit 1945 von den vier Siegermächten gemeinsam verwaltet. Die Stadt war in vier Teile geteilt, allerdings war nur der Ostsektor locker von den anderen Teilen getrennt.

Die Einführung der neuen DM in den Westteilen Berlins führte zu einer großen Krise zwischen der Sowjetunion und den Westmächten. Die Sowjetunion sperrte alle Zugangswege nach Westberlin, um auf diese Weise Druck auf die Westmächte auszuüben. Daraufhin versorgte die amerikanische Regierung Westberlin über eine Luftbrücke. Bis zum Ende der Blockade im Mai 1949 trafen täglich im Minutentakt Transportmaschinen in Westberlin ein, die die Versorgung der Stadt sicherten.

2 *Befragt eure Großeltern nach ihren Erinnerungen an die Berlinkrise und die Luftbrücke.*

3 *Erläutert die unterschiedliche Entwicklung in West- und Ostdeutschland.*

Vertiefte Trennung

Ostorientierung der Sowjetischen Besatzungszone (SBZ)

Während in den westlichen Besatzungszonen das Wirtschaftssystem und die demokratische Ordnung, ähnlich wie sie die Deutschen aus der Zeit der Weimarer Republik (1918–1933) kannten, weitergeführt wurden, kam es in der sowjetisch besetzten Ostzone zu großen politischen Veränderungen. Schrittweise führte die Sowjetunion ihr sozialistisches System ein. Bereits frühzeitig hatte sie in ihrer Besatzungszone Maßnahmen getroffen, die auf die Übernahme der sozialistischen Gesellschaftsordnung abzielten. Noch vor Kriegsende war eine Gruppe von deutschen Kommunisten unter der Leitung des früheren KPD-Reichstagsabgeordneten Walter Ulbricht in Moskau auf die Übernahme der Macht vorbereitet worden.

Der Verwaltungsaufbau und das Parteiensystem der SBZ wurden ab Mai 1945 nach sowjetischem Muster unter direkter Kontrolle der Sowjetunion umgestaltet. Die bestimmende Kraft wurde dabei die 1946 gegründete Sozialistische Einheitspartei Deutschlands (SED), ein erzwungener Zusammenschluss aus Sozialdemokraten und Kommunisten in der SBZ (Abb. 2). Ihre Politik wurde von Moskau aus kontrolliert und weitgehend bestimmt.

2 **Wahlplakat der SED kurz nach der Vereinigung von SPD und KPD 1946.**

Bodenreform in der SBZ

Die Kommunisten drängten schnell auf Änderungen der bisherigen Wirtschaftsordnung im Gegensatz zur Politik der Westmächte in deren Besatzungszonen.

Aus einer Verordnung der Provinz Sachsen vom 3. September 1945:

Q2 … Folgender Grundbesitz wird … unabhängig von der Größe der Wirtschaft enteignet:
a) der Grundbesitz der Kriegsverbrecher und Kriegsschuldigen …
b) der Grundbesitz …, der den Naziführern … sowie den führenden Personen des Hitlerstaates gehörte. …
… Gleichfalls wird der gesamte … Großgrundbesitz über 100 Hektar enteignet. …

Das enteignete Land wurde anschließend neu verteilt als privates, vererbbares Eigentum. An Ackerland erhielten 119 121 landlose Bauern und Landarbeiter im Durchschnitt 7,8 Hektar, 82 483 landarme Bauern 3,3 Hektar, 91 155 Umsiedler 8,4 Hektar. Auf einem Drittel des enteigneten Landes entstanden „Volkseigene Güter" (VEG).

Industriereform

Im Oktober 1945 führte ein Befehl der Sowjetischen Militärregierung zur Beschlagnahmung allen Eigentums des deutschen Staates, der NSDAP und der Wehrmacht. Einen Teil der schwerindustriellen Betriebe nahm die Sowjetunion in Besitz, den übrigen Teil stellte die Militärregierung der deutschen Verwaltung zur Verfügung. Insgesamt wurden acht Prozent der Industriebetriebe enteignet. Diese lieferten aber fast die Hälfte der gesamten Industrieproduktion.

Im Sommer 1946 wurde in Sachsen auf Initiative der SED ein Volksentscheid über die „Überführung der Betriebe von Kriegs- und Naziverbrechern in das Eigentum des Volkes" durchgeführt. 77 Prozent stimmten mit Ja, 16 Prozent mit Nein.

4 *Beschreibt mithilfe von Q 2 und des Textes die politischen und wirtschaftlichen Maßnahmen der Sowjetunion in der SBZ.*

Plakat zur Bodenreform in der SBZ *1945.*

Die Gründung zweier deutscher Staaten

Kompetenz:* Zuständigkeit und Sachverstand.

Konrad Adenauer *(geb. 5. 1. 1876, gest. 19. 4. 1967) war von 1917 bis 1933 und 1945 Oberbürgermeister von Köln sowie von 1920 bis 1933 Präsident des preußischen Staatsrates. Als Gegner der Nationalsozialisten kam er zweimal in Haft. 1945 wurde das ehemalige Mitglied der Zentrumspartei Mitbegründer der CDU. Von 1948 bis 1949 war er Präsident des Parlamentarischen Rates. Von 1949 bis 1963 amtierte er als erster Bundeskanzler der Bundesrepublik.*

Bizone:* Zusammenschluss der britischen und amerikanischen Besatzungszone zum 1. 1. 1947.

Provisorium:* behelfsmäßige Übergangslösung.

1 Behelfsmäßiger Wegweiser zum Parlamentarischen Rat, der eine Verfassung für den neuen Weststaat erarbeiten sollte. Foto, 1948.

Der Weg zu zwei deutschen Staaten

1948 war deutlich geworden, dass die Siegermächte unvereinbare Konzepte für die Behandlung des besetzten Deutschlands und die Durchsetzung ihrer Interessen hatten. Die Berliner Blockade zeigte dann, dass die Alliierten ihre Interessen in Deutschland nicht ohne ein gewisses Maß an Unterstützung durch die Deutschen in den von ihnen besetzten Zonen sichern konnten. Nun bekamen die politischen Kräfte in Deutschland Zug um Zug freie Hand, auch die staatliche Ordnung im Osten wie im Westen selbst zu regeln – im Rahmen von Leitlinien, die im Osten auf eine kommunistische, im Westen auf eine marktwirtschaftlich-demokratische Ordnung hinausliefen.

Die Londoner Außenministerkonferenz

Ende 1947 trafen die Außenminister der vier Siegermächte zur 5. Deutschlandkonferenz in London zusammen. In keinem der wichtigen Punkte (Reparationen, Marshallplan, Bizone*, Oder-Neiße-Frage, Frage der deutschen Einheit) konnten sich der sowjetische Außenminister und seine westlichen Kollegen näher kommen. Am 15. Dezember wurde die Konferenz nach drei Wochen abgebrochen.

Ende Februar 1948 trafen sich in London Vertreter der drei Westmächte, Belgiens, der Niederlande und Luxemburgs. Sie bemühten sich um ein gemeinsames Vorgehen in den westlichen Besatzungszonen.

Am 20. März 1948 verließ der sowjetische Vertreter den Alliierten Kontrollrat, wofür er folgende Begründung gab:

Q1 … Die offiziellen Vertreter der USA, Großbritanniens und Frankreichs haben auf der Londoner Konferenz Deutschlandfragen erörtert und entschieden, die unmittelbar der Kompetenz* des Kontrollrats unterliegen und nur durch Viermächtebeschluss entschieden werden können. Die amerikanischen und britischen Besatzungsbehörden wollen den Kontrollrat nicht über die in London vorbereiteten Beschlüsse informieren. … Durch ihre Handlungsweise haben diese drei Delegationen wieder einmal bestätigt, dass der Kontrollrat als Organ der obersten Gewalt faktisch nicht mehr besteht. …

Die Londoner Beratungen zogen sich bis zum Juni 1948 hin. Erst dann waren die Franzosen bereit, ihre Zone der Bizone anzugliedern und einen westlichen Teilstaat zu bilden.

Das Ergebnis der Londoner Beratungen wurde den Ministerpräsidenten der Länder der Westzonen am 1. Juli 1948 in Frankfurt feierlich mitgeteilt. Die Ministerpräsidenten wurden ermächtigt, eine verfassunggebende Versammlung einzuberufen. Diese sollte eine demokratische Verfassung für einen Weststaat ausarbeiten.

Die Ministerpräsidentenkonferenz nahm dazu am 10. Juli Stellung:

Q2 … Die Ministerpräsidenten glauben jedoch, dass … alles vermieden werden müsste, was dem zu schaffenden Gebilde den Charakter eines Staates verleihen würde; sie sind darum der Ansicht, dass … zum Ausdruck kommen müsste, dass es sich lediglich um ein Provisorium* handelt. …

1 *Fertigt eine Tabelle mit den Ereignissen seit der Deutschlandkonferenz Ende 1947 an.*

2 *Nehmt selbst Stellung zur sowjetischen Haltung in Q1.*

Die Gründung zweier deutscher Staaten

2 Bundespräsident Heuss überreicht Bundeskanzler Adenauer die Ernennungsurkunde. Foto, 20.9.1949.

Wahlergebnisse der Wahlen zum ersten Bundestag 1949:

SPD	29,2%
CDU	25,2%
CSU	5,8%
FDP	11,9%
BP	4,2%
DP	4,0%
Zentrum	3,1%
KPD	5,7%
Andere	10,9%

(BP = Bayernpartei)

3 *Erläutert, welche Sorge hinter der Aussage in Q2 steht.*
4 *Betrachtet die Abbildung 1. Beschreibt die Wirkung, die das Foto auf euch ausübt.*

Die Gründung der Bundesrepublik Deutschland

Am 1. September 1948 nahm die verfassunggebende Versammlung, der Parlamentarische Rat, seine Arbeit auf. Die Länderparlamente hatten 65 Abgeordnete bestimmt (CDU/CSU 27, SPD 27, FDP 5, KPD 2, Zentrum 2, DP* 2).
Nach längeren Beratungen verabschiedete der Parlamentarische Rat am 8. Mai 1949 eine Verfassung. Sie wurde „Grundgesetz" genannt, um den provisorischen Charakter zu betonen. Die drei Westalliierten genehmigten das Grundgesetz, die westdeutschen Landtage stimmten mit Ausnahme Bayerns zu. Am 23. Mai wurde das Grundgesetz verkündet. Dieser Tag wird heute als „Verfassungstag" gefeiert.
Am 14. 8. 1949 wurde der erste Deutsche Bundestag gewählt. CDU/CSU, FDP und DP bildeten eine Koalition*. Bundeskanzler wurde Konrad Adenauer (CDU). Zum ersten Bundespräsidenten wurde am 12. 9. 1949 Theodor Heuss (FDP) gewählt.
Damit war der neue Staat mit seinen aus freien Wahlen hervorgegangenen Organen funktionsfähig.

5 *Beschreibt die Gründung der Bundesrepublik Deutschland.*

Die Gründung der Deutschen Demokratischen Republik (DDR)

Parallel zur Staatsgründung im Westen bereitete die SED die Gründung eines eigenen Staates nach dem Muster kommunistischer Volksdemokratien* vor. Die SED hatte nicht vor, ihre Vorherrschaft in der SBZ aufzugeben. Zunächst erarbeiteten von der SED einberufene Volkskongresse eine Verfassung. Die Mitglieder des III. Volkskongresses wurden im Mai 1949 gewählt, aber die Bevölkerung konnte nur mit „ja" oder „nein" für eine von der SED beherrschte Einheitsliste* stimmen. Der III. Volkskongress wählte einen Volksrat, der sich am 7. 10. 1949 zur Provisorischen Volkskammer der Deutschen Demokratischen Republik erklärte. Er setzte die Verfassung in Kraft und sprach sich für die Bildung einer provisorischen Regierung aus. Als Präsident der DDR wurde Wilhelm Pieck und als Ministerpräsident Otto Grotewohl, beide SED, gewählt. Die entscheidende politische Gewalt in der neu gegründeten DDR übte jedoch der Erste Sekretär des Zentralkomitees der SED, Walter Ulbricht, aus.

6 *Beschreibt die Unterschiede bei der Gründung beider Staaten.*

23. Mai 1949: *Verkündung des Grundgesetzes und damit Gründung der Bundesrepublik Deutschland.*

Volksdemokratie*: *Staatsform kommunistischer Länder, bei der die gesamte Staatsmacht in den Händen der Kommunistischen Partei liegt.*

DP*: *Die konservative Deutsche Partei bestand von 1949 bis 1961.*

Einheitsliste*: *Wahlliste, auf der mehrere Parteien genannt sind, die man nur insgesamt wählen oder ablehnen kann.*

Koalition*: *Bündnis.*

Die Bundesrepublik

Elisabeth Selbert *(1896–1986) von der SPD war Mitglied des Parlamentarischen Rates. Sie kämpfte für die gesetzliche Gleichberechtigung der Frauen im Grundgesetz.*

Gleichstellung der Frauen
Im Grundgesetz wurde der Grundstein für die rechtliche Gleichstellung der Frauen gelegt. In Artikel 3 steht: „Männer und Frauen sind gleichberechtigt." Gesetze, die diesem Gleichheitsprinzip entgegenstanden, wurden aufgrund eines Urteils des Bundesverfassungsgerichts bis 1958 reformiert. Nun hatten Frauen z. B. das Recht, ihren Mädchennamen als Namenszusatz zu behalten, in eigener Verantwortung den Haushalt zu führen oder erwerbstätig zu sein. Bis dahin hatte der Ehemann das alleinige Entscheidungsrecht, was das gemeinsame Leben der Ehepartner betraf. Später kamen weitere Gleichstellungsgesetze hinzu.

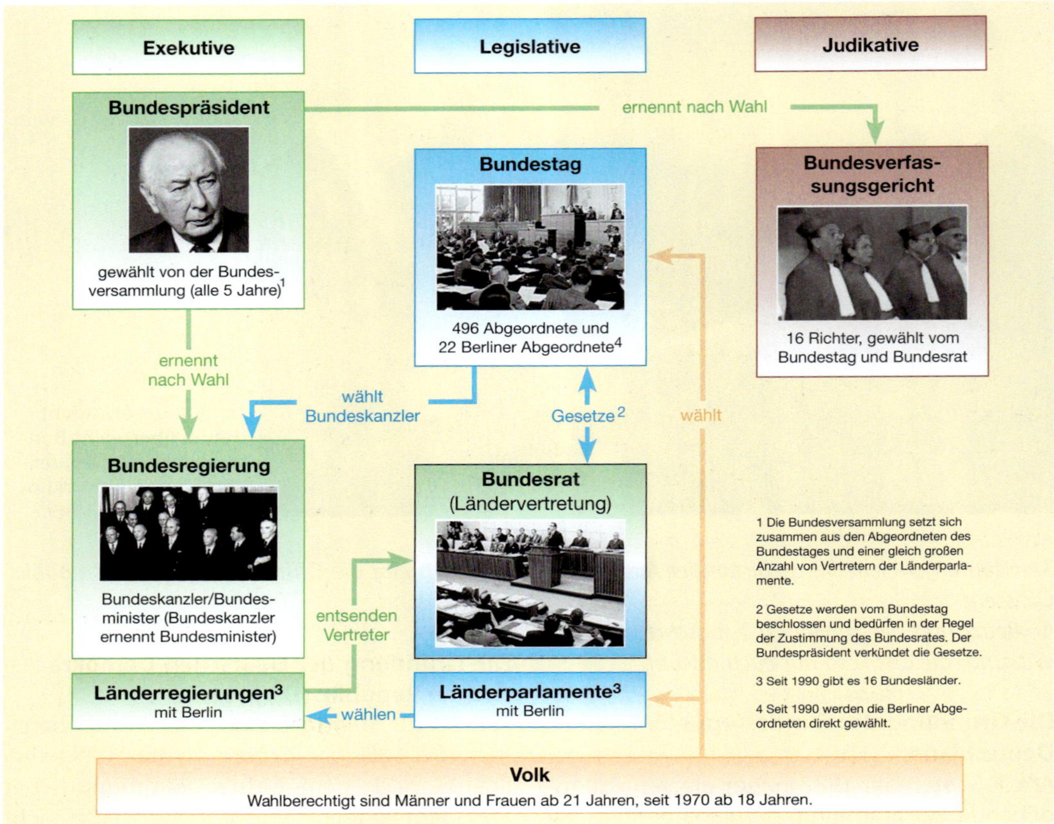

1 Staatsaufbau der Bundesrepublik Deutschland bis 1990.

Stabile Regierungen
Die Bestimmungen des Grundgesetzes und des Parteiengesetzes über die Wahl des Bundeskanzlers und des Bundestages sorgten in Westdeutschland im Unterschied zur Weimarer Republik für stabile Regierungen.
Aus dem Grundgesetz über die Bundesregierung:

Q1 … Artikel 63: Der Bundeskanzler wird auf Vorschlag des Bundespräsidenten vom Bundestag ohne Aussprache gewählt.
Gewählt ist, wer die Stimmen der Mehrheit der Mitglieder des Bundestages auf sich vereinigt. …
Artikel 65: Der Bundeskanzler bestimmt die Richtlinien der Politik und trägt dafür die Verantwortung. Innerhalb dieser Richtlinien leitet jeder Bundesminister seinen Geschäftsbereich selbstständig und unter eigener Verantwortung. Über Meinungsverschiedenheiten zwischen den Bundesministern entscheidet die Bundesregierung. …
Artikel 67: Der Bundestag kann dem Bundeskanzler das Misstrauen nur dadurch aussprechen, dass er mit Mehrheit seiner Mitglieder einen Nachfolger wählt. …

Aus dem Bundeswahlgesetz in der Fassung von 1975:

Q2 … § 6 (4) Bei Verteilung der Sitze … werden nur Parteien berücksichtigt, die mindestens fünf von hundert … Zweitstimmen erhalten oder in mindestens drei Wahlkreisen einen Sitz errungen haben. …

1 *Beschreibt anhand des Schaubildes die Aufgaben der Institutionen.*
2 *Erläutert, welches Ziel die Gesetzesbestimmungen haben. Berücksichtigt dabei die S. 50/51.*
3 *Erkundigt euch nach weiteren Gleichstellungsgesetzen (s. Randspalte) und diskutiert über deren Folgen für Frauen und für Männer.*

Die Einbindung der Bundesrepublik in den Westen

Die Westorientierung der Bundesrepublik

Da die Gründung der Bundesrepublik Deutschland vor allem auch von den drei Westalliierten herbeigeführt worden war, lag es nahe, dass sich der erste Bundeskanzler, Konrad Adenauer, um einen dauerhaften Anschluss an den Westen bemühte.
In seinen Erinnerungen beschrieb er 1965 die Grundzüge seiner Außenpolitik:

Q3 … Sowjetrussland stand mitten in Deutschland, an der Elbe. Das Gleichgewicht in Europa war zerstört. Das bedeutete für Westeuropa, einschließlich des nicht den Sowjets übergebenen Teiles Deutschlands, eine dauernde ernste Gefahr. … Diese Gefahr wurde zunächst von den drei Westmächten nicht in vollem Umfang erkannt. Die Einsicht, dass Westeuropa einschließlich Deutschlands als einheitlicher Machtfaktor gegen die weiter nach Westeuropa drängende Sowjetunion betrachtet werden müsse, … hatte zuerst Churchill. …
Das Sicherheitsverlangen Deutschland gegenüber war bei allen seinen Kriegsgegnern außerordentlich stark. Es galt, einen Weg zu finden, der sowohl dem Sicherheitsbedürfnis der europäischen Länder Rechnung trug, wie auch den Wiederaufbau Westeuropas einschließlich Deutschlands durchzuführen gestattete. Über diesen Weg würden wir auch, darüber war ich mir klar, Schritt für Schritt unsere Gleichberechtigung unter den freien Völkern der Welt zurückerlangen. …

Eine Zuspitzung erfuhren die Besorgnisse der westlichen Welt durch den Ausbruch des Koreakriegs 1950 (vgl. S. 173). Adenauer sah jetzt eine Möglichkeit, über das Angebot einer deutschen Wiederbewaffnung in einem westlichen Bündnis die erstrebte Gleichberechtigung schneller zu verwirklichen. Die SPD-Opposition befürchtete dagegen mit der Wiederbewaffnung eine Zementierung der deutschen Teilung.
Nach schwierigen Verhandlungen wurde die Bundesrepublik Deutschland 1955 Mitglied im Nordatlantikpakt (NATO) und erlangte durch den Deutschlandvertrag mit den drei Westmächten eine eingeschränkte Souveränität.

1949–1957	Konrad Adenauer, CDU (Koalition aus CDU/CSU, FDP, DP)
1957–1961	Konrad Adenauer, CDU (Alleinregierung der CDU/CSU)
1961–1963	Konrad Adenauer, CDU (Koalition aus CDU/CSU, FDP)
1963–1966	Ludwig Erhard, CDU (Koalition aus CDU/CSU, FDP)
1966–1969	Kurt Georg Kiesinger, CDU (Koalition aus CDU/CSU, SPD)
1969–1974	Willy Brandt, SPD (Koalition aus SPD, FDP)
1974–1982	Helmut Schmidt, SPD (Koalition aus SPD, FDP)
1982–1998	Helmut Kohl, CDU (Koalition aus CDU/CSU, FDP)
1998–2005	Gerhard Schröder, SPD (Koalition aus SPD, Bündnis 90/Die Grünen)
Seit 2005	Angela Merkel, CDU (Koalition aus CDU/CSU, SPD)

2 Die Bundeskanzler bis 2005.

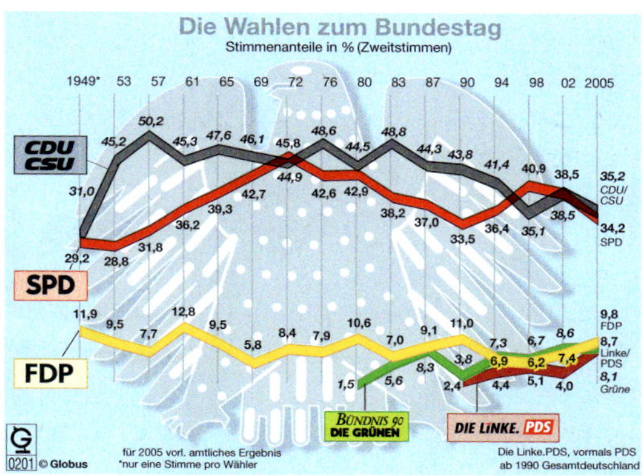

3 Ergebnisse der Bundestagswahlen 1949–2005 (in Prozent der Zweitstimmen).

4 *Nennt die wesentlichen Ziele Adenauers in Q3 und untersucht, wie er sie begründet.*
5 *Bildet Arbeitsgruppen und informiert euch über die Biografien der Bundeskanzler (Abb. 2) und Bundespräsidenten (Randspalte).*

Die bisherigen Bundespräsidenten der Bundesrepublik Deutschland und ihre Amtszeiten:

Theodor Heuss *(FDP): 1949–1959*
Heinrich Lübke *(CDU): 1959–1969*
Gustav Heinemann *(SPD): 1969–1974*
Walter Scheel *(FDP): 1974–1979*
Karl Carstens *(CDU): 1979–1984*
Richard von Weizsäcker *(CDU): 1984–1994*
Roman Herzog *(CDU): 1994–1999*
Johannes Rau *(SPD): 1999–2004*
Horst Köhler *(CDU): seit 2004*

Mit dem steigenden Wohlstand steigt auch der Grad privater Motorisierung. Werbeplakat der Firma Messerschmitt von 1955.

Wirtschaftliche Entwicklung im Westen

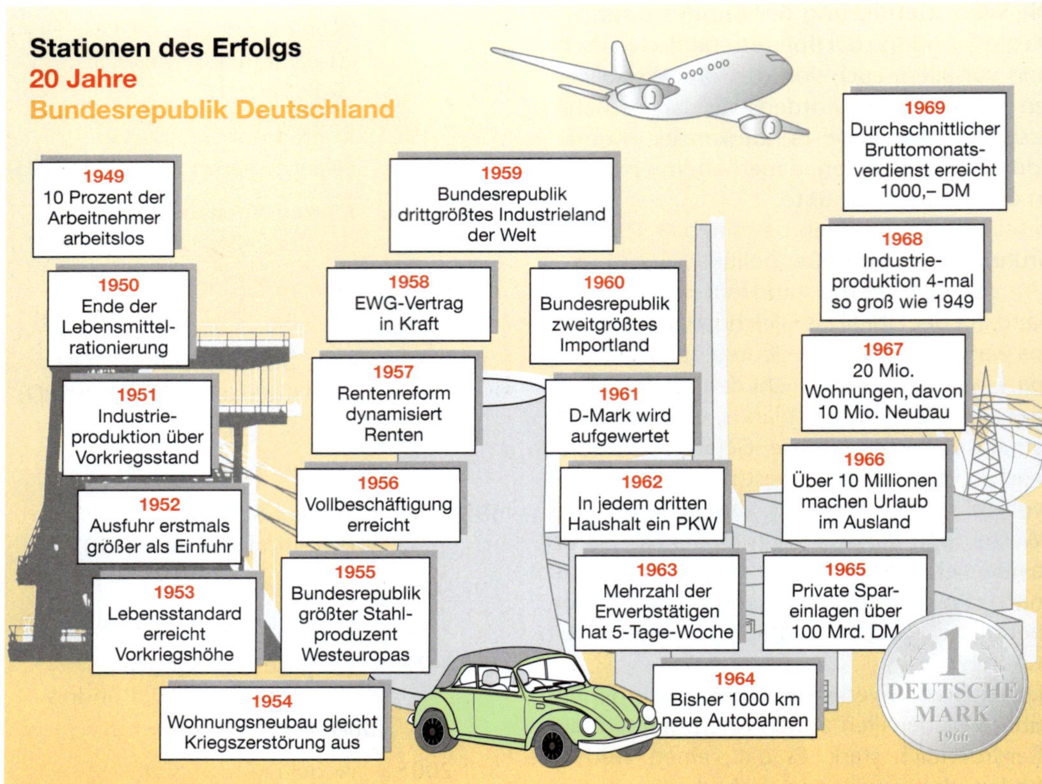

1 **Das „Wirtschaftswunder“.** Schaubild, 1969.

2 **Die Fünfzigerjahre.** Collage, 1996.

Das „Wirtschaftswunder“

Der wirtschaftliche Aufschwung

1 *Fragt eure Großeltern und älteren Verwandten nach Erinnerungen an die Zeit der Fünfziger- und Sechzigerjahre.*

2 *Beschreibt die wirtschaftliche Entwicklung der ersten zwanzig Jahre der Bundesrepublik mit dem Schaubild und der Collage.*

In den Fünfzigerjahren begann der wirtschaftliche Wiederaufstieg in Westdeutschland. Die mit westlicher Hilfe wieder aufgebauten oder neu errichteten Industrieunternehmen konnten billige und gute Waren für den Export, aber auch für das Inland produzieren. Nach den Jahren der Entbehrung seit 1945 kam es nun zu Konsumwellen: Der „Fresswelle“ folgte die „Wohn- und Automobilwelle“. Am Beginn der Sechzigerjahre folgte die „Reisewelle“. Gestiegene Löhne und ein wachsender Anspruch auf Urlaubstage machten Ferien auch im Ausland möglich. Diesen sprunghaften wirtschaftlichen Aufschwung bezeichnete man allgemein als das deutsche „Wirtschaftswunder“.

Das soziale Netz

Der wirtschaftliche Aufstieg im Rahmen der von der CDU/CSU und ihrem Wirtschaftsminister Ludwig Erhard (vgl. S. 142) verfolgten Politik einer „sozialen Marktwirtschaft“ wurde begleitet von einem schrittweisen Ausbau des Sozialstaates. So kam es unter anderem zu einer Rentenreform 1957, die die Rentner am gestiegenen Einkommen teilhaben ließ.

Die Lohnfortzahlung* im Krankheitsfall, die Einführung eines Kindergeldes und die Ausbildungsförderung (BAföG) für Kinder einkommensschwacher Familien sind beispielhafte Vorhaben, mit denen das Netz des Sozialstaates immer enger geknüpft wurde.

Die Sozialpolitiker aller Parteien, die Vertreter der Gewerkschaften und der großen Kirchen konnten besonders vor Wahlen die Fragen der sozialen Gerechtigkeit und die Forderungen nach dem Ausbau des Sozialstaates mit Erfolg in die politische Debatte einbringen. Das letzte Resultat dieser Politik war die Einführung der Pflegeversicherung*.

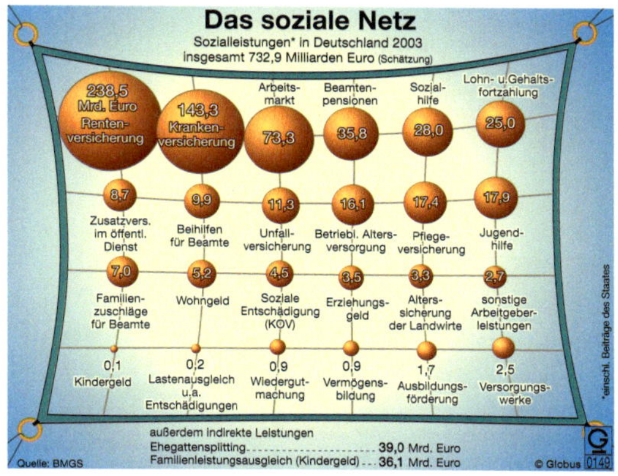

3 **Bereiche der sozialen Sicherung 2003.**

In der Regel werden die Kosten der sozialen Sicherung jeweils zur Hälfte durch die Arbeitgeber und Arbeitnehmer finanziert, in vielen Bereichen sind aber zusätzlich staatliche Zuschüsse nötig, um zum Beispiel in der Rentenversicherung die steigenden Kosten zu decken.

3 *Berichtet über den schrittweisen Ausbau des Sozialstaates und seine Kosten (Abb. 3).*

„Sozialpartner“

Durch ein verbessertes Betriebsverfassungsgesetz 1972 und ein Mitbestimmungsgesetz für Großunternehmen 1976 wurden die Mitwirkungsrechte der Arbeitnehmer in den Betrieben neu geordnet und wesentlich verbessert. Wegen ihrer Bedeutung für die sozialpolitische Entwicklung wurden Arbeitgeberverbände und Gewerkschaften auch „Sozialpartner“ genannt. Bis heute handeln sie untereinander Löhne und Gehälter für Arbeiter und Angestellte aus.

Eine große Bedeutung hatte die Frage der wöchentlichen Arbeitszeit. In jahrzehntelangen Auseinandersetzungen gelang es den Gewerkschaften, zunächst die 40-Stunden-Woche und dann im Bereich der metallverarbeitenden Industrie eine wöchentliche Arbeitszeit von 35 Stunden durchzusetzen.

4 *Erkundigt euch nach den heutigen Problemen der Renten- und Krankenversicherungen. Fragt eure Eltern nach den Beitragssätzen.*

Lohnfortzahlungsgesetz*: *Das Lohnfortzahlungsgesetz regelt die Auszahlung des Lohns an den Arbeitnehmer, auch wenn dieser krankheitsbedingt der Arbeit fernbleiben muss.*

Pflegeversicherung*: *Die Pflegeversicherung soll die Grundversorgung pflegebedürftiger Menschen sichern, die ansonsten auf Sozialhilfe bzw. Unterhalt durch Angehörige angewiesen wären.*

Die politische Entwicklung in der DDR

Walter Ulbricht (geb. 30. 6. 1893, gest. 1. 8. 1973 in Ostberlin) trat 1918 dem Spartakusbund und 1919 der KPD bei. 1928–33 Reichstagsabgeordneter der KPD, 1933 emigriert und von 1936–38 Politkommissar im spanischen Bürgerkrieg. Ab 1938 in der UdSSR. Ab 1945 am Aufbau der kommunistischen Strukturen in der SBZ führend beteiligt („Gruppe Ulbricht"). Von 1949–71 in den entscheidenden Machtpositionen der DDR: stellvertretender Ministerpräsident der DDR (1949–60), Generalsekretär der SED (ab 1950), Erster Sekretär des ZK der SED (1953–71) und Vorsitzender des Staatsrats (ab 1960).

Kaderpartei*: *Partei, die dem System von Befehl und Gehorsam folgt.*

Zentralkomitee*: *in regelmäßigen Abständen tagendes Leitungsgremium der Partei.*

Arbeiter- und Bauernklasse*: *gesellschaftliche Gruppe, die die herrschende Rolle in der sozialistischen Gesellschaft übernehmen sollte.*

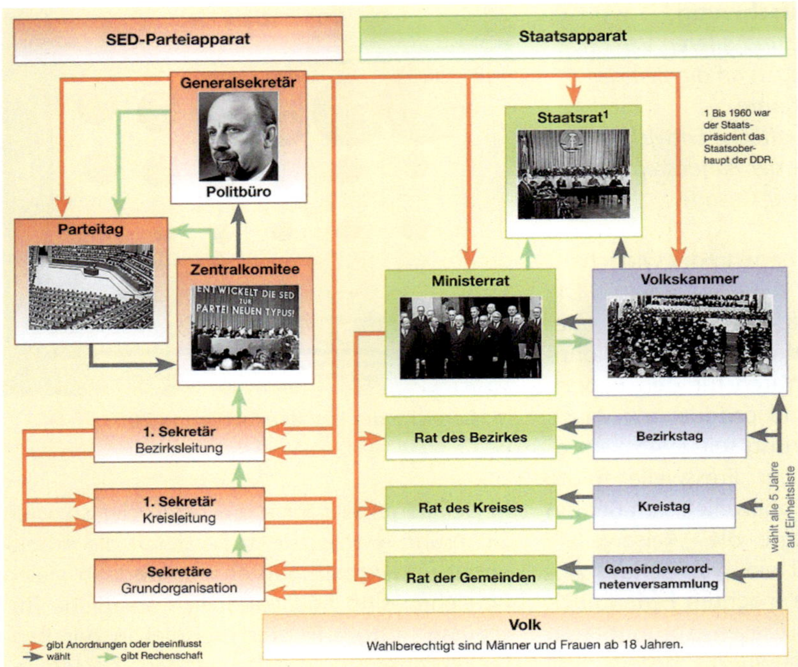

1 Staatsaufbau und Herrschaftsverhältnisse in der DDR bis Ende 1989.

Die Sowjetisierung der DDR

1946 wurde in der sowjetischen Besatzungszone die SED durch die erzwungene Vereinigung von SPD und KPD gebildet. Sie wurde zu einer marxistisch-leninistischen Kaderpartei* nach sowjetischem Vorbild geformt. Getreu dem Beispiel der Sowjetunion plante die SED die Errichtung einer sozialistischen Gesellschaftsordnung.
In einer Rede vom August 1948 sagte dazu Walter Ulbricht:

Q1 … Die enge Verbundenheit mit der Sowjetunion ist die Grundbedingung, dass die Arbeiterklasse in Deutschland den Sieg erringen kann, und ohne die Sowjetunion im Rücken, ohne die brüderlich kameradschaftliche Hilfe der Sowjetunion können wir nicht siegen, können wir die Macht nicht erringen. …

Die wichtigen Entscheidungen in Staat und Wirtschaft und allen kulturellen Bereichen lagen in der Hand des Zentralkomitees* der SED. Es hatte den Anspruch, im Namen der Arbeiter- und Bauernklasse* eine neue und gerechte Gesellschaftsordnung aufzubauen. Bewusst wollte man ein Gegenmodell zum Westen errichten.
Ihren Machtanspruch setzte die SED auch mit Gewalt durch. Dabei stützte sie sich auf die sowjetischen Truppen und den streng kontrollierten Polizeiapparat. Wahlen wurden nur auf Einheitslisten durchgeführt, die wiederum die Mehrheit der SED garantierten. Bei den Wahlen galten Ergebnisse von 98 Prozent für diese Einheitsliste als normal. Eine geheime Stimmabgabe war praktisch nicht möglich.

1 *Untersucht die Grafik und erläutert die Einflussmöglichkeiten der SED auf politische Entscheidungen. Erläutert die Unterschiede zum parlamentarischen System der Bundesrepublik Deutschland.*

Der Stasi-Staat

Um ihre Macht zu festigen und zu erhalten, schuf die SED das Ministerium für Staatssicherheit (MfS). Es hatte die Aufgabe, die gesamte Bevölkerung zu überwachen. Die Spitzel des MfS unterwanderten Kirchen und Sportvereine und waren in Jugendverbänden, Krankenhäusern, Schulen und Betrieben tätig.

Die Planwirtschaft

2 **Werbung für den Trabant 1965.**

Zuletzt arbeiteten 80 000 fest angestellte und weit über 100 000 inoffizielle getarnte Mitarbeiter für die Staatssicherheit („Stasi"). In der zentralen Personendatenbank wurden Angaben über sechs Millionen DDR-Bürger gespeichert. Ein Aufstieg im Beruf oder die Zulassung zum Universitätsstudium waren in der Regel nur mit Zustimmung des MfS möglich.

2 *Erläutert, welche Auswirkungen das Spitzelsystem auf das tägliche Verhalten der Bürgerinnen und Bürger hatte.*

Sozialistische Planwirtschaft

Schon in der sowjetisch besetzten Zone (SBZ) waren früh die Weichen für eine sozialistische Planwirtschaft nach sowjetischem Vorbild gestellt worden. An die Stelle des privaten Eigentums der Unternehmer trat das „gesellschaftliche Eigentum" der Genossenschaften und des Staates. Jedem Betrieb wurde von zentralen staatlichen Planungsbehörden genau vorgeschrieben, was er zu produzieren hatte. Aufgrund der langfristig erstellten Planvorgaben reagierten die Betriebe nur sehr schwerfällig auf veränderte wirtschaftliche Forderungen.

Im Wettbewerb mit den anderen sozialistischen Staaten war es der DDR aber bis 1966 gelungen, zum zweitgrößten Industriestaat des Ostblocks nach der Sowjetunion aufzusteigen, hinsichtlich des Lebensstandards stand sie sogar an der Spitze. Die Bürger der DDR verglichen ihren Lebensstandard aber mit dem in der Bundesrepublik Deutschland. Ihr gegenüber wurde der Abstand immer größer.

Auch die Landwirtschaft wurde nach sowjetischem Vorbild umgestaltet. Schrittweise wurde die Bildung landwirtschaftlicher Produktionsgenossenschaften (LPG) vorangetrieben und der Privatbesitz an landwirtschaftlichen Gütern fast vollständig aufgehoben. Ab Mitte 1960 gab es in der DDR keine selbstständigen Bauern mehr. Die genossenschaftliche Produktion unter staatlicher Aufsicht führte aber nicht zu einer Produktivitätssteigerung. Nach einem dramatischen Rückgang der Produktionsmengen stabilisierte sich die DDR-Landwirtschaft erst am Ende der Sechzigerjahre, blieb aber weit hinter dem Produktivitätsfortschritt der westdeutschen Landwirtschaft zurück.

3 *Betrachtet das Werbeplakat der DDR (Abbildung 2) und vergleicht es mit Autowerbung, die ihr kennt.*

4 *Vergleicht Kennziffern des Lebensstandards in der DDR und der Bundesrepublik (Randspalte).*

Wirtschaftlicher Rückstand

Nach 1970 wurde der große Wohnungsmangel durch riesige Wohnsiedlungen aus Fertigteilen (Plattenbauten) auf der grünen Wiese weitgehend beseitigt. Die Altbauten in den Innenstädten verfielen aber weiterhin.

Im Vergleich mit der Weltwirtschaft fiel die DDR immer stärker zurück. Um im Export eine West-Mark einzuhandeln, musste die DDR 1980 etwa 2,50 Ost-Mark aufwenden, 1989 aber 4,40 Ost-Mark. Deswegen fehlten ihr auch Mittel zur Erneuerung der Betriebe und Geld für Investitionen in den Umweltschutz. So produzierten viele DDR-Betriebe unter übergroßem Energieaufwand mit zerstörerischen Folgen für die Umwelt.

Mitte der Achtzigerjahre verschlechterte sich die wirtschaftliche Situation auch für die Bevölkerung spürbar und trug zur wachsenden Unzufriedenheit bei.

5 *Erläutert mit Stichworten die wirtschaftliche Lage der DDR in den Achtzigerjahren.*

Verteilung wichtiger Konsumgüter auf die Haushalte der DDR *(in Klammern die Zahlen für die Bundesrepublik Deutschland 1978):*

Pkw

0,2 %	1955
9 %	1966
15 %	1970
34 %	1978
(62 %)	

Fernseher

1 %	1955
54 %	1966
69 %	1970
87 %	1978
(94 %)	

Waschmaschine

0,5 %	1955
32 %	1966
53 %	1970
79 %	1978
(82 %)	

Kühlschrank

0,4 %	1955
31 %	1966
56 %	1970
99 %	1978
(98 %)	

Belastungen des Staatshaushalts der DDR:
Von je 100 DDR-Mark Kosten wurden durch staatliche Zuschüsse gedeckt:
bei Nahrungsmitteln 46 Mark,
Verkehrsleistungen 65 Mark,
Wohnungsmieten 70 Mark.

Verschuldung der DDR gegenüber dem Ausland in DM:

1976	5 Milliarden
1980	30 Milliarden
1989	49 Milliarden

Der Volksaufstand vom 17. Juni 1953

1 **Ostberlin, 17. Juni 1953.** Foto.

Arbeitsnorm*: *Bestimmung über die innerhalb einer bestimmten Frist zu erzeugenden Produktmengen.*

imperialistisch*: *hier: im Ostblock gebräuchliche Bezeichnung für das westliche Lager.*

konterrevolutionär*: *hier: gegen die sozialistische Gesellschaftsordnung gerichtet.*

HO*: *Abkürzung für „Handelsorganisation". Staatliche Kette von Einzelhandelsgeschäften in der DDR.*

Pankow*: *Ostberliner Stadtteil, Wohnort zahlreicher DDR-Funktionäre.*

Ausnahmezustand*: *Situation, in der die individuellen Rechte eingeschränkt und die Polizeibefugnisse erweitert sind.*

Volkspolizei*: *Polizei der DDR.*

Der 17. Juni 1953

1952 beschloss die SED, den Sozialismus verstärkt aufzubauen. In der Folgezeit wurden zahlreiche Gewerbetreibende und Unternehmer verhaftet und enteignet. Die Schwerindustrie wurde auf Kosten der Konsumgüterindustrie und Landwirtschaft vorrangig ausgebaut. Im Frühjahr 1953 kam es zu einer Verschlechterung bei der Versorgung der Bevölkerung mit Lebensmitteln. Im Mai erhöhte die SED die Arbeitsnormen* in den volkseigenen Betrieben bei gleichbleibendem Lohn. Das bedeutete für die Arbeiter praktisch erhebliche Lohnkürzungen.

Am 16. Juni 1953 formierten sich 3000 Bauarbeiter auf der Stalinallee in Berlin zu einem Demonstrationszug. Bald war der Zug auf 10 000 Menschen angewachsen. Am Haus der Ministerien forderte die Menge zunächst das Erscheinen des 1. Sekretärs des Zentralkomitees der SED, Walter Ulbricht, und des Ministerpräsidenten Otto Grotewohl, am Ende aber den Rücktritt der Regierung und freie und geheime Wahlen.

Auf Plakaten und in Sprechchören formulierten die Demonstranten ihre Forderungen:

Q1 … Bauarbeiter fordern Normsenkung!
Wir wollen keine Sklaven sein!
Fort mit der Normerhöhung!
Die HO* macht uns tot!
Keine Volksarmee – wir brauchen Butter!
Weg mit Ulbricht!
Wir wollen freie Wahlen!
Räumt euren Mist in Bonn jetzt aus, in Pankow* säubern wir das Haus! …

Für den 17. Juni wurde der Generalstreik ausgerufen. In ca. 250 Orten der DDR wurde gestreikt und demonstriert. Parteibüros der SED gingen in Flammen auf, die Regierung verkündete den Ausnahmezustand*. Die Volkspolizei* war nicht mehr Herr der Lage. Da griff die Sowjetarmee ein. Mit Panzern warf sie die Unruhen nieder. Es gab nach Schätzungen einige Hundert Tote. In der Folge ging die Regierung mit aller Härte gegen „Schuldige" vor, es gab sogar Todesurteile. Die Normenerhöhungen wurden aber zurückgenommen, die Preise gesenkt und die Renten erhöht. An dem 1952 beschlossenen Ziel, den Sozialismus einzuführen, hielt die DDR-Regierung aber fest.

1 *Beschreibt, was ihr auf dem Bild oben erkennen könnt.*

2 *Untersucht die Forderungen der Demonstranten (Q1). Welche politische Entwicklung deutet sich in ihnen an?*

3 *Erarbeitet eine Reportage über den 17. Juni 1953.*

Methode: Historische Quelleninterpretation

Kritischer Umgang mit historischen Darstellungen

Eine geschichtliche Darstellung ist in der Regel das Ergebnis einer Untersuchung vieler unterschiedlicher Quellen. Das können Texte, aber auch Bilder oder Gegenstände aus der untersuchten Zeit sein. Der Historiker versucht, daraus eine zusammenhängende und der Wahrheit möglichst nahe kommende Darstellung der Ereignisse zu erzählen. In seine Erzählung fließen aber, wie bei jeder Alltagserzählung von euch, eigene Annahmen, eigene politische Überzeugungen und Deutungen ein. Diese „Zugaben“ kann der nicht so gut informierte Leser nicht sofort erkennen. Erst durch den Vergleich vieler Darstellungen kann man sich selbst ein eigenes Bild der Ereignisse machen. Durch den Vergleich verschiedener Darstellungen kann man aber auch eine bestimmte Absicht hinter einer Darstellung erkennen.

An jede historische Darstellung muss man kritische Fragen stellen, um zu erkennen, wo der Erzähler, der Historiker oder Schulbuchschreiber seine eigene Meinung den Ereignissen „unterlegt“.

Solche Fragen können lauten:

a) Wann und von wem wurde der Text verfasst?
b) Zu welchem Zweck, mit welcher Absicht wurde der Text geschrieben?
c) Wie unterscheidet sich die Darstellung von anderen mir bekannten Darstellungen? Welche Wertungen werden deutlich?
d) Sind die Schlussfolgerungen, sind die Deutungen, die der Autor zu den Ereignissen gibt, überzeugend?

Beispiel einer Textanalyse

In einem DDR-Geschichtsbuch konnte man 1971 lesen:

Q1 … Am 17. Juni 1953 gelang es Agenten verschiedener imperialistischer* Geheimdienste, die von Westberlin aus massenhaft in die Hauptstadt und einige Bezirke der DDR eingeschleust worden waren …, einen kleinen Teil der Werktätigen zu zeitweiligen Arbeitsniederlegungen und Demonstrationen zu verleiten. …
Durch das entschlossene Handeln der fortgeschrittensten Teile der Arbeiterklasse und ihrer Verbündeten, gemeinsam mit sowjetischen Streitkräften und bewaffneten Organen der DDR, brach der konterrevolutionäre* Putsch innerhalb von 24 Stunden zusammen. …

Beispielhafte Beantwortung der Fragen an den Text Q1

Zu Frage a:
Q1 wurde 1970/71 von einem Schulbuchautor der damaligen DDR verfasst.

Zu Frage b:
Q1 soll den damaligen DDR-Schülern die politische Meinung der DDR-Regierung zum 17. Juni 1953 vermitteln.

Zu Frage c:
Q1 stellt die Ereignisse erheblich anders dar als die Darstellung in diesem Schulbuch.
(Beispiel: 3000 Bauarbeiter/Agenten imperialistischer Geheimdienste; 10000 Menschen/ein kleiner Teil der Werktätigen; Generalstreik/zeitweilige Arbeitsniederlegungen; „verleiten“, „entschlossenes Handeln“, „fortgeschrittenste Teile der Arbeiterklasse“)

Zu Frage d:
Wenn man Q1 mit dem Bild auf Seite 136 vergleicht, sind die Schlussfolgerungen des Autors wenig überzeugend.

Der Franzose Alfred Grosser schrieb 1974 in einer Darstellung der Geschichte Deutschlands:

Q2 … Am 17. Juni 1953 findet das statt, was die kommunistischen Autoren einen „von den westlichen Agenten unterstützten Putschversuch …“ nennen. Es ist oft genug berichtet worden, wie die Unzufriedenheit der Bauarbeiter, denen … weiterhin erhöhte Normen vorgeschrieben wurden, zu einem Streik am 16. Juni führte, dann zu einer Demonstration und schließlich am nächsten Tag zu einem … Volksaufstand. Der sowjetische Militärbefehlshaber erklärt den Ausnahmezustand. In Magdeburg, Leipzig, Dresden und der Mehrzahl der Industriestädte kommt es zu Unruhen, die vom Streik bis zum Sturm auf die Gefängnisse reichen. Die anfängliche Angst und Verwirrung der Behörden verhindert nicht, dass die erste von Arbeitern ausgehende Revolte gegen ein kommunistisches Regime rasch niedergeschlagen wird. …

1 *Erläutert, welche Meinung ihr über den 17. Juni 1953 gewonnen hättet, wenn euch nur der Text aus dem DDR-Geschichtsbuch im Unterricht gegeben worden wäre.*
2 *Versucht mit Q2 selbst eine Textanalyse.*

Geschlossene Grenzen und Mauerbau

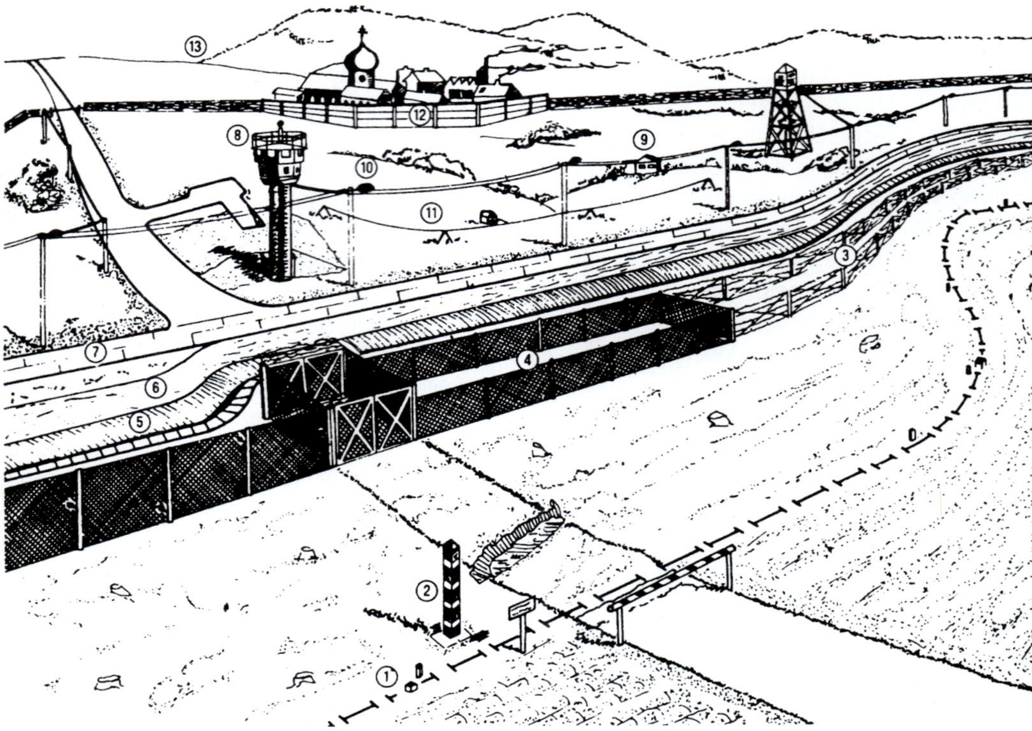

1 Die innerdeutsche Grenze schematisch dargestellt. ① Eigentlicher Grenzverlauf; ② DDR-Markierungssäule; ③ Stacheldraht, zweireihig; ④ Metallgitterzaun (mit Selbstschussanlage bis 1984); ⑤ Spurensicherungsstreifen (6 m breit); ⑥ Kolonnenweg; ⑦ Kfz-Sperrgraben; ⑧ betonierter Beobachtungsturm; ⑨ Betonbeobachtungsbunker; ⑩ Lautsprecher und Lichtanlagen; q Hundelaufanlage; ⑫ Betonsperrmauer/Sichtblende; ⑬ Sperrgebiet (15 km tief). Zeichnung.

Die Spaltung des deutschen Volkes. *Karikatur von H. E. Köhler aus dem Jahr 1949.*

Gedenkkreuz an der Berliner Mauer. *Foto.*

Die DDR schottet sich ab

Gleich nach ihrer Gründung 1949 hatte die DDR die meisten Verkehrswege zur Bundesrepublik Deutschland unterbrochen. Gesperrt wurden u. a. die Autobahn zwischen Hof und Chemnitz, 29 Bundesstraßen, 126 Landstraßen und 35 Eisenbahnstrecken. Nur nachts konnte man noch auf Schleichwegen die Grenze überschreiten. 1952 wurde das anders.

Ein Augenzeuge berichtete von einer Einwohnerversammlung eines Dorfes unmittelbar an der Grenze:

Q1 ... Überall im Versammlungssaal verteilt saßen ortsfremde Männer in Ledermänteln. Ein Vertreter der SED-Kreisleitung eröffnete die Versammlung. Er sprach von der Aufrüstung Westdeutschlands und der dadurch entstandenen drohenden Kriegsgefahr. In den letzten Wochen seien Grenzposten, sogar Zivilisten und Kinder von Westdeutschland aus beschossen worden. Zum Schutze der Bevölkerung müsse nun die Grenze abgeriegelt werden. – Nur wenige hatten den Mut und verurteilten in der Diskussion die angekündigten Maßnahmen. ...

1 *Stellt dar, wie die Abriegelung der innerdeutschen Grenze begründet wurde (Q1).*

2 *Untersucht die Karikatur (Randspalte) und erklärt, was sie über die Reaktion der Menschen sagen will.*

Mauerbau am 13. August 1961

Bis 1961 konnten jedoch insgesamt rund 2,6 Millionen Menschen (1/9 der Gesamtbevölkerung) aus der DDR fliehen. Die Ursachen für die Flucht waren unterschiedlich: Viele wollten nicht weiter in Unfreiheit unter der Diktatur der SED leben, andere erhofften sich

Geschlossene Grenzen und Mauerbau

2 **Der Bau der Mauer in Berlin.** Foto, Mai 1962.

3 **Innerdeutsche Grenze mit Metallgitterzaun.** Foto, 1986.

im „goldenen Westen" einen gut bezahlten Arbeitsplatz und Wohlstand. In Ostberlin fehlten 45 000 Arbeitskräfte. 53 000 Ostberliner fuhren jeden Tag zur Arbeit nach Westberlin, da sie mit ihrem Lohn in D-Mark praktisch dreimal so viel verdienten wie im Osten.

Im Sommer 1961 hatte sich die Lage aus der Sicht der DDR-Führung dramatisch zugespitzt. Teile der Ernte blieben auf den Feldern, da Arbeitskräfte fehlten. Auf dem Land war die medizinische Versorgung stark gefährdet. Am 13. August schloss die DDR auch die Grenze in Berlin vollkommen ab, sie baute dazu eine Mauer zwischen West- und Ostberlin.

Der Mauerbau löste bei vielen Menschen in der DDR einen Schock aus, jetzt fühlten sie sich endgültig eingeschlossen. Reisen waren für DDR-Bürger nur noch in sozialistische Staaten nach umständlichen Anträgen möglich. Nach dem Bau der Mauer starben zahlreiche Menschen bei dem Versuch, die DDR zu verlassen, da die Soldaten der DDR die Anweisung hatten, sofort auf jeden Flüchtling zu schießen. Erst Mitte der Achtzigerjahre wurde der Schießbefehl auf Drängen der Bundesregierung eingeschränkt.

Auswirkungen des Mauerbaus auf die Menschen

Joachim Gauck, bis 1989 Pfarrer in Rostock und Mitglied der Bürgerrechtsbewegung* der DDR, schrieb 1991:

Q2 … Mit dem Bau der Mauer wurde gleichsam die Leibeigenschaft zur Staatsdoktrin erhoben, denn von da an konnte nur derjenige diesem System noch entgehen, der bereit war, sein eigenes Leben aufs Spiel zu setzen. … Die Vorstellung der SED, im Besitz der absoluten Wahrheit zu sein, ihr Anspruch auf die absolute Macht bestimmten von nun an das Leben der DDR-Bürger buchstäblich von der Wiege bis zur Bahre. … In dieser Situation wirkte die Angst gleichsam als ein Signalsystem, das ein unauffälliges Alltagsleben durch Anpassung gewährleistete. Sie wurde für mehrere Generationen zum ständigen Ratgeber, ja geradezu zum Motor, der vieles in Gang setzte: Angst bewirkte Anpassung oder sogar Überanpassung. … Sehr selten bewirkte die Angst auch Protest. …

3 *Erläutert mithilfe von Q2 und den Abbildungen die Folgen des Mauerbaus für die Menschen in Deutschland.*

Bürgerrechtsbewegung*: *eine Gruppe von Menschen, die sich für die Wahrung der individuellen Freiheitsrechte einsetzt.*

Die Entwicklung in der Bundesrepublik

1 Anti-Vietnamkrieg-Demonstration in Berlin 1968. Foto.

Ludwig Erhard
(geb. 4. 2. 1897, gest. 5. 5. 1977), Mitglied der CDU, war von 1949 bis 1963 Bundeswirtschaftsminister und führte das Prinzip der „sozialen Marktwirtschaft" ein. Er gilt als Vater des „Wirtschaftswunders" (vgl. S. 133). 1963–1966 war Erhard Bundeskanzler.

Kurt Georg Kiesinger
(geb. 6. 4. 1904, gest. 9. 3. 1988), 1933–1945 Mitglied der NSDAP, ab 1946 Mitglied der CDU, war von 1958 bis 1966 Ministerpräsident von Baden-Württemberg und von 1966 bis 1969 Bundeskanzler der Großen Koalition.

Politische Unbeweglichkeit bricht auf

Mit dem Rücktritt Konrad Adenauers als Bundeskanzler im Jahr 1963 ging eine längere Phase der politischen Stabilität zu Ende. Unter seinen Nachfolgern, Ludwig Erhard (CDU, 1963–1966) und Kurt Georg Kiesinger (CDU, 1966–1969), wurden aber zunehmend innenpolitische Probleme deutlich. Eine wirtschaftliche Krise mit 600 000 Arbeitslosen führte im Herbst 1966 zur Bildung einer Koalitionsregierung von CDU/CSU und SPD. In dieser „Großen Koalition" war der Vorsitzende der SPD, Willy Brandt, Außenminister und Vizekanzler. Es gelang zwar schnell, die wirtschaftliche Krise zu überwinden, über die inneren Reformen und ein neues Verhältnis zur DDR konnte man sich aber nicht einigen.

„APO"-Protestbewegung

Die Empörung über das grausame Kriegsgeschehen in Vietnam (vgl. S. 178/179) führte dazu, dass sich auch in Deutschland nach amerikanischem Vorbild eine studentische Protestbewegung an den Universitäten bildete. Verstärkt wurde diese Bewegung durch die Reformunwilligkeit deutscher Professoren und die von der Großen Koalition 1968 beschlossenen Notstandsgesetze. Sie ermöglichten es der Regierung, im Krisen- und Verteidigungsfall Teile der Grundrechte aufzuheben. Da im Bundestag die beiden großen Parteien CDU/CSU und SPD über eine erdrückende Mehrheit verfügten, bezeichnete sich die neue Protestbewegung als „Außerparlamentarische Opposition" (APO). Während sich die Unzufriedenen des linken Spektrums in der APO sammelten, gelang der rechtsradikalen Nationaldemokratischen Partei (NPD) bei den Landtagswahlen 1968 in Baden-Württemberg ein völlig überraschender Erfolg mit 9,8 Prozent der Stimmen. Die bisherigen stabilen Parteienverhältnisse lösten sich an den Rändern links und rechts auf.

1 *Berichtet über die politische Entwicklung in der Bundesrepublik in den Sechzigerjahren.*

2 *Betrachtet Abbildung 1. Erkennt ihre einige Köpfe auf den Schildern? Was sagt dies über die Ziele der Demonstranten aus?*

„Mehr Demokratie wagen"

Die Bundestagswahl vom September 1969 brachte der neuen Koalition aus SPD und FDP eine Mehrheit von zwölf Abgeordneten. Bundeskanzler Willy Brandt umriss in seiner Regierungserklärung die Grundsätze des gemeinsamen politischen Programms:

Q1 … Wir wollen mehr Demokratie wagen. Mitbestimmung, Mitverantwortung in den verschiedenen Bereichen der Gesellschaft wird eine bewegende Kraft der kommenden Jahre sein. Wir wollen eine Gesellschaft, die mehr Freiheit bietet und mehr Mitverantwor-

Protest und Terrorismus

tung fordert. Die Regierung kann in der Demokratie nur erfolgreich wirken, wenn sie getragen wird vom demokratischen Engagement der Bürger. Wir suchen keine Bewunderer; wir brauchen Menschen, die kritisch mitdenken, mitentscheiden und mitverantworten. Das Selbstbewusstsein dieser Regierung wird sich als Toleranz zu erkennen geben. Wir sind keine Erwählten; wir sind Gewählte. Wir stehen nicht am Ende unserer Demokratie, wir fangen erst richtig an. …

Reform und Überprüfung

Zahlreiche Reformen in der Bildungspolitik, der Sozialpolitik und die Erweiterung der Mitbestimmungsmöglichkeiten im politischen und betrieblichen Bereich kennzeichneten die Politik der Siebzigerjahre. Auf der anderen Seite gab es auch den „Radikalenerlass“, mit dem der Staat, der „mehr Demokratie“ wagen wollte, zu verhindern versuchte, dass Extremisten in den Staatsdienst gelangten.

3 *Erläutert, wie sich Radikalenerlass und Demokratiekonzept in Einklang bringen ließen.*

Terrorismus

Seit Beginn der Siebzigerjahre radikalisierte sich ein Teil der linken Studenten und erklärte dem Staat den offenen bewaffneten Krieg. Als „Rote Armee Fraktion“ (RAF) wollten diese kleinen Gruppen ein politisch unklares sozialistisches Programm in Westdeutschland mit Gewalt durchsetzen.

Im Gründungsaufruf von 1970 hieß es:

Q2 … Die Konflikte auf die Spitze treiben heißt: dass die nicht mehr können, was die wollen, sondern machen müssen, was wir wollen. … Die Klassenkämpfe entfalten. Das Proletariat organisieren. Mit dem bewaffneten Widerstand beginnen! …

Mit der Entführung und Ermordung prominenter Persönlichkeiten und Brandanschlägen auf die deutsche Botschaft in Schweden und auf das US-Hauptquartier in Europa bei Heidelberg versuchte die RAF, ihre Politik durchzusetzen – ohne jede politische Resonanz bei den Wählern. Die Ermordung des Arbeitgeberpräsidenten Hanns Martin Schleyer und seiner Begleiter, die gleichzeitige Entführung

2 **Fahndungsplakat.**

einer Lufthansa-Maschine und der gemeinsame Selbstmord führender bereits inhaftierter RAF-Mitglieder stellten 1977 den Höhepunkt des Terrors dar.

Der Nachfolger Willy Brandts, Bundeskanzler Helmut Schmidt (SPD), sagte 1977 vor dem Bundestag:

Q3 … Wir haben in Wahrheit zwei Aufgaben zu leisten: Zum Ersten, den Terrorismus ohne Wenn und ohne Aber und ohne jede sentimentale Verklärung der Tätermotive zu verfolgen, bis er aufgehört haben wird, ein Problem zu sein. Aber die andere Aufgabe muss es sein, die Meinungsfreiheit kämpferisch und entschlossen zu verteidigen. …

4 *Untersucht die Ziele des Terrorismus der Siebzigerjahre und die Antwort des Staates.*

Emblem der „Rote Armee Fraktion“*, das in den verschiedenen Generationen der Terrorgruppe bis in die Neunzigerjahre die Bekennerschreiben kennzeichnete.*

Helmut Schmidt *(geb. 23. 12. 1918), Mitglied der SPD, war von 1969 bis 1972 Bundesverteidigungsminister und von 1972 bis 1974 Bundesfinanzminister unter Willy Brandt. Von 1974 bis 1982 war er dessen Nachfolger als Bundeskanzler.*

Willy Brandt (geb. 18. 12. 1913, gest. 8. 10. 1992) hatte bereits als Jugendlicher Widerstand gegen die Nationalsozialisten geleistet und war auch auf der Flucht vor ihnen 1933 bis 1945 in der Emigration für die norwegische Widerstandsbewegung tätig, bevor er 1947 nach Deutschland zurückkehrte. Als Mitglied der SPD stieg er politisch auf und war von 1957 bis 1966 Regierender Bürgermeister von Berlin sowie seit 1964 Parteivorsitzender, 1961 und 1964 Kanzlerkandidat der SPD und von 1966 bis 1969 deutscher Außenminister in der Großen Koalition. 1969 wurde er Bundeskanzler und erhielt 1971 den Friedensnobelpreis für seine europäische Versöhnungspolitik. 1974 trat er wegen einer Spionage-Affäre im Bundeskanzleramt zurück, blieb aber bis zu seinem Tod einer der führenden Politiker seiner Partei.

Neue Ostpolitik der Regierung Brandt/Scheel

1 **„Entschärfung“.** Karikatur vom 18. März 1970.

Internationale Entspannungspolitik

Der Mauerbau in Berlin führte 1961 zu einer Verschärfung des Ost-West-Konflikts. Ermutigt durch ihren „Erfolg“ in Berlin, versuchte die Sowjetunion, das globale Kräfteverhältnis zu ihren Gunsten zu verändern.

Im Herbst 1962 wurden auf Kuba mithilfe sowjetischer Ingenieure Raketenabschussrampen errichtet. Die Kubakrise (vgl. S. 176/177) veranlasste Ost und West zum Nachdenken, wie der Frieden angesichts der gegenseitigen Bedrohung mit der atomaren Vernichtung weltweit erhalten werde könnte.

Neue Ostpolitik: „Wandel durch Annäherung“

Im Rahmen dieser Entwicklungen verfolgte die 1969 aus SPD und FDP gebildete Bundesregierung unter Bundeskanzler Willy Brandt und Außenminister Walter Scheel (FDP) eine „neue Ostpolitik“, die das bisher gespannte Verhältnis zwischen der Sowjetunion und der Bundesrepublik und zwischen den beiden deutschen Staaten verändern sollte.

Bereits am 15. Juli 1963 hielt Egon Bahr, der spätere enge Mitarbeiter des Bundeskanzlers Willy Brandt, eine Rede über die Chancen der deutschen Wiedervereinigung:

Q1 … Die Voraussetzungen zur Wiedervereinigung sind nur mit der Sowjetunion zu schaffen. Sie sind nicht in Ostberlin zu bekommen, nicht gegen die Sowjetunion, nicht ohne sie. … Die Wiedervereinigung ist ein außenpolitisches Problem. … Die amerikanische Strategie des Friedens lässt sich auch durch die Formel definieren, dass die kommunistische Herrschaft nicht beseitigt, sondern verändert werden soll. …

Die Umsetzung dieses Vorschlags wurde aber erst nach dem Ende des Vietnamkriegs 1975 möglich, der noch einmal zu einem großen Ost-West-Konflikt geführt hatte (vgl. S. 174).

1 *Erläutert das Ziel der „neuen Ostpolitik“ (Q1).*

Der Moskauer Vertrag

Die neue Regierung aus SPD und FDP trat sofort in Verhandlungen mit Moskau ein. Auch in der Sowjetunion gab es Bedenken gegenüber der neuen deutschen Politik.

Der Generalsekretär der KPdSU, Breschnew, erklärte gegenüber dem späteren Generalsekretär der SED, Erich Honecker:

Q2 … Es darf zu keinem Prozess der Annäherung zwischen BRD und der DDR kommen. …

Nach langwierigen Verhandlungen kam 1970 der Vertrag von Moskau zustande. Im Vertrag mit der Sowjetunion heißt es in Artikel 3:

Q3 … Die Bundesrepublik Deutschland und die Union der Sozialistischen Sowjetrepubliken (stimmen) in der Erkenntnis überein, dass der Friede in Europa nur erhalten werden kann, wenn niemand die gegenwärtigen Grenzen antastet. …

Sie betrachten heute und künftig die Grenzen aller Staaten in Europa als unverletzlich … einschließlich der Oder-Neiße-Linie … und der Grenze zwischen der Bundesrepublik Deutschland und der Deutschen Demokratischen Republik. …

2 *Nennt die Zielsetzung des Vertrags.*

Neue Ostpolitik der Regierung Brandt/Scheel

2 Bundeskanzler Brandt vor dem Mahnmahl im ehemaligen Warschauer Getto. Foto, 1970.

„Menschliche Erleichterungen". *Karikatur zur Ostpolitik. Karikatur, 1973.*

August 1970: *Moskauer Vertrag.*

Dezember 1970: *Warschauer Vertrag.*

21.6.1973: *Grundlagenvertrag mit der DDR.*

Der Warschauer Vertrag

Noch im Dezember desselben Jahres wurde auch ein Vertrag mit der Volksrepublik Polen abgeschlossen:

Q4 … Die Bundesrepublik Deutschland und die Volksrepublik Polen, in der Erwägung, dass mehr als 25 Jahre seit Ende des Zweiten Weltkriegs vergangen sind, dessen erstes Opfer Polen wurde und der über die Völker Europas schweres Leid gebracht hat; … in dem Bewusstsein, dass die Unverletzlichkeit der Grenzen … eine grundlegende Bedingung für den Frieden ist, sind wie folgt übereingekommen: …

… (2) Sie bekräftigen die Unverletzlichkeit ihrer bestehenden Grenzen jetzt und in der Zukunft.

(3) Sie erklären, dass sie gegeneinander keinerlei Gebietsansprüche haben und solche auch in Zukunft nicht erheben werden. …

3 *Erarbeitet, worin sich dieser Vertrag von dem Moskauer Vertrag unterscheidet.*

4 *Führt aus, was mit dem ersten Absatz von Q4 gemeint ist.*

Der Grundlagenvertrag

Parallel zu den Ostverträgen einigten sich die ehemaligen Besatzungsmächte über ein Berlinabkommen, das 1971 unterzeichnet wurde. Darin garantierte die UdSSR den ungehinderten Verkehr zwischen Westberlin und der Bundesrepublik Deutschland. Schließlich regelte die sozialliberale Koalition auch die Beziehungen zur DDR vertraglich.

Im Grundlagenvertrag mit der DDR hieß es 1972:

Q5 … Artikel 1: Die Bundesrepublik Deutschland und die Deutsche Demokratische Republik entwickeln normale gutnachbarliche Beziehungen auf der Grundlage der Gleichberechtigung. …

Artikel 6: … Sie respektieren die Unabhängigkeit und Selbstständigkeit jedes der beiden Staaten in seinen inneren und äußeren Angelegenheiten. …

5 *Nennt die wichtigsten Punkte von Q4 und Q5.*

6 *Überlegt, was das „Neue" an der Ostpolitik der Regierung Brandt war.*

Die Bundesrepublik nach 1980

Ergebnisse der Bundestagswahl vom 5. 10. 1980

SPD	*42,9 %*
CDU	*34,2 %*
CSU	*10,3 %*
FDP	*10,6 %*
Grüne	*1,5 %*
Sonstige	*0,4 %*

Ergebnisse der Bundestagswahl vom 6. 3. 1983

SPD	*38,2 %*
CDU	*38,2 %*
CSU	*10,6 %*
FDP	*7,0 %*
Grüne	*5,6 %*
Sonstige	*0,4 %*

1 Protest von Atomkraftgegnern. Foto, 1983.

2 Wahlplakat der „Grünen" zur Bundestagswahl 1983.

Regierungswechsel

Im Oktober 1982 wurde der Vorsitzende der CDU/CSU-Fraktion im Bundestag, Helmut Kohl, im Wege eines konstruktiven Misstrauensvotums* gegen den bisherigen Bundeskanzler Helmut Schmidt (SPD) zum Bundeskanzler gewählt. Der Sturz der sozialliberalen Regierung Schmidt gelang, weil die FDP mitten in der Wahlperiode, entgegen ihren Wahlaussagen, der SPD die Koalition aufkündigte und mit der CDU/CSU die Bildung einer neuen Regierung vereinbarte. Das sorgte für erhebliche innenpolitische Unruhe, aber die Neuwahlen des Bundestages im Frühjahr 1983 bestätigten die Regierung Kohl im Amt. Das Grundgesetz und die demokratische Ordnung der Bundesrepublik hatten eine wichtige Bewährungsprobe bestanden.

1 *Lest im Grundgesetz die Bestimmungen über die Wahl des Bundeskanzlers nach und erklärt das Verfahren, nach dem Helmut Kohl Bundeskanzler wurde.*

Misstrauensvotum*: *Der Bundestag kann dem Bundeskanzler mit der „konstruktiven Mehrheit" (51 %) das Misstrauen aussprechen, indem er einen neuen Bundeskanzler wählt.*

„Die Grünen" im Bundestag

Die Neuwahlen 1983 zeigten aber auch einen tief greifenden Wandel in der Bundesrepublik an. Mit einer neuen Partei, den „Grünen", zogen erstmals die bis dahin nur wenig ernst genommenen Umweltschutz- und Bürgerrechtsgruppen in den Bundestag ein. In dieser Partei sammelten sich alle diejenigen, die sich kritisch zur bisherigen Rüstungs- und Umweltpolitik verhielten.

Im Bundesprogramm der Grünen von 1980 stand:

Q1 … Die Zerstörung der Lebens- und Arbeitsgrundlagen und der Abbau demokratischer Rechte haben ein so bedrohliches Ausmaß erreicht, dass es einer grundlegenden Alternative für Wirtschaft, Politik und Gesellschaft bedarf. Deshalb erhob sich spontan eine demokratische Bürgerbewegung. Es bildeten sich Tausende von Bürgerinitiativen, die in machtvollen Demonstrationen gegen den Bau von Atomkraftwerken antreten, weil deren Risiken nicht zu bewältigen sind und weil deren strahlende Abfälle nirgends deponiert werden können; sie stehen auf gegen die Verwüstung der Natur, gegen die Betonierung

Das Verhältnis zwischen Bundesrepublik und DDR

3 Bundeskanzler Kohl empfängt Erich Honecker mit militärischen Ehren in Bonn. Foto, 1987.

Helmut Kohl *(geb. 3. 4. 1930), von 1973 bis 1998 Parteivorsitzender der CDU, war von 1982 bis 1998 Bundeskanzler der Bundesrepublik Deutschland.*

unserer Landschaft, gegen die Folgen und Ursachen einer Wegwerfgesellschaft, die lebensfeindlich geworden ist. Ein völliger Umbruch unseres kurzfristig orientierten wirtschaftlichen Zweckdenkens ist notwendig. Wir halten es für einen Irrtum, dass die jetzige Verschwendungswirtschaft noch das Glück und die Lebenserfüllung fördere; im Gegenteil, die Menschen werden immer gehetzter und unfreier. Erst in dem Maße, wie wir uns von der Überschätzung des materiellen Lebensstandards freimachen, wir wieder die Selbstverwirklichung ermöglichen und uns wieder auf die Grenzen unserer Natur besinnen, werden auch die schöpferischen Kräfte frei werden für die Neugestaltung eines Lebens auf ökologischer Basis. …

2 *Schreibt die wichtigsten Punkte des Programms der Partei „Die Grünen" heraus und erläutert, was sie im Gegensatz zur bisherigen Politik verändern wollte.*

3 *Erläutert die politischen Veränderungen, die sich in den Ergebnissen der Bundestagswahlen 1980 und 1983 niederschlagen.*

Fortsetzung der Ostpolitik

Die CDU/CSU-FDP-Regierung unter Bundeskanzler Helmut Kohl setzte die Außenpolitik der sozialliberalen Vorgängerregierung fort, besonders aber ihre Ostpolitik und die Politik gegenüber der DDR. Sie unterstützte die Nachrüstung mit Pershing-II-Raketen, verfolgte aber auch eine „Politik der kleinen Schritte" gegenüber der DDR. Diese sollte im Verkehr zwischen beiden Staaten zu menschlichen Erleichterungen für die Bürger führen. Im „Bericht zur Lage der Nation" von 1984 hieß es:

Q2 … Wir wollen das Erreichte bewahren und ausbauen, wir wollen die Chancen des Grundlagenvertrages und der anderen innerdeutschen Verträge und Vereinbarungen nutzen. Wir sind bereit, die Beziehungen zur DDR auf der Basis von Ausgewogenheit, Vertragstreue und Berechenbarkeit und mit dem Ziel praktischer, für die Menschen unmittelbar nützlicher Ergebnisse weiterzuentwickeln. Die Bundesrepublik Deutschland und die DDR stehen in einer Verantwortungsgemeinschaft für den Frieden und die Sicherheit in Europa, beide müssen sich um eine Entschärfung der internationalen Lage bemühen. …

Der Besuch des Staatsratsvorsitzenden der DDR und Generalsekretärs der SED, Erich Honecker, im Jahr 1987 mit allen militärischen Ehren in Bonn war Ausdruck des Nebeneinanders beider Staaten. Stillschweigend war die Frage der deutschen Einheit auf die lange Bank geschoben worden, das Gleichgewicht in Europa sollte nicht gestört werden.

4 *Untersucht die Ziele der Politik der neuen Bundesregierung gegenüber der DDR.*

Zwischen Stagnation und Reformen

Stagnation*: *Stillstand einer Entwicklung.*

Integrität*: *Unbescholtenheit, moralische Verlässlichkeit. Hier: Unverletzlichkeit.*

Prinzipien*: *Grundsätze.*

1 Ein Lenin-Denkmal in Ungarn wird abmontiert. Foto, 1989.

Neue Außenpolitik seit 1985

In seinen Begegnungen mit den amerikanischen Präsidenten Reagan und Bush war es dem sowjetischen Generalsekretär Gorbatschow seit 1985 gelungen, westliches Misstrauen gegenüber der UdSSR abzubauen. Skeptisch betrachtete man aber noch, wie sich die Sowjetunion zukünftig gegenüber ihren „Satellitenstaaten" im Ostblock verhalten würde.

Dazu erklärte Gorbatschow 1987:

Q1 … Wichtigste Rahmenbedingung der politischen Beziehungen zwischen den sozialistischen Staaten muss die absolute Unabhängigkeit dieser Staaten sein. … Die Unabhängigkeit jeder Partei, ihr souveränes Recht, über die Probleme des betreffenden Landes zu entscheiden …, sind Prinzipien*, die über jede Diskussion erhaben sind. …

Bei einem Treffen mit Bundeskanzler Kohl in Bonn im Juni 1989 bekräftigte Gorbatschow in einer gemeinsamen Erklärung seine früher schon abgegebenen Erklärungen zur Politik der sozialistischen Staaten:

Q2 … Das Recht aller Völker und Staaten, ihr Schicksal frei zu bestimmen und ihre Beziehungen zueinander auf der Grundlage des Völkerrechts souverän zu gestalten, muss sichergestellt werden. … Bauelemente des Europa des Friedens und der Zusammenarbeit müssen sein: die uneingeschränkte Achtung der Integrität* und der Sicherheit jedes Staates. Jeder hat das Recht, das eigene politische und soziale System frei zu wählen. …

1 *Vergleicht die Haltung Gorbatschows (Q1, Q2) mit der Reaktion der Sowjetunion 1953 (vgl. S. 136).*

1989 – das Jahr der Reformen

Die Reformen des sowjetischen Generalsekretärs Gorbatschow in der UdSSR ermutigten auch Reformer in den osteuropäischen Ländern. Wie in der Sowjetunion wurden Forderungen nach Demokratisierung laut. Den immer drängender werdenden Wirtschaftsproblemen wollte man mit einer Öffnung zum westlichen System der Marktwirtschaft begegnen. 1989 wurde auf diese Weise zum Jahr der politischen Veränderung in Osteuropa. Vor allem Polen, die Tschechoslowakei und Ungarn leiteten Reformen ein. Allerdings verlief der Prozess in den einzelnen Ländern unterschiedlich.

Die polnische Entwicklung als Vorbild

1980 wurde die unabhängige Gewerkschaft „Solidarność" unter Führung von Lech Walesa gegründet. Ihr gelang es, wirtschaftliche Verbesserungen und eine freiere Politik durchzusetzen. Im Dezember 1981 beendete das polnische Militär durch einen Staatsstreich diese freiheitlichere Phase. Solidarność wurde verboten und über Polen das Kriegsrecht verhängt. Die sich stetig verschlechternde Wirtschaftslage zwang die regierenden Kommunisten, unter Vermittlung der Kirche im Jahr 1989 doch mit der weiterhin verbotenen Gewerkschaft Solidarność zu verhandeln.

Umbruch in Osteuropa

2 Arbeiterführer Walesa bei Streiks in Danzig. Foto, 1981.

Ergebnisse der Verhandlungen waren:
- die Wiederzulassung der Solidarność,
- die Einführung demokratischer Freiheiten,
- die Umgestaltung der Planwirtschaft und
- die Abhaltung freier Wahlen.

Die als Zeichen der Gleichberechtigung der Teilnehmer an einem runden Tisch durchgeführten Verhandlungen wurden zum Symbol und Ausgangspunkt aller Veränderungen im Ostblock im Jahr 1989. Die Sowjetunion verhinderte diesen Wandel im Rahmen der neuen Politik Michail Gorbatschows nicht.
In den ersten freien Wahlen Polens nach 1945 errangen die Kandidaten der Solidarność im Juni 1989 einen großen Erfolg. Einer ihrer Führer, Tadeusz Mazowiecki, wurde im August zum ersten nichtkommunistischen Ministerpräsidenten Polens ernannt. Im Dezember 1991 wurde Lech Walesa in freien Wahlen zum Staatspräsidenten Polens gewählt. Mit dieser Wahl und den Wahlen zum polnischen Parlament im Jahr 1993 war die wichtigste Phase der friedlichen Umwandlung der polnischen Gesellschaft in eine demokratische Gesellschaft abgeschlossen.

2 *Erläutert, warum der „runde Tisch" zum Modell einer friedlichen Konfliktlösung wurde.*

DDR: Abgrenzung nach Ost und West

Auf die Vorgänge in Polen reagierte die DDR-Führung schon im Herbst 1980 mit der Aufhebung des freien Reiseverkehrs zwischen Polen und der DDR. Die Einreise von Polen in die DDR wurde durch eine Visumpflicht reglementiert. Die SED fürchtete das Überschwappen der „antisozialistischen Pläne und Machenschaften" aus Polen auf das Gebiet der DDR.
Bürgerrechtler der DDR, die sich mit der polnischen Gewerkschaftsbewegung „Solidarność" anlässlich der Ausrufung des Kriegsrechts 1981 solidarisierten, wurden von der Stasi verfolgt. Der Apparat des Ministeriums für Staatssicherheit wurde massiv ausgebaut.
Auch gegenüber der Entwicklung in der Sowjetunion ging die DDR-Führung unter Erich Honecker nach dem Amtsantritt von Generalsekretär Gorbatschow auf Distanz, sie lehnte eine Übernahme der Politik von „Glasnost*" und „Perestroika*" für die DDR strikt ab.
Honecker forderte für die DDR einen Sozialismus eigener Art. Reformen hielt die SED-Führung für gefährlich. Der Parteiideologe Kurt Hager meinte 1987 in einem Interview mit der Zeitschrift „Stern", man müsse doch nicht seine Wohnung neu tapezieren, nur weil es der Nachbar tue.

3 *Diskutiert, warum sich die Staatsführung der DDR so viel weniger reformbereit zeigte als die Polens.*

Erich Honecker *(geb. 25. 8. 1912, gest. 29. 5. 1994), gelernter Dachdecker und seit 1929 Mitglied der KPD, saß unter den Nationalsozialisten von 1937 bis 1945 in Haft. Er baute nach dem Krieg seit 1946 die FDJ (kommunistischer Jugendverband) auf und stieg in der politischen Hierarchie der DDR kontinuierlich auf. Seit 1971 Generalsekretär der SED und seit 1976 Vorsitzender des DDR-Staatsrates, wurde er 1989 aller Ämter enthoben und ging 1990 ins Exil nach Chile. Hier erlag er 1994 einem Krebsleiden.*

Glasnost*: *(russ.) politische Offenheit.*

Perestroika*: *(russ.) Umbau, Umbildung des politischen und wirtschaftlichen Systems.*

Die DDR in den 1980er-Jahren

1 Aufmarsch von Betriebskampfgruppen zum 30. Jahrestag der DDR. Foto, 1979.

Ölkrise*:
Im Zuge des israelisch-arabischen „Yom-Kippur-Krieges" 1973 verfügten die arabischen Ölförderländer drastische Preiserhöhungen und einen Lieferstopp. Damit sollten die westlichen Länder, die Israel unterstützten, unter Druck gesetzt werden. In der Bundesrepublik führte diese „Ölkrise" zum Beispiel zu Autofahrverboten an Sonntagen.

Steigende Unruhe in der DDR

Während das offizielle Leben der DDR zunehmend militarisiert worden war, etwa durch die Einführung des Wehrkundeunterrichts in den Schulen, entstanden seit 1980 in Anlehnung an die Friedensbewegung und die Umweltgruppen im Westen immer mehr kleine oppositionelle Gruppierungen, die sich kritisch mit der Politik der DDR auseinander setzten oder auch die Ausreise aus der DDR forderten. Die SED und die DDR-Regierung reagierten mit der offenen Verfolgung dieser Gruppen oder mit der Ausbürgerung einzelner kritischer Künstler, Schriftsteller und Bürgerrechtler. Gleichzeitig stieg aber auch die Zahl der offiziellen Ausreisegenehmigungen von 7729 im Jahr 1983 auf 31 000 im Jahr 1984.

Im Juli 1984 besetzten 50 DDR-Bürger die Vertretung der Bundesrepublik in Ostberlin, damit wollten sie ihre Ausreise aus der DDR erzwingen. Dies machte deutlich, dass sich besonders junge DDR-Bürgerinnen und -Bürger nicht mehr von der SED bevormunden lassen wollten.

1 *Beschreibt mit euren Worten die Reaktion der DDR-Führung auf die Veränderungen in Polen und der Sowjetunion.*

Stagnation und Krise

Nach Jahren der wirtschaftlichen Verbesserung und der Entspannung in der Wohnungsversorgung stagnierten Anfang der 80er-Jahre die wirtschaftliche Entwicklung und der Lebensstandard in der DDR, während die Auslandsschulden des Staates stark anstiegen. Die Folgen der ersten großen weltweiten Ölkrise* 1973/74 mit der enormen Steigerung der Ölpreise traf die DDR-Wirtschaft nachhaltig, da die Sowjetunion jetzt ihre Energielieferungen an die DDR zu Weltmarktpreisen in US-Dollar abrechnete. Die zweite Ölkrise 1979/80 führte 1982 zur drohenden internationalen Zahlungsunfähigkeit der DDR, die nur durch einen Milliardenkredit westlicher Banken abgewendet werden konnte. Diesen Kredit hatte der bayerische Ministerpräsident, Franz-Josef Strauß, ein ansonsten erbitterter Gegner des SED-Regimes, vermittelt. Trotz zahlreicher

Wirtschaftskrise und Umweltbelastung

Zahlungen der Bundesrepublik an die DDR war die DDR-Wirtschaft unfähig zu Investitionen und der Modernisierung ihrer Fabriken. Der Anschluss an den Weltmarkt gelang immer weniger, besonders im Bereich der Computerindustrie vergrößerte sich der Abstand zum Westen. Die Umweltverschmutzung durch die veraltete und zerfallende Industrie erreichte dramatische Ausmaße. An ihr und der im Vergleich zum Westen schlechten Versorgung entzündete sich immer häufiger der Unmut der Bevölkerung. Über das „Westfernsehen" war den meisten DDR-Bürgerinnen und Bürgern der direkte Vergleich mit der Lage der Menschen in der Bundesrepublik möglich.

2 *Erklärt, wie sich die wirtschaftliche Lage der DDR in den Achtzigerjahren entwickelte.*

3 *Warum war die Bundesrepublik zu Krediten an die DDR bereit? Hätte deren Ruin dem Westen nicht besser gedient? Diskutiert Erklärungsmöglichkeiten.*

In dem 1978 in der DDR verbotenen, 1981 im Westen erschienenen Roman „Flugasche" der DDR-Schriftstellerin Monika Maron wurden die Umwelt- und Arbeitsbedingungen in der DDR beschrieben.

Die Ich-Erzählerin des Romans führt ein Interview mit dem Kraftwerker Hodriwitzka:

Q1 … Was sollte ich ihn fragen, Luise. Mir reichte, was ich gesehen hatte, uralte Anlagen, zugige Hallen, schwere, schmutzige Arbeit, gebeugte Männer in den Aschekammern, in denen nur Zwerge hätten stehen können, Frauen mit fünf Meter langen Feuerhaken vor den Öfen. Was hätte ich den Heizer Hodriwitzka fragen können? … „Warum wehren Sie sich nicht?", fragte ich, „Sie sind doch schließlich die herrschende Klasse."… Er sah überrascht auf. „Wehren? Wogegen?" – „Gegen das alte Kraftwerk. Warum fordern Sie nicht die Stilllegung?" Der Ausdruck in Hodriwitzkas runden braunen Augen schwankte zwischen Unglauben, Belustigung und Interesse. „Das muss schon der Generaldirektor machen. Der soll wohl sogar schon einen Brief geschrieben haben", sagte er … „Wenn sie nicht stilllegen, werden sie wohl nicht können. Mit Absicht werden sie uns ja nicht im Dreck sitzen lassen." – „Aber erklären muss man es Ihnen", redete ich auf ihn ein, „das müssen Sie verlangen. Verstehen Sie doch, das ist nichts Verbotenes, mit Streik hat das nichts zu tun. Im Gegenteil: Sie verderben sonst die ganze Demokratie." …

2 Marode Produktionsanlage in einem DDR-Chemiewerk bei Bitterfeld. Foto, 1990.

Franz Josef Strauß *(geb. 6. 9. 1915, gest. 3. 10. 1988), CSU-Vorsitzender, war von 1978 bis 1988 bayerischer Ministerpräsident.*

4 *Gebt mit euren Worten die Situation in dem Kraftwerk wieder.*

5 *„Warum wehren Sie sich nicht." – Überlegt Möglichkeiten des Protests in einer Diktatur.*

6 *Beschreibt die Stimmung des Arbeiters und erklärt sein Verhalten.*

7 *Bittet euren Deutschlehrer, den Roman oder Auszüge im Unterricht zu lesen.*

Die friedliche Revolution

1 Überfülltes Botschaftsgelände in Prag. Foto, 29. September 1989.

2 Ankunft der Sonderzüge mit DDR-Flüchtlingen aus Prag im bayerischen Hof. Foto, 5. Oktober 1989.

Karikatur aus der „taz" zur ***Fluchtbewegung,*** *September 1989. Man sprach von einer „Abstimmung mit den Füßen".*

Massenflucht aus der DDR

1 *Betrachtet die Abbildungen. Überlegt, was in den Menschen vorgegangen sein mag.*

Über lange Jahre war die Unzufriedenheit der DDR-Bürger stetig gestiegen. Zuletzt schienen sich auch die Hoffnungen auf Reformen nach dem Vorbild der Sowjetunion unter Gorbatschow zu zerschlagen (vgl. S. 147). Nach Kommunalwahlen am 7. Mai 1989 ließ die DDR-Führung 98,85 Prozent Zustimmung zur Einheitsliste als angebliches Ergebnis bekannt geben. Doch diesmal nahmen die Oppositionellen die Fälschung nicht hin, sondern forderten Untersuchungen und die Bestrafung der Verantwortlichen. Von nun an rissen die Proteste nicht mehr ab.

In Leipzig bildeten sich nach den traditionellen Montagsgebeten in der Nikolaikirche allwöchentlich Demonstrationen, die von der Volkspolizei zunächst eingekesselt wurden. Seit Anfang September forderten die Demonstranten auf Transparenten beispielsweise Reisefreiheit. Die Volkspolizei vermied unter den Augen der internationalen Messebesucher ein härteres Durchgreifen.

Ungarn hatte im Mai 1989 im Zuge des Reformkurses die Zäune an der Grenze zu Österreich abgebaut. Viele DDR-Bürger hielten sich damals als Touristen in Ungarn auf. Am 10. September reisten etwa 10 000 von ihnen ungehindert durch Österreich in die Bundesrepublik. Andere besetzten die bundesdeutschen Botschaften in Prag, Warschau und Budapest. In der Prager Botschaft lebten zeitweise über 6000 Menschen unter katastrophalen Bedingungen. Ende September durften die Flüchtlinge in Prag und Warschau die Botschaften in Richtung Bundesrepublik verlassen. Mehr als die Hälfte der Flüchtlinge waren junge Leute zwischen 18 und 30 Jahren.

Als Gründe für ihre Ausreise gaben sie an:
- fehlende Meinungsfreiheit und fehlende Reisemöglichkeiten (74 %),
- den Wunsch, das Leben nach eigenen Vorstellungen zu gestalten (72 %),
- fehlende Zukunftsaussichten (69 %),
- die ständige Kontrolle durch den Staat (65 %) und
- die schlechte Versorgungslage (56 %).

Bundesaußenminister Genscher hatte mit der DDR-Führung die Ausreisemodalitäten ausgehandelt. Sie sahen vor, dass die Flüchtlinge in Sonderzügen über das Gebiet der DDR gefahren wurden, um die Erteilung der Ausreiseerlaubnis als freiwilligen Akt der DDR-Führung erscheinen zu lassen. Als die Züge durch

Hans-Dietrich Genscher *(geb. 21. 3. 1927), FDP, 1952 aus der DDR in die Bundesrepublik übergesiedelt, amtierte von 1974 bis 1992 als Außenminister der BRD.*

Der 40. Jahrestag der DDR

3 Die Militärparade zum 40. Jahrestag der DDR auf der Berliner Karl-Marx-Allee. Foto, 7. Oktober 1989.

4 Michail Gorbatschow und Erich Honecker tauschen beim Empfang den traditionellen „Bruderkuss" aus. Foto, 6. Oktober 1989.

Dresden fuhren, bildeten sich dort jedoch spontane Kundgebungen von DDR-Bürgern, die ebenfalls die Ausreiseerlaubnis forderten. Es wurde deutlich, dass der DDR-Führung diese Bewegung allmählich über den Kopf wuchs.

2 *Nennt die Fluchtgründe der DDR-Bürger und erläutert sie.*

Der 40. Jahrestag der DDR

Die DDR-Führung und der gesamte offizielle Propagandaapparat waren unterdessen mit ganz anderen Dingen beschäftigt: Der 7. Oktober 1989 sollte als 40. Jahrestag der Gründung der DDR in feierlicher Weise begangen werden. Zufriedenheit, Zustimmung und Zukunftsbegeisterung der Bevölkerung wurden in allmählicher Steigerung in den offiziellen Medien vorgeführt, bis das Jubiläum in einem mehrtägigen Festprogramm in Ostberlin seinen Höhepunkt finden sollte. Die offizielle Berichterstattung ignorierte alle oppositionellen oder kritischen Stimmen und wirkte schließlich angesichts der Fluchtbewegung vollkommen irreal. Einziger offizieller Kommentar: Man könne im Grunde froh sein, die Flüchtlinge loszuwerden. Man trauere ihnen keine Träne nach. Das steigerte die Erbitterung der Opposition noch.

Berlin, 7. Oktober 1989

Die Feierlichkeiten nahmen zunächst ungestört ihren Verlauf. Mit Pomp, Fahnenschmuck und Marschmusik huldigte die Armee der Staatsführung. Auch die FDJ* demonstrierte zu abendlicher Stunde mit einem Fackelzug die vorgesehene Begeisterung.
Wirklich begeistert empfangen wurde aber der sowjetische Reformer und Ehrengast Michail Gorbatschow. Die Rufe „Gorbi, hilf uns!" beantwortete er zunächst mit Hinweisen auf die Entscheidungsfreiheit der souveränen DDR. Von Journalisten auf die Entwicklung in der DDR befragt, sagte er dann aber sinngemäß: „Wer zu spät kommt, den bestraft das Leben." In den vorangegangenen Jahrzehnten hatte die Sowjetunion alle echten Reformversuche im Ostblock direkt oder indirekt unterdrückt. Die Durchsetzung der Reformforderungen war mit Gorbatschows Worten zu einer inneren Angelegenheit der DDR geworden, in die sich die Sowjetunion jedenfalls nicht einmischen würde. Bereits am Abend des 7. Oktober und am folgenden Tag kam es in Ostberlin zu größeren Demonstrationen, die man von staatlicher Seite brutal auseinandertreiben ließ.

3 *Fasst die Entwicklung in der DDR bis zum 7. Oktober stichpunktartig zusammen.*

Der 7. Oktober 1989 war Erich Honeckers letzter offizieller Auftritt als Partei- und Regierungschef.

FDJ* (= Freie Deutsche Jugend): *kommunistischer Jugendverband der DDR.*

Montagsdemonstrationen

Demonstration in Wismar. *Foto, 7.11.1989.*

1 **Montagsdemonstration in Leipzig vom 9. Oktober 1989.** Foto.

Eine Revolution?

1 *Schildert die Stimmung, die das Foto in der Randspalte und die Abbildung 1 vermitteln.*

Die Demonstrationen in Ostberlin am 7. und 8. Oktober waren auseinandergetrieben worden. Auch in Leipzig war es am 2. Oktober zu brutalen Schlagstockeinsätzen gegen Demonstranten gekommen. Doch jeder wusste: Am 9. Oktober würde in Leipzig die nächste Montagsdemonstration stattfinden. Die Staatsführung hatte die Stadt durch Volkspolizei und Militär mit Panzerfahrzeugen umstellen lassen. In den Krankenhäusern der Stadt wurden Zusatzpersonal und Blutkonserven bereitgestellt. Wollte die Staatsführung die Demonstration niederwalzen lassen?
Gewandhauskapellmeister Kurt Masur, der Kabarettist Bernd-Lutz Lange und Pfarrer Dr. Peter Zimmermann genossen in Leipzig hohes Ansehen. Sie verhandelten fieberhaft mit drei SED-Bezirkssekretären, um das Schlimmste abzuwenden. Schließlich formulierten sie einen gemeinsamen Aufruf zur Gewaltlosigkeit, der in kurzen Abständen immer wieder über die Lautsprecher des Stadtfunks verbreitet wurde. Doch niemand wusste, welchen Erfolg ihre Bemühungen haben würden.
Um 18 Uhr endete das Friedensgebet in der Nikolaikirche. Die Teilnehmer verließen die Kirche, brennende Kerzen in den Händen. Draußen wurden sie von beklemmender Stille empfangen, nur der Glockenschlag hallte durch den trüben Abend. Doch schweigend hatten sich Tausende eingefunden. Auf dem Augustusplatz – damals Karl-Marx-Platz – wuchs der Zug auf mindestens 70 000 Menschen an. Die meisten von ihnen hatten noch nie an einer ungenehmigten Demonstration teilgenommen. Nun setzten sie sich über die Furcht für Leib und Leben hinweg. Beim Zug über den Ring um die Innenstadt ertönten Sprechchöre: „Wir sind das Volk!", „Keine Gewalt!"
Das befürchtete Blutbad blieb schließlich aus. Von nun an „gehörte" Leipzig den Demonstranten, die sich Montag für Montag in größerer Zahl zusammenfanden. Und auch in anderen Städten der DDR, zum Beispiel in Potsdam, fanden sich nun – wie schon in Ostberlin und Dresden – regelmäßig Demonstranten zusammen, um gewaltlos ihre Forderungen vorzutragen.

2 *Könnt ihr euch vorstellen, unter ähnlichen Bedingungen für politische Forderungen einzutreten?*

3 *Entsprechen die Ereignisse des Herbstes 1989 der Definition einer „Revolution"?*

Der Fall der Mauer

2 In der Nacht vom 9. auf den 10. November 1989 an einem Grenzübergang in Berlin. Foto, 1989.

Die Bewegung geht weiter

Seit September entstanden die ersten Organisationen der Opposition: Neues Forum, Demokratischer Aufbruch, Demokratie jetzt. Auch die Neugründung der SPD fand in diesen Tagen statt. Am 18. Oktober verlor Honecker seine Ämter, Egon Krenz übernahm die Nachfolge. Die SED schaffte es jedoch nicht, mit der Oppositionsbewegung Schritt zu halten. Am 9. November 1989 erfüllte sich im allgemeinen Durcheinander die bisher wichtigste Forderung der Demonstranten: Die Ausreise in die Bundesrepublik und Westberlin wurde freigegeben.

Ein Journalist hat die Ereignisse in der Nacht des 9. November 1989 am Berliner Grenzübergang Friedrichstraße, dem Checkpoint Charlie, miterlebt:

Q1 … Knapp 5000 mögen es sein, die jetzt am Checkpoint versammelt sind. Sektkorken knallen. Bald, heißt es, wird die Grenze geöffnet.

Das passiert kurz nach Mitternacht. Die ersten DDRler kommen zu Fuß, viele sind verwirrt, sagen: „Hoffentlich kann ich auch wieder zurück." Die große Metalltür ist immer noch zu. … Rechts neben dem großen Tor befindet sich ein Gatter. … Hier hindurch drängen sie in den Westen, bejubelt von der wartenden Menge. Sie werden umarmt und mit Sekt übergossen. … Wir versuchen, zum Brandenburger Tor zu kommen … Es ist etwa 3 Uhr. Das Brandenburger Tor ist grell erleuchtet – von den Scheinwerfern der TV-Teams. … Auf der Mauerbrüstung stehen die Leute bereits dicht an dicht. … „Das Geilste von allem war", schreit jemand im roten Skianorak neben uns, „wie wir vorhin durchs Brandenburger Tor jeloofen sind – ick hab det Ding sogar anjefasst." … Inzwischen sind unbewaffnete Grenzsoldaten aufmarschiert. … Verunsichert, aber mit guten Worten versuchen sie, die Heruntergekletterten zurückzuhalten. …

4 *Beschreibt die Stimmung und nehmt dazu aus heutiger Sicht Stellung.*

3 Karikatur von 1989.

Egon Krenz
(geb. 19. 3. 1937) amtierte vom 18. Oktober 1989 bis 3. Dezember 1989 als Honeckers Nachfolger im Amt des Generalsekretärs der SED.

9. November 1989:
Fall der Berliner Mauer.

Am Grenzübergang Gudow der A 24 am 12. November 1989. *Foto.*

Der Weg zur Einheit

Runder Tisch:* *Vom 8. 12. 1989 bis zum 29. 3. 1990 tagte der „Runde Tisch" als durch die Revolution legitimierte Mitentscheidungsinstanz neben Regierung und Volkskammer. Teilnehmer waren jeweils zwei bis drei Vertreter aller Blockparteien, der neuen Oppositionsparteien und -gruppen sowie der Regierung und der beiden großen Kirchen.*

1 **Bundeskanzler Kohl auf einer Wahlveranstaltung in Erfurt.** Foto, 20. Februar 1990.

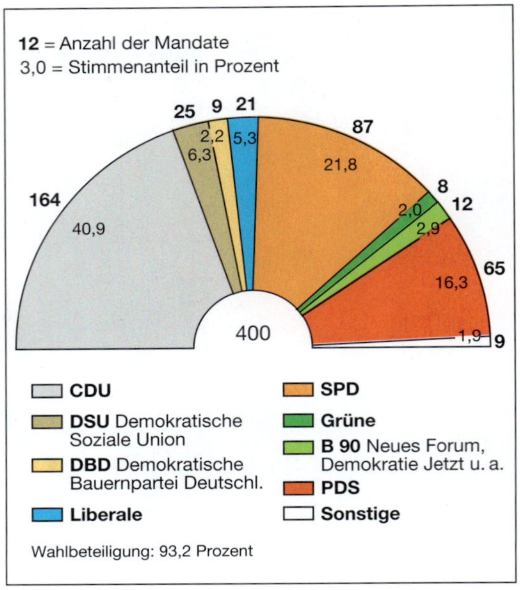

2 **Ergebnis der Volkskammerwahlen vom 18. März 1990.**

Die ersten freien Wahlen

Die am 13. November gebildete DDR-Regierung unter Ministerpräsident Modrow (SED) einigte sich mit den Oppositionsvertretern am „Runden Tisch"* auf Volkskammerwahlen am 18. März 1990. Zur Volkskammerwahl traten u. a. folgende Parteien an: CDU, DSU (sächsische Schwester der CSU), DA (Demokratischer Aufbruch), Bund Freier Demokraten, Bauernpartei, SPD, Bündnis 90 (Bürgerbewegungen, u. a. Neues Forum, Demokratie Jetzt), PDS (Partei des Demokratischen Sozialismus, früher SED). Im Wahlkampf versprach die Allianz für Deutschland (CDU, DSU und DA) einen schnellen wirtschaftlichen Aufschwung durch Einführung der Marktwirtschaft und der Deutschen Mark als neuer Währung sowie einen möglichst schnellen Zusammenschluss mit der Bundesrepublik.

SPD und vor allem Bündnis 90 suchten dagegen einen eigenen Weg zu Freiheit und Demokratie, eine soziale Demokratie, keine Kopie der Wirtschafts- und Gesellschaftsordnung der Bundesrepublik.

Bärbel Bohley, Mitglied der Bürgerbewegung „Neues Forum", beschrieb den Wahlkampf so:

Q1 ... Plötzlich hörte uns im Wahlkampf keiner mehr zu. Es war wirklich ein emanzipatorischer [befreiender] Prozess gewesen, eine Aufbruchstimmung, nicht nur in Berlin und Leipzig, auch auf den Dörfern. Aber dann gab es nur noch das eine große Bild, das alles erdrückte – den Westen. ...

Nach den Volkskammerwahlen bildete sich als Regierung eine Große Koalition aus CDU, DSU, DA, Liberalen und der SPD unter der Führung der CDU mit Ministerpräsident Lothar de Maizière. Ziel der Regierung war die baldige Schaffung einer Wirtschafts- und Währungsunion mit der Bundesrepublik als Vorstufe zur deutschen Einheit.

1 *Schaut euch Abbildung 1 genau an. Tragt zusammen, was ihr an Informationen über diese Wahlveranstaltung entnehmen könnt.*

2 *Beschreibt die unterschiedlichen Zielsetzungen der beiden großen Gruppierungen vor den Volkskammerwahlen.*

3 *Versucht das Wahlergebnis (Abb. 2) zu erklären.*

4 *Überlegt, warum es für die erste frei gewählte DDR-Regierung wichtig war, sich auf eine breite Mehrheit in der Volkskammer stützen zu können.*

Hans Modrow *(geb. 27. 1. 1928), SED, amtierte von November 1989 bis April 1990 als Ministerpräsident der DDR.*

Lothar de Maizière *(geb. 2. 3. 1940), CDU, war von April bis Oktober 1990 der letzte Ministerpräsident der DDR.*

Wege zur Einheit – die Währungsunion

3 Staatsvertrag zwischen BRD und DDR.

Wirtschafts-, Währungs-, Sozialunion

Mit der Öffnung der Grenzen trat den DDR-Bürgern der Kontrast in der Lebensqualität zwischen Westen und Osten in aller Deutlichkeit vor Augen. Hilfe erhofften sie sich von einer schnellen Einführung der freien Marktwirtschaft.

In Leipzig riefen sie auf ihren Demonstrationen: „Kommt die D-Mark, bleiben wir, kommt sie nicht, gehn wir zu ihr!"

Es entstand die politische Sorge, eine fortgesetzte Abwanderung aus der DDR werde das soziale und ökonomische Netz der Bundesrepublik sprengen. Zur Abhilfe schlug die Bundesregierung vor, eine Wirtschafts-, Währungs- und Sozialunion zu schaffen, die auch in der DDR die D-Mark einführen sollte und in vielen Bereichen das soziale System der Bundesrepublik auf die DDR übertrug. Der am 18. Mai 1990 unterzeichnete Vertrag trat am 1. Juli 1990 in Kraft. Am selben Tag wurden alle Grenzkontrollen zwischen der DDR und der Bundesrepublik Deutschland aufgehoben.

5 *Überlegt, was die Menschen meinten, wenn sie riefen: „Wir kommen zur DM."*

6 *Beschreibt mithilfe der Übersicht die Auswirkungen der Wirtschafts-, Währungs- und Sozialunion in der DDR.*

Wirtschaftliche Folgen der Vereinigung

Viele, die sich von der Wirtschafts- und Währungsunion eine schnelle Verbesserung ihrer Situation erhofft hatten, wurden enttäuscht. Vor allem die westdeutsche Wirtschaft scheute sich zunächst, in großem Maße in der DDR zu investieren. Das lag vor allem an den zumeist ungeklärten Eigentumsverhältnissen. So existierten zum Beispiel keine vollständigen, aktuellen Grundbuchverzeichnisse. Ganz unsicher war auch, inwiefern ehemalige DDR-Bürger, die jetzt im Westen lebten, Ansprüche auf früheren Grundbesitz in der DDR erheben konnten. Die ostdeutsche Wirtschaft litt außerdem unter dem starken Rückgang des Handels mit den osteuropäischen Ländern. Nach der Einführung der D-Mark in der DDR waren die Produkte der DDR für diese Länder zu teuer geworden. Verstärkt wurde die Negativentwicklung durch das Kaufverhalten vieler DDR-Bürger. Sie zogen auch bei gleicher Qualität westliche Produkte vor, da sie das Vertrauen in die eigene Produktion verloren hatten. Das führte zu verstärkten Absatzschwierigkeiten der DDR-Betriebe und in der Folge zu Entlassungen von Arbeitnehmern.

7 *Stellt die wirtschaftlichen Folgen der Vereinigung in einer Liste zusammen.*

8 *Begründet die steigende Arbeitslosigkeit in der ehemaligen DDR.*

Neue Nutzung: *ein als Wochenendhaus ausgebauter ehemaliger Wachtturm an der ehemaligen innerdeutschen Grenze bei Dömitz. Foto.*

1. Juli 1990: *Inkrafttreten des deutsch-deutschen Staatsvertrages über eine Währungs-, Wirtschafts- und Sozialunion.*

Wege zur Einheit – „2 + 4"

1 Gorbatschow und Kohl im Kaukasus. Foto, 16. Juli 1990.

Zwei-plus-vier-Verhandlungen

Der Weg zur deutschen Einheit musste auch außenpolitisch geebnet werden. Nach 1945 übten die vier Siegermächte des Zweiten Weltkriegs die Oberhoheit über Deutschland aus. Teile ihrer Rechte über Deutschland übertrugen sie auf die beiden deutschen Staaten.
1990 wurden in Verhandlungen zwischen der Bundesrepublik, der DDR und den vier Siegermächten auch noch die letzten Vorrechte abgelöst. Diese Verhandlungen wurden „Zwei-plus-vier"-Verhandlungen genannt. Ein besonderes Problem stellte dabei die Frage dar, ob ein vereintes Deutschland der NATO angehören dürfe.
In einem Interview meinte Gorbatschows Deutschlandexperte Valentin Falin im Frühjahr 1990:

Q1 ... Im gemeinsamen europäischen Haus können alle Staaten gut nachbarlich miteinander leben, wenn sie gegeneinander militärisch neutralisiert sind, der Faktor Gewalt so abgebaut ist, dass kein Staat den anderen als potenziellen Gegner ansieht. ...
Wer dafür ist, dass ganz Deutschland an die NATO fällt, ist nicht für die deutsche Einheit. Wer dafür ist, dass ein halbes Deutschland in der NATO bleibt, der ist halbherzig für die deutsche Einheit. ...

Valentin Falin *(geb. 1926) war von 1971 bis 1978 Botschafter der UdSSR in Bonn und von 1986 bis 1988 Direktor der Presseagentur Nowosti.*

1 *Erklärt anhand von Q1 das Problem einer deutschen NATO-Mitgliedschaft aus russischer Sicht.*

Der Westen trat demgegenüber für ein Verbleiben Gesamtdeutschlands in der NATO ein. Bundeskanzler Kohl und Außenminister Genscher versuchten in Verhandlungen, sowjetische Sicherheitsbedenken auszuräumen. Außerdem versprach die deutsche Seite auch eine tiefer gehende Zusammenarbeit mit der UdSSR, vor allem in Wirtschaftsfragen. Bei einem Treffen des Bundeskanzlers mit Michail Gorbatschow am 15./16. Juli 1990 stimmte die Sowjetunion der Zugehörigkeit eines vereinigten Deutschlands zur NATO zu. Die sowjetischen Truppen sollten innerhalb von vier Jahren aus der DDR abgezogen werden. Im Gegenzug sollte die dann gesamtdeutsche Bundeswehr von 500 000 auf 370 000 Mann verkleinert werden.

2 *Beschreibt, wie die deutschen Politiker die sowjetischen Sicherheitsbedenken gegen eine Einigung beseitigt haben.*

3 *Untersucht, was das Bild über die Atmosphäre bei den Verhandlungen zwischen Bundeskanzler Kohl und Präsident Gorbatschow am 15./16. Juli im Kaukasus aussagt.*

Nach diesem Erfolg war der Weg für den Abschluss der „Zwei-plus-vier"-Verhandlungen frei. Am 12. September wurde in Moskau der „Vertrag über die abschließende Regelung in Bezug auf Deutschland" von den Außenministern Großbritanniens, Frankreichs, der USA, der UdSSR und beider deutscher Staaten unterschrieben.

Wege zur Einheit – „2 + 4"

Die wichtigsten Vereinbarungen lauteten:

Q2 … **Artikel 1**

(1) Das vereinte Deutschland wird die Gebiete der Bundesrepublik Deutschland, der Deutschen Demokratischen Republik und ganz Berlins umfassen …

(2) Das vereinte Deutschland und die Republik Polen bestätigen die zwischen ihnen bestehende Grenze in einem völkerrechtlich verbindlichen Vertrag.

(3) Das vereinte Deutschland hat keinerlei Gebietsansprüche gegen andere Staaten und wird solche auch in Zukunft nicht erheben.

Artikel 2

Die Regierungen der Bundesrepublik Deutschland und der Deutschen Demokratischen Republik bekräftigen ihre Erklärungen, dass von deutschem Boden nur Frieden ausgehen wird. …

Artikel 3

(2) Die Regierung der Bundesrepublik Deutschland verpflichtet sich, die Streitkräfte des vereinten Deutschland innerhalb von drei bis vier Jahren auf … 370 000 Mann … zu reduzieren. …

Artikel 7

(1) Die Französische Republik, das Vereinigte Königreich Großbritannien und Nordirland, die Union der Sozialistischen Sowjetrepubliken und die Vereinigten Staaten von Amerika beenden hiermit ihre Rechte und Verantwortlichkeiten in Bezug auf Berlin und Deutschland als Ganzes …

4 *Fasst zusammen, welche Bedingungen für die Vereinigung beider deutscher Staaten gelten.*

5 *Warum wurde ein Vertrag über den Grenzverlauf zwischen der Bundesrepublik und Polen notwendig?*

Vertrag mit Polen

Am 15. November 1990 unterzeichnete Bundesaußenminister Genscher in Warschau einen Vertrag mit der Republik Polen, in dem der Grenzverlauf zwischen Deutschland und Polen entlang der Grenze der ehemaligen DDR bestätigt wurde.

In einer Erklärung vor dem Bundestag dankte Bundesaußenminister Genscher den Regierungen von Großbritannien, Frankreich, der USA und der UdSSR für ihre Hilfe zur Verwirklichung der Einheit Deutschlands.

2 **Der polnische Außenminister Skubiszewski und Bundeskanzler Kohl bei den Vorgesprächen zum deutsch-polnischen Vertrag.** Foto, 8. Februar 1990.

Zum Vertrag mit Polen sagte er:

Q3 … Für Millionen Deutsche, die ihre Heimat unter schmerzlichen Bedingungen aufgeben mussten, bedeutet diese Entscheidung einen besonderen und persönlichen Beitrag zum Frieden in Europa. Schon mit dem Warschauer Vertrag (1970) haben wir den Teufelskreis von Unrecht und Gegenunrecht für immer durchbrochen und damit den Weg für die Aussöhnung mit dem polnischen Volk geebnet. Unser Verhältnis zu Polen drückt in besonderer Weise unsere europäische Berufung aus. …

Wir Deutschen wollen nichts anderes, als in Freiheit, in Demokratie und in Frieden mit allen Völkern Europas und der Welt leben. …

6 *Arbeitet den Grundgedanken von Genschers Rede heraus.*

7 *Vergleicht die Regelung der Grenzfrage mit den Aussagen der Konferenz zu Potsdam 1945 und überlegt dabei, ob die vertraglichen Vereinbarungen dieser Doppelseite als Friedensvertrag angesehen werden können.*

Minensprengung an der ehemaligen innerdeutschen Grenze bei Büchen. *Foto, 1990.*

Sprengung eines Wachtturms an der innerdeutschen Grenze. *Foto, 1990.*

Die Vereinigung der beiden Staaten

1 **Seit Dezember 1989 war die deutsche Einheit das zentrale Thema der Demonstrationen in der DDR.** Foto.

2 **„Ich werd verrückt, die Wiedervereinigung steht vor der Tür!"** Karikatur von H. Haitzinger, 1989.

3. Oktober 1990: Tag der Deutschen Einheit.

Die Vereinigung

Seit dem Frühjahr 1990 hatte das Parlament der DDR, die Volkskammer, mit einigen Reformgesetzen den Übergang zu einer rechtsstaatlichen Ordnung in der DDR vorbereitet und eine Anpassung an die Verhältnisse der Bundesrepublik eingeleitet.

So wurden u. a. auch fünf neue Länder gebildet: Sachsen, Sachsen-Anhalt, Thüringen, Mecklenburg-Vorpommern und Brandenburg. Westberlin und Ostberlin sollten nach der Vereinigung das Land Berlin bilden.

Am 23. August 1990 beschloss die Volkskammer den Beitritt der DDR zur Bundesrepublik. Er sollte am 3. Oktober wirksam werden. Die ersten gesamtdeutschen Wahlen wurden auf den 2. Dezember 1990 festgelegt. Das genaue Verfahren der Einigung regelte der Einigungsvertrag, der am 6. September 1990 von den Regierungen der Bundesrepublik und der DDR unterschrieben wurde und den am 20. September die Volkskammer und der Bundestag billigten.

1 *Erläutert die Karikatur (Abb. 2). Entwickelt einen Dialog zwischen dem Paar.*

Tag der Deutschen Einheit

Am 3. Oktober 1990 wurde die Einigung vollzogen. In Berlin wurde der Tag mit einem feierlichen Festakt und dem Hissen der Bundesfahne gefeiert.

In allen Städten Deutschlands feierten die Menschen die wiedergewonnene Einheit als die Erfüllung einer lang gehegten Hoffnung. Der 3. Oktober löste als neuer „Tag der Deutschen Einheit" den bisherigen 17. Juni ab, der an die Ereignisse von 1953 erinnert hatte (vgl. S. 136).

2 *Erkundigt euch bei euren Eltern und Nachbarn, ob sie und wie sie die Wiedervereinigung feierten.*

Wahlen in den neuen Bundesländern

Am 14. Oktober 1990 fanden die ersten Wahlen in den neuen Bundesländern statt. Mit der Wahl und der Bildung einer neuen Landesregierung begann in jedem der neuen Bundesländer der Aufbau einer demokratischen Staatsordnung. Der neue Landtag des vereinigten Berlin wurde am 2. Dezember zusammen mit dem ersten gesamtdeutschen Bundestag gewählt.

Die ersten gesamtdeutschen Wahlen

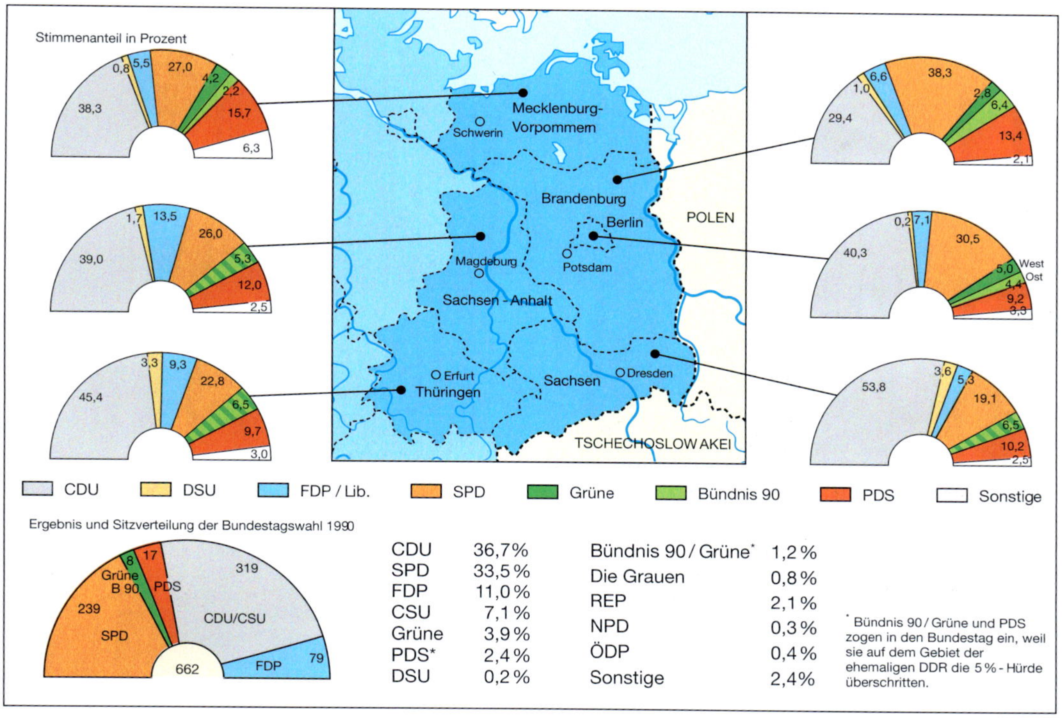

3 Wahlergebnisse der ersten gesamtdeutschen Wahlen und der Wahlen in Berlin am 2. Dezember 1990 sowie der Wahlen in den neuen Bundesländern am 14. Oktober 1990.

Gesamtdeutsche Bundestagswahlen

Im Vorfeld der Wahlen hatte es einen heftigen Streit um die so genannte 5-Prozent-Klausel* gegeben, in den auch das Bundesverfassungsgericht eingeschaltet wurde. Damit die neuen Parteien auf dem Gebiet der ehemaligen DDR nicht benachteiligt wurden, galt schließlich folgende Regelung: Eine Partei konnte dann in den Bundestag einziehen, wenn sie entweder in dem Gebiet der alten Bundesrepublik oder in der ehemaligen DDR mindestens 5 Prozent der Stimmen gewonnen hatte.

Im Wahlkampf betonten die Parteien der bisherigen Regierungskoalition die Freude über die erreichte Einheit, während die Opposition die Frage nach den entstehenden Kosten in den Vordergrund rückte und deren sozial gerechte Verteilung forderte.

Die Wahlen am 2. Dezember brachten einen eindeutigen Sieg für die Koalition aus CDU/CSU und FDP. Dieses Ergebnis wurde auch als unmissverständliche Zustimmung der Deutschen zu dem Vereinigungsprozess gewertet. Zum ersten Bundeskanzler für das vereinte Deutschland wurde Helmut Kohl (CDU) gewählt.

3 *Lest den Text und untersucht, welche Schwerpunkte die Parteien gesetzt haben.*

4 *Vergleicht die Stimmenanteile der CDU und der SPD in den neuen Bundesländern mit dem Wahlergebnis auf Bundesebene.*

5 *Überlegt, welche Voraussetzungen die Wahl für die künftige Bundesregierung geschaffen hat.*

5-Prozent-Klausel*: *Nur Parteien, die mindestens 5,0 Prozent der abgegebenen gültigen Stimmen haben, können in das Parlament einziehen. Parteien mit weniger Stimmen erhalten kein Mandat.*

Das Erbe der Stasi

Joachim Gauck *(geb. 24. 1. 1940), evangelischer Theologe, war von 1990 bis 2000 Sonderbeauftragter der Bundesregierung für die Unterlagen des Staatssicherheitsdienstes der ehemaligen Deutschen Demokratischen Republik (BStU).*

Marianne Birthler *(geb. 22. 1. 1948), ehemalige Bundessprecherin von Bündnis 90/Die Grünen und Ministerin a. D., ist seit 2000 Nachfolgerin Joachim Gaucks als Bundesbeauftragte für die Unterlagen des Staatssicherheitsdienstes der ehemaligen DDR.*

Internettipp:
www.bstu.de/home.htm

1 **Sichergestellte Stasiakten in Berlin-Lichtenberg. Das ehemalige Ministerium für Staatssicherheit der DDR ist seit 1990 Forschungs- und Gedenkstätte sowie Sitz der so genannten Gauck-Behörde.** Foto, 1995.

Die Stasi

Zur Zeit des Zusammenbruchs des DDR-Regimes hatten etwa 80 000 fest angestellte und rund 110 000 inoffizielle Mitarbeiter (IM) für die Staatssicherheit gearbeitet. Bei etwa 16 Millionen Einwohnern der DDR bedeutete dies, dass weit über ein Prozent der Gesamtbevölkerung für den Geheimdienst tätig war. Das ist eine erstaunlich hohe Zahl.
Doch der Grad der Verstrickung in das Spitzelsystem der Stasi konnte ganz unterschiedlich sein. Zum Teil wurden Bürger sogar ohne ihr Wissen als IM genutzt, waren also gar nicht aktive Informanten der Stasi.

Wie man IM wurde

Nach Schätzungen der Gauck-Behörde scheint die überwiegende Mehrheit der inoffiziellen Mitarbeiter für die Stasi durchaus aus politischer Überzeugung tätig gewesen zu sein. Viele IM kamen aber auf anderem Wege in den Dienst der Stasi.

Der folgende Bericht aus einer Stasiakte gibt ein Beispiel:

Q1 … Der Kandidat wurde uns bekannt durch die aktive Beteiligung an den Veranstaltungen der Studentengemeinde … während seines Studiums. … Durch eine Reihe eingeleiteter Maßnahmen wurde sein beruflicher Einsatz [d. h. seine spätere Einstellung durch mögliche Arbeitgeber] … verhindert. Da auch weitere Bewerbungen im Bezirk fehlschlugen, stand der Kandidat noch im März 1969 ohne feste Arbeit in finanziellen Schwierigkeiten.
Nach erfolgter Analysierung der vorhandenen Unterlagen im Vorgang und zur Person wurde beschlossen, den Kandidaten unter Ausnutzung seiner Schwierigkeiten bei der Aufnahme einer Arbeit und der daraus resultierenden gedrückten moralischen Haltung anzusprechen und bei entsprechend positiver Reaktion gegenüber unserem Organ aus dem Vorgang heraus [d. h. für die Stasimitarbeit] zu werben. … Im Verlauf

Das Erbe der Stasi

dieses Gesprächs wurde der Kandidat zur Zusammenarbeit mit unserem Organ verpflichtet, da eingeschätzt werden konnte, dass die von ihm gemachten Angaben unseren Ermittlungen entsprachen. Beim Kandidaten war der Wille zu spüren, seine in der Vergangenheit gemachten Fehler zu revidieren und an der Sicherung unseres Staates mitzuwirken. ... Unter Wahrung der Konspiration* wurde über den 1. Sekretär der SED-Kreisleitung ... eine Einstellung des Kandidaten im VEB ... erreicht. ...

Es gibt aber auch Beispiele, dass „IM-Kandidaten" die Mitarbeit versagten.
In einer Akte findet sich etwa folgende schriftliche Erklärung des „IM-Kandidaten":

Q2 ... Auch nach gründlicher und intensiver Prüfung vor meiner religiösen Überzeugung als Christ muss ich Ihnen bekennen, dass ich eine derartige Handlung nicht mit den Grundsätzen meines Glaubens vereinbaren kann. Ich war nicht in der Lage, ein solches Handeln in meiner Situation vor dem Neuen Testament rechtfertigen zu können. Matthäus 16,26: „Was hülfe es dem Menschen, so er die ganze Welt gewönne und nähme doch Schaden an seiner Seele?" ...

1 *Sprecht über die Methoden, mit denen die Stasi den inoffiziellen Mitarbeiter (IM) in Q1 „anwarb".*

2 *Lest Q1 noch einmal und achtet besonders auf die verwendeten Begriffe. Lassen sich aus der verwendeten Sprache Erkenntnisse über das moralische Wertesystem der Stasi ziehen?*

3 *Überlegt, welche Konsequenzen die angesprochenen „IM-Kandidaten" für sich und ihre Familien bedenken mussten. Nehmt dazu Q2 zu Hilfe*

Das totale Überwachungssystem

Aus dem Bericht des Leipziger Bürgerkomitees zur Auflösung der Stasi:

Q3 ... Über ein Anschaltfeld in den Kelleretagen des Fernmeldeamtes Leipzig war es möglich, 2000 Fernsprechteilnehmer aus dem Bezirk an die Aufnahmegeräte der Abteilung XXVI des MfS anzuschließen. Nach Aussagen eines Mitarbeiters dieser Abteilung war

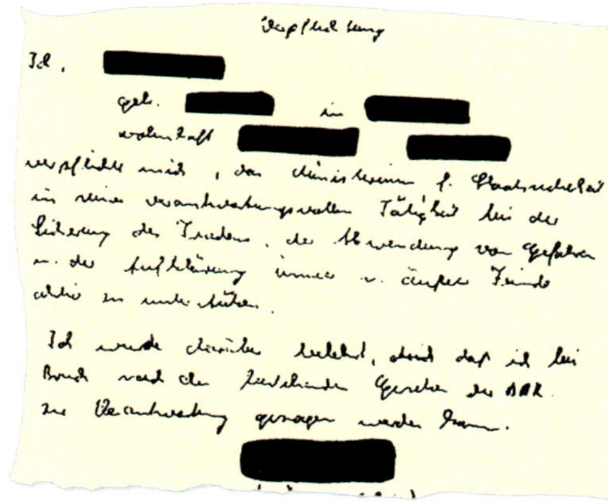
Verpflichtung

Ich, [redacted]

geb. [redacted] in [redacted]

wohnhaft [redacted]

verpflichte mich, das Ministerium f. Staatssicherheit in seiner verantwortungsvollen Tätigkeit bei der Sicherung des Friedens, der Abwendung von Gefahren u. der Aufklärung immer v. äußerer Feinde aktiv zu unterstützen.

Ich wurde darüber belehrt, daß daß ich bei Bruch nach den bestehenden Gesetzen der DDR zur Verantwortung gezogen werden kann.

[redacted]

2 **Verpflichtungserklärung zum inoffiziellen Mitarbeiter (IM).**

die Abhöranlage nur zu Zeiten der Leipziger Messe voll ausgelastet. Zwischenzeitlich seien „nur" 1000 Teilnehmer geschaltet gewesen. 360 Bandaufnahmen von überwachten Bürgern konnten gleichzeitig laufen. Die gesamte Anlage funktionierte automatisch. ... Zielpersonen dieser Abhöraktionen waren Ausreiseantragsteller, Bürger mit dem Verdacht auf Republikflucht oder auf oppositionelle Haltungen und Handlungen, Intellektuelle, aber auch Funktionäre und leitende Kader in Kombinaten*, Hochschulen und staatlichen Einrichtungen. Während das widerrechtliche Verfahren des Mithörens ungeniert und weiträumig betrieben wurde, ging man beim Einsatz von Wanzen, im Stasi-Deutsch „Raummikrofone" genannt, offensichtlich etwas zögerlicher vor. Nach Auskunft von Mitarbeitern seien etwa zwei Dutzend Wanzen im Einsatz gewesen. ...

4 *Versucht euch in die Situation bespitzelter Bürger zu versetzen. Was bedeutet ein so totales Überwachungssystem für die Privatsphäre des Einzelnen?*

5 *Das Aktenmaterial der Stasi wird von der so genannten Gauck-Behörde in Berlin verwaltet. Erkundigt euch nach ihrer Arbeit und dem weiteren Umgang mit den Stasibeständen.*

Konspiration*:
Verschwörung, Geheimhaltung.

Kombinat*:
Zusammenschluss produktionsmäßig eng zusammengehörender Industriezweige zu einem Großbetrieb.

Internettipp:
www.DDR-Geschichte.de/Staatssicherheit/staatssicherheit.html

Werkstatt Geschichte: Die deutsche Einheit in der Karikatur

1 *Entwerft eigene Karikaturen zum aktuellen Verhältnis von alten und neuen Bundesländern.*

Zusammenfassung

Gründung zweier deutscher Staaten
Die Zuspitzung des Gegensatzes zwischen den ehemaligen Weltkriegsalliierten USA und UdSSR führte zu einer weltpolitischen Blockbildung. Beide Seiten bereiteten die Bildung deutscher Teilstaaten vor: der Westen durch Zusammenschluss der drei Westzonen und politische und wirtschaftliche Maßnahmen wie die Währungsreform, der Osten durch die politische und wirtschaftliche Abschirmung der SBZ. Nach der Berlin-Blockade 1948/49, dem ersten Höhepunkt des Kalten Krieges, kam es dann zur Gründung zweier deutscher Staaten.

Einbindung der deutschen Staaten in die Blöcke
Sowohl die Bundesrepublik als auch die DDR konnten wirtschaftlich und politisch zunächst nur in der engen Anbindung an die jeweilige Supermacht, USA bzw. UdSSR, bestehen. Die Einbindung in die gegnerischen Blöcke wurde besonders in der Zugehörigkeit zu den konkurrierenden Wirtschafts- und Militärbündnissen deutlich. In der Bundesrepublik führte die Westbindung wirtschaftlich zum „Wirtschaftswunder“. Die DDR versuchte 1961 durch den Mauerbau die Flucht ihrer Bevölkerung zu stoppen.

Auf dem Weg zur Einheit
Die neue Ostpolitik der 1969 gewählten Bundesregierung aus SPD und FDP leitete die Aussöhnung mit den Staaten des Ostblocks ein. Miteinander statt gegeneinander war das Ziel dieser Politik, das mit Verträgen mit der Sowjetunion, Polen und der DDR gesichert wurde. Der Umbruch im Osten nach 1985 führte auch in der DDR zu einer Stärkung der Opposition.

Fall der Mauer und deutsche Einheit
Die DDR hielt trotz einer dramatischen Flüchtlingswelle am alten System des Kalten Krieges fest. Die Montagsdemonstrationen in Leipzig 1989 wurden zum deutlichsten Ausdruck eines friedlichen Protests gegen das Regime. In der Nacht vom 9. zum 10. November 1989 fiel die Mauer. Nach entsprechenden Verhandlungen mit den ehemaligen Kriegsalliierten und den europäischen Nachbarn konnte am 3. Oktober 1990 die deutsche Vereinigung vollzogen werden.
Das Zusammenwachsen beider deutscher Staaten gestaltete sich schwieriger, als es sich viele Menschen 1990 gedacht hatten.

1949

Gründung zweier deutscher Staaten.

13. August 1961

Die DDR versucht mit dem Mauerbau die Flucht ihrer Bürger zu unterbinden.

9./10. November 1989

Der Fall der Mauer an einem Berliner Grenzübergang.

3. Oktober 1990

Mit dem Inkrafttreten der Einigungsverträge werden die zwei deutschen Staaten vereinigt.

Standard-Check: Das solltet ihr wissen

Arbeitsbegriffe

- ✓ Besatzungszonen
- ✓ Entnazifizierung
- ✓ Marshallplan
- ✓ soziale Marktwirtschaft
- ✓ zentrale Planwirtschaft
- ✓ Volksaufstand in der DDR
- ✓ Mauerbau 1961
- ✓ Grundlagenvertrag
- ✓ Reformen in Osteuropa
- ✓ Montagsdemonstrationen
- ✓ Fall der Mauer
- ✓ 3. Oktober 1990

Was wisst ihr noch?

1 Beschreibt den Alltag der Menschen nach Kriegsende.
2 Erläutert die Ursachen von Flucht und Vertreibung.
3 Nennt wichtige Stationen des politischen Neubeginns in den Westzonen und der Ostzone.
4 Wozu diente und was bewirkte der Marshallplan?
5 Was bedeutete der Mauerbau 1961 für die Menschen in der DDR?
6 Erläutert den Begriff: „Wandel durch Annäherung".
7 Welche Veränderungen gab es in der Sowjetunion seit 1985 und was bewirkten sie?
8 Beschreibt die Tätigkeit der Stasi. Was wollte sie erreichen?

Tipps zum Weiterlesen

Peter Abraham/Margareta Gorschenek: Wahnsinn. Geschichten vom Umbruch in der DDR. Ravensburger, Ravensburg 1992

Friedemann Bedürftig: Lexikon Deutschland nach 1945. Carlsen, Hamburg 1996

Thomas Brussig: Am kürzeren Ende der Sonnenallee. Fischer, Frankfurt a. M. 2001

Karin König: Ich fühl mich so fifty-fifty. dtv, München 1991

Klaus Kordon: Ein Trümmersommer. Beltz & Gelberg, Weinheim 2006

Ders.: Hundert Jahre und ein Sommer. Beltz & Gelberg, Weinheim 2005

Waltraud Lewin: Mauersegler. Ein Haus in Berlin – 1989. Ravensburger, Ravensburg 2002

Eckhard Mieder: Die Geschichte Deutschlands nach 1945. Campus, Frankfurt 2002

Anne Ch. Voorhoeve: Lilly unter den Linden. Ravensburger, Ravensburg 2006

Standard-Check: Das solltet ihr wissen

1 *Schreibt zu den Bildern eine Reportage zur Geschichte der friedlichen Revolution und der Wiedervereinigung der beiden deutschen Staaten.*
2 *Malt ein Plakat zu den Folgen der deutschen Einheit.*

5. Weltkonflikte

1945 — GRÜNDUNG DER UNO

Seit 1948 — KRISENHERD NAHOST

1949–1989 — KALTER KRIEG

In allen Jahrhunderten hat es Konflikte zwischen Nationen, Staaten, religiösen Gruppen und Nationalitäten gegeben. Besonders grausam waren die Auseinandersetzungen im 20. Jahrhundert, in dem Menschen allein wegen ihrer Zugehörigkeit zu einer Religion oder Nationalität Opfer eines sogar staatlich organisierten Völkermordes wurden. Die Gründung der Vereinten Nationen im Jahr 1945 nach dem Zweiten Weltkrieg war – nach Gründung des Völkerbundes 1918/19 – der erneute Versuch, den Frieden auf der ganzen Welt zu sichern. An die Stelle gewaltsamer Auseinandersetzungen sollten die Verhandlungen und der Interessenausgleich treten.

Der Sicherheitsrat der Vereinten Nationen – den ihr im Bild sehen könnt – wurde ermächtigt, notfalls mit militärischer Gewalt im Namen der Weltgemeinschaft Konflikte zu regeln. Ob die angestrebte Friedensordnung gelungen ist, könnt ihr in diesem Kapitel untersuchen.

1962/63	1964–1973	2001
KUBAKRISE	VIETNAMKRIEG	TERRORANGRIFF AUF DIE USA

Der Beginn des Kalten Krieges

1 **Die Anti-Hitler-Koalition.** Sowjetisches Plakat, 1944.

Sowjetische Einflusssicherung

Nach dem Ende des Zweiten Weltkriegs (siehe S. 114) verschlechterte sich schon 1945 das Verhältnis der Siegermächte so sehr, dass man von einem Kalten Krieg zu sprechen begann. Im April 1945 erklärte Stalin hierzu:

Q1 … Dieser Krieg ist nicht wie in der Vergangenheit; wer immer ein Gebiet besetzt, der legt ihm auch sein eigenes gesellschaftliches System auf. Jeder führt sein eigenes System ein, soweit seine Armee vordringen kann. Es kann ja gar nicht anders sein …

In den von den Sowjets besetzten Gebieten Osteuropas unterstützte die Sowjetunion kommunistische Gruppen. Sie ließ antikommunistische Kräfte verhaften, um die schwache Verankerung der Kommunisten in der Bevölkerung zu verstärken. In Bulgarien wurden 2000 antikommunistische Führungskräfte ermordet, in Polen Gegner des Kommunismus verhaftet und in die UdSSR deportiert. Aus allen besetzten Gebieten wurden große Mengen von Wirtschaftsgütern und Erntevorräten in die Sowjetunion abtransportiert, um die dortige Not zu lindern.

Entgegen den Vereinbarungen mit den Westmächten unterstützte die Sowjetunion die Ausdehnung des polnischen Gebietes auf Ostpreußen, Pommern und Schlesien bis zur Oder-Neiße-Linie im März 1945 durch eine kommunistische polnische Regierung. Auf ähnliche Weise versuchte sie in anderen osteuropäischen Staaten vollendete Tatsachen zu schaffen. Im Iran, in der Türkei und in Griechenland unterstützte die UdSSR kommunistische Gruppen, ebenso in Nordkorea und in der Mandschurei.

Vor dem Hintergrund dieser Politik der Sowjetunion schrieb der damalige amerikanische Botschafter in Moskau, Kennan, an den US-Präsidenten im Sommer 1945:

Q2 … Die Idee, Deutschland gemeinsam mit den Russen regieren zu wollen, ist ein Wahn. Ein ebensolcher Wahn ist es zu glauben, die Russen und wir könnten uns eines schönen Tages höflich zurückziehen und aus dem Vakuum werde ein gesundes und friedliches, stabiles und freundliches Deutschland steigen. Wir haben keine andere Wahl, als unseren Teil von Deutschland … zu einer Form von Unabhängigkeit zu führen … Besser ein zerstückeltes Deutschland, von dem wenigstens der westliche Teil als Prellbock für die Kräfte des Totalitarismus* wirkt, als ein geeintes Deutschland, das diese Kräfte wieder bis an die Nordsee vorlässt …

__Totalitarismus:__ Staatsform, die aufgrund einer bestimmten Ideologie für sich in Anspruch nimmt, in alle Bereiche des menschlichen Zusammenlebens hineinregieren zu dürfen.*

Der „Eiserne Vorhang"

Zur Politik der Sowjetunion sagte der ehemalige britische Premierminister Winston Churchill am 5. März 1946:

Q3 … Von Lübeck an der Ostsee bis nach Triest an der Adria hat sich ein Eiserner Vorhang über den Kontinent gesenkt. Dahinter liegen die Hauptstädte der vormaligen Staaten Zentral- und Osteuropas: Warschau, Berlin, Prag, Wien, Budapest, Belgrad, Bukarest und Sofia. Alle diese berühmten Städte und die umwohnende Bevölkerung befinden sich in der Sowjetsphäre … und unterstehen im hohen Maße der Kontrolle Moskaus. …

Der „Eiserne Vorhang"

2 **„The Rock"**. Karikatur in der Zeitung „Daily Herald" vom 13. Februar 1945.

Die Kluft zwischen Ost und West vertieft sich durch Vorwürfe und Verdächtigungen. *Karikatur, 1945.*

1 *Beschreibt mit euren Worten die Politik der UdSSR nach 1945.*
2 *Untersucht mit Q2, welchen politischen Weg der amerikanische Botschafter seiner Regierung bereits im Sommer 1945 empfiehlt.*
3 *Erklärt den Begriff „Eiserner Vorhang".*

Die Politik der Eindämmung

Die USA antworteten auf das Vorgehen der UdSSR mit einer Politik der Eindämmung des kommunistischen Einflusses, der „Containment-Politik"*. Im Iran, in Griechenland und in der Türkei verhinderten sie durch massive Unterstützung westlicher Gruppen eine kommunistische Machtübernahme.

Vor dem Hintergrund der sich in China abzeichnenden Machtübernahme der Kommunisten und der Vorgänge in Europa erklärte Präsident Truman am 12. März 1947 vor dem US-Kongress:

Q4 … Im gegenwärtigen Abschnitt der Weltgeschichte muss fast jede Nation ihre Wahl in Bezug auf ihre Lebensweise treffen. Nur allzu oft ist es keine freie Wahl. Die eine Lebensweise gründet sich auf den Willen der Mehrheit und zeichnet sich durch freie Institutionen, freie Wahlen, Garantie der individuellen Freiheit, Rede- und Religionsfreiheit und Freiheit von politischer Unterdrückung aus. Die zweite Lebensweise gründet sich auf den Willen einer Minderheit, der der Mehrheit aufgezwungen wird. Terror und Unterdrückung, kontrollierte Presse und Rundfunk, fingierte* Wahlen und Unterdrückung persönlicher Freiheit sind ihre Kennzeichen.

Ich bin der Ansicht, dass es die Politik der USA sein muss, die freien Völker zu unterstützen, die sich der Unterwerfung durch bewaffnete Minderheiten oder durch Druck von außen widersetzen. … Ich bin der Ansicht, dass unsere Hilfe in erster Linie in Form wirtschaftlicher und finanzieller Unterstützung gegeben werden sollte. … Die Saat der totalitären Regime gedeiht in Elend und Mangel. … Sie wächst sich vollends aus, wenn in einem Volk die Hoffnung auf ein besseres Leben ganz erstirbt. …

4 *Interpretiert die Karikatur vom Februar 1945 (Abb. 2) und beschreibt die Politik der Großmächte im Sommer 1945.*
5 *Gebt die Ziele der amerikanischen Politik 1947 (Q4) mit euren Worten wieder.*

fingiert*: *scheinbar, vorgetäuscht.*

Containment* *(engl. = Eindämmung): englisch-amerikanische Bezeichnung für die Politik des westlichen Verteidigungsbündnisses.*

Die UNO – bessere Konfliktregelungen?

Hauptsitz der UNO ist New York. Heute gehören der UNO 184 Staaten an. Das sind fast alle Staaten der Welt, mit Ausnahme der Schweiz, Taiwans und (seit 1992) Serbiens sowie einiger anderer Länder.

1 **Die UNO-Vollversammlung in New York.** Foto.

2 **Sitzung des UN-Sicherheitsrates in New York.** Foto, 1994.

Unterschiedliche Vorstellungen über die UNO

Noch vor dem Ende des Zweiten Weltkriegs einigten sich die USA und die UdSSR darauf, eine Weltfriedensorganisation nach dem Vorbild des Völkerbundes (vgl. S. 41) zu schaffen. Diese United Nations Organization (UNO) sollte in Zukunft dazu beitragen, weitere Kriege zu verhindern.

Die Vorstellungen über eine neue Weltfriedensordnung waren aber sehr unterschiedlich. Die Sowjetunion fürchtete ein westliches Übergewicht in der neu zu schaffenden Organisation angesichts der wirtschaftlichen Stärke der USA. Deswegen forderte sie für sich ein Widerspruchsrecht in allen wichtigen Fragen. Im Frühjahr 1945 einigten sich bei der Konferenz in Jalta die USA, die UdSSR und Großbritannien darauf, dass die USA, Großbritannien, Frankreich, die UdSSR und China im wichtigsten Organ der UNO, dem Sicherheitsrat, ein Vetorecht* erhielten. Diese Staaten sollten zugleich ständige Mitglieder des Sicherheitsrates sein.

Kollektivmaßnahmen*: *Regelungen, die von einer Gemeinschaft von Staaten oder Menschen gemeinsam vorgenommen werden.*

Vetorecht*: *Das Vetorecht (lat. veto = „ich erhebe Einspruch") ist das festgelegte Recht eines einzelnen Angehörigen einer Institution, einen Beschluss zu verhindern, auch wenn alle anderen Mitglieder dafür sind.*

Die Gründungserklärung der UNO

Am 26. Juni 1945 unterzeichneten 51 Staaten in San Francisco (Kalifornien) die Charta der Vereinten Nationen:

Q1 … Die Vereinten Nationen setzen sich folgende Ziele:
1. den Weltfrieden und die internationale Sicherheit zu wahren und zu diesem Zweck wirksame Kollektivmaßnahmen* zu treffen, um … Angriffshandlungen und andere Friedensbrüche zu unterdrücken und internationale Streitigkeiten … durch friedliche Mittel nach den Grundsätzen der Gerechtigkeit und des Völkerrechts zu bereinigen oder beizulegen;
2. freundschaftliche, auf der Achtung vor dem Grundsatz der Gleichberechtigung und Selbstbestimmung der Völker beruhende Beziehungen zwischen den Nationen zu entwickeln …;
3. eine internationale Zusammenarbeit herbeizuführen, um internationale Probleme wirtschaftlicher, sozialer, kultureller und humanitärer Art zu lösen und die Achtung vor

Die UNO – bessere Konfliktregelungen

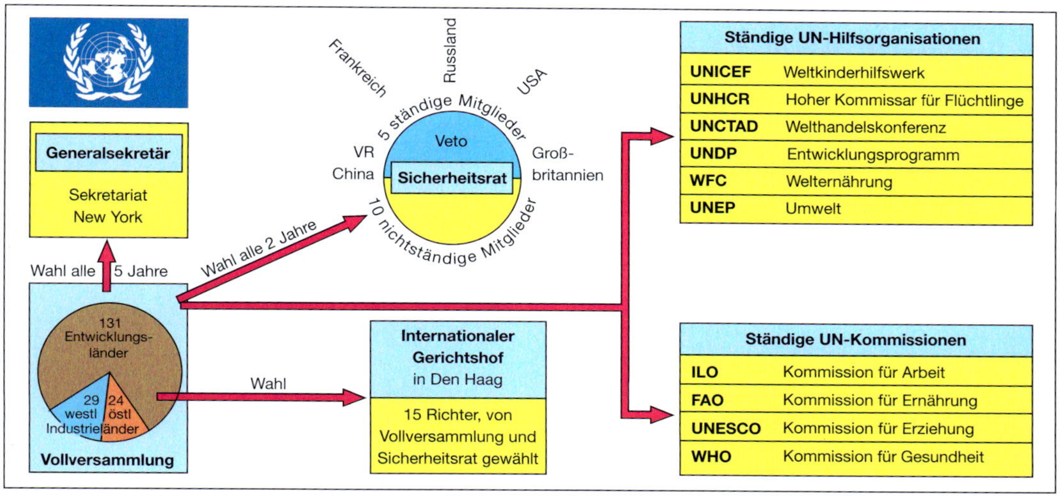

3 Organe und Gliederung der UNO.

„Non-Violence". *1988 schenkte die Luxemburger Regierung den Vereinten Nationen die Bronzeskulptur des schwedischen Künstlers Carl Fredrik Reutersward. Sie steht vor dem UNO-Sitz in New York. Foto.*

den Menschenrechten und Grundfreiheiten für alle ohne Unterschiede der Rasse, des Geschlechts, der Sprache oder der Religion zu fördern. …
Art. 41 Der Sicherheitsrat kann beschließen, welche Maßnahmen – unter Ausschluss von Waffengewalt – zu ergreifen sind, um seinen Beschlüssen Wirksamkeit zu verleihen. … Sie können die vollständige oder teilweise Unterbrechung der Wirtschaftsbeziehungen, des Eisenbahn-, See- und Luftverkehrs, der Post-, Telegrafen- und Funkverbindungen sowie sonstiger Verkehrsmöglichkeiten und den Abbruch der diplomatischen Beziehungen einschließen.
Art. 42 Ist der Sicherheitsrat der Auffassung, dass die in Artikel 41 vorgesehenen Maßnahmen … sich als unzulänglich erwiesen haben, so kann er mit Luft-, See- oder Landstreitkräften die zur Wahrung oder Wiederherstellung des Weltfriedens und der internationalen Sicherheit erforderlichen Maßnahmen durchführen …

1 *Nennt mit euren Worten die Ziele der 1945 gegründeten Weltorganisation.*
2 *Beschreibt die Machtmittel der UNO, um in Konflikte einzugreifen. Vergleicht mit dem Völkerbund.*
3 *Erläutert, welche Folgen das Vetorecht für die Handlungsfähigkeit der UNO haben könnte.*

Die Organe der UNO
Das zentrale Gremium der UNO ist die Vollversammlung. Sie tritt einmal im Jahr in New York zur Beschlussfassung über die wichtigsten Fragen der Weltpolitik zusammen. Jedes Mitgliedsland hat dabei eine Stimme. Die Beschlüsse sind für die Mitglieder aber nicht bindend. Der Sicherheitsrat kann für alle Mitgliedstaaten verbindliche Beschlüsse fassen. Neben den ständigen Mitgliedern mit Vetorecht gehören ihm zehn nichtständige Mitglieder an. Sie werden alle zwei Jahre mit Zweidrittelmehrheit der Vollversammlung gewählt: fünf aus Afrika und Asien, zwei aus Lateinamerika, zwei aus den westeuropäischen Industriestaaten und eins aus einem osteuropäischen Land. Der Sicherheitsrat kann in einem Konfliktfall die streitenden Parteien auffordern, die Differenzen in Verhandlungen beizulegen. Wenn dies nicht ausreicht, kann er Zwangsmaßnahmen nach Artikel 41 und 42 der UNO-Charta verhängen. Neben diesen Gremien gibt es noch viele Unterorganisationen (Kommissionen und Hilfsorganisationen) für die verschiedensten Bereiche der Weltpolitik (Schaubild 3).

4 *Erklärt anhand des Schaubildes den Aufbau der UNO und die Funktion der einzelnen Organe.*
5 *Sammelt Berichte über Beschlüsse des Sicherheitsrates zu aktuellen Konflikten.*

Kalter Krieg – Krisen und Kriege

Entkolonialisierung: *Nach 1945, vor allem aber in der Zeit um 1960, erkämpften sich viele Kolonien die Unabhängigkeit von ihren Kolonialmächten. Bereits 1947 wurde Indien aus britischer Herrschaft entlassen, das indische Kolonialreich wurde in zwei Staaten, Indien und Pakistan, geteilt. Die selbstständig gewordenen ehemaligen Kolonien bezeichneten sich selbst als Staaten der „Dritten Welt", weil sie im Kalten Krieg einen dritten, selbstständigen Weg gehen wollten. Oft waren sie aber gezwungen, sich einer der Großmächte anzuschließen.*

Der Kalte Krieg

Die Partnerschaft der westlichen Alliierten, USA, Großbritannien und Frankreich, mit der UdSSR zerbrach angesichts der wachsenden Gegensätze der Nachkriegszeit schnell. Im UN-Sicherheitsrat behinderten sich beide Seiten ab 1947 in nahezu allen strittigen Fragen durch gegenseitige Vetos. Die gegenseitige Blockade in der UNO dauerte bis zum Ende des Kalten Krieges im Jahr 1989.

In Anbetracht der militärischen Stärke der jeweils anderen Großmacht vermieden aber beide Seiten nach Möglichkeit den direkten Konflikt. Seit 1949 verfügte auch die UdSSR über Atombomben. Beide Großmächte versuchten, ihre Einflussbereiche schrittweise auszudehnen und den Gegner möglichst weitgehend zu behindern, ohne einen offenen Krieg zu riskieren.

Der Konflikt zeigte sich zunächst in Europa und besonders im besetzten Deutschland (vgl. S. 115). Auch in anderen Regionen der Welt wurde der Konflikt ausgetragen. Vor allem in Asien installierten und unterstützten sowohl die UdSSR als auch die USA ihnen verpflichtete Regierungen in den während des Zweiten Weltkrieges besetzten Ländern. In einem dieser Länder, Korea, wurde der Kalte Krieg aber schon 1950 „heiß".

1 *Beschreibt, wie sich der Kalte Krieg entwickelte.*

1950–53: *Koreakrieg.*

Der Koreakrieg

Nach der Kapitulation Japans 1945 sollte dessen vormalige Kolonie Korea unabhängig werden. Das Land wurde jedoch zunächst von den Alliierten in zwei Besatzungszonen aufgeteilt. Nördlich des 38. Breitengrades lag die sowjetische, südlich davon die amerikanische Zone. 1949 zogen die Besatzungstruppen beider Mächte ab, das Land aber blieb geteilt. Die Regierungen beider Teile waren bestrebt, ihren Einfluss auf das jeweils andere Gebiet auszudehnen. Es kam schnell zu erheblichen Spannungen. Am 25.6.1950 überschritten nordkoreanische Truppen, von der UdSSR gut ausgerüstet und politisch unterstützt, die Demarkationslinie* am 38. Breitengrad und besetzten mit Ausnahme eines kleinen Brückenkopfes ganz Südkorea.

Demarkationslinie*: *Grenzlinie.*

1 **Der Koreakrieg 1950–53.**

Der UN-Sicherheitsrat verlangte vergeblich die Einstellung der Kämpfe und beschloss schließlich den Einsatz von UNO-Truppen zur Wiederherstellung des Friedens. Dieser Beschluss war nur deshalb möglich, weil die UdSSR zu diesem Zeitpunkt an den Sitzungen des Sicherheitsrates nicht teilnahm. Damit protestierte sie gegen die Nichtaufnahme der kommunistischen Volksrepublik China in die UNO.

Der Koreakrieg 1950–1953

2 Koreaner fliehen nach Süden, während UNO-Truppen nach Norden vorrücken. Foto, August 1950.

Nach anfänglichen Erfolgen der UNO-Truppen, die mehrheitlich aus Amerikanern gebildet wurden, griff ein 300 000 Mann starkes Heer der mit der UdSSR verbündeten Volksrepublik China ein.

Als sich die Front nach schweren Kämpfen schließlich wieder am 38. Breitengrad stabilisierte, kam es 1951 zu Waffenstillstandsverhandlungen, die sich aber bis zum 26. Juli 1953 hinzogen. Eine Million Zivilisten und zwei Millionen Soldaten hatten ihr Leben lassen müssen. Ein Friedensvertrag zwischen Nord- und Südkorea steht bis heute noch aus. Das Land ist weiterhin geteilt.

2 *Fasst den Verlauf des Konflikts zusammen.*

Politische Auswirkungen

Dieser Krieg hatte wie ein Schock auf die USA und ihre europäischen Verbündeten gewirkt. Was in Asien geschehen war, befürchteten sie auch in Europa. Dies bestärkte sie in der Ansicht, dass eine Wiederbewaffnung der Bundesrepublik Deutschland unerlässlich sei, um Westeuropa erfolgreich zu verteidigen, zumal die UdSSR in der sowjetischen Zone bereits 1948 eine militärähnliche „Kasernierte Volkspolizei" aufgestellt hatte.

Nachdem der französische Vorschlag einer Europäischen Verteidigungsgemeinschaft (EVG) 1954 endgültig gescheitert war, wurde in der Bundesrepublik die Bundeswehr als neue Streitmacht aufgebaut. Die Bundesrepublik wurde in den „Pariser Verträgen" in die Westeuropäische Union aufgenommen, gleichzeitig trat sie der NATO bei.

Bündnisse zur Sicherheit

Auch im Fernen Osten wurden als Folge des Koreakrieges Sicherheitspakte geschlossen. Die USA, Australien und Neuseeland unterzeichneten 1951 den Anzus-Pakt; England, Frankreich, die USA, Neuseeland, Australien, Pakistan, Thailand und die Philippinen 1954 den SEATO-Vertrag. Staaten des Nahen Ostens (Türkei, Iran, Irak und Pakistan) gründeten 1955 mit England den CENTO-Pakt. Dieses Netz aus verschiedenen Sicherheitsbündnissen war ein sichtbares Zeichen der westlichen Eindämmungspolitik („Containment") und direkte Folge des Koreakrieges.

3 *Diskutiert die Folgen des Koreakrieges. Beurteilt insbesondere die Sorgen in Europa.*

Ost-West-Konflikt: NATO und Warschauer Pakt

Die Atombombe – Waffe des Kalten Krieges
Die USA waren nach dem Abwurf der Atombomben über Hiroshima und Nagasaki zunächst die einzige Nuklearmacht der Welt. Die UdSSR schloss aber bis 1949 mit einer eigenen Atombombe zu den USA auf. Die Rivalität des Kalten Krieges zwischen den beiden Supermächten schlug sich in einem ständig steigenden Rüstungswettlauf nieder. Beide Seiten hatten am Ende des Kalten Krieges so viele Atomwaffen, dass damit sämtliche Länder der Erde zwanzigfach hätten vernichtet werden können.

1 **„Hilfe, ich werde verfolgt".** Karikatur von Horst Haitzinger, 1981.

NATO und Warschauer Pakt

Am 4. April 1949 gründeten in Washington die USA, Kanada und zehn westeuropäische Staaten die NATO (North Atlantic Treaty Organization). Die USA reagierten damit auf die erfolgreichen Atombombenversuche der Sowjets und auf die Revolution in China, mit der die Kommunistische Partei unter Mao Zedong an die Macht gekommen war. Als die Sowjetunion 1955 im Gegenzug mit sechs osteuropäischen Ländern und der DDR den Warschauer Pakt bildete, war dies der Beginn eines jahrzehntelangen Wettrüstens zwischen den beiden Machtblöcken. Aber nicht nur zu diesem Zeitpunkt, sondern bis zum Ende des Kalten Krieges und der Auflösung des Warschauer Paktes 1991 bestimmten Spannung und Misstrauen die Ost-West-Beziehungen. Das zeigte sich am so genannten Sputnik-Schock 1957, als der erfolgreiche Start des sowjetischen Satelliten „Sputnik I" das Vertrauen des Westens in seine technologische Überlegenheit und militärische Sicherheit gegenüber dem Osten schwer erschütterte. Die Spannungen wurden aber auch in der Kubakrise (vgl. S. 176/177) und in „Stellvertreterkriegen*" in Asien und Afrika bis in die 1980er-Jahre hinein deutlich. Die Strategien der beiden Bündnisse zielten darauf, im Bereich der Atomwaffen ein nukleares Gleichgewicht zu schaffen.

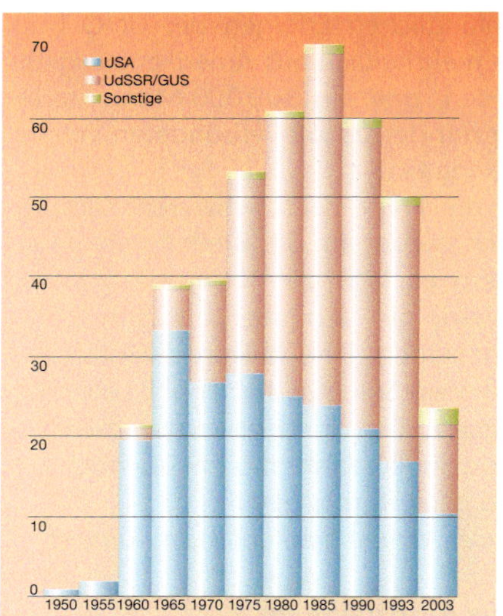

2 **Zahl der weltweit vorhandenen nuklearen Sprengköpfe in Tausend 1945–2003.**

Stellvertreterkrieg*: *kriegerischer Konflikt unterhalb der Atomschwelle während des Kalten Krieges, der, von den beiden Supermächten USA und Sowjetunion unter Kontrolle gehalten, zwischen kleinen Mächten aus den jeweiligen Lagern geführt wurde. Als Stellvertreterkrieg gilt z. B. der Koreakrieg (1950–53, vgl. S. 172 f.).*

1 *Diskutiert, ob die militärischen Bündnisse die Konfrontation zwischen den Machtblöcken verschärften?*

Ost-West-Konflikt: NATO und Warschauer Pakt

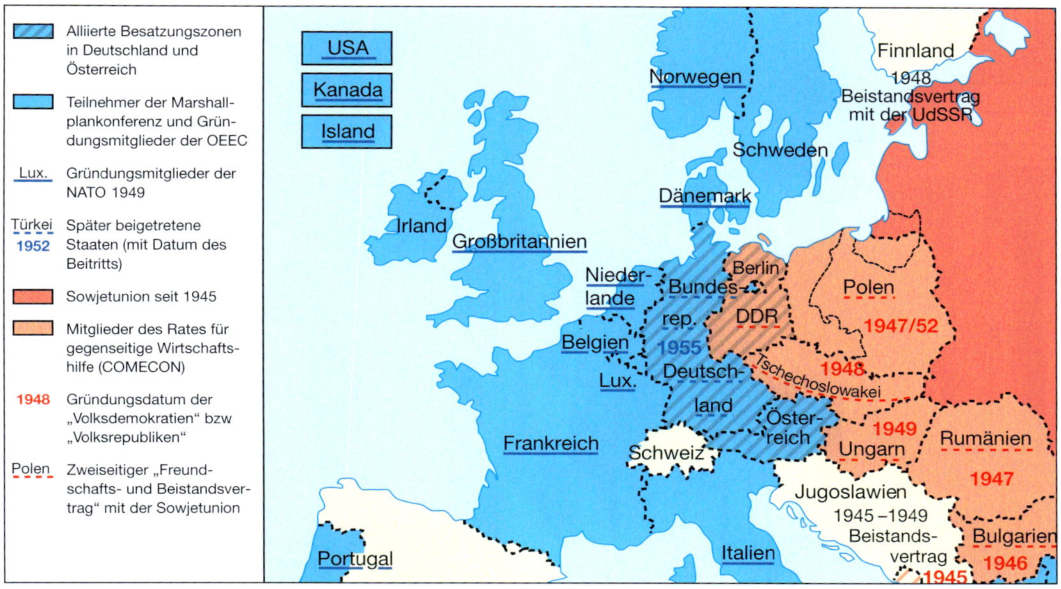

3 **Blockbildung in Europa nach dem Zweiten Weltkrieg.**

Der Nordatlantikpakt

Der Bündnisvertrag der NATO-Staaten wurde am 4. April 1949 geschlossen und besitzt bis heute Gültigkeit. Die Unterzeichner betonen ihren Wunsch nach weltweitem Frieden, zeigen sich aber auch entschlossen, die demokratischen Grundrechte sowie das kulturelle Erbe und den Wohlstand ihrer Länder gemeinsam zu verteidigen.

Im Vertrag verpflichten sie sich, den Frieden in der Welt nicht zu gefährden und internationale Konflikte mit gewaltlosen Mitteln zu lösen. Um die einzelnen Mitgliedstaaten gegen Angriffe schützen zu können, wollen sie einzeln, aber auch gemeinsam ihre militärische Stärke so ausbauen, dass die nationale Sicherheit wie auch die der Bündnispartner gewährleistet ist.

Falls einer der Staaten angegriffen werden sollte, unterstützen ihn die anderen, „um die Sicherheit des nordatlantischen Gebietes wieder herzustellen und aufrechtzuerhalten“.

Der Warschauer Pakt

Der „Vertrag über Freundschaft, Zusammenarbeit und gegenseitigen Beistand“ wurde am 15. Mai 1955 zwischen der Sowjetunion und den meisten osteuropäischen Staaten geschlossen. Er wurde aber – im Gegensatz zur NATO – durch gegenseitige Freundschafts- und Beistandspakte der einzelnen Mitgliedstaaten ergänzt.

Die Unterzeichner versicherten, dass sie zum Weltfrieden beitragen und Streitfragen auf diplomatischem Weg klären würden. Sie erklärten sich zu internationaler Zusammenarbeit im Sinne der Friedenssicherung bereit. Wenn eines der Mitglieder angegriffen würde, so verpflichteten sich alle anderen, diesem beizustehen. Die Staaten des Warschauer Paktes beschickten aus ihren nationalen Streitkräften ein gemeinsames Kommando. Darüber hinaus war vereinbart, alle Maßnahmen zu unterstützen, die das Bündnis stark genug machten, „die friedliche Arbeit ihrer Völker zu sichern“.

Nach dem Ende des Kalten Krieges wurde der Warschauer Pakt 1991 aufgelöst.

2 *Besprecht in der Klasse: Wem dienten NATO und Warschauer Pakt mehr – der Abschreckung oder der Verteidigung? Nutzt die Informationen auf dieser Doppelseite.*

3 *Setzt euch kritisch mit der Aussage von Bild 1 auseinander. Zieht auch das Säulendiagramm 2 dazu heran.*

Die Kubakrise 1962

Fidel Castro Ruz (geb. 13. 8. 1927), kommunistischer Revolutionsführer, bekämpfte von 1953 bis 1959 den kubanischen Diktator Batista. Seit 1959 regiert Castro als Ministerpräsident, Parteivorsitzender der kubanischen Kommunisten und „Höchster Führer" in Kuba.

1 **„Was für eine Unverschämtheit, mir Raketen vor die Haustür zu stellen!"** Karikatur, 1962.

Guerillas **: Untergrundkämpfer. Der Begriff „Guerilla" (span. = kleiner Krieg) stammt aus der Zeit des spanischen Widerstands gegen Napoleon 1808.*

konventionell **: herkömmlich. In diesem Zusammenhang sind mit den „konventionellen Waffen" die nichtatomaren Waffensysteme gemeint.*

Die Regeln des Kalten Krieges

Der Besitz von Atomwaffen und von ständig verbesserten Raketensystemen in den Händen der Großmächte USA und UdSSR führte dazu, dass die beiden Supermächte ihre jeweiligen Einflussgebiete stillschweigend anerkannten. Krieg in Europa war nur noch unter der Gefahr der gegenseitigen atomaren Vernichtung denkbar. Um die gegenseitige Abschreckung vor einem Krieg glaubhaft zu machen, begann ein verbissenes Wettrüsten, das über 30 Jahre andauerte.

Vor dem Hintergrund der gegenseitigen atomaren und konventionellen* militärischen Bedrohung kam es zwischen den Großmächten und ihren Satellitenstaaten immer wieder zu schweren Krisen, die sie an den Rand eines globalen Krieges führten. Zwar konnte dieser letztlich vermieden werden, unter Verzicht auf den „Erstschlag" mit Atombomben wurden aber regionale „Stellvertreterkriege" geführt.

1 *Diskutiert Zielsetzung und Risiken des Wettrüstens.*

Die Kubakrise 1962

Kuba war seit Beginn des 20. Jahrhunderts ein selbstständiger Staat, aber wirtschaftlich und politisch von den USA abhängig. Im Jahr 1959 wurde der dortige Diktator Batista von Guerillas* unter der Führung von Fidel Castro gestürzt. Castro verstaatlichte die Zuckerindustrie, die zu 70 Prozent von amerikanischen Firmen kontrolliert wurde, beschlagnahmte das gesamte US-Vermögen und errichtete mithilfe der Sowjetunion ein sozialistisches Regime. 1961 scheiterte eine amerikanische Invasion auf der Insel in der Schweinebucht. Ein Jahr später, im Herbst 1962, wurden auf Kuba mithilfe sowjetischer Ingenieure Raketenabschussrampen errichtet. Gleichzeitig ließ die Sowjetunion wissen, jeder Angriff auf Kuba werde einen Atomkrieg auslösen. Mit der Stationierung von Atomraketen auf Kuba wollte die Sowjetunion auf die Stationierung von Atomraketen der USA in Italien und in der Türkei antworten, durch die sie sich unmittelbar bedroht fühlte. Seit April 1962 waren diese Raketen einsatzfähig.

Der amerikanische Präsident Kennedy antwortete auf die Stationierung sowjetischer Raketen auf Kuba in einer Fernsehansprache vom 22. Oktober 1962:

Q1 … Im Laufe der letzten Wochen haben eindeutige Beweise die Tatsache erhärtet, dass derzeit auf dieser unterdrückten Insel mehrere Anlagen für Angriffsraketen errichtet wer-

Die Kubakrise 1962

John F. Kennedy *im Januar 1963 – von der Anspannung der politischen Krise gezeichnet.*

2 Chruschtschow und Kennedy während der Kubakrise: „Einverstanden, Herr Präsident, wir wollen verhandeln."
Englische Karikatur, 1962.

den. Der Zweck dieser Anlagen kann nur darin bestehen, die Möglichkeit eines Atomschlages gegen die westliche Hemisphäre* zu schaffen. ... Wir werden das Risiko eines weltweiten Atomkriegs nicht voreilig und ohne Not eingehen. ... Wir werden dieses Risiko aber auch nicht scheuen, falls es zu irgendeinem Zeitpunkt eingegangen werden muss. ...

Nach Beratungen mit seinen engsten Mitarbeitern ordnete Präsident Kennedy eine Seeblockade Kubas ab dem 24. Oktober 1962 an. Die anfängliche Weigerung der Sowjetunion, diese anzuerkennen, erhöhte die Gefahr eines Atomkrieges. In Geheimverhandlungen gelang es aber, die Krise beizulegen: Die Sowjetunion erklärte ihre Bereitschaft, die Raketen von Kuba wieder abzuziehen, im Gegenzug sicherten die USA zu, Kuba nicht anzugreifen und die Atomraketen in der Türkei abzubauen.
Die Kubakrise hatte der ganzen Welt die Gefahr eines dritten Weltkriegs vor Augen geführt. Kennedy sagte dazu in einer Rede am 10. Juni 1963:
Q2 ... Nach welchem Frieden streben wir? Nicht nach einer Pax Americana*, die der Welt durch amerikanische Kriegswaffen aufgezwungen wird. Ich spreche hier von dem echten Frieden – jenem Frieden, der das Leben auf Erden lebenswert macht, ... nicht nur ein Friede für Amerikaner, sondern ein Friede für alle Menschen. Nicht nur Frieden in unserer Generation, sondern Frieden für alle Zeiten.
Ich spreche vom Frieden, weil der Krieg ein neues Gesicht bekommen hat. Ein totaler Krieg ist sinnlos in einem Zeitalter, in dem eine einzige Atomwaffe fast das Zehnfache an Sprengkraft aller Bomben aufweist, die von den gesamten alliierten Luftstreitkräften während des Zweiten Weltkriegs abgeworfen wurden. Und er ist sinnlos in einem Zeitalter, in dem die bei einem Atomkrieg freigesetzten tödlichen Giftstoffe von Wind und Wasser, Boden und Staaten bis in die entferntesten Winkel des Erdballs getragen und sich selbst auf die noch ungeborenen Generationen auswirken würden ...

Nur knapp zwei Monate später wurde in Moskau der Vertrag über die Einstellung aller Atomversuche mit Ausnahme unterirdischer Tests unterzeichnet. Zuvor hatten die beiden Atommächte die Einrichtung einer direkten Telefonleitung, eines „roten Telefons", vereinbart, um in Krisen direkten Kontakt aufnehmen zu können.

2 *Beschreibt die Bilder 1 und 2 und erläutert das politische Klima 1962.*

3 *Erklärt, warum die Weltmächte bereit waren, zu verhandeln.*

Hemisphäre*: *eigentlich geografischer Begriff für die nördliche und südliche Erdhalbkugel; er wird aber auch politisch zur Bezeichnung der Einflusssphäre von USA (West) und UdSSR (Ost) im Kalten Krieg verwendet.*

Oktober 1962 bis Januar 1963: *Kubakrise.*

Pax Americana* *(lat. pax = Frieden): Gemeint ist ein Friedensschluss nach den Bedingungen der Amerikaner.*

Der Vietnamkrieg 1964–1973

1 **Kinder nach einem Napalmangriff* der US-Luftwaffe – wie es lange Zeit hieß. Doch es waren Südvietnamesen, die das Napalm auf das Dorf warfen, weil sie darin noch nordvietnamesische Soldaten vermuteten. Diese Wahrheit wurde jedoch schnell vergessen. Stattdessen trug das Bild – eines der berühmtesten Fotos der Pressegeschichte – 1972 viel zur kritischen Auseinandersetzung in den USA mit dem Vietnamkrieg bei, da in den Medien verbreitet und daher allgemein angenommen wurde, die US-Luftwaffe sei für diesen Angriff verantwortlich.** Foto, 8. Juni 1972.

Ein Opferschicksal
Das neunjährige Mädchen Kim Phuc (in der Bildmitte) überlebte trotz schwerster Verbrennungen an Rücken und Armen. Länger als ein Jahrzehnt blieb sie aber auf medizinische Betreuung angewiesen. Und erst 1984 konnte sie durch eine Spezialoperation in Ludwigshafen von den schlimmsten Verwachsungen an Nacken und Armen befreit werden. Zurückgeblieben sind aber bis heute schwere Hautallergien, Asthma, chronische Nervenschmerzen und entstellende Narben.

Napalm*:
eine Brandwaffe, die hauptsächlich aus Benzin besteht. Zusatzstoffe sorgen dafür, dass es an seinem Ziel haftet und starke Verbrennungen verursacht. Es kann nicht mit Wasser gelöscht werden.

Der Vietnamkrieg

1954 hatte sich Vietnam in einem blutigen Bürgerkrieg von seiner Kolonialmacht Frankreich befreit. Das Land wurde in eine kommunistisch orientierte Republik Nordvietnam und eine westlich orientierte Republik Südvietnam geteilt. Für 1956 waren allerdings Wahlen zur Vereinigung des Landes vereinbart. Weil die südvietnamesische Regierung aber einen Sieg der Kommunisten befürchtete, verhinderte sie diese Wahl. Bis 1960 entwickelte sich daraus in Südvietnam ein Bürgerkrieg zwischen der westlich orientierten Regierung und dem kommunistischen Vietcong*.

Weil die USA Südvietnam als Bollwerk gegen den Kommunismus betrachteten, unterstützten sie die südvietnamesische Regierung bei der Bekämpfung des Vietcongs, zunächst mit Militärberatern, dann mit regulären Truppen. Zwischen 1964 und 1968 stieg die Zahl der US-Soldaten in Vietnam von 16000 auf 500000 an. Nordvietnam unterstützte seinerseits den Vietcong mit regulären Truppen. Die UdSSR und China lieferten Waffen für den Vietcong und die nordvietnamesische Armee.

1 *Beschreibt eure Gefühle beim Betrachten von Bild 1. Diskutiert außerdem: Was sagt die Geschichte des Bildes über die Bedeutung der Medien aus?*

2 *Stellt die Interessen der am Vietnamkrieg beteiligten Parteien gegenüber.*

Alltag des Vietnamkriegs

Der Krieg um die Vormacht in Vietnam wurde von beiden Seiten mit grausamer Härte geführt. Im Dschungel- und Guerillakrieg war der Vietcong den US-Soldaten überlegen. Die amerikanische Luftwaffe begann mit systematischen Flächenbombardierungen, zunächst auf Nachschubwege des Vietcongs, ab 1965 auch auf den Norden Vietnams. Dabei wurden auch chemische Kampfstoffe eingesetzt.

Vietcong*:
eine in Südvietnam 1960 gegründete kommunistische Befreiungsfront, die von Nordvietnam aus finanzielle und militärische Unterstützung erhielt.

Der Vietnamkrieg 1964–1973

2 **Demonstration gegen den Vietnamkrieg in Washington.** Foto, November 1969.

3 **Der Krieg in Vietnam 1964–1973.**

*Die US-Armee im Vietnamkrieg war eine **Wehrpflichtarmee**. Ihr Einsatz war daher angesichts der politischen Kontroverse um die Rechtmäßigkeit dieses Krieges umso umstrittener. Viele junge Männer desertierten oder entzogen sich dem Wehrdienst. Das Durchschnittsalter der amerikanischen Soldaten im Vietnamkrieg lag bei 19 Jahren.*

Die Zivilbevölkerung hatte Fürchterliches zu erleiden. Dörfer, in denen man Vietcong-Sympathisanten vermutete, wurden rücksichtslos mit Napalmbomben in Schutt und Asche gelegt. Tausende von Kindern verloren ihre Eltern und irrten ziellos durch das Land auf der Suche nach Nahrung und einer Bleibe. Die Streitkräfte der USA konnten sich gegen den Vietcong nicht durchsetzen. 1973 wurde endlich ein Waffenstillstand geschlossen. Drei Jahre später wurde das Land unter kommunistischer Herrschaft als „Sozialistische Republik Vietnam" wiedervereinigt.

3 *Versetzt euch in die Lage amerikanischer Schülerinnen und Schüler der damaligen Zeit und entwerft ein Flugblatt gegen den Vietnamkrieg.*

Widerstand gegen den Vietnamkrieg

Tagtäglich berichtete das amerikanische Fernsehen über die Grauen des Vietnamkriegs. Bilder verwundeter und toter Soldaten erschütterten viele Amerikaner. In den Familien ging die Angst um, einen Angehörigen, der in Vietnam kämpfte, zu verlieren. Bilder verbrannter Kinder, die Opfer von US-Luftangriffen mit Napalmbomben geworden waren, und Berichte über Massaker, die amerikanische Soldaten in Dörfern angerichtet hatten, schockierten die Öffentlichkeit und führten zunehmend zu einer kritischen Betrachtung der Sinnhaftigkeit dieses grausamen Krieges. Im ganzen Land protestierten Studenten gegen den Krieg.

Neben Demonstrationen gab es noch andere Formen des Protests: Junge Männer verbrannten öffentlich ihre Einberufungsbefehle und gingen lieber ins Gefängnis als nach Vietnam. Neben der militärisch schwierigen Lage trugen auch die massiven Proteste dazu bei, dass sich die USA 1973 aus Vietnam zurückzogen.

4 *Diskutiert über die verschiedenen Formen des Protests gegen den Vietnamkrieg.*

5 *Vermutet, was Befürworter des US-Einsatzes in Vietnam den Demonstranten vorgeworfen haben könnten.*

Lesetipp:
Thomas Jeier: Die Sterne über Vietnam. Ueberreuter, Wien 2005.

Das Ende des Kalten Krieges

1 Michail Gorbatschow spricht vor dem Obersten Sowjet. Foto, 1.10.1988.

Der Zusammenbruch der Sowjetunion

Nachdem Michail Gorbatschow im Jahr 1985 zum neuen Generalsekretär der KPdSU gewählt worden war, versuchte er, umfassende Reformen im Innern der Sowjetunion einzuleiten. Die wirtschaftliche Lage zwang die Sowjetunion, das Wettrüsten einzustellen und umfangreiche Abrüstungsverhandlungen mit dem Westen zu führen. Gorbatschows Versuch, das kommunistische System zum modernisieren und zu demokratisieren, scheiterte am Widerstand seiner eigenen Partei, vor allem an den Funktionären. Der im Westen hoch angesehene Politiker ließ es 1989 zu, dass sich die Staaten des Ostblocks von der Bevormundung durch die Sowjetunion befreiten. Auch bei der friedlichen Revolution in der DDR im Herbst 1989 griffen die sowjetischen Truppen auf Befehl Gorbatschows nicht ein. Damit machte er den Weg zur deutschen Wiedervereinigung frei (vgl. S. 151).

Politisch wurde Gorbatschow schließlich 1991 durch einen Putschversuch so sehr geschwächt, dass er im Dezember 1991 zurücktrat. In den politischen Wirren des Jahres 1991 löste sich die Sowjetunion auf, der größte Nachfolgestaat wurde Russland mit dem neuen Präsidenten Boris Jelzin. Der Kalte Krieg war endgültig zu Ende.

Im Januar 1992 erklärte der damalige amerikanische Präsident George Bush in einer Botschaft zur Lage der Nation unter Anspielung auf den im August 1991 gescheiterten Versuch, den damaligen Präsidenten der Sowjetunion und Generalsekretär der KPdSU, Michail Gorbatschow, zu stürzen:

Q1 ... In den vergangenen zwölf Monaten hat die Menschheit Veränderungen von nahezu biblischen Ausmaßen kennen gelernt. Und jetzt, noch Monate nach dem fehlgeschlagenen Coup*, der ein fehlgeschlagenes System zum Untergang verurteilte, bin ich mir nicht sicher, ob wir die vollen Auswirkungen begriffen haben. Aber der Kommunismus ist in diesem Jahr gestorben. Das Größte, was in der Welt in meinem Leben – in unserem Leben – passiert ist, ist dies: Dank der Gnade Gottes hat Amerika den Kalten Krieg gewonnen. ...

Viel Gutes kann aus dem klugen Gebrauch von Macht resultieren: Eine einstmals in zwei bewaffnete Lager geteilte Welt anerkennt jetzt eine einzige und herausragende Macht, die Vereinigten Staaten von Amerika. Und sie betrachtet dies ohne Schrecken, denn die Welt vertraut in unsere Macht – und die Welt hat recht. Sie vertraut darauf, dass wir fair und zurückhaltend sind, sie vertraut darauf, dass wir auf der Seite der Anständigkeit stehen, sie vertraut darauf, dass wir das Richtige tun. ...

1 *Erklärt das Ende des Kalten Krieges.*

2 *Untersucht die Rede von Präsident Bush und prüft, ob sie auch Elemente der Sprache des Kalten Krieges enthält. Wie wird Amerika und wie wird die Sowjetunion dargestellt?*

George Bush: *Präsident der Vereinigten Staaten 1989–1993, Vater des seit 2001 amtierenden George W. Bush.*

Coup*: *(frz. = Faustschlag); ein kühn angelegtes erfolgreiches Unternehmen; hier verwendet als Kurzform von Coup d'État (frz. = Staatsstreich); gemeint ist der Putschversuch gegen Gorbatschow 1991.*

Bedrohung der Welt durch Terrorismus

1 **11.9.2001 – Terroristen steuerten zwei gekidnappte Passagiermaschinen in die Türme des World Trade Centers in New York. Etwa 3000 Menschen fanden den Tod.** Foto vom Einschlag der zweiten Maschine.

Das Attentat vom 11. September 2001

Am 11.9.2001 wurden die USA zum ersten Mal in ihrer Geschichte auf dem eigenen Territorium angegriffen. Angehörige der terroristischen Al-Kaida-Gruppierung lenkten drei gekaperte Passagierflugzeuge in das New Yorker World Trade Center und in das Verteidigungsministerium in Washington.

Etwa 3000 Menschen kamen bei dem Angriff ums Leben. Dieser Anschlag war der Höhepunkt in einer Reihe von Angriffen der internationalen Al-Kaida-Organisation gegen amerikanische Stützpunkte in Afrika und Asien. Neu war, dass die USA auf ihrem Territorium nicht von einem Staat, sondern von einem weltweit verzweigten Netz von radikal-islamistischen* Terroristen angegriffen wurden. Diese gaben vor, im Namen eines radikalen Islam gegen die USA zu kämpfen.

1 *Fragt Erwachsene nach ihren Erinnerungen an den 11.9.2001. Sammelt im Internet Informationen zu dem Angriff.*

2 *Informiert euch über den weltweiten Kampf gegen die Al-Kaida-Organisation und berichtet in der Klasse.*

Reaktion des UN-Sicherheitsrates

Der UN-Sicherheitsrat rief in zwei Resolutionen zum Kampf gegen den Terrorismus als Bedrohung von Frieden und Sicherheit auf und erkannte das Recht der USA auf Selbstverteidigung an:

Q1 … Der Sicherheitsrat fordert alle Staaten dringend zur Zusammenarbeit auf, um die Täter, Organisationen und Förderer dieser Terroranschläge vor Gericht zu stellen, und betont, dass diejenigen, die den Tätern, Organisationen und Förderern dieser Handlungen geholfen, sie unterstützt oder ihnen Unterschlupf gewährt haben, zur Verantwortung gezogen werden. …

3 *Erläutert den Beschluss des Sicherheitsrates.*

Angriff der USA auf Afghanistan

Afghanistan war der wichtigste Stützpunkt des Terrornetzwerks Al-Kaida und ihres Anführers Osama Bin Laden. Seit 1995 regierten die Taliban, radikale Islamisten, das Land.

Da die Taliban sich weigerten, Bin Laden auszuliefern, stürzten die USA in einer Militäraktion das Talibanregime im Herbst 2001 unter Berufung auf das Selbstverteidigungsrecht der USA. Bin Laden konnte allerdings nicht gefasst werden.

Eine Übergangsregierung, in der alle afghanischen politischen Gruppen mit Ausnahme der Taliban vertreten sind, organisiert seit 2002 den Wiederaufbau des durch Bürgerkrieg und Luftkrieg zerstörten Afghanistans. Dabei wird sie von zahlreichen Staaten und einer internationalen Schutztruppe mit deutscher Beteiligung unterstützt.

Bereits fünf Jahre nach ihrem Sturz konnten die Taliban ihren Einfluss im Süden Afghanistans wieder ausbauen und eine von der NATO geführte Schutztruppe in schwere Kämpfe verwickeln. Eine Ursache dafür war, dass der Wiederaufbau Afghanistans bis 2006 nur geringe Fortschritte machte. Die wirtschaftliche Lage der Bevölkerung verbesserte sich nur in der Hauptstadt.

4 *Sucht Informationen über die gegenwärtige Lage in Afghanistan und die Aufgabe der deutschen Bundeswehrsoldaten dort.*

Afghanische Frauen *bekommen ihre Wahlunterlagen für die Präsidentschaftswahlen 2004. Unter den Taliban hatten Mädchen und Frauen keine Rechte: Sie durften nicht zur Schule gehen, keinen Beruf erlernen, sie erhielten keine ärztliche Versorgung und waren vom öffentlichen Leben ganz ausgeschlossen. Nach dem Sturz der Taliban ist es ein Ziel der internationalen Gemeinschaft, die Rechte der Frauen zu stärken und deren wirtschaftliche und soziale Situation zu verbessern. Foto.*

radikale Islamisten*: *Bezeichnung für Muslime verschiedener Nationen, die mit Gewalt eine politische Herrschaft errichten wollen, die sich streng an den Lehren des Korans ausrichtet. Für dieses Ziel kämpfen sie auch mit Selbstmordattentaten.*

Lesetipp: *Deborah Ellis: Im Herzen die Angst. Eine Flucht durch Afghanistan. Bertelsmann, München 2005.*

Der Irakkrieg – Ziele und Folgen

1 **Irakkrieg 2003.**

Zivilisation:* bezeichnet die durch Fortschritt von Wissenschaft und Technik geschaffenen materiellen und sozialen Lebensbedingungen einer Gesellschaft.

Massenvernichtungswaffen*: *Waffen, die bei ihrem Einsatz sehr viele Menschen das Leben kosten würden. Beispiele: Atombomben, biologische Waffen (Krankheitserreger), chemische Waffen (Giftgas).*

Saddam Hussein *von 1979 bis 2003 Staats- und Regierungschef des Irak. Er wurde nach seiner Gefangennahme im Dezember 2003 von der irakischen Übergangsregierung 2004 vor Gericht gestellt. Die Anklage lautete: Völkermord, Verbrechen gegen die Menschlichkeit und Kriegsverbrechen. Am 5. 11. 2006 wurde er zum Tod verurteilt und am 30. 12. 2006 hingerichtet.*

Die USA erklären Terroristen den Krieg

In einem im September 2002 veröffentlichten politischen Programm zur nationalen Sicherheit erklärten die USA:

Q1 … Die Vereinigten Staaten werden Länder zur Rechenschaft ziehen, die dem Terrorismus Vorschub leisten, und solche, die den Terroristen Zuflucht gewähren, denn die Verbündeten des Terrors sind die Feinde der Zivilisation*. …
Wir werden Terrororganisationen durch folgende Maßnahmen … zerstören: … indem wir Bedrohungen ausmachen und ausschalten, bevor sie unsere Grenzen erreichen. Die Vereinigten Staaten werden sich ständig um die Unterstützung der internationalen Organisationen bemühen, werden aber auch nicht zögern zu handeln, wenn es nötig werden sollte, unser Recht auf Selbstverteidigung wahrzunehmen, in dem wir vorbeugend gegen solche Terroristen vorgehen und sie davon abhalten, dass sie unserem Volk und unserem Land Schaden zufügen; wir werden den Terroristen weitere Finanzierung, Unterstützung und Zuflucht verwehren, indem wir Staaten überzeugen oder zwingen, ihrer … Verantwortung gerecht zu werden. …

1 *Lest Q1 und schreibt auf, wie und warum die USA den Terrorismus bekämpfen wollen.*

Uneinigkeit beim Irakkrieg

Während die Weltgemeinschaft die USA gegen Afghanistan und Al-Kaida einmütig unterstützt hatte (siehe S. 181), war der Sicherheitsrat in der Frage eines Krieges gegen den Irak 2002/2003 uneinig. Die USA und Großbritannien einerseits befürworteten einen Krieg aus folgenden Gründen: Der Irak besitze Massenvernichtungswaffen* und bedrohe die Welt damit. Weiter würde das diktatorische Regime unter Saddam Hussein im Irak Al-Kaida unter-

Der Irakkrieg – Ziele und Folgen

stützen. Die übrigen Länder im Sicherheitsrat, besonders Frankreich und Deutschland, sahen die Begründung der USA für einen Krieg als nicht stichhaltig an und verweigerten die Unterstützung.
Dennoch griff eine „Koalition der Willigen"* unter Führung der USA und Großbritanniens am 20. März 2003 den Irak an – ohne Billigung der UNO. Nach einem kurzen Krieg wurde die Regierung Saddam Husseins Anfang April gestürzt.
Die USA, Großbritannien und weitere Staaten übernahmen die Verwaltung und den Wiederaufbau des Landes. Die Massenvernichtungswaffen, deren Sicherstellung ein Ziel des Krieges war, wurden bisher nicht gefunden. Es fanden sich auch keine Belege für eine Unterstützung der Terrororganisation Al-Kaida.

2 *Untersucht, ob der Krieg gegen den Irak der 2002 verkündeten Sicherheitsplanung der USA (Q1) entsprach.*

3 *Stellt mit dem Blick auf die Karte in einer Liste zusammen, welche Länder des Nahen Ostens den USA feindlich gesinnt sind und welche Partner der USA sind bzw. es 2003 waren.*

Irak versinkt im Bürgerkrieg

Nach dem Sieg der Allianz um die USA gestaltete sich der Wiederaufbau des Irak und die Begründung einer demokratischen Gesellschaft als äußerst schwierig. Die drei großen Volksgruppen – Kurden*, Schiiten und Sunniten – waren in sich zerstritten. Die religiös geprägten Schiiten und Sunniten bekämpften sich mit Selbstmordattentaten gegenseitig. Die bis zum Einmarsch der USA regierenden Sunniten wollten die Vorherrschaft der Bevölkerungsmehrheit der Schiiten nicht anerkennen. Die ersten freien Wahlen im Dezember 2005 führten nicht zur Bildung einer starken Regierung. Radikale Gruppierungen, auch unter dem Einfluss von Al-Kaida, schüren den Bürgerkrieg, der auch das Ziel hat, die USA und ihre Verbündeten aus dem Land zu treiben. Im Unterschied zur Absicht der amerikanischen Regierung wurde der neue Irak eine Basis für Terroristen aus aller Welt.

4 *Informiert euch über Schiiten und Sunniten.*

5 *Beschreibt mithilfe der Karte die Hauptsiedlungsgebiete der großen Volksgruppen im Irak.*

2 Explosion von zwei Autobomben an einem Busbahnhof in Bagdad. Mehr als 35 Menschen wurden getötet, über 50 verletzt. Foto, 2006.

Neuorientierung der US-Politik

Die wachsende Zahl bei Attentaten getöteter amerikanischer Soldaten führte Ende 2006 zu einem Stimmungsumschwung in den USA.
Bei den Kongresswahlen im November 2006 verlor die Partei von Präsident Bush, die Republikaner, ihre bisherige Mehrheit.
Eine überparteiliche Kommission empfahl im Dezember 2006 eine grundlegende Veränderung der US-Politik:

Q2 … Unsere wichtigsten Vorschläge sehen neue und verstärkte diplomatische und politische Bemühungen im Irak und der Region sowie eine Veränderung beim Schwerpunkt der Mission der US-Truppen im Irak vor, die es den Vereinigten Staaten ermöglichen wird, auf verantwortungsvolle Weise mit dem Abzug ihrer Kampftruppen aus dem Irak zu beginnen. …

Im Einzelnen empfahl die Kommission,
- direkte Verhandlungen mit Syrien und dem Iran, die mäßigend auf die Bürgerkriegsparteien im Irak einwirken sollen,
- einen schrittweisen Abzug der US-Truppen,
- eine bessere Ausbildung der irakischen Armee, die die Bekämpfung der Terroristen übernehmen soll.

Im Dezember 2006 berichtete das amerikanische Verteidigungsministerium von einer deutlichen Verschlechterung der ***Sicherheitslage im Irak*** *in den vergangenen drei Monaten. Die Zahl der Anschläge habe sich um 22 Prozent auf 959 Anschläge pro Woche erhöht, heißt es. Als größte Gefahr für die Sicherheit im Irak wird erstmals nicht das Terrornetz Al-Kaida, sondern die Mahdi-Armee, die Miliz des radikalen schiitischen Predigers Muqtada al-Sadr genannt.*

Koalition der Willigen*:
Bezeichnung für ein Bündnis von mehr als 40 Staaten, die den Angriff der USA auf den Irak im Frühjahr 2003 politisch und militärisch unterstützten.

Kurden*:
Die Kurden leben als selbstständiges Volk mit eigener Sprache und Kultur in vier Ländern: in der Türkei (Südostanatolien), im Irak, im Iran und in Syrien, ohne bisher ein eigenes Land (Kurdistan) gründen zu können.

Krisenherd Nahost

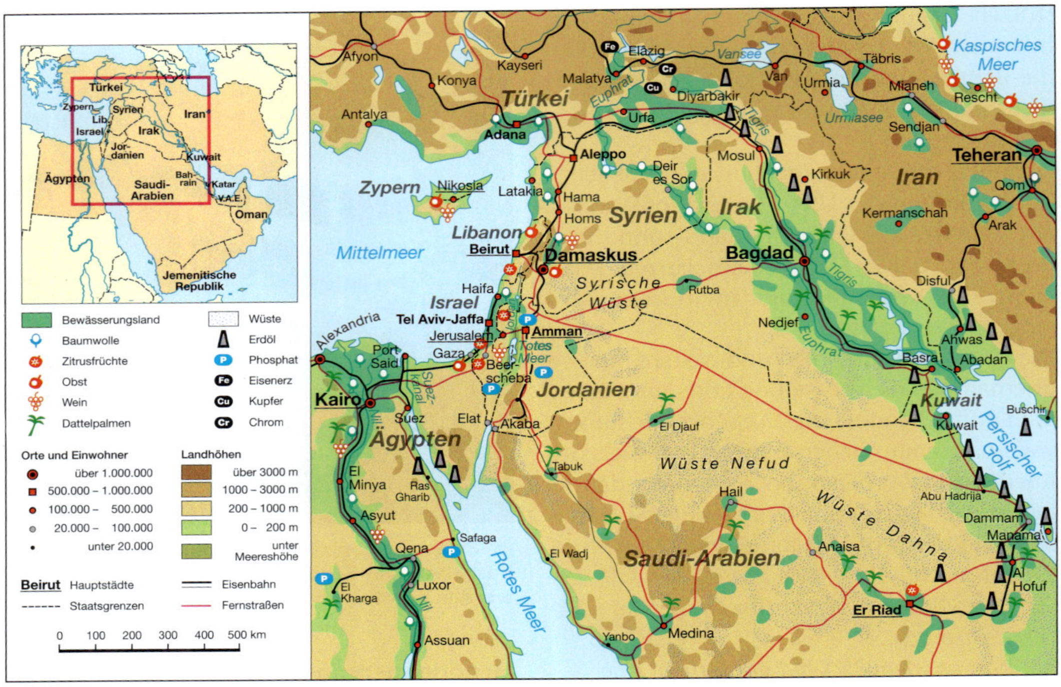

1 Der Nahe und Mittlere Osten.

Der Raum

Ein schon lange schwelender Krisenherd ist der Nahe und Mittlere Osten. Hierzu zählen folgende Länder: Libyen, Ägypten, Türkei, Irak, Iran, Syrien, Libanon, Israel und die Staaten der Arabischen Halbinsel. Seit dem Ende des Zweiten Weltkrieges bis heute gab es dort viele militärische Auseinandersetzungen.

1 *Klärt mithilfe eines Lexikons unter dem Stichwort der einzelnen Staaten, um welche Kriege es sich handelt.*

„Erez Israel" – das Land der Väter

Auf den folgenden Seiten wird der Konflikt um Israel/Palästina im Mittelpunkt stehen. Seine Vorgeschichte ist länger als unsere Zeitrechnung. Im 15. bis 13. Jahrhundert v. Chr. siedelten sich in Palästina semitische Volksstämme an. Im 11. Jahrhundert vermochte es der biblische König Saul, die verschiedenen Stämme in einem Königsstaat zu einen. Nach der Regentschaft seiner Nachfolger David und Salomo zerfiel die Herrschaft in zwei Teilreiche, das Reich Juda und das Reich Israel, die sich gegenseitig bekämpften. In wechselnden Bündnissen mit Ägypten und Damaskus führten die Auseinandersetzungen letztlich zum Untergang beider Reiche durch die Eroberung des sich von Osten ausbreitenden Assyrischen Reiches. Gegen das hieraus hervorgehende Babylonische Reich lehnten sich die Judäer in Palästina zwar auf, doch 586 v. Chr. wurde Jerusalem erobert, Salomons Tempel zerstört und die Bevölkerung verschleppt. Die in der Bibel beschriebene „babylonische Gefangenschaft" dauerte etwa 50 Jahre. Danach bildeten die jüdischen Rückkehrer in Palästina erneut einen Staat mit der Hauptstadt Jerusalem, doch standen sie fortan immer unter der Oberhoheit wechselnder Herren.

Im Jahr 70 n. Chr. vernichteten die Römer das Königreich der Juden endgültig. Diese verstreuten sich über die Welt. Sie lebten von nun an in der „Diaspora" (griech. = Zerstreuung). Überall bildeten sie Gemeinden und bewahrten die Erinnerung an „Erez Israel", den verlorenen Staat der Väter.

2 *Versucht, auf einer Karte des heutigen Nahen Osten (Abbildung 1) die historischen Schauplätze auszumachen. Vergleicht sie mit einer entsprechenden Karte aus einem historischen Weltatlas.*

Die Gründung Israels

Der UNO-Beschluss von 1947

Nach Jahrhunderten der Isolierung, Verfolgung und Vernichtung wanderten im 20. Jahrhundert immer mehr Juden nach Palästina ein. Sie wollten dort ihren eigenen Staat gründen, in dem sie sicher leben konnten. In mehreren Aufständen wehrten sich die arabischen Bewohner gegen die Einwanderungen.

Die Vereinten Nationen beschlossen 1947 eine Teilung des Landes zwischen Juden und Arabern. Die Araber lehnten diesen UN-Beschluss ab, die Juden stimmten ihm unter Führung von Ben Gurion und Golda Meir zu.

Die Gründung des Staates Israel 1948

Am 14. Mai 1948 riefen die Juden den Staat „Israel" aus.

In der Gründungsurkunde hoben sie hervor, dass hier die „Wiege des jüdischen Volkes" gestanden habe und dieses Volk die Verbindung zu dem Land der Väter niemals aufgegeben habe. Weiter hieß es:

Q1 … Die über das jüdische Volk in der letzten Zeit hereingebrochene Vernichtung … bewies erneut und eindeutig die Notwendigkeit, die Frage des heimat- und staatenlosen jüdischen Volkes in Israel zu lösen … Wir … sind daher heute … zusammengetreten und proklamieren hiermit kraft unseres natürlichen und historischen Rechts und aufgrund des Beschlusses der Vollversammlung der Vereinten Nationen die Errichtung eines jüdischen Staates in Israel …

Die Palästinenser*

Auch nach der Gründung des Staates Israel setzten sich die militärischen Konflikte mit den Arabern fort. Viele arabische Familien versuchten den Kämpfen zu entkommen und flohen. Andere wurden von den Israelis vertrieben.

Man schätzt, dass etwa 800 000 Palästinenser das Land verließen. Ihr Leben gestaltete sich fortan in Flüchtlingslagern oder in den arabischen Nachbarstaaten sehr schwierig. Viele mussten von der UNO versorgt werden.

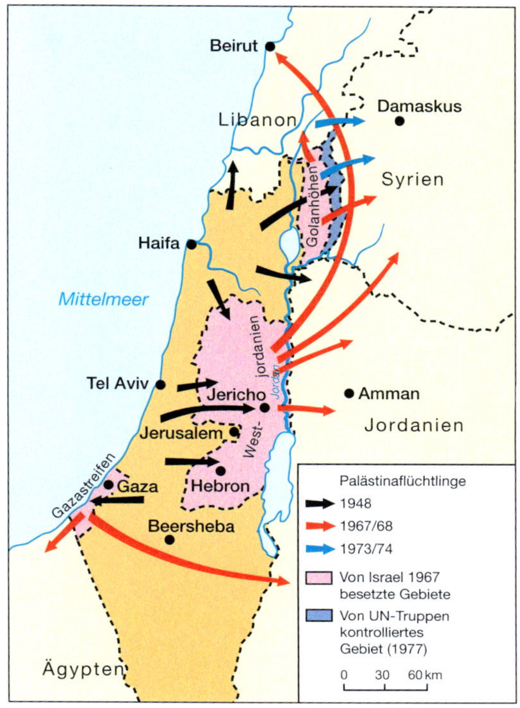

2 **Palästinaflüchtlinge seit 1948.**

Kriege von 1948 bis 1982

Die arabischen Staaten beantworteten die Gründung Israels 1948 mit Krieg. 1956 brach der Suezkrieg aus zwischen Ägypten auf der einen und Großbritannien, Frankreich und Israel auf der anderen Seite. Der Krieg fand vor dem Hintergrund der Entkolonialisierung des Nahen Osten und der Gründung Israels statt. Konkret ging es um die Kontrolle des strategisch wichtigen Suezkanals. Ägypten verstaatlichte den Kanal und blockierte ihn für israelische Schiffe. Frankreich und England dagegen wollten ihren bisherigen Einfluss behalten. Weitere Kriege folgten (vgl. Randspalte). Israel wurde dabei von den USA, die Palästinenser und die arabischen Staaten von der UdSSR unterstützt. So war der Nahost-Konflikt immer gefährlich mit dem Ost-West-Konflikt verknüpft.

3 *Arbeitet aus Q1 heraus, von welchen geschichtlichen Vorgängen die Juden ihr „historisches Recht" auf einen Staat in Palästina ableiten.*

David Ben Gurion
(geb. 16. 10. 1886, gest. 1. 12. 1973) war 1948–53 und erneut 1955–63 Ministerpräsident und Verteidigungsminister Israels.

Golda Meir
(geb. 3. 5. 1898, gest. 8. 12. 1978), war 1969–74 Ministerpräsidentin Israels.

Kriege von 1948 bis 1982:
1948: Israelkrieg
1956: Suezkrieg
1967: Sechs-Tage-Krieg
1973: Yom-Kippur-Krieg
1982: Libanonkrieg

Palästinenser*: *Ursprünglich keine einheitliche Volksgruppe, der Begriff bezeichnet alle aus Palästina stammenden Araber.*

Anwar as-Sadat
(geb. 1918, ermordet am 6. 10. 1981), war 1970–81 Staatspräsident Ägyptens.

Menachem Begin
(1913–1992), war 1977–83 Ministerpräsident Israels.

Jassir Arafat
(1929–2004), ursprünglich palästinensischer Guerillaführer, engagierte sich seit 1985 zunehmend für einen Ausgleich mit Israel.

PLO*:
(Palestine Liberation Organization). Palästinensische Befreiungsorganisation.

autonom*:
selbstständig.

Intifada*:
Aufstandsbewegung der Palästinenser in den israelisch besetzten Gebieten.

Ringen um Frieden in Nahost

1 **Sperrzaun zwischen Israel und den Palästinensergebieten.**

1978 – Der Frieden mit Ägypten

Ägypten war der erste arabische Staat, der Frieden mit Israel schloss. Unter Vermittlung des amerikanischen Präsidenten Jimmy Carter handelten die Regierungschefs Sadat (Ägypten) und Begin (Israel) 1978 einen Friedensvertrag aus. Israel gab an Ägypten die seit 1967 besetzte Sinaihalbinsel zurück und wurde im Gegenzug von Ägypten als Staat anerkannt. Zum ersten Mal konnte „Land gegen Frieden" getauscht werden. Der Vertrag stieß bei den anderen arabischen Nationen auf strikte Ablehnung.

1993 – Verträge von Oslo

Seit über 40 Jahren hatten die Palästinenser das Existenzrecht des Staates Israel verneint. Ebenso verleugnete Israel die Existenz eines palästinensischen Volkes und verweigerte der PLO* das Recht, die Palästinenser zu vertreten. 1993 einigten sich Israel und die PLO im norwegischen Oslo auf eine gegenseitige Anerkennung, nachdem beide Seiten erkannt hatten, dass eine militärische Lösung des Konflikts nicht gelingen konnte.
Der Führer der PLO, Arafat, schrieb an den israelischen Ministerpräsidenten Itzhak Rabin:

Q1 … Die PLO erkennt das Recht des Staates Israel auf eine friedliche und sichere Existenz an … Die PLO verpflichtet sich dem Friedensprozess im Nahen Osten und der friedlichen Lösung des Konfliktes zwischen beiden Seiten … Dementsprechend verzichtet die PLO auf Terrorismus und andere Formen der Gewalt …

Im Gegenzug erkannte Israel die PLO als Repräsentantin des palästinensischen Volkes an, obwohl diese einen autonomen Palästinenserstaat im Westjordanland anstrebte. Der 1993 darauf von beiden Parteien unterzeichnete Vertrag sah die Rückgabe des Gazastreifens und der Stadt Jericho an die Palästinenser vor. Die öffentliche Ordnung sollte durch eine palästinensische Polizei gewährleistet werden. Schwierige Fragen wie z. B. Jerusalem, Heimkehr der Flüchtlinge, Abzug der israelischen Truppen sollten später verhandelt werden.

1 *Beurteilt die Bedeutung jener Fragen, die später verhandelt werden sollten.*

Frieden mit Jordanien und Syrien

1994 beendeten Israel und Jordanien ihren seit 1948 andauernden Kriegszustand. Ungeklärt blieb das Verhältnis zu Syrien. Seit 1967 hielt Israel die Golanhöhen besetzt. Um einen Kriegsausbruch an dieser Stelle zu verhindern, hat die UNO dort seit 1974 Truppen stationiert. 1995 verhandelten Syrien und Israel erfolglos über den Rückzug der Israelis von den Golanhöhen.
Die Hoffnungen, die viele Israelis und Palästinenser auf die Verträge von Oslo setzten, erfüllten sich in den Jahren nach 1995 nicht. Entsprechend den Bestimmungen der Verträge gaben die Israelis zwar besetzte Gebiete an die Palästinenser zurück und unterstützten den Aufbau einer autonomen* Verwaltung, auf der anderen Seite setzten sie aber den Bau von israelischen Siedlungen im autonomen Gebiet der Palästinenser fort.

Intifada

Im Jahre 2000 brach in den besetzten Gebieten eine Intifada* gegen Israel aus. Auslöser war der provozierende Besuch der Al-Aksa-Moschee in Jerusalem, des zweithöchsten

Ringen um Frieden in Nahost

Heiligtums des Islam, durch den damaligen rechtskonservativen Oppositionsführer Ariel Scharon. Die Enttäuschung über die wiederholte Verschiebung der Gründung eines Palästinenserstaates und die hoffnungslose Lage der Palästinenser im Gazastreifen waren die tieferen Ursachen des Aufstandes.

Politik der Abgrenzung

Ministerpräsident Ariel Scharon, der Israel von 2001 bis 2006 führte, versuchte zunächst den Frieden militärisch zu erzwingen. Als dies misslang, setzte er auf eine Politik der strikten Abgrenzung zwischen beiden Völkern und gab den Palästinensern 2005 den Gazastreifen zurück. Im Zuge dieser Politik baute Israel auf palästinensischem Gebiet einen Grenzzaun, eine hohe Mauer, um das Einsickern von Terroristen nach Israel zu verhindern.

2 **Übergang zwischen Jerusalem und dem Westjordanland mit der acht Meter hohen Sperrmauer.** Foto, 2006.

Die Roadmap – eine ungenutzte Chance

2003 entwarfen Vertreter der EU, der USA und Russlands einen Friedensplan – eine so genannte „Roadmap" –, der schrittweise eine Befriedung des Nahen Osten ermöglichen sollte. Sowohl Israel als auch die Palästinenser akzeptierten diesen Plan. Zentrale Punkte dieses Plans waren: Anerkennung Israels durch die Palästinenser, Anerkennung und Gründung eines palästinensischen Staates, Verzicht auf Gewalt durch die Palästinenser, Beendigung der seit 1967 dauernden Besatzung, gerechte Lösung der Flüchtlingsfrage, Verständigung über die Rolle Jerusalems für beide Völker.
Auch dieser Plan wurde trotz seiner grundsätzlichen Annahme durch beide Seiten nicht umgesetzt, weil über das Gebiet eines palästinensischen Staates bisher keine Einigung erzielt werden konnte.

2 *Erläutert die verschiedenen Versuche, Frieden zwischen Israel und den Palästinensern zu stiften. Schreibt eine Übersicht.*

Libanonkrieg 2006

Die fast gleichzeitige Entführung von israelischen Soldaten im Westjordanland durch Kämpfer der Hamas* und im libanesisch-israelischen Grenzgebiet durch die Hisbollah* veranlasste Israel im Juli und August 2006 zu massiven Militäraktionen in den besetzten Gebieten im Westjordanland, im Gazastreifen und im Libanon. In dem über dreißig Tage dauernden Krieg zerstörte Israel vor allem durch Luftangriffe große Teile der libanesischen Infrastruktur, Straßen und Brücken, Häuser und Teile des Flughafens. Die Hisbollah ihrerseits beschoss in dieser Zeit Städte im Norden Israels mit Raketen und leistete den israelischen Soldaten erbitterten Widerstand bei deren Vormarsch im Südlibanon.

Verschärfung der Lage im Nahen Osten

Im Januar 2006 gewann die Hamas die palästinensischen Wahlen. Viele Palästinenser waren mit der von der PLO geführten Autonomieverwaltung unzufrieden, weil deren korrupte Beamte Hilfsgelder aus der EU für sich abzweigten und große Teile der Bevölkerung im Gazastreifen und im Westjordanland weiter in tiefer Armut ohne Arbeit lebten.
Als Reaktion auf den Wahlsieg der Hamas stellte Israel jeglichen Kontakt mit der neuen von der Hamas geleiteten Regierung ein. Auch die EU fror ihre Hilfszahlungen ein. Im Dezember 2006 drohte ein blutiger Bürgerkrieg zwischen den zerstrittenen Palästinensergruppen PLO und Hamas.

3 *Verfolgt in den Medien die aktuelle Entwicklung im Nahen Osten und berichtet darüber in der Klasse.*

Libanon-Einsatz der deutschen Marine
Im Rahmen der von der UNO beschlossenen Sicherung eines Waffenstillstandes zwischen dem Libanon und Israel hat die deutsche Marine im Herbst 2006 den Auftrag übernommen, den Waffenschmuggel auf dem Seeweg zu unterbinden. Dabei arbeitet sie eng mit der libanesischen Regierung zusammen. Foto, 2006.

Hamas*:
eine radikal-islamische Gruppe der Palästinenser, die das Existenzrecht Israels bestreitet und den gesamten Friedensprozess mit Israel ablehnt.

Hisbollah*:
eine radikal-islamische Organisation im Libanon. Sie entstand 1982 während der israelischen Invasion im Libanon. Ihr Ziel ist die Vernichtung Israels.

Der Nord-Süd-Gegensatz

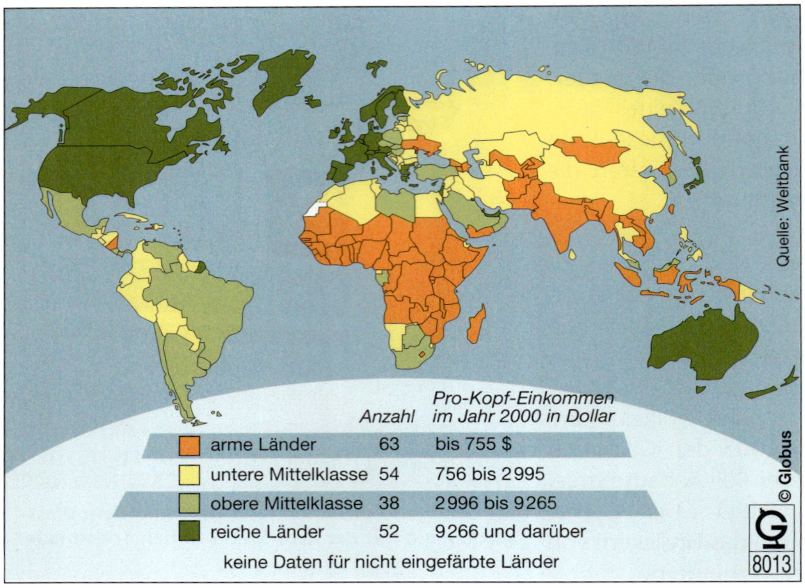

1 Die Einteilung der Länder nach ihrem Einkommen.

2 Viele Afrikaner leiden unter Armut und Hunger. Foto, 1997.

3 Der Nord-Süd-Gegensatz in der Karikatur.

Todesfälle bei Kindern unter 5 Jahren
(Kindersterblichkeit weltweit in Prozent)

	1990	2004
• Afrika (südl. der Sahara)	18,0	44,1
• Südasien	13,5	32,0
• Naher Osten und Nordafrika	7,6	5,1
• Ostasien und Pazifik	5,7	13,4
• Lateinamerika und Karibik	5,3	3,4
• Länder des ehem. Ostblocks	4,0	2,0
• Industrieländer	0,6	0,6

Weltweite Ungleichheit

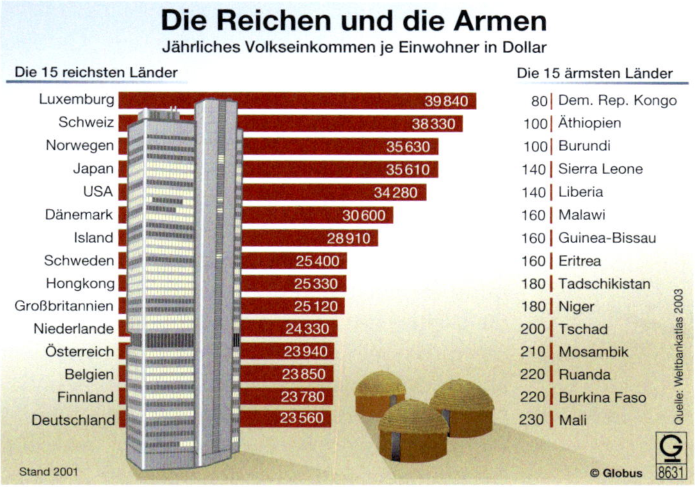

4 **Arme und reiche Menschen der Erde.**

Dritte Welt und Entwicklungsländer

Nach dem Zweiten Weltkrieg (1939–45) schloss sich eine große Gruppe von Ländern aus Asien, Lateinamerika und Afrika zusammen, um einen „dritten" Weg der eigenen Entwicklung zu gehen. Diese Länder wollten sich weder nach dem kapitalistischen Vorbild der bisherigen Kolonialmächte noch nach dem sozialistischen Modell der Sowjetunion entwickeln. Die Bezeichnung „Länder der Dritten Welt" hatte damals keinen abwertenden Charakter. Sie betonte den Unterschied zur „Ersten Welt" (kapitalistische Industriestaaten) und zur „Zweiten Welt" (sozialistische Staaten). Die Begriffe „Erste Welt" und „Zweite Welt" wurden jedoch selten verwendet.

Nach der Auflösung der Sowjetunion im Jahr 1991 gibt es nur noch zwei Welten: industrialisierte und nichtindustrialisierte Staaten. Politiker und viele Organisationen betonen heute immer stärker, dass wir in einer Welt leben und alle Staaten voneinander abhängig sind.

Die Bezeichnung „Entwicklungsländer" (EL) formuliert, dass sich diese Länder erst in Richtung von Industriestaaten orientieren müssen. Der Stand der Entwicklung wird nach verschiedenen Maßstäben beurteilt. Die wichtigsten sind das Bruttosozialprodukt (BSP) pro Einwohner, der tägliche Kalorienverbrauch pro Kopf, der Anteil der Beschäftigten in der Landwirtschaft, die Anzahl der Menschen pro Arzt, der Bildungsstand (Dauer und Art der Schulbildung) sowie der Grad der Industrialisierung und Weiterverarbeitung von Produkten.

Alle diese Kennziffern sind aber sehr ungenau und verdecken z.B. große regionale Unterschiede in einem Land. Solange es keine besseren Maßstäbe gibt, ermöglichen sie jedoch einen groben Vergleich mit anderen Ländern.

1 *Beschreibt die Karte 1 und setzt sie mit der Abbildung 2, der Karikatur (Abbildung 3) sowie den Grafiken 4 und 5 in Beziehung. Wie werden hier „Armut", „mittleres Einkommen" und „Reichtum" definiert? Was ist unter dem Begriff „Nord-Süd-Gegensatz" zu verstehen?*

2 *Erläutert die Begriffe „Dritte Welt" und „Entwicklungsland".*

3 *Neben der Bezeichnung „Dritte Welt" hat sich die Bezeichnung „Eine Welt" durchgesetzt. Versucht diese Bezeichnung zu erklären.*

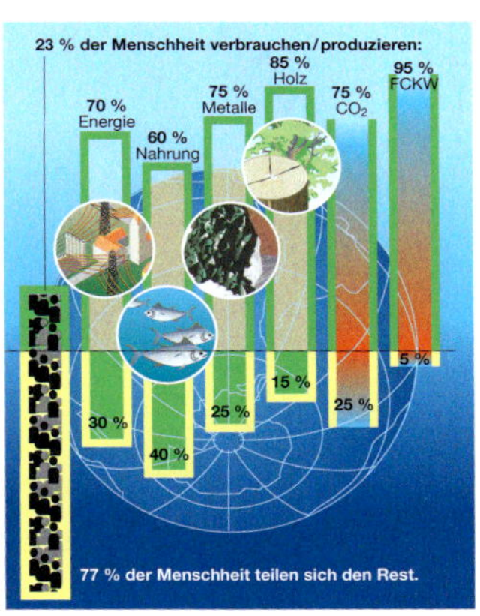

5 **Verteilung wichtiger Merkmale.**

Internettipps:
www.oxfam.de
www.gepa3.de
www.bmz.de/de/themen/armut/hintergrund/index.html
www.faire.de

Probleme der Globalisierung

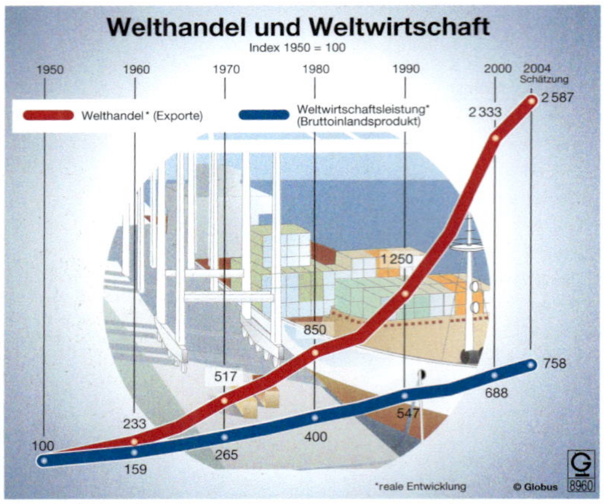

1 Welthandel und Weltwirtschaft.

2 Waren des Welthandels.

3 Die größten Exporteure.

Globalisierung

Seit etwa 15 Jahren spricht man von „Globalisierung" und ihren Folgen für das Leben und Arbeiten in Deutschland. Mit dem Begriff ist das schnelle weltweite Zusammenwachsen in allen Gebieten des Lebens gemeint, vor allem aber in den Bereichen der Produktion, des Transportwesens, der Kommunikation, der Kultur und der Politik. Ursache der Beschleunigung des weltweiten Zusammenwachsens ist die Weiterentwicklung der Technik: Das Internet verbindet Firmen und Privatleute weltweit auf Knopfdruck, das Satellitenfernsehen berichtet direkt von jedem Ort der Welt in jedes Wohnzimmer, z. B. live aus dem Irakkrieg. Großflugzeuge überwinden in kurzer Zeit Distanzen, für die Schiffe früher Monate benötigten. Vor allem aber haben sich die Kosten für Kommunikation und Transport so verringert, dass sie zum Massengeschäft wurden und fast von jedermann genutzt werden können. Die Globalisierung hat weltweit den Handel ausgeweitet. Der weltweite Warenhandel stieg von 1950 bis 1998 um das 17-fache, die Zahl der Unternehmen, die in verschiedenen Nationen tätig sind, stieg von 7000 auf 44 900 in den Jahren 1970–98.

1 *Beschreibt mit den Schaubildern dieser Seite die Globalisierung.*

Tiefgreifende Veränderung der Arbeitswelt

Über die Veränderungen durch die Globalisierung in der Industrie schrieb ein Wirtschaftsmagazin 2004:

Q1 … Als Absatzmärkte erlangen die Emerging Markets (Billiglohnländer) eine immer höhere Bedeutung. Beispielsweise beträgt die Nachfrage nach Werkzeugmaschinen in China schon das 1,7-fache der Nachfrage in den USA. … Werden zum Beispiel Dienstleistungen nach Indien verlagert, können die Kosten um 50 bis 60 Prozent gesenkt werden; in Osteuropa wären es immerhin noch 30 bis 40 Prozent. …

2 *Überlegt, welche Auswirkungen die Globalisierung für die Arbeit eurer Eltern und später für euch haben kann.*

Zusammenfassung

Gründung der UNO 1945
Mit der Gründung der UNO verbanden die USA und die übrigen Gründerstaaten die Hoffnung, eine Organisation zur weltweiten Sicherung des Friedens in der Welt geschaffen zu haben. Ein Sicherheitsrat, bestehend aus den Großmächten, sollte notfalls mit internationalen Truppen und Waffengewalt den Frieden in Krisenregionen aufrechterhalten. Das Vetorecht jeder Großmacht gegen einen Beschluss des Sicherheitsrates lähmte die UNO in der Zeit des Kalten Krieges bis 1989.

Kalter Krieg
Die unüberbrückbaren Gegensätze der gegen Hitler verbündeten Mächte USA und UdSSR führte zu einer weltweiten Konfrontation der Großmächte. Beide versuchten möglichst viele Staaten auf ihre Seite zu ziehen, durch wirtschaftliche Unterstützung oder mit Waffengewalt. Der Gegensatz zwischen beiden Systemen führte weltweit zu undurchdringlichen, streng bewachten Grenzen und vielen Stellvertreterkriegen.

Weltweite Konflikte
Die erste große Krise, der Koreakrieg (1950–1953), endete mit der Teilung des Landes.
In der Kubakrise 1962 drohte ein direkter atomarer Konflikt der Großmächte, im Vietnamkrieg kam es zunächst zu einem Stellvertreterkrieg. Nach dem Sieg des kommunistischen Nordvietnam wurde Vietnam wieder ein vereinigtes Land, allerdings unter kommunistischer Vorherrschaft.
Die Abrüstungsverhandlungen entschärften in den 1980er-Jahren den Kalten Krieg, der mit dem Zusammenbruch der Sowjetunion 1989/1990 endete. Durch den internationalen Terrorismus drohen aber ständig neue Gefahren.

Nahostkrise
Einen besonders gefährlicher Konflikt ist der Nahostkonflikt. Die UN beschlossen 1947 die Teilung Palästinas zwischen Israelis und Palästinensern. Der 1948 gegründete Staat Israel wird bis heute von vielen Palästinensern nicht anerkannt. Im Sechs-Tage-Krieg besetzte Israel 1967 das Westjordanland und den Gazastreifen. Zahlreiche Friedensbemühungen scheiterten bisher an der Unnachgiebigkeit beider Seiten.

1945

Die Gründung der UNO.

1949

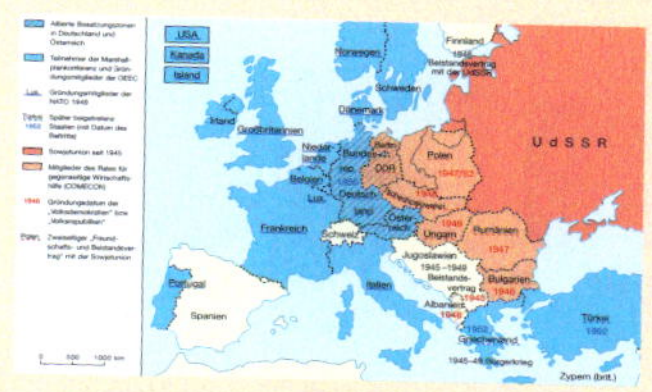

Ein „Eiserner Vorhang" trennt die Blöcke im Kalten Krieg.

1963

In der Kubakrise drohte ein Atomkrieg.

1948–2006

Der Nahostkonflikt ist bis heute nicht gelöst.

Standard-Check: Das solltet ihr wissen

Arbeitsbegriffe

- ✓ Kalter Krieg
- ✓ Aufgabenfelder der UNO
- ✓ Ost-West-Konflikt
- ✓ NATO
- ✓ Vietnamkrieg
- ✓ Nahost-Konflikt
- ✓ „Weltpolizist“
- ✓ Globalisierung
- ✓ 11. September 2001

Was wisst ihr noch?

1 Warum wurde 1945 die UNO gegründet?
2 Welche Aufgaben hat die UNO?
3 Erläutert, warum das Vetorecht der Großmächte die Arbeit der UNO blockierte.
4 Warum kam es nach 1945 zum Bruch zwischen der Sowjetunion und den USA?
5 Wo lagen die großen Konfliktzonen im Kalten Krieg?
6 Berichtet über die Kubakrise.
7 Erklärt, wie und warum der Kalte Krieg 1989/1990 endete.
8 Wie reagierte die USA auf den Terrorangriff auf das World Trade Center in New York?
9 Nennt Gründe für die Krisensituation in Nahost?
10 Was versteht man unter dem Begriff Nord-Süd-Gegensatz?

Tipps zum Weiterlesen

Tahar Benjelloun: Papa, woher kommt der Hass? Gespräch mit meiner Tochter. Rowohlt, Berlin 2005

Das 20. Jahrhundert. Eine Jugend-Chronik in Wort und Bild. ars Edition, München 1999

Im Schatten der Weltkriege. Von den Goldenen Zwanzigern bis zum Kalten Krieg. Bertelsmann Lexikon Verlag, Gütersloh 1994

Hilde Kammer, Elisabet Bertsch: Jugendlexikon Politik. Rowohlt, Reinbek 2004

Rivka Keren: Katalin. Ungarisches Tagebuch. Verlag St. Gabriel, Mödling 1996

Le Monde diplomatique (Hrsg.): Atlas der Globalisierung. Erschienen bei der taz, Berlin 2005

Hans-Georg Noack: Der gewaltlose Aufstand. Arena, Würzburg 1998

Amal Rifa'i: Wir wollen beide hier leben. Eine schwierige Freundschaft in Jerusalem. Rowohlt, Reinbek 2004

Standard-Check: Das solltet ihr wissen

Kal tung se
tschow Wett War
kr Kr Ku ba
Ko
ter TO
ba ieg kri rüs
ieg
Ab Pakt NA schau rea
Gor er
rüsten

1 *Bildet aus den Silben richtige Begriffe und schreibt mit ihnen eine kleine Darstellung des Kalten Krieges.*
2 *Gestaltet ein Plakat zum Thema: Friede auf Erden – eine (un)erfüllbare Hoffnung?*

6. Die europäische Einheit

1951 — MONTANUNION

1957 — EUROPÄISCHE WIRTSCHAFTSGEMEINSCHAFT (EWG)

1967 — EUROPÄISCHE GEMEINSCHAFT (EG)

Weltweit sind Erzeugnisse aus Europa gefragt. Doch bei dem, was aus europäischen Ländern in die übrige Welt geht, sollten wir nicht nur an Waren denken. Auch viele Ideen aus Bereichen wie Kunst, Kultur, Sprache, Gesellschaft oder Politik sind überall auf der Erde anerkannt und haben Anregungen geliefert oder Veränderungen ausgelöst – im guten Sinn wie leider auch mitunter im schlechten.

Die Einigung Europas und die damit verbundene Sicherung des Friedens in Europa ist das Thema dieses Kapitels.

1991	1999	2004	Seit 2005
VERTRAG VON MAASTRICHT	EINFÜHRUNG DES EURO	DER EU TRETEN 10 NEUE LÄNDER BEI	BEITRITTSVERHANDLUNGEN DER TÜRKEI MIT DER EU

Sehnsucht nach Europa

Kathedrale von Canterbury, England (ab 1175). Foto.

1 Grenzpfahlverbrennung 1950. Foto.

Magdeburger Dom (ab 1209; erster gotischer Bau in Deutschland). Foto.

Staatenbund*: *lockere Verbindung von selbstständigen Staaten, die einzelnen Staaten regeln ihre Angelegenheiten selbst.*

Auf dem Weg zu einem einigen Europa

Der Zweite Weltkrieg (1939–1945) und seine Folgen weckten besonders bei jungen Leuten Kräfte, sich für eine Überwindung der Grenzen in Europa einzusetzen, um einen erneuten Krieg zu vermeiden.

Am 7. August 1950 trafen sich 300 Studenten aus acht Ländern an der deutsch-französischen Grenze bei St. Germannshof und Weißenburg.

Darüber hieß es in einer Reportage eines Nachrichtenmagazins vom 10. August 1950:

Q1 … Der französische Zöllner Rene Rieffel im Zollhaus von Weiler-Weißenburg an der elsässisch-pfälzischen Grenze schwankte zwischen Bestürzung und Entzücken: Am Sonntagnachmittag, kurz vor 17 Uhr, fiel ihm die 23-jährige Berner Studentin Jeanette Luthi ohnmächtig in die Arme. Er kümmerte sich um sie. Erst später merkte er, dass Jeanettes schwache Stunde als Ablenkungsmanöver nur Punkt 1 des strategischen Planes der von Westen anrückenden jungen Grenzschrankenstürmer war. Draußen riss unterdes die erste Stoßgruppe der Europa-Einheits-Verfechter die französischen Grenzpfähle und -schranken aus. Auf der deutschen Seite geschah zur gleichen Minute etwas Ähnliches. … „Zum ersten Mal in der Geschichte marschieren Europäer nicht an die Grenze, um sich gegenseitig zu töten, sondern um die Beseitigung der Grenzen zu verlangen", stand in der Europa-Proklamation der 300 grenzstürmerischen Studenten von hüben und drüben. … Europäisches Parlament, europäische Regierung und europäische Kennkarten wurden gefordert. …

1 *Erläutert anhand der Abbildung 1 und der Reportage (Q1) die Forderungen der Studenten nach einem „Europa ohne Grenzen".*

Einiges Europa – eine alte Forderung

Die Studenten knüpften an Bestrebungen an, die durch den Zweiten Weltkrieg und die Herrschaft des Nationalsozialismus verhindert worden waren.

Die Paneuropäische Union – bereits 1923 mit dem Ziel gegründet, einen europäischen Staatenbund* zu schaffen – erließ im September 1939 kurz nach der Entfesselung des Zweiten Weltkriegs durch Deutschland den folgenden, damals unbeachteten Aufruf:

Q2 … An alle Europäer! Die unaussprechlichen Opfer dieses grausamen Krieges fordern die Errichtung eines Dauerfriedens, der künftige Kriege zwischen Europäern unmöglich machen soll. … (es gibt) nur eine einzige Lösung … zur Sicherung einer langen Epoche des Friedens, des Wohlstandes und der Freiheit:

Sehnsucht nach Europa

2 **Das Europäische Parlament in Straßburg.** Foto.

Internettipp: *www.entdecke europa.de*

Santa Maria del Mar in Barcelona, Spanien (ab 1329). *Foto.*

die Vereinigten Staaten von Europa! Dieser Bund soll zur Sicherung folgender Ziele errichtet werden:

1. Europäische Solidarität in der Außen- und Militärpolitik, der Wirtschaft und der Währung. …
3. Alle europäischen Staaten verpflichten sich, … die Menschenrechte sowie die Gleichberechtigung ihrer nationalen und religiösen Minderheiten zu achten. …
4. Friedliche Schlichtung aller Konflikte, die zwischen europäischen Staaten entstehen können, durch einen Gerichtshof …
6. Abbau der Binnenzölle, die den europäischen Markt zugrunde richten … In dieser tragischen Schicksalsstunde der Menschheit appellieren wir an Sie alle: Kämpft für die Europäische Föderation! EUROPÄER, rettet EUROPA! …

2 *Erarbeitet die Motive für die europäische Einheit, wie sie sich im Aufruf von 1939 zeigen.*

Widerstand fordert vereintes Europa

Vertreter der wichtigsten Widerstandsbewegungen Frankreichs gründeten im Juni 1944 ein „Französisches Komitee für die europäische Föderation". In seiner Erklärung hieß es:

Q3 … Es ist unmöglich, ein blühendes, demokratisches und friedliches Europa wieder aufzubauen, wenn es bei der zusammengewürfelten Existenz nationaler Staaten bleibt, die durch politische und durch Zollgrenzen getrennt sind.
Europa kann sich nur dann in Richtung auf wirtschaftlichen Fortschritt, Demokratie und Frieden entwickeln, wenn die Nationalstaaten sich zusammenschließen und einem europäischen Bundesstaat* folgende Zuständigkeiten überantworten: die wirtschaftliche und handelspolitische Organisation Europas, das alleinige Recht zu bewaffneten Streitkräften und zur Intervention gegen jeden Versuch der Wiederherstellung autoritärer Regime, die Leitung der auswärtigen Angelegenheiten, die Verwaltung der Kolonialgebiete, die noch nicht bis zur Unabhängigkeit herangereift sind, die Schaffung einer europäischen Staatsangehörigkeit, die neben die nationale Staatsangehörigkeit träte. Die europäische Bundesregierung muss das Ergebnis nicht einer Wahl durch die Nationalstaaten, sondern einer demokratischen und direkten Bestimmung durch die Völker Europas sein. …

3 *Schreibt aus Q2 und 3 die wichtigsten Forderungen auf und prüft, welche von ihnen heute verwirklicht sind.*

Bundesstaat*: *Verbindung mehrerer Staaten, die wichtige Zuständigkeiten an eine gemeinsame Bundesregierung abtreten.*

Schritte zur Versöhnung

1 **Werbung für Europa.** Plakat, 1955.

23. Juli 1952: Gründung der Europäischen Gemeinschaft für Kohle und Stahl (EGKS oder Montanunion).

Deutsch-französische Annäherung

In einer Rede kurz nach Ende des Zweiten Weltkriegs sagte der ehemalige britische Premierminister Winston Churchill am 19. September 1946 in Zürich:

Q1 ... Ich spreche jetzt etwas aus, das Sie in Erstaunen setzen wird. Der erste Schritt bei der Neuordnung der europäischen Familie muss eine Partnerschaft zwischen Frankreich und Deutschland sein. Nur auf diese Weise kann Frankreich die moralische Führung Europas wieder erlangen. Es gibt kein Wiederaufleben Europas ohne ein geistig großes Frankreich und ein geistig großes Deutschland. ...

1 *Untersucht, wie Churchill ein Zusammengehen Frankreichs und Deutschlands begründet.*

Der Schumanplan – die Montanunion

Der Außenminister Frankreichs, Robert Schuman, verkündete am 9. Mai 1950 einen Vorschlag der französischen Regierung:

Q2 ... Europa lässt sich nicht mit einem Schlage herstellen und auch nicht durch eine einfache Zusammenfassung: Es wird durch konkrete Tatsachen entstehen, die zunächst eine Solidarität der Tat schaffen. Die Vereinigung der europäischen Nationen erfordert, dass der jahrhundertealte Gegensatz zwischen Frankreich und Deutschland ausgelöscht wird. Das begonnene Werk muss in erster Linie Deutschland und Frankreich erfassen. ... Die französische Regierung schlägt vor, die Gesamtheit der französisch-deutschen Kohle- und Stahlproduktion unter eine gemeinsame oberste Aufsichtsbehörde ... zu stellen, in einer Organisation, die den anderen europäischen Ländern zum Beitritt offen steht. ... Die Solidarität der Produktion ... wird bekunden, dass jeder Krieg zwischen Frankreich und Deutschland nicht nur undenkbar, sondern materiell unmöglich ist. ...

Der Berater des deutschen Bundeskanzlers Konrad Adenauer, H. Schäffer, notierte am 3. Juni 1950 in seinem Tagebuch:

Q3 ... Der Bundeskanzler erklärt, ... dass aus politischen Gründen der Gegensatz zwischen Deutschland und Frankreich beseitigt werden müsste, um eine Festigung Europas zu erreichen, die gegenüber der Gefahr von Osten unbedingt notwendig sei. ... Aus dieser tiefen Überzeugung von der unbedingten Notwendigkeit einer Einigung Deutschlands und Frankreichs heraus habe er den Schumanplan von Herzen begrüßt. ...

Die Europäische Verteidigungsgemeinschaft

Nachdem der Koreakrieg (1950–53) den Ost-West-Konflikt weiter verschärft hatte, drängten vor allem die USA und Großbritannien auf eine Beteiligung der Bundesrepublik an der Verteidigung Europas. Der Vertrag über eine Europäische Verteidigungsgemeinschaft (EVG), verbunden mit einer Europäischen Politischen Gemeinschaft (EPG) als einem „politischen Dach", scheiterte jedoch 1954 im französischen Parlament am Misstrauen gegenüber einer Wiederbewaffnung Deutschlands. Außerdem wollten die Gegner des Vertrages die französische Verfügungsgewalt über ihre

Schritte zur Versöhnung

Streitkräfte nicht aufgeben. Die Sicherheitslücke wurde jedoch dadurch beseitigt, dass die Bundesrepublik der NATO beitrat und eine Armee, die Bundeswehr, aufstellte. Der Versuch einer politischen Einigung Westeuropas war gescheitert.

2 *Erklärt, inwieweit nationale Interessen eine politische Einigung Westeuropas verhinderten.*

3 *Stellt anhand des Plakats fest, mit welcher Zielrichtung 1955 für Europa geworben wurde.*

Die Europäische Wirtschaftsgemeinschaft entsteht

Das Scheitern einer politischen Einigung bewirkte verstärkte Bemühungen der Montanunion-Staaten, die Zusammenarbeit auf wirtschaftlichem Gebiet intensiv voranzutreiben. Robert Schuman und Konrad Adenauer spielten dabei eine führende Rolle.

Am 25. März 1957 wurde in Rom der Vertrag über eine Europäische Wirtschaftsgemeinschaft (EWG) unterzeichnet. Die sechs Staaten der Montanunion waren ihre Gründungsmitglieder. Am selben Tag unterschrieben die EWG-Länder einen Vertrag über die Europäische Atomgemeinschaft (EURATOM). Andere europäische Länder, die sich Großbritannien folgend gegen einen Beitritt entschieden hatten, schlossen sich 1960 zu einer Freihandelszone, der EFTA, zusammen.

4 *Untersucht, welche wirtschaftliche und politische Entwicklung erkennbar wird.*

Deutsch-französischer Freundschaftsvertrag 1963

Die Einbindung der Bundesrepublik in das westliche Bündnis mit den USA wurde begleitet von einer immer engeren Kooperation Deutschlands mit Frankreich, so wie es Churchill bereits 1946 vorausgesagt hatte. Der französische Staatspräsident Charles de Gaulle und der deutsche Bundeskanzler Konrad Adenauer vertieften seit 1958 die Zusammenarbeit beider Staaten. 1963 wurde ein deutsch-französischer Staatsvertrag abgeschlossen, der regelmäßige Beratungen beider Regierungen vorsah. Diese besonderen Beziehungen zwischen Deutschland und Frankreich haben sich bis heute bewährt. Trotz aller unterschiedlichen politischen Ziele bildete die deutsch-französische Zusammenarbeit die Basis der Integrationspolitik innerhalb und außerhalb der Europäischen Union (EU). Kernstück der deutsch-französischen Freundschaft wurden das deutsch-französische Jugendwerk und die Städtepartnerschaften zwischen den kleinen sowie großen Gemeinden in Frankreich und Deutschland. Der regelmäßige Schüleraustausch und die Begegnungen zwischen Deutschen und Franzosen im Rahmen der Städtepartnerschaften ermöglichten es, dass innerhalb von dreißig Jahren alte Vorurteile auf beiden Seiten abgebaut werden konnten. Ein festes Band von Beziehungen zwischen Deutschen und Franzosen, zwischen deutschen und französischen Vereinen, Universitäten und Schulen und die Zusammenarbeit deutscher und französischer Soldaten im Eurokorps sowie die Verflechtung der Industrien beider Länder sollten sicherstellen, dass die deutsch-französische Freundschaft eine kriegerische Auseinandersetzung beider Staaten für immer verhindert.

5 *Erkundigt euch nach einer deutsch-französischen Städtepartnerschaft eurer Gemeinde und verfolgt ihre Geschichte in Gesprächen mit Gemeindevertretern.*

2 Begegnung in Reims. In der Kathedrale von Reims (Frankreich) trafen sich der damalige französische Staatspräsident Charles de Gaulle und der damalige deutsche Bundeskanzler Konrad Adenauer zu einem Versöhnungsgottesdienst. Der Zeichner zeigt die beiden vor der Kirche, vom Himmel schauen der preußische König Friedrich II., Napoleon und Bismarck zu. Karikatur, 1962.

***Unterzeichnung der Römischen Verträge** am 25. März 1957 und Gründung der Europäischen Wirtschaftsgemeinschaft (EWG). Foto.*

1988 erschien zum 25-jährigen Bestehen der deutsch-französischen Zusammenarbeit eine gemeinsame Briefmarke in beiden Staaten.

Wirtschaftliche und politische Einheit

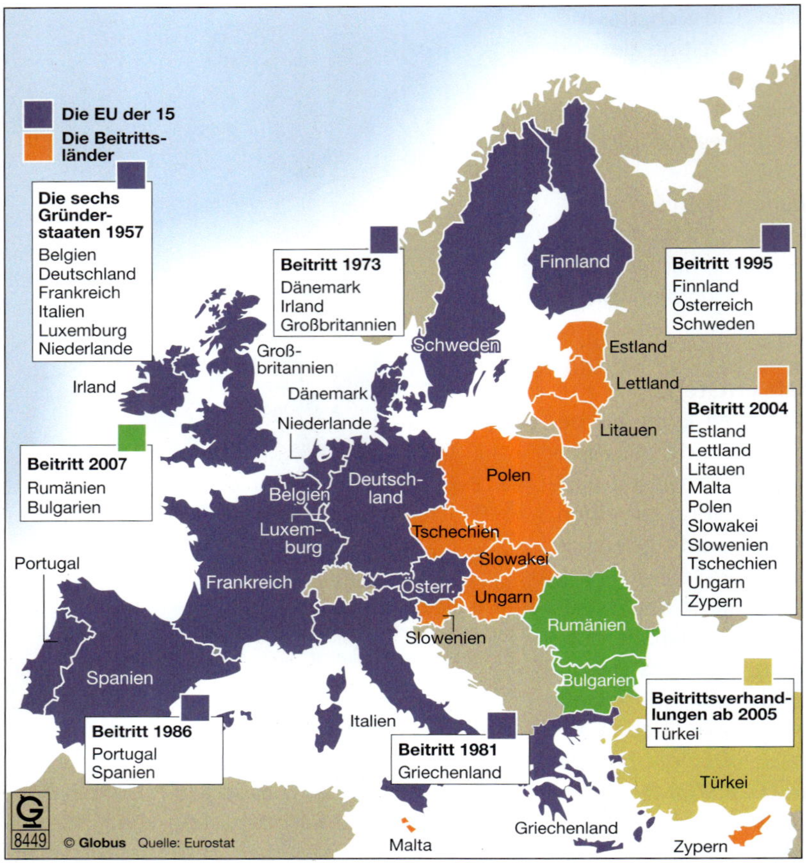

1 Der Ausbau der Europäischen Union. Schaubild, 2003.

Von der EWG über die EG zur EU

1 *Beschreibt anhand von Schaubild 1 die Erweiterung der EU und vermutet, welche Gründe die Beitrittsländer und -kandidaten zum Aufnahmewunsch in die EU bewogen haben könnten.*

2 *Überprüft eure Überlegungen zu Aufgabe 1 und stellt fest, ob es einen Zusammenhang zwischen der wirtschaftlichen Entwicklung in der EG und dem Beitrittswunsch Großbritanniens gibt.*

Im Jahr 1967 wurden die drei europäischen Zusammenschlüsse Montanunion, EWG und EURATOM zur Europäischen Gemeinschaft (EG) vereint. 1968 wurde die Zollunion innerhalb der EG-Staaten verwirklicht. Bis 1971 steigerte sich die Kaufkraft* der EG-Bürger um 74 Prozent. In Großbritannien, das noch nicht der EG angehörte, betrug die Steigerungsrate 31 Prozent. Auch in anderen Bereichen der Wirtschaft und der sozialen Sicherung verlief die Entwicklung günstig. Im Laufe der Siebziger- und Achtzigerjahre schlossen sich deshalb immer mehr Staaten der Gemeinschaft an.

Kaufkraft*: *Bezeichnung für die Warenmenge, die man für bestimmte Geldsummen kaufen kann.*

Wege zur Einheit

Der Prozess der europäischen Einigung verlief stockend und langsam, aber kontinuierlich. Lange Zeit waren die wirtschaftlichen Interessen der Mitgliedsländer der Motor der Einigung:

- Der einheitliche Binnenmarkt brachte 1993 den Fortfall der Zölle im damaligen EU-Raum.
- Ihm folgte mit dem Schengener Abkommen der Wegfall der Passkontrollen in den meisten EU-Mitgliedsländern.
- Die schrittweise Einführung des Euros als Buchgeld 1999 und als allgemeines Zahlungsmittel in zwölf der 15 EU-Staaten am

Wirtschaftliche und politische Einheit

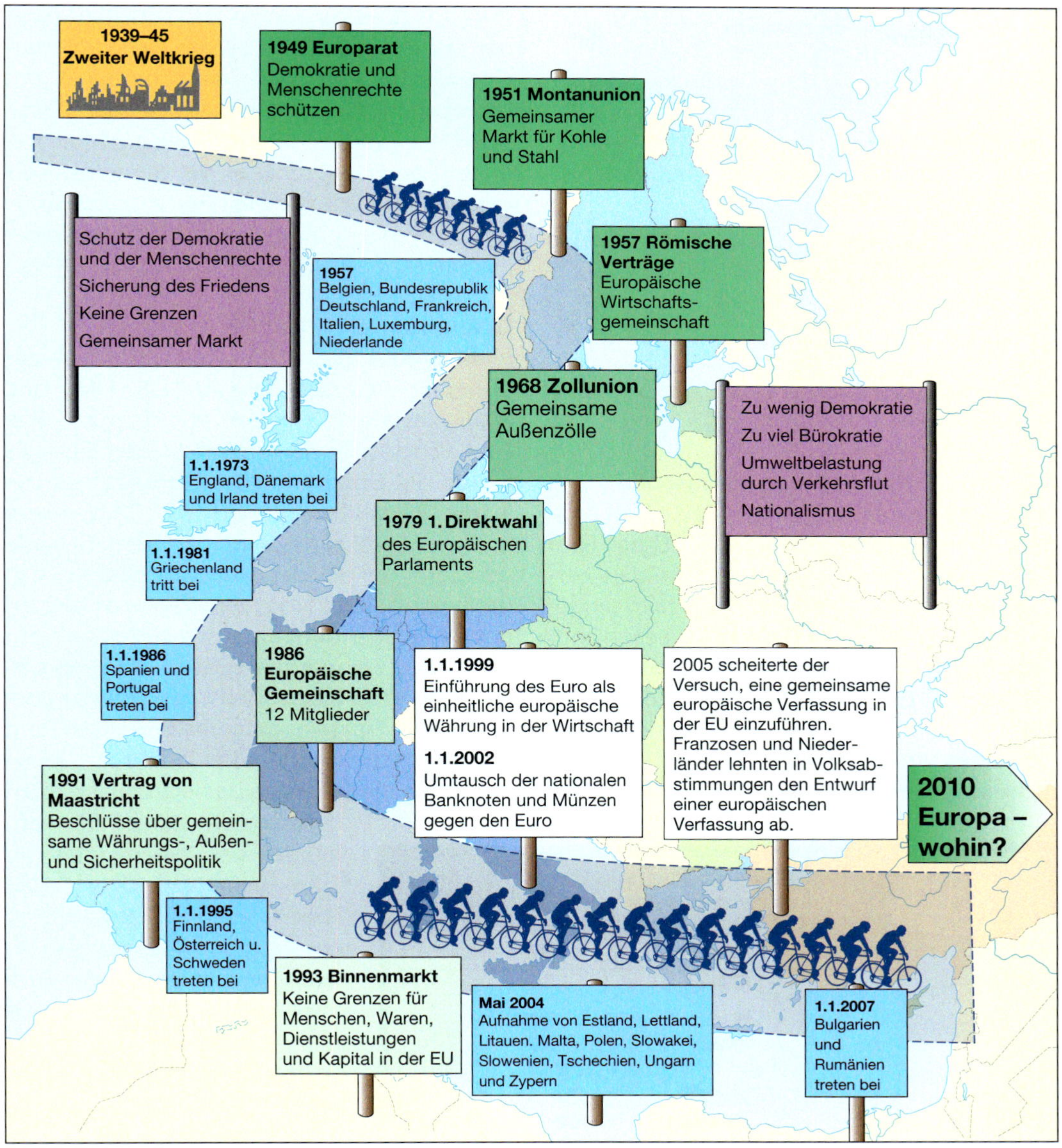

2 **Stationen der europäischen Einigung.** Schaubild, 2007.

1.1.2002 machte die wirtschaftliche und politische Einigung im Alltag sichtbar.

- Das Europäische Parlament, seit 1979 alle fünf Jahre direkt gewählt, gewann immer mehr Mitspracherechte bei der Gesetzgebung der EU. Seine parlamentarische Kontrollfunktion wurde wirksam ausgebaut.
- Die EU-Außenminister vereinbarten, dass die EU in wichtigen Fragen eine gemeinsame Politik formuliert.
- Die Aufnahme von zehn weiteren Staaten Ost- und Südeuropas wurde beschlossen.
- Die Einführung einer gemeinsamen europäischen Verfassung für alle 25 Mitgliedstaaten scheiterte 2005 in Volksabstimmungen in Frankreich und den Niederlanden. 2007 wollen die EU-Mitgliedstaaten versuchen, eine Einigung über eine Verfassung herbeizuführen.

3 *Beschreibt mithilfe des Schaubildes 2 den Weg der europäischen Einigung.*

1993:
Beginn des europäischen Binnenmarktes.

*Unter dem Vorsitz des früheren französischen Staatspräsidenten **Válery Giscard d'Estaing** (geb. 1926) erarbeitete eine Kommission, der so genannte Verfassungskonvent, einen Entwurf für eine europäische Verfassung.*

Der Euro – die neue EU-Währung

„... nur noch einige tausend Tage". *Karikatur von Horst Haitzinger, 1993.*

1 **Der Wechselkurs des Euro zum Dollar seit 1999.**

Der Euro – eine Währung für fast alle

Nach langen Vorbereitungen wurde zum 1. Januar 1999 in zwölf Ländern der EU der Euro als offizielle Währung zunächst für den bargeldlosen Geschäftsverkehr (Buchgeld) eingeführt. In Belgien, Deutschland, Griechenland, Finnland, Frankreich, Holland, Irland, Italien, Luxemburg, Österreich, Portugal und Spanien gilt der Euro. Dänemark, Großbritannien und Schweden wollen zunächst die neue Währung nicht einführen. Firmen und Banken in „Euro-Land" (den genannten zwölf Staaten) rechnen seit dieser Zeit im Geschäftsverkehr untereinander in Euro ab. Dadurch entfiel das Umrechnen in die Wechselkurse der bisherigen Währungen, aber es fielen auch die mit diesen Wechselgeschäften verbundenen Kosten weg. Ähnlich wie die USA ist „Euro-Land" seit 1999 ein großer Binnenmarkt mit einer einheitlichen Währung.

Geldumtausch 1. 1. 2002

In der Silvesternacht 2001/02 wurde auch das bisherige nationale Bargeld (z. B. DM, Lira, Franc) in den 12 Ländern der EU durch den Euro abgelöst. In den großen Städten Europas wurde die Einführung des Euro noch in der Nacht begeistert gefeiert, ab Mitternacht drängten sich die Menschen an den Bankschaltern, um das neue Geld zu erhalten. Zur großen Überraschung aller Verantwortlichen gestaltete sich der Umtausch der bisherigen nationalen Währungen in den Euro problemlos. Besonders ältere Menschen trauern aber auch Jahre später noch der DM nach und rechnen Preise immer noch in DM um. Manche lasten die Teuerung der letzten Jahre dem Euro an, die starken Schwankungen des Außenwertes des Euro gegenüber dem Dollar lösten ebenfalls Besorgnisse aus. Insgesamt schätzen Fachleute die Einführung des Euro aber positiv ein und sehen darin einen wichtigen Schritt zu einem einheitlichen Europa.

1 *Fragt eure Eltern und Verwandten, wie sie den Umtausch der DM in Euro empfunden haben.*

2 *Untersucht mit dem Schaubild 2, ob die Umstellung von DM auf Euro zu Preissteigerungen geführt hat.*

Die D-Mark. *Deutschlands Zahlungsmittel von 1948 bis zum Ende des Jahres 2001.*

Euro-Banknoten. *Gesetzliches Zahlungsmittel in den Ländern der „Euro-Zone" seit 1. Januar 2002.*

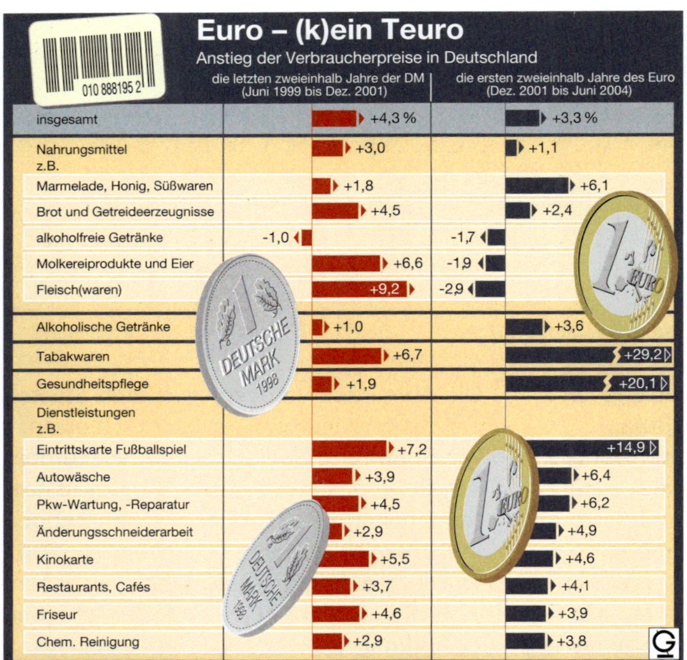

2 **Preissteigerungen seit 1999.**

Beitritt neuer Länder

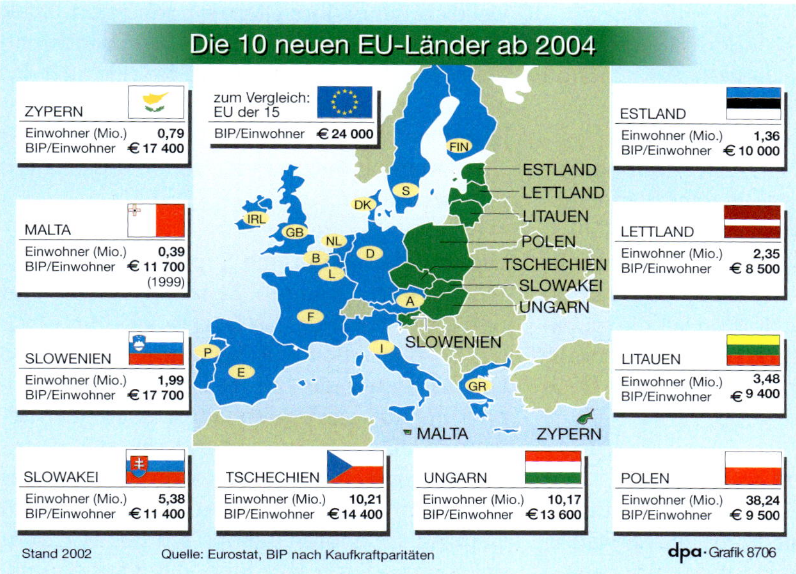

3 **Die EU-Erweiterung im Jahr 2004*.**

2007 folgte der EU-Beitritt Rumäniens und Bulgariens

Feiern in ganz Europa

Über die Feiern zur Erweiterung der EU am 1. Mai 2004 berichtete „Spiegel online":

Q1 ... In den Hauptstädten der neuen Mitgliedsländer versammelten sich mehrere hunderttausend Menschen, um das historische Ereignis zu erleben. Auch in Berlin und zahlreichen Städten entlang der deutschen Grenze zu Polen und Tschechien strömten die Menschen zu Volksfesten zusammen.

In Frankfurt an der Oder kamen der polnische Außenminister Wlodzimierz Cimoszewicz und Bundesaußenminister Joschka Fischer auf der Stadtbrücke zusammen. Die Beziehungen beider Völker seien im 20. Jahrhundert von Krieg und schrecklichen Verbrechen gekennzeichnet gewesen, sagte Fischer. Nun seien beide in der Europäischen Union vereint. „Wir sollten stolz sein, dass wir den Gang der europäischen Geschichte verändern", sagte Cimoszewicz. Bei Ahlbeck auf der Ostseeinsel Usedom wurde die Erweiterung der EU mit einem grenzüberschreitenden Drahtseilakt begangen.

Der polnische Präsident Aleksander Kwaśniewski hat den Beginn der EU-Mitgliedschaft zum Anlass genommen, um Lech Walesa und Papst Johannes Paul II. für ihre Beiträge zur Überwindung der kommunistischen Herrschaft zu danken. „Wir haben den Test bestanden, Europäer zu sein", sagte Kwaśniewski vor einer großen Menschenmenge auf dem zentralen Pittsudski-Platz in Warschau.

Mit dem Läuten von Kirchenglocken im ganzen Land wurde in Ungarn der Beitritt zur Europäischen Union begangen. Auf dem Heldenplatz von Budapest feierte eine große Menschenmenge die Rückkehr Ungarns ins Zentrum Europas. Ungarn sei immer an den Toren Europas gewesen, sagte Ministerpräsident Péter Medgyessy. „Der entscheidende Unterschied besteht nun darin, dass wir innerhalb der Tore sind."

Mit Polen, Ungarn, Tschechien, Estland, Lettland, Litauen, der Slowakei, Slowenien, Malta und Zypern wächst die Bevölkerung der EU von derzeit rund 370 Millionen auf 455 Millionen Menschen. Das mit Abstand größte Beitrittsland ist Polen mit fast 39 Millionen Menschen, was in etwa der Bevölkerungszahl Spaniens entspricht. Das kleinste Land ist Malta mit einer Bevölkerung von 400 000 Menschen, in etwa so viele wie Luxemburg.

...

3 *Überlegt, warum die EU-Erweiterung so festlich gefeiert wurde und was sie für die Menschen Osteuropas bedeutete.*

4 *Diskutiert, ob die EU-Erweiterung auch in der bisherigen EU das Leben verändert.*

Unterschiede in der EU: Steuerbelastungen in % der Arbeitskosten

Litauen	*13,1*
Lettland	*14,4*
Estland	*22,5*
Slowakei	*16,7*
Polen	*17,5*
Tschechien	*25,5*
Ungarn	*18,4*
Slowenien	*21,6*
Deutschland	*36,0*

Der deutsche Außenminister Fischer und sein polnischer Amtskollege bei der ***Feier zur EU-Erweiterung*** *am 1. Mai 2004. Foto.*

Partnerschaften in Europa

Schulpartnerschaften

Viele Schulen haben eine oder mehrere Partnerschulen im Ausland. Diese Partnerschaften können geplant entstehen, z. B. durch die Vermittlung eines Bürgermeisters der Partnerstadt oder durch die zufällige Begegnung von Lehrern, die sich mit ihren Klassen dann später gegenseitig besuchen. Durch den Austausch mit einer Partnerschule lernt man das andere Land viel besser kennen, weil man in den Familien wohnt, die dortige Schule für ein paar Tage besucht und nicht nur die touristischen Sehenswürdigkeiten, sondern auch den Alltag Gleichaltriger sieht.

Städtepartnerschaften

Fast jede Stadt oder Gemeinde in Deutschland hat eine oder mehrere Partnerstädte. Viele von ihnen stehen in ständigem regem Kontakt. Die Bürgermeister und Gemeindevertreter besuchen sich regelmäßig, um voneinander zu lernen und sich über verschiedene Themen auszutauschen. Neben der hohen politischen Ebene gibt es oft aber auch Begegnungen der Bürger untereinander. Fahrten in die Partnerstadt, sportliche Wettkämpfe oder gemeinsame Auftritte von Kulturschaffenden aus beiden Städten beleben das gegenseitige Kennenlernen. Wer die Möglichkeit hat, an solch einem Treffen teilzunehmen, sollte dies auf jeden Fall tun.

1 *Findet heraus, ob es in eurem Ort Schul- oder Städtepartnerschaften gibt. Welche Aktionen sind damit verbunden?*

Projekt: Wie international sind wir?

Heute sind internationale Beziehungen so normal, dass sie uns zum Teil gar nicht mehr auffallen. Zudem werden sie gefordert und gefördert, um das Verständnis der Menschen füreinander zu verbessern. Hier sind einige Vorschläge, wie ihr untersuchen könnt, wie stark ausgeprägt die internationalen Beziehungen in eurer Umgebung sind.

Untersuchungsbereich Schule

Von mancher Mitschülerin und manchem Mitschüler wisst ihr vielleicht gar nicht, dass sie/er keinen deutschen Pass hat. Bei anderen denkt ihr, sie seien Ausländer, dabei wurden vielleicht schon ihre Eltern eingebürgert. Stellt fest, wie viele und welche Nationalitäten an eurer Schule vertreten sind. Wie wirkt sich das auf den Schulalltag aus? Befragt aus- und inländische Mitschülerinnen und Mitschüler zum Umgang miteinander, zu Freundschaften und Vorurteilen.

Untersuchungsbereich Supermarkt

Frische Äpfel, Orangen, Bananen, Gurken und Tomaten von Januar bis Dezember – das ist für uns normal. Doch woher stammen Obst- und Gemüsesorten, die bei uns entweder gar nicht oder nur zu bestimmten Jahreszeiten geerntet werden? Erstellt eine Tabelle mit der jeweiligen Frucht und dem Herkunftsland. Was bliebe übrig, wenn nur deutsches Obst und Gemüse angeboten werden würde? Wie sieht es in den anderen Abteilungen des Supermarktes aus? Wo ist der Anteil der ausländischen Produkte hoch, wo ist er eher niedrig?

Untersuchungsbereich Speisekarte

Döner, Hamburger, Frühlingsrolle … Vieles von dem, was wir täglich essen, stammt aus anderen Kulturkreisen. Auch hier könnt ihr einiges erkunden: Welche Restaurants gibt es bei euch vor Ort? Bieten sie deutsche oder internationale Küche? Welche Gerichte gelten als typisch deutsch? Stellt euch vor, ihr solltet ein typisch deutsches Lokal im Ausland aufmachen. Wie wäre es eingerichtet? Was gäbe es zu essen?

Untersuchungsbereich Fernsehen

Das deutsche Fernsehen zeigt nur Filme auf Deutsch. Aber sehr viele von ihnen wurden synchronisiert, da sie ursprünglich in einer anderen Sprache gedreht wurden. Untersucht das Fernsehprogramm eines Tages. Welches Land ist das jeweilige Ursprungsland eines Films? Wie viele internationale Koproduktionen werden gezeigt? Welche Länder arbeiten bei Filmen besonders häufig im Verbund zusammen?

Partnerschaften in Europa

1 Eröffnung der internationalen Projektwoche in Hoogezand-Sappemeer (Niederlande) mit Schülern aus sieben Ländern. Foto, 2003.

2 Internationales Fest im Anschluss an die Eröffnung. Foto, 2003.

3 Multinationaler Schachwettkampf. Foto, 2003.

4 Ehrengast der internationalen Projektwoche: Wubbo Ockels flog am 30. Oktober 1985 als erster Niederländer ins All. Foto, 2003.

5 Verschiedene Workshops während der Projektwoche. Foto, 2003.

6 Abschlussfeier. Foto, 2003.

Internettipps:

www.europa.eu

www.europarl.eu.int

www.europa-digital.de

www.euregio.de

www.lzpb.nrw.de

CD-ROM-Tipps:

Europäische Kommission (Hrsg.): Europa- und EU-Leitfaden für Jugendliche. Luxemburg 2000.

Glamus GmbH Bonn (Hrsg): Eurotour II. Bonn 2002. Informationen dazu unter: www.eurotour.de

Methode: Politische Karikaturen untersuchen

1 Karikatur auf dem Titelblatt der Zeitschrift „Titanic" vom 11. November 1991.

Karikaturen – Ausdruck politischer Ansichten

Karikaturen sind euch aus Zeitungen und Zeitschriften geläufig.
Der Name geht auf das italienische Wort „caricatura" zurück, was so viel wie Zerrbild oder Spottbild bedeutet. Karikaturen sind wie andere Abbildungen auch eine historische Quellengattung: Seit über 500 Jahren drücken Karikaturisten politische Ansichten aus, indem sie Menschen oder Gegenstände verzerrt darstellen – mit zumeist komischer Wirkung.
Die Karikatur will die dargestellten Menschen häufig jedoch nicht einfach lächerlich machen. Ein Beispiel: Bestimmte Politiker werden in Karikaturen oft mit extrem großen oder kleinen Körperteilen dargestellt. Diese Verzerrung weist oft symbolisch auf bestimmte Eigenschaften hin, die an der wirklichen Person gar nicht so offensichtlich sind: Ein Politiker mit großen Ohren hat vielleicht auch in Wirklichkeit große Ohren – vielleicht hört er aber auch „das Gras wachsen". Ein Politiker mit besonders kurzen Beinen ist vielleicht tatsächlich kleinwüchsig, vielleicht aber auch etwas langsam – oder nicht ganz ehrlich,
denn „Lügen haben kurze Beine".
Wenn man Karikaturen richtig „entschlüsseln" will, muss man über die Darstellung also gründlicher nachdenken. Dazu sollen euch die folgenden Arbeitsschritte unterstützen. Ihr könnt mit ihrer Hilfe zunächst die Karikatur auf dieser Seite „entschlüsseln" – am besten in Gruppenarbeit, deren Ergebnisse ihr anschließend diskutiert.

1. „Der erste Eindruck"
Notiert, was euch zuerst ins Auge fällt, was eure erste Reaktion ist.

2. „Brainstorming"
Sammelt und notiert Ideen und Gedanken, die euch beim Betrachten der Karikatur kommen. Beachtet besonders den Text. Welche Redensarten fallen euch ein?

3. Beschreibung
Beschreibt möglichst genau, was abgebildet ist, welche Texte ihr erkennen könnt.

4. Bedeutungsklärung
Welche Bedeutung haben die abgebildeten Gegenstände und Personen? Am besten legt ihr eine Tabelle an, in der ihr links Gegenstände und Personen und rechts ihre Bedeutung notiert. Beachtet dazu auch eure Notizen zu Punkt 2.

5. Einordnung
Auf welche Situation oder welchen Sachverhalt bezieht sich die Karikatur, was ist das Thema?

6. Aussage
Was sagt die Karikatur über das Thema aus? Welche Position bezieht der Karikaturist zum Thema? Fasst die Hauptaussage in ein oder zwei Sätzen zusammen.

1 *Wendet die Arbeitsschritte auf weitere Karikaturen an.*
2 *Erarbeitet die Aussagen der Karikaturen und nehmt dazu Stellung.*
3 *Stellt Beziehungen zwischen den Abbildungen und euren Kenntnissen aus diesem Kapitel her.*
4 *Versucht eine eigene Europakarikatur zu entwerfen.*

2 **„Gigantisch! Dieses niedliche Köpfchen."** Karikatur, 1989.

3 **„Europäische Gemeinschaft souveräner Nationalstaaten".** Karikatur, 1980.

4 **EG-Europa.** Karikatur, 1992.

5 **„Festung Europa".** Karikatur, 1992.

6 **„Festung Europa".** Karikatur, 1992.

Projekt: Aufnahme der Türkei in die EU

1 **Die Debatte um den Beginn der Verhandlungen über eine Aufnahme der Türkei in die EU löste große Emotionen aus. Befürworter in Ankara feiern im Dezember 2005 die Beitrittsverhandlungen.** Foto.

Soll die Türkei Mitglied der EU werden?
Seit dem Herbst 2005 verhandelt die EU mit der Türkei über eine Aufnahme der Türkei in die Europäische Gemeinschaft, die etwa 2015 nach erfolgreichen Verhandlungen erfolgen könnte. Dieses Vorhaben ist in Deutschland sehr umstritten. Im Bundestagswahlkampf 2005 spaltete dieses Thema fast das Land. Die einen befürworteten die Aufnahme, da sie von allen Regierungen in den letzten Jahrzehnten der Türkei versprochen wurde und weil dieses große Land in vielfältiger Weise längst mit Deutschland und der EU verbunden ist. Die anderen wollen der Türkei keine Vollmitgliedschaft in der EU zugestehen und schlagen deswegen nur eine besondere Partnerschaft vor. Sie verweisen auf die unterschiedlichen Kulturen und unterschiedlichen religiösen Anschauungen.
Die Türkei selbst besteht auf der Einlösung der von der EU und den Mitgliedsländern gegebenen Versprechen. Sie hat erhebliche Anstrengungen unternommen, um sich für eine Mitgliedschaft in der EU vorzubereiten.

Projekt: Aufnahme der Türkei in die EU
Wenn man zu der Frage der Aufnahme der Türkei in die EU begründet Stellung nehmen will, muss man zunächst viel über das Land wissen. Deswegen sollt ihr in einem Projekt zunächst zu wichtigen Fragen Informationen sammeln und diese zusammen bewerten. Am Ende der Projektarbeit könnt ihr dann eure Meinung zu der Frage der Aufnahme der Türkei in die EU finden und begründen.
Auf den drei Seiten 210–212 findet ihr zu wichtigen Fragen jeweils einen Text zum Einstieg und Hinweise für die weitere Arbeit in Büchereien, mit Zeitungen und im Internet (siehe S. 212).

Leitfragen formulieren
Wichtig ist, dass ihr für euer gewähltes Teilthema eine Leitfrage auswählt, mit der ihr die Stoffmassen reduzieren könnt und gleichzeitig eine Struktur für eure Präsentation erhaltet. Eine solche Leitfrage könnte lauten: Was muss sich in der Türkei in Bezug auf unser Thema bis zu einer Aufnahme verändern und wie würde sich eine Aufnahme der Türkei in die EU in der Türkei bzw. in der EU auswirken?
Ihr könnt eure Arbeit durch Interviews mit türkischen Mitschülerinnen und Mitschülern oder deren Eltern und Verwandten ergänzen. Zunächst könnt ihr aber nachlesen, wie man in einem Projekt arbeitet (siehe S. 209).

Methode: Projektarbeit

1 Vorbereitung des Themas und Aufteilung der Arbeit in der Gruppe. Foto, 2000.

Intensives Arbeiten: Projekt

Bei einem Projekt arbeitet eine Arbeitsgruppe selbstständig an einem Problem mit unterschiedlichen Fragestellungen. Jede Schülerin und jeder Schüler ordnet sich im Projekt den Fragen zu, die ihr/ihm besonders liegen. Projekte benötigen längere und intensivere Arbeitsphasen. Am Ende eines Projekts steht als Ergebnis ein Produkt, das ihr gemeinsam in eigener Verantwortung erstellt habt. Der folgende Leitfaden hilft euch bei der Durchführung.

1. Vorbereitung

■ Themen sammeln:
- Was könnte untersucht werden? Welcher Einzelaspekt interessiert uns besonders?
- Ziel und Thema des Projekts: Auf welches Thema kann sich die Gruppe festlegen, sodass alle engagiert mitarbeiten?

■ Zeitplan des Projekts bestimmen:
Projekte dauern mindestens eine, zumeist zwei bis drei Wochen. Erstellt vor Beginn des Projekts einen genauen Arbeitsplan, um die Arbeit besser überschauen zu können.

■ Vorstellung der Arbeitsergebnisse:
Macht euch vor Beginn des Projekts Gedanken, wie ihr eure Arbeitsergebnisse präsentieren wollt. Ihr könnt z. B. eine Wandzeitung erstellen, eine Dokumentation oder eine Ausstellung anfertigen, um auch anderen Schülerinnen und Schülern eure Ergebnisse vorzustellen.

2. Durchführung

■ Arbeitsgruppen einteilen:
Legt fest, wer mit wem arbeitet, und verteilt die Arbeit auf die einzelnen Gruppen. Auch innerhalb der Arbeitsgruppen solltet ihr genau klären, wer wofür verantwortlich ist, sodass es immer einen Ansprechpartner für die einzelnen Aufgabenstellungen gibt.

■ Material besorgen:
Material findet ihr in Tageszeitungen, Illustrierten, im Internet und Büchern. Vielleicht könnt ihr auch Videoaufzeichnungen auswerten oder im Rahmen eurer Präsentation Ausschnitte daraus vorstellen.

■ Arbeitsergebnisse überprüfen:
Zwischendurch solltet ihr euch immer wieder in der ganzen Klasse zusammensetzen und eure Zwischenergebnisse vorstellen.
Verständnisfragen und Nachfragen anderer Schülerinnen und Schüler, die das Gruppenthema nicht bearbeiten, helfen euch, Schwachpunkte der Arbeit zu erkennen. Diese Kritik innerhalb der Arbeitsphase ist sehr wichtig, weil dadurch das von der einzelnen Gruppe zu verantwortende Arbeitsergebnis immer wieder hinterfragt wird und verbessert werden kann.

3. Vorstellung der Ergebnisse

■ Präsentation:
Teilprojekte in Gruppen erarbeiten, das Gesamtprojekt präsentieren alle gemeinsam – so lässt sich diese letzte Phase zusammenfassen.

■ Ankündigung:
Wenn eure Arbeitsergebnisse für die Öffentlichkeit interessant sind, bewerbt eure Präsentation:
Ladet Eltern und Freunde ein, informiert die Presse usw.

2 Diskussion über die Zwischenergebnisse. Foto.

Projekt: Aufnahme der Türkei in die EU

1 **Die Polizei geht am 6. März gegen eine Frauendemonstration anlässlich des Frauentags vor.** Foto.

Der türkische Ministerpräsident Tayyip Erdogan *spricht vor der Versammlung des Europarates im Juni 2006. Foto.*

Sultan-Ahmet-Moschee in Istanbul. *99 Prozent der Türken sind Muslime. Foto, 2006.*

Politisches System der Türkei

Die Türkei ist seit 1923 eine Demokratie und sieht sich selber als Nachfolgestaat des Osmanischen Reiches. Der Staatsgründer Kemal Atatürk strebte eine Gesellschaftsordnung nach westlichem Vorbild an, mit strikter Trennung von Religion und Staat. Das Militär bekam in dem neuen Staat eine vorherrschende Rolle, die bis heute andauert.

Circa 90 Prozent der 72 Millionen Einwohner sind Türken, 9 Prozent sind Kurden. Türkisch ist die einzig zugelassene Amtsprache. Bei den letzten Parlamentswahlen im Jahr 2002 gewann die gemäßigte islamische „Partei für Gerechtigkeit und Entwicklung“ (AKP) 363 von 550 Parlamentssitzen. Ministerpräsident ist seit 2003 Recep Tayyip Erdogan.

Zur Vorbereitung der Aufnahme in die EU hat das Land umfangreiche Reformen im Bereich der Justiz und Wirtschaft beschlossen. Für viele Beobachter ist die Türkei der europäischste Staat Vorderasiens.

Menschenrechte

Trotz einschlägiger Vorschriften in der Verfassung und in den Gesetzen der Türkei kommt es in der Praxis des türkischen Alltags immer wieder zu Verletzungen der allgemeinen Menschenrechte. Der Europäische Gerichtshof für Menschenrechte verurteilte 2005 die Türkei wegen unzureichender Ermittlungen im Falle der Ermordung einer regierungskritischen Journalistin. Das brutale Vorgehen der Polizei am 6. 3. 2005 gegen eine nicht angemeldete Demonstration anlässlich des Internationalen Frauentags löste einen energischen Protest der EU aus, die gegen die Behandlung der demonstrierenden Frauen protestierte. Noch immer gibt es Berichte, dass in der Türkei von Polizei und Militär gefoltert wird.

Der damalige Vorsitzende der Fraktion der Europäischen Volkspartei (EVP-ED) im Europäischen Parlament, Hans-Gert Pöttering (CDU), erklärte 2004: „Es besteht noch erheblicher Handlungsbedarf bei Menschenrechten und grundsätzlichen Freiheiten.“

Rolle der Religion

99 Prozent der Türken sind Muslime, daneben gibt es eine jüdische und christliche Minderheit. Die Muslime sind zu etwa 70 Prozent Sunniten, 15 bis 20 Prozent sind Aleviten. Die vom Staatsgründer verfügte strikte Trennung von Staat und Religion gilt besonders im Militär und in den staatlichen Behörden. Seit den 80er-Jahren weicht diese Trennung aber immer stärker auf, z. B. gibt es verpflichtenden Religionsunterricht in den Schulen für alle Schüler im Sinne des sunnitischen Islam. Der Wahlsieg der AKP 2002 hat eine gemäßigte islamische Partei zur stärksten Kraft im Parlament gemacht. Deutlich wird der Konflikt zwischen der staatlichen Regel der Trennung von Politik und Religion am Kopftuchstreit. Das seit 1930 geltende Verbot, an Schulen und Universitäten ein Kopftuch zu tragen, wurde 2005 aufgeweicht. Die nach der Verfassung gegebene Religionsfreiheit besteht faktisch für Juden und Christen nicht, sie erleiden zahlreiche Benachteiligungen im Alltag.

Projekt: Aufnahme der Türkei in die EU

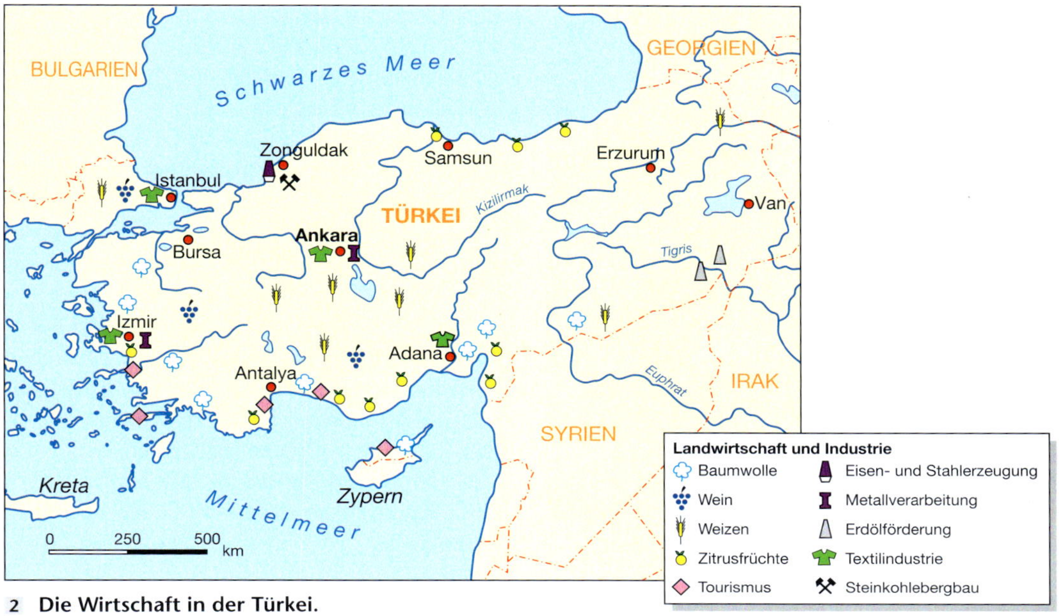

2 **Die Wirtschaft in der Türkei.**

Frauen in der Türkei: Tradition und Moderne. *Eine Frau in traditioneller Kleidung mit Kopftuch, die andere bekleidet mit einem modernen Hosenanzug und offenen Haaren. Foto.*

Situation der Frauen

Nach dem Gesetz sind die türkischen Frauen seit 1926 vollkommen gleichberechtigt, Wahlrecht haben sie seit 1934. Die Lebenssituationen unterscheiden sich aber sehr: Auf dem Land gilt die Frau immer noch als billige Arbeitskraft und ist in eine patriarchalische* Ordnung eingebunden. In den Städten verfügen viele Frauen über eine gute Ausbildung und können ein relativ selbstbestimmtes Leben führen.

Viele Türkinnen leben in einem Rollenkonflikt: Einerseits ermöglicht die Modernisierung und Industrialisierung ein modernes emanzipiertes Leben und andererseits wächst durch die Islamisierung die Erwartung, dass Frauen sich auf Ehe, Mutterrolle und Haushalt beschränken. So sagte eine in der Wirtschaft erfolgreiche Frau auf die Frage, warum sie wieder ein Kopftuch trägt: „Das hat mein Mann entschieden. Er hat gesagt: Wenn du möchtest, kannst du gerne ein Kopftuch tragen."

Wirtschaft

Die türkische Wirtschaft befindet sich in einer Boomphase. Das Bruttoinlandsprodukt stieg 2005 um 8,9%, die Inflationsrate sank von 25,5% (2003) auf 9,8%. Die Arbeitslosigkeit lag 2004 bei 10,3%.

Die Erwerbstätigen sind zu 33,2% in der Landwirtschaft, zu 23,8% in der Industrie und zu 43% im Dienstleistungssektor beschäftigt. Kennzahlen des Außenhandels 2004:

- Import (Wert: 62,8 Mrd. US-Dollar): u.a. 15% Brennstoff, 13% Maschinen, 11% Kfz, 6% Elektrotechnik.
- Import aus der EU: 47%.
- Export (Wert: 97,2 Mrd. US-Dollar): u.a. 28% Textilien, 13% Kfz, 10% Eisen und Stahl, 5% Gemüse und Früchte.
- Export in die EU: 55%.

In einer Reportage der „Süddeutschen Zeitung" über die Stadt Kayseri in Anatolien hieß es im Juni 2006:

M1 … Der Boom von Kayseri ist eigentlich das Wunder von Hacilar. Eben noch ein armes Bauerndorf. Heute anatolischer Tiger. Mehr als drei Viertel der türkischen Möbelproduktion und jeder hundertste Meter Jeansstoff weltweit kommen aus Kayseri. … Arslans Firma Ipek ist eine der bekanntesten Möbelfirmen der Türkei. Er beschäftigt 1500 Angestellte, exportiert nach Frankreich und Dänemark, erwartet dieses Jahr einen Umsatz von 150 Millionen Dollar. Und sagt: „Ich versuche, meine Pflicht Gott gegenüber zu erfüllen. Das tue ich, wenn ich meine Arbeit gut erledige."…

patriarchalisch*: *von Männern beherrscht.*

Projekt: Aufnahme der Türkei in die EU

1 **Kurden-Proteste in Istanbul.** Foto, 2006.

Kurden

Seit der Gründung der Türkei im Jahr 1923 wurde die relativ große Minderheit der Kurden (ca. 12 Millionen in der Türkei) unterdrückt und verfolgt. Die junge türkische Republik wollte die Existenz von Minderheiten in dem neuen Staat nicht anerkennen und verbot deren Sprache und Kultur.
Nach der Beendigung bewaffneter Aufstandsversuche und terroristischer Aktivitäten durch die marxistisch orientierte Kurdische Arbeiterpartei (PKK) wurde im Zuge der Annäherung an die EU den Kurden der Gebrauch der eigenen Sprache in Rundfunk und Fernsehen gestattet. Eine friedliche Lösung der Kurdenfrage bleibt ein Hauptproblem türkischer Politik.

Orhan Pamuk
Der bedeutende türkische Schriftsteller (geb. 7. Juni 1952) bekam 2005 den Friedenspreis des Deutschen Buchhandels und 2006 den Literaturnobelpreis. Er engagiert sich in seinem Land für Menschenrechte und den EU-Beitritt. Für seine Äußerungen über den Völkermord an den Armeniern wurde er vor türkischen Gerichten zweimal angeklagt, aber jeweils freigesprochen.
Foto, 2005.

Völkermord an Armeniern

Der Schriftsteller Orhan Pamuk erklärte in einem Zeitungsbeitrag 2005:

M1 ... Ich habe im Februar dieses Jahres gegenüber einer Schweizer Zeitung gesagt, in der Türkei seien eine Million Armenier und dreißigtausend Kurden umgebracht worden, und darüber geklagt, dass diese Themen in meinem Land tabu sind. Gemeint war damit, was im Osmanischen Reich 1915 den Armeniern widerfahren ist. Unter seriösen Historikern herrscht weltweit Einigkeit darüber, dass im Ersten Weltkrieg ein großer Teil der armenischen Bevölkerung unter dem Vorwand, dem Osmanischen Reich in den Rücken gefallen zu sein, deportiert wurde und unterwegs zu Tode kam. Von offizieller Seite wird in der Türkei behauptet, die Zahl der Toten liege weit niedriger, es habe sich ferner nicht um einen systematischen Völkermord gehandelt und außerdem seien während des Krieges auch zahlreiche Muslime von armenischer Hand getötet worden. Im September dieses Jahres kam es auf Betreiben von drei angesehenen Istanbuler Universitäten zu einer Fachtagung, auf der erstmals von der offiziellen Version abweichende Meinungen zu diesem Thema öffentlich diskutiert werden konnten. ... Bis dahin hatte jedoch jeder, der mit einschlägigen Äußerungen auffiel, mit einem Gerichtsverfahren und mit Haft zu rechnen. ...

Materialhinweise:

- Auf den Web-Seiten der Parteien findet ihr mit dem Suchwort „EU-Beitritt der Türkei" Stellungnahmen der Parteien (Beispiele: *www.cdu.de, www.spd.de*).
- Auf den Web-Seiten der Bundesregierung findet ihr mit dem Suchwort „EU-Beitritt der Türkei" Stellungnahmen der Bundesregierung (*www.bundesregierung.de*).
- Informationen der Bundeszentrale für Politische Bildung: *www.bpb.de/themen QPN4O1,0,0,T%FCrkei_und_EU.html*
  Informationen zur Politischen Bildung, Heft 277: Türkei (2002)
- Bücher:
  Udo Steinbach: Die Türkei im 20. Jahrhundert. Bergisch Gladbach 1996.
  K. Kreiser, Ch. K. Neumann: Kleine Geschichte der Türkei. Stuttgart 2005.
  Türkei. Unsichere Zukunft ohne Menschenrechte. Bonn 1996.
  Jürgen Gottschlich: Die Türkei auf dem Weg nach Europa. Berlin 2004.
  Länderbericht Türkei. Darmstadt 1998.
  Rolf Hosfeld: „Operation Nemesis". Die Türkei, Deutschland und der Völkermord an den Armeniern. Köln 2005.

Zusammenfassung

Wiedervereinigtes Europa
Nach dem Zweiten Weltkrieg (1939–45) wünschten sich viele Menschen ein friedliches Leben in einem vereinigten Europa. Der Kalte Krieg (1947–89) teilte zunächst Europa in einen westlichen und einen östlichen Teil, der durch eine kaum überwindbare Grenze getrennt war. Unterschiedliche politische Systeme – im Westen frei gewählte Demokratien, die sich an den USA orientierten, im Osten sozialistische Einparteienherrschaften unter der Kontrolle der Sowjetunion – verhinderten das Miteinander der Menschen in Ost und West.

Von der EWG zur EU
Im Westen führte die Gründung einer Europäischen Wirtschaftsgemeinschaft (EWG) durch sechs Staaten ab 1957 zu einer immer engeren, zunächst wirtschaftlichen Zusammenarbeit, die in der EU der 15 Staaten 1995 mündete. Ein gemeinsamer Binnenmarkt, eine gemeinsame Währung, eine bessere Zusammenarbeit im Bereich der Außenpolitik und der Justiz vertiefte die Beziehungen der Länder Westeuropas. Nach dem Zusammenbruch der Sowjetunion 1989 und der Auflösung des sozialistischen Ostblocks strebten die neuen Staaten Osteuropas die Aufnahme in die EU an. 2004 wurden zehn Staaten Ost- und Südosteuropas in die EU aufgenommen.

Die EU der 25
Eine neue Verfassung für die EU der 25 Staaten und neue Verfahrensregeln sollen die Entscheidungen in Brüssel beschleunigen und durchsichtig machen. Die „Bürgerferne" der Organe der EU hat mit dazu beigetragen, dass bei den Europawahlen 2004 nur etwa 45 Prozent der Wahlberechtigten wählten. Den anderen Wahlberechtigten war offenkundig nicht bewusst geworden, dass die Organe der EU (Europäisches Parlament, Kommission, Ministerrat) mit ihrer europäischen Gesetzgebung bereits etwa die Hälfte aller nationalen Gesetze beeinflussen.

Die Zukunft der EU
Die neue EU der 25 (und ab 2007 mit der Aufnahme Rumäniens und Bulgariens der 27) Staaten steht vor großen Problemen: Sie muss ihre Institutionen reformieren und eine neue Verfassungsdiskussion in Gang bringen. Vor allem muss die EU als europäische Wirtschaftsmacht eine gemeinsame Außen- und Verteidigungspolitik formulieren und innerhalb der EU für den sozialen Ausgleich zwischen den ärmeren und reichere Regionen sorgen.

Das historische Erbe

Der christliche Glaube ist ein Teil der europäischen Kultur.

1945

Am Ende des Zweiten Weltkriegs sehnten sich die Menschen nach einer europäischen Friedensordnung.

1957

Mit der Gründung der EWG durch sechs Staaten beginnt in Westeuropa der Einigungsprozess.

2004

Zur EU gehören 25 europäische Staaten.

Standard-Check: Das solltet ihr wissen

Arbeitsbegriffe

- ✓ Deutsch-französischer Freundschaftsvertrag
- ✓ Römische Verträge
- ✓ EWG
- ✓ EG
- ✓ Vertrag von Maastricht
- ✓ EU
- ✓ Erweiterung der EU
- ✓ Einführung des Euro
- ✓ 1957, 1963, 1992, 2001, 2002

Was wisst ihr noch?

1 Warum entstand im Zweiten Weltkrieg die Sehnsucht nach einem geeinten friedvollen Europa?

2 Erklärt, warum die Zusammenlegung der französischen und der deutschen Kohle- und Stahlproduktion (Schumanplan) eine Voraussetzung für den dauerhaften Frieden zwischen Frankreich und Deutschland war.

3 Welche Staaten gründeten 1957 in Rom die EWG?

4 Nennt Stationen des Zusammenwachsens der Europäischen Union.

5 Erläutert, was der Binnenmarkt und die Einführung einer gemeinsamen Währung (Euro) für die Wirtschaft der EU-Staaten bedeutete.

6 Nennt die Staaten, die 2004 der EU beitraten.

Tipps zum Weiterlesen

Jacques Le Goff: Die Geschichte Europas. Beltz & Gelberg, Weinheim 2002

Freya Stephan-Kühn: Menschen, die Europa bauten. Arena, Würzburg 2003

Standard-Check: Das solltet ihr wissen

1 Das Europa der 27.

1 *Übertragt die Karte (Europa der 27) in die Geschichtsmappe und schraffiert die Staaten, die 1957 zu den Gründungsmitgliedern der EWG gehörten.*

2 *Kennzeichnet die Staaten, die bis 2004 beigetreten sind, mit waagerechten Strichen.*

3 *Kennzeichnet mit einer anderen Farbe die Staaten, in denen der Euro als gemeinsame Währung gilt.*

4 *Färbt Staaten mit einer weiteren Farbe ein, die den Beitritt zur EU anstreben.*

5 *Schreibt mithilfe der Begriffe einen kurzen Lexikonartikel zur Geschichte der europäischen Einigung seit 1945.*

Zweiter Weltkrieg	*Widerstandsbewegung*	*Sehnsucht nach Frieden*
Montanunion	*Römische Verträge 1957*	*Deutsch-französische Freundschaft*
Binnenmarkt/Euro	*Erweiterung der EU in Schritten*	*Die EU der 27*

6 *Prüft folgende Sätze auf ihre Richtigkeit:*
a) Seit es den Euro gibt, kann man in 12 EU-Staaten ganz leicht die Preise vergleichen.
b) Wenn man nach Großbritannien fährt, braucht man kein Geld mehr umzutauschen.
c) Die Einführung des Euro hat der deutschen Wirtschaft große Vorteile gebracht, weil die Kosten für den Umtausch der Währungen in vielen EU-Staaten weggefallen sind.
d) Da wir nicht in andere Länder fahren, hat die Umstellung auf den Euro uns nichts gebracht.
e) Viele Geschäftsleute haben seit der Einführung des Euros ihre Preise kräftig erhöht.

Lösung: richtig: a, c, d, e

Altsteinzeit | Jungsteinzeit | Altertum – Metallzeit

2 Millionen | 8000 v. Chr. | 3000 v. Chr.

10 000 v. Chr.	erster Getreideanbau und erste Viehzucht im Vorderen Orient
7000 v. Chr.	erste stadtähnliche Siedlung in Jericho

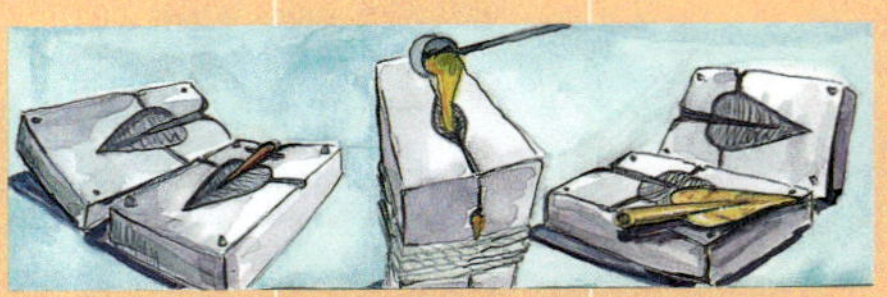

Bronzezeit/Eisenzeit

um 3000 v. Chr.	erste Bronzeverarbeitung im Vorderen Orient
um 2000 v. Chr.	Ausdehnung der Bronzetechnik bis Mitteleuropa
um 1300 v. Chr.	erste Eisenverarbeitung in Kleinasien
um 500 v. Chr.	Eisenzeit in Deutschland

Griechenland

776 v. Chr.	erste Olympis[…] Spiele
750–550 v. Chr.	griechische Kolonisation
490–449 v. Chr.	Blütezeit Athe[…]

vor ca. 4 Mio. Jahren	erste Menschen
vor ca. 600 000 Jahren	ältester Menschenfund in Deutschland
vor ca. 17 000 Jahren	Frühmenschen in der Höhle von Lascaux

In der gesamten Altsteinzeit lebten die Menschen als Jäger und Sammler.

Ägypten

3000 v. Chr.	Staatsgründung in Ägypten
1900 v. Chr.	Ägypten wird Großmacht
1000 v. Chr.	Ägyptens Großreich zerfällt
30 v. Chr.	Ägypten wird römische Provinz

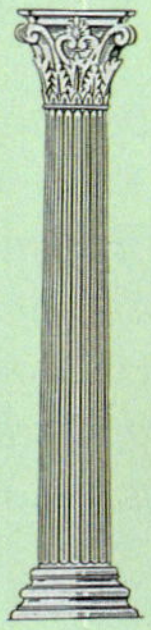

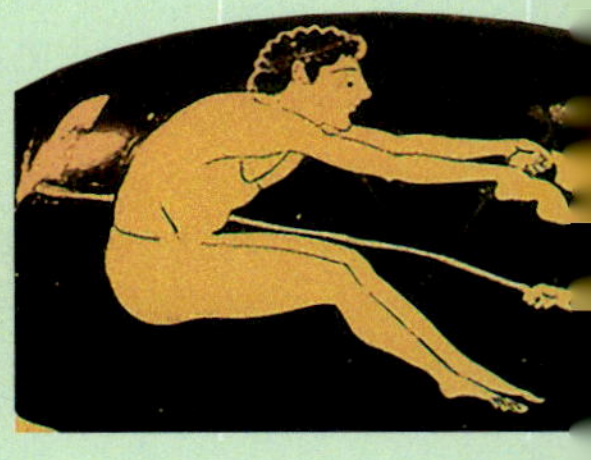

0 v. Chr. — Christi Geburt — 200 — 400

Rom

753 v. Chr.	Gründung Roms (Sage)
500 v. Chr.	Beginn der römischen Republik
um 250 v. Chr.	Rom ist stärkste Landmacht im Mittelmeerraum
44 v. Chr.	Ermordung Caesars

31 v.–14 n. Chr.	Herrschaft des Kaisers Augustus
2. Jh.	Größte Ausdehnung des Römischen Reiches
476 n. Chr.	Der letzte weströmische Kaiser wird von den Germanen abgesetzt
1453 n. Chr.	Ende des Oströmischen Reiches

Germanen

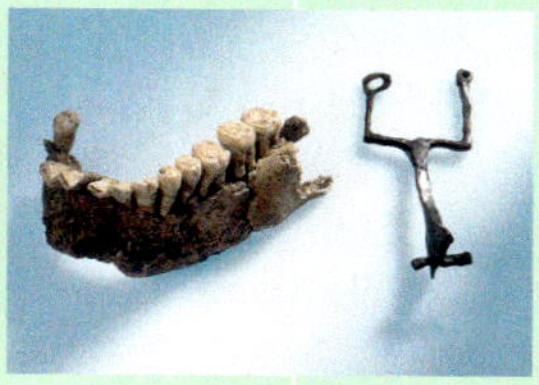

9 n. Chr.	Schlacht im Teutoburger Wald
1.–3. Jh. n. Chr.	Errichtung des Limes
3. Jh.	Beginn der Völkerwanderung
ab 4./5. Jh.	Germanische Reiche auf dem Gebiet des Römischen Reiches

Mittelalter

400 500 600 700 800 900 1000

Judentum

1000 v. Chr.	König David
70 n. Chr.	Zerstörung des Tempels und Diaspora
321 n. Chr.	Erste Judengemeinde in Köln

Christentum

ca. 7. v. Chr.	Jesus wird geboren
391 n. Chr.	Christentum wird Staatsreligion des Römischen Reiches
496	Übertritt des Frankenkönigs Chlodwig zum Christentum
754	Märtyrertod des Germanenmissionars Bonifatius

Islam

570	Geburt Mohammeds in Mekka
622	Mohammed flieht nach Medina
630	Mohammed erobert Mekka
632	Tod Mohammeds
632–715	Ausbreitung des Islam bis Indien und Europa
711	Araber dringen in Europa (Spanien) ein
11. Jh.	Zerfall des islamischen Reiches in Spanien

Vom Frankenreich zum Deutschen Reich

768	Karl der Große wird König der Franken
722–804	Sachsenkriege
800	Kaiserkrönung Karls des Großen
919	Wahl des Sachsenherzogs Heinrichs I. zum ersten deutschen König
936–973	Otto I.
955	Sieg über die Ungarn auf dem Lechfeld

1056–1106	Kaiser Heinrich IV.
1075	Beginn des Investiturstreits
1077	Heinrich IV. in Canossa
1122	Wormser Konkordat

Neuzeit

1200 1300 1400 1500 1600 1700 1800

Alltag im Mittelalter

seit 4. Jh.	Ausbreitung des christlichen Einsiedlertums
529	Benedikt von Nursia gründet ein Kloster auf dem Monte Cassino
Seit 9. Jh.	Zunehmender Verlust der bäuerlichen Freiheit; Übergang in die Abhängigkeit
seit 12./13. Jh.	Dreifelderwirtschaft
seit 8. Jh.	Erstes Auftreten von Reiterkriegern
12. Jh.	Endgültige Ausbildung des Ritterstands
ab 17. Jh.	Funktionsverlust des Rittertums durch Aufkommen der Feuerwaffen

Städte in Europa

12.–15. Jh.	Städteboom in Europa
seit 1300	Gotische Kirchen werden in ganz Europa errichtet
1300–1400	Zünfte erkämpfen sich in zahlreichen Städten ein Mitspracherecht
14. Jh.	Die Hanse beherrscht Nordeuropa

Vom Mittelalter zur Neuzeit

11. Jh.	Beginn der deutschen Ostsiedlung
1096	1. Kreuzzug; Vernichtung vieler jüdischer Gemeinden in Deutschland
1099	Eroberung Jerusalems
14./15. Jh.	Beginn eines neuen Denkens: Humanismus und Renaissance
1348	Judenverfolgung in der Pestzeit
um 1450	Gutenberg erfindet den Buchdruck
1492	Kolumbus sucht den Westweg nach Indien und entdeckt Amerika
1519	Cortez erobert Mexiko; die Europäer errichten ihre Kolonialreiche

Reformation und Glaubenskriege

1483–1546	Martin Luther
1517	Veröffentlichung der Wittenberger Thesen gegen den Ablass; Beginn der Reformation
1521	Reichstag zu Worms; der Kaiser verhängt die Reichsacht über Luther (Wormser Edikt)
1525	Bauernkrieg
1555	Augsburger Religionsfriede
1545–1563	Konzil von Trient
1618–1648	Dreißigjähriger Krieg

Neuzeit

1700 — 1800

Das Zeitalter des Absolutismus

1643–1715	Ludwig XIV., König von Frankreich
18. Jh.	Zeitalter der Aufklärung
Seit dem 17. Jh.	Merkantilismus wird vorherrschende Wirtschaftsform

Die Französische Revolution

1791	Verabschiedung einer neuen Verfassung durch die Nationalversammlung
1792	Hinrichtung Ludwig XVI. und Marie Antoinettes
1792/1793	Krieg mit den vereinigten europäischen Mächten

USA

1607	Jamestown gegründet
1620	Pilgerväter landen in Amerika
1776	Unabhängigkeitserklärung der USA
1789	Verfassung der USA
1861–65	Bürgerkrieg zwischen den Nord- und den Südstaaten der USA

Europa und Napoleon

1799	Napoleon übernimmt die Regierungsgewalt
1804	Napoleon krönt sich zum Kaiser
1806	Gründung des Rheinbundes
1812/1813	Russlandfeldzug Napoleons
1815	Verbannung Napoleons nach St. Helena

Industrialisierung

seit 1700	Beginn der Industrialisierung in England
1769	James Watt, Dampfmaschine
1814	George Stephenson, 1. Lokomotive
1861	Erste Gewerkschaften in Deutschland
1863	„Allgemeiner Deutscher Arbeiterverein“ gegründet
1865	„Allgemeiner Deutscher Frauenverein“ gegründet
1875	Gründung der Sozialdemokratischen Partei in Gotha

1850 1900

Deutscher Bund

1814/15	Wiener Kongress
1815–66	Deutscher Bund
1817	Wartburgfest
1819	Karlsbader Beschlüsse
1832	Hambacher Fest
1834	Deutscher Zollverein

Revolution 1848/49

1830	Julirevolution in Frankreich, Aufstände in Leipzig und Dresden
1848	Märzaufstand in Wien, Berlin, Paris Mai: Nationalversammlung in Frankfurt am Main
1849	Friedrich Wilhelm IV. von Preußen lehnt die Kaiserkrone ab, Auflösung der Nationalversammlung, Aufstände werden durch das Militär niedergeschlagen

China

221 v. Chr.	Beginn des chinesischen Kaiserreichs
1368–1644	Ming-Dynastie und Blütezeit der chinesischen Kultur
1.10.1949	Mao Zedong ruft Volksrepublik aus
seit 1980	Einführung der Marktwirtschaft

Deutsches Kaiserreich

1871	Gründung des Deutschen Reiches, Otto von Bismarck wird Reichskanzler
1878	Sozialistengesetz
1888	Wilhelm II. wird Kaiser
1890	Entlassung Bismarcks, neuer außenpolitischer Kurs

Der Erste Weltkrieg

28.6.1914	Attentat in Sarajevo
1.8.1914	Beginn des Ersten Weltkriegs

2.4.1917	Kriegseintritt der USA
1917	Revolution in Russland
11.11.1918	Ende des Ersten Weltkriegs

Imperialismus

ab 1870	Eroberungspolitik europäischer Staaten in Afrika und Asien
1884	Deutschland wird Kolonialmacht in Afrika
seit 1900	450 Millionen Einwohner gehören zum „British Empire“
1904	Herero-Aufstand

Das 20. Jahrhundert

1910 1950

Weimarer Republik

3./9.11.1918	Novemberrevolution in Deutschland
9.11.1918	Ausrufung der Republik
Januar 1919	Januarkämpfe und Nationalversammlung
28.6.1919	Versailler Vertrag
11.8.1919	Weimarer Verfassung
1920–1923	Inflation, Ruhrkampf und Putschversuche
1924–1929	Die Goldenen Zwanziger
8.9.1926	Aufnahme Deutschlands in den Völkerbund
1929	Weltwirtschaftskrise
1929–1933	Aufstieg der NSDAP

Der Nationalsozialismus

30.1.1933	„Machtergreifung“
21.3.1933	„Tag von Potsdam“
23.3.1933	Ermächtigungsgesetz
Mai 1933	Gleichschaltung
1.4.1933	„Judenboykott“
ab März 1933	Aufbau des KZ-Systems
15.9.1935	Nürnberger Gesetze
9./10.11.1938	Reichspogromnacht
20.1.1942	Wannsee-Konferenz: „Endlösung“
bis 1945	Ermordung von fast 6 Millionen Juden

Russland/UdSSR

25./26.10.1917	Oktoberrevolution
1918–1920	Bürgerkrieg in Russland
1922	Gründung der UdSSR
1927–1953	Stalinismus in der UdSSR
1990	Auflösung der UdSSR

Der Zweite Weltkrieg

1938/39	„Anschluss“ Österreichs und des Sudetenlands; Überfall auf die Tschechoslowakei
23.8.1939	Hitler-Stalin-Pakt
1.9.1939	Beginn des Zweiten Weltkriegs
1942/43	Schlacht um Stalingrad
18.2.1943	„Totaler Krieg“
Juni 1944	Alliierte Invasion
8./9.5.1945	Ende des Zweiten Weltkriegs in Europa
6./9.8.1945	Atombombenabwurf auf Hiroshima und Nagasaki
2.9.1945	Ende des Zweiten Weltkriegs in Asien

Die Teilung Deutschlands

2.8.1945	Potsdamer Abkommen
1945–1949	Besatzungszonen
5.6.1947	Marshallplan
20.6.1948	Währungsreform
Juni 1948–Mai 1949	Berlin-Blockade
23.5.1949	Gründung der Bundesrepublik Deutschland
7.10.1949	Gründung der DDR

2006

Die Bundesrepublik

ab 1950	Wirtschaftliche Erholung
1955	Beitritt zur NATO
ab 1955	„Wirtschaftswunder“
ab 1966	APO-Protestbewegung
ab 1969	„Neue Ostpolitik“ der SPD/FDP-Regierung
ab 1970	RAF-Terrorismus

Die DDR

ab 1950	Sozialistische Umgestaltung; Planwirtschaft
17.6.1953	Arbeiteraufstand
13.8.1961	Mauerbau in Berlin
ab 1970	Sozial- und Wirtschaftskrise
ab 1980	Wachsende Unzufriedenheit und Widerstand in der Bevölkerung
1989	Massenflucht aus der DDR

Der Kalte Krieg

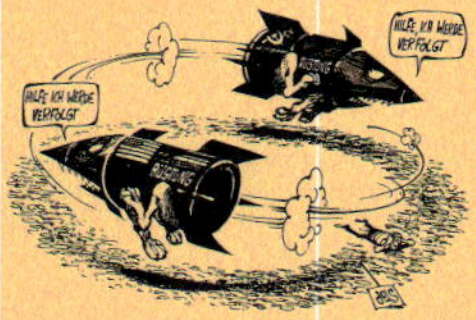

1945–1956	Blockbildung
1945–1987	Wettrüsten
4.4.1949	Gründung der NATO
15.5.1956	Gründung des Warschauer Pakts
August 1975	KSZE-Vertrag
ab 1987	Abrüstungs- und Entspannungspolitik
1985	Reformpolitik in der UdSSR
	Auflösung der UdSSR unter Gorbatschow
1991–1999	Jelzin – Präsident Russlands
seit 2000	Putin – Präsident Russlands

Die deutsche Einheit

7.10.1989	40. Jahrestag der DDR
Okt./Nov. 1989	Montagsdemonstrationen und „friedliche Revolution“
9./10.11.1989	Öffnung der Berliner Mauer
1.7.1990	Wirtschafts-, Währungs- und Sozialunion der beiden deutschen Staaten
3.10.1990	Wiedervereinigung

Die europäische Einigung

1951	Montanunion
1957	Römische Verträge
1967	Europäische Gemeinschaft (EG)
1991	Vertrag von Maastricht (EU)
1993	Binnenmarkt
1999	Wirtschafts- und Währungsunion
2002	Euro-Bargeld
2004	Beitritt osteuropäischer Staaten

Krisen und Konflikte

1950–1953	Koreakrieg
1956	Ungarnaufstand
1961	Bau der Berliner Mauer
1962	Kubakrise
1964–1973	Vietnamkrieg
1968	„Prager Frühling“
1980	Solidarność in Polen
11. 9. 2001	Terroristischer Anschlag auf das World Trade Center in New York

Gewusst wie ...

Eine Zeitleiste herstellen

Zeitabschnitte aus der Vergangenheit könnt ihr in einer Zeitleiste darstellen. So könnt ihr veranschaulichen, was früher, später oder auch gleichzeitig stattgefunden hat.

... und so wird's gemacht:

1. Bildmaterial sammeln und ordnen

Tragt Bilder, Fotos und Gegenstände zusammen und beschafft euch Informationen dazu. In Geschichtsbüchern, Lexika oder in alten Zeitungen könnt ihr euch informieren. Sortiert ähnliche Abbildungen aus. Macht Fotokopien von Bildern, die euch nicht gehören. Fotografiert Gegenstände, über die ihr nicht verfügen könnt. Notiert, aus welchem Jahr die Bilder oder Gegenstände stammen. Berechnet, wie viele Jahre seitdem vergangen sind.

2. Zeitleiste anlegen

Nehmt eine Tapetenbahn und zeichnet einen Zeitstrahl darauf. Überlegt, welchen Zeitraum ihr darstellen wollt.
Schreibt das Jahr, das am weitesten zurückliegt, an die linke Seite des Zeitstrahls. Der Zeitpunkt, der unserer Zeit am nächsten ist, wird an die rechte Seite geschrieben. Unterteilt dann den Zeitstrahl in sinnvolle Abschnitte.

3. Zeitleiste gestalten

Legt euer Bildmaterial auf und probiert verschiedene Gestaltungsmöglichkeiten aus. Klebt die Abbildungen auf und beschriftet sie.

Quelleninterpretation

Berichte geben uns ein Bild von der Vergangenheit. Doch ist dieses Bild richtig? Entspricht der Bericht der Wahrheit oder übertreibt er, ist einseitig oder gar falsch? Mithilfe verschiedener kritischer Fragen könnt ihr den Wahrheitsgehalt eines Textes überprüfen:

1. Fragen zum Text

- Wovon berichtet der Text? (W-Fragen: Wer? Wo? Wann? Was? Wie? Warum?)
- Wie ist der Text untergliedert? Welcher Gesichtspunkt steht im Mittelpunkt?
- Wie kann man den Inhalt kurz zusammenfassen?
- Welche Widersprüche, Übertreibungen oder Einseitigkeiten enthält der Text?

2. Fragen zum Verfasser (Autor)

- Welche Informationen besitzen wir über den Verfasser?
- Kannte der Schreiber die Ereignisse, über die er berichtete, aus eigener Anschauung?
- Welche Absichten verfolgte der Verfasser mit seinem Text?
- Versuchte der Autor möglichst neutral zu sein oder ergriff er Partei für bestimmte Personen?

Einen Experten befragen

Wenn man etwas genau wissen möchte, gibt es die Möglichkeit, sich an Experten zu wenden. Sie können uns mit ihrem Wissen helfen, schwierige Zusammenhänge besser zu verstehen. Wenn ihr bei der Vorgehensweise einige wichtige Dinge beachtet, dann steht einer erfolgreichen Befragung nichts mehr im Wege.

... und so wird's gemacht:

1. Fragen sammeln und ordnen

Beginnt im Unterricht mit einem „Brainstorming". Arbeitet Leitfragen heraus und schreibt die Fragen auf, die ihr dem Experten stellen wollt.

2. Einen Experten suchen

Überlegt euch, wen ihr einladen und befragen wollt. Nehmt mit den Personen Kontakt auf (Telefon, Brief, E-Mail), schildert ihnen euer Vorhaben und vereinbart einen Termin.

3. Befragung vorbereiten

Legt fest, wer an den Experten welche Fragen stellt und wer für die Gesprächsführung verantwortlich ist. Klärt ab, welche technischen Voraussetzungen erwünscht sind (Beamer, Flip-Chart ...). Klärt vorher auch: Wo sitzt der Gast, wo die Zuhörer? Und denkt an Getränke und Gläser.

4. Durchführung der Befragung

Begrüßt den Gast und stellt ihn vor. Gebt einen kurzen Überblick über die Befragung. Bei Video- oder Kassettenaufzeichnungen vorher unbedingt um Erlaubnis fragen! Nach der Befragung: Dankt dem Gast und begleitet ihn nach draußen.

5. Befragung auswerten

Klärt in einem Klassengespräch ab, ob alle Fragen hinreichend beantwortet wurden. Überlegt, wie ihr eure Ergebnisse präsentieren wollt: Gestaltet z. B. eine Wandzeitung oder veröffentlicht einen Bericht in der Schülerzeitung.

... arbeiten mit Methode

Bilder interpretieren

Unser Wissen über die Vergangenheit gewinnen wir oft aus Bildern. An alten Fotos, Kirchenfenstern, Wand- oder Deckenmalereien, Zeichnungen, Statuen oder Gemälden können wir häufig erkennen, wie die Menschen früher gelebt haben, was sie dachten oder fühlten. Die folgenden Arbeitsschritte werden euch helfen, Bilder auszuwerten:

1. Bildelemente erfassen
- Welche Personen und Gegenstände sind dargestellt? Wie sind sie dargestellt? (Gestaltung, Größe, Kleidung, Farben)
- Wo befinden sich die Personen und Gegenstände?

2. Bildelemente zusammenfügen
- Lassen sich die Bildelemente in einen sinnvollen Zusammenhang bringen?
- Welche erste Deutung ergibt sich beim Zusammenfügen der Elemente?
- Welche Fragen bleiben offen?

3. Zusätzliche Informationen heranziehen
- Wo gibt es weitere Informationen (z. B. Bildunterschrift, weitere Abbildungen, schriftliche Quellen, wissenschaftliche Darstellungen)?
- Was lässt sich über den Künstler bzw. Auftraggeber und seine Absicht herausfinden?

4. Bild deuten
- Mithilfe der Bildelemente und Zusatzinformationen eine zusammenfassende Aussage formulieren.
- Bleiben Fragen in der Gesamtdeutung offen?

Herrscherbild entschlüsseln

Früher waren Gemälde die wichtigste Möglichkeit von Herrschern, sich dem Volk zu präsentieren. Um die Darstellung eines Herrschergemäldes und die Botschaft, die es vermittelt, zu verstehen, müssen wir es genau analysieren und interpretieren.

... und so wird's gemacht:

1. Gemälde betrachten
Schaut das Bild in Ruhe an und schildert dann den ersten Eindruck, den der Herrscher auf euch macht.

2. Gemälde analysieren
- Wer ist dargestellt? Wann wurde es angefertigt? Ist der Herrscher alleine auf dem Bild?
- Was ist dargestellt? Erstellt eine Liste mit den eurer Meinung nach wichtigsten Einzelheiten im Bild. Überlegt, warum der Maler sie darstellte?
- Wie ist der Herrscher dargestellt? Betrachtet genau die Kleidung, Haartracht, Gestik und Mimik. Was sagen sie aus?
- An wen richtet sich die Darstellung? Immer waren es die Untertanen. Wie sehen sie ihren Herrscher? Schaut er sie an? Wie will er auf die Betrachter wirken?

3. Mit dem Gemälde kreativ arbeiten
- Versucht den Bildaufbau nachzuzeichnen: Klebt so viele Bogen Packpapier zusammen, bis ihr die Größe des Gemäldes erreicht habt. Befestigt diese Fläche an einer Wand und skizziert die Person des Herrschers.
- Fügt Sprech- und Denkblasen in das Bild ein. Welcher Ausspruch könnte zu dem Herrscher passen?

In Gruppen arbeiten

Immer wieder ist es günstiger, bestimmte Arbeitsgänge nicht mit der ganzen Klasse oder einzeln durchzuführen, sondern in Gruppen zu arbeiten.

... und so wird's gemacht:

1. Gruppen bilden
Gruppen können nach ganz unterschiedlichen Gesichtspunkten gebildet werden. Manchmal kommt es darauf an, wer sich für das Gruppenthema interessiert. Manchmal muss man aber auch darauf achten, wer die vorgesehenen Arbeiten besonders gut kann. Und manchmal müssen auch ganz unterschiedliche Interessen oder Fähigkeiten zusammenkommen, um gemeinsam eine Aufgabe zu lösen.

2. Regeln verabreden und Entscheidungen treffen
Bestimmt zunächst in jeder Gruppe einen Sprecher oder eine Sprecherin. Sie sollen später die Gruppenergebnisse der Klasse vorstellen.

3. Ergebnisse in der Klasse vorstellen
Wenn die Arbeit fertig ist, muss das Ergebnis in der Klasse vorgestellt werden, denn die anderen haben sich ja mit ganz anderen Themen beschäftigt.

4. Nachbesprechung
Wenn alle Gruppen ihre Ergebnisse vorgestellt haben, könnt ihr in der Klasse ein Gesamturteil bilden.

Gewusst wie ...

Informationen beschaffen

Am häufigsten suchen wir uns zusätzliche Informationen in anderen Büchern. Wir finden sie in Büchereien oder Bibliotheken.

... und so wird's gemacht:

1. Im Katalog suchen
Wenn ihr nach den gewünschten Büchern suchen wollt, müsst ihr in den „Katalog" schauen. Der Autorenkatalog hilft euch, wenn ihr schon wisst, welches Buch von welchem Autor ihr haben wollt. Der Schlagwortkatalog ist für den Anfang besser. Hier könnt ihr unter einem Stichwort nachsehen.

2. Bücher ausleihen
Im Katalog findet ihr zu jedem Buch eine Buchstaben- und Zahlenkombination, Signatur genannt. Notiert die Signatur, den Namen des Autors und den Buchtitel und fragt nun die Angestellten, wie es weitergeht.

3. Eine Dokumentation anlegen
Wenn ihr wichtige Informationen behalten wollt, müsst ihr diese Informationen auswählen und festhalten. In einem Hefter sammelt ihr Fotokopien von Bildern und Texten aus den ausgeliehenen Büchern. Wichtige Informationen aus langen Texten lassen sich besser kurz mit eigenen Worten zusammenfassen. Auf jedem Blatt solltet ihr als Überschrift das Thema festhalten, um das es geht. Am besten nummeriert ihr die Seiten durch, wenn eure Dokumentation abgeschlossen ist.

Schaubild

Schaubilder stellen komplizierte Zusammenhänge vereinfacht dar.

... und so wird's gemacht:

1. Was ist dargestellt?
- Inhalt feststellen (Um was geht es?)
- Symbole entschlüsseln (Bedeutung von Farben, Form der Elemente, Pfeile ...).

2. Wie ist die Darstellung aufgebaut?
- Aufbau und Ablauf erkunden (Wo ist der „Einstieg", läuft alles in eine Richtung? Gibt es Verzweigungen, soll ein Kreislauf angedeutet werden?)
- Zusammenhänge herstellen (Wo sind z. B. Ursachen, wo ergeben sich Folgen?)

3. Auswertung
- Gesamtaussage erkennen (Wie könnte man die Aussage des Schaubildes mit wenigen Worten wiedergeben?)
- Kritisch überprüfen (Was fehlt, was wird zu einfach dargestellt oder übertrieben ...?)

Statistiken und Grafiken

Immer wieder arbeiten wir im Geschichtsunterricht mit Statistiken und Grafiken. Sie helfen uns, historische Entwicklungen anschaulich darzustellen und zu vergleichen.

... und so wird's gemacht:

1. Angaben zusammentragen
Tragt die Angaben zu dem Thema, das ihr bearbeitet, zusammen. Stellt eine Tabelle dazu auf mit einem Gesamtergebnis, das wäre dann eine Statistik. Diese Arbeit ist eine notwendige Vorarbeit für eine grafische, also zeichnerische Darstellung der Daten.

2. Art der Grafik wählen
Grafiken sollen übersichtlich und aussagekräftig sein. Der ausgewählte Typ, z. B. Säulen- oder Kurvendiagramm, muss zum Inhalt passen.

3. Grafik anlegen
Hierfür ist es manchmal günstig, die absoluten Zahlenwerte in Prozente umzurechnen.

4. Interpretation
Hierzu werden die Grafiken „gelesen" und in Worte übersetzt.

5. Kritik
Ihr werdet schnell feststellen, dass man durch die Art der Darstellung Dinge übertreiben oder abschwächen kann. Da hilft bei fremden Statistiken nur ein kritischer Blick auf die zugrunde liegenden Zahlenwerte. Eine seriöse Statistik muss nämlich nachvollziehbar und damit überprüfbar sein.

... arbeiten mit Methode

Exkursion

Ihr könnt auch einen Schauplatz aufsuchen, an dem ihr Spuren der Geschichte findet. Das nennt man eine Exkursion.

... und so wird's gemacht:

1. Informationen beschaffen, Termin festlegen
Zuerst beschafft ihr euch per Post oder Telefon Informationen über euer Ziel. Legt einen Termin fest und erkundigt euch nach Fahrmöglichkeiten.

2. Vorbereitung in der Schule
Sichtet das Informationsmaterial, erarbeitet Fragen, einigt euch auf Schwerpunkte. Bildet arbeitsteilige Gruppen.

3. Gemeinsamer Rundgang am Ziel
Gemeinsam verschafft ihr euch einen ersten Überblick. Beim Rundgang informieren die einzelnen Gruppen die anderen als Experten.

4. Selbstständiges Entdecken und Erforschen
Jede Gruppe kann dann ihr Thema vertiefen. Sucht die eurem Schwerpunkt entsprechenden Spuren auf. Haltet alle Ergebnisse stichwortartig fest, fotografiert und zeichnet.

5. Vortrag der Arbeitsergebnisse in der Schule
Dies kann in Textform, mit Bildern und Postkarten geschehen. Unterstützt euren Vortrag mit Anschauungsmaterial und erzählt von persönlichen Erlebnissen. Die Ergebnisse sollten dokumentiert werden.

Mueumsbesuch

Museen sammeln und bewahren Gegenstände aus der Vergangenheit, erforschen sie und stellen sie für die Öffentlichkeit aus. Industriemuseen haben oft einen entscheidenden Vorteil gegenüber anderen Museen, denn hier kann man vieles anfassen, weil es robust und solide ist. Oft kann der Besucher selbst an Nachbildungen von Modellen ausprobieren, wie zum Beispiel eine Dampfmaschine funktioniert. Damit ein Museumsbesuch auch spannend für euch ist, muss er gut vorbereitet sein.

... und so wird's gemacht:

1. Den Museumsbesuch vorbereiten
Klärt, welches Museum erkundet werden soll, vereinbart einen Termin und bereitet euch mit Fragen (Fragebogen), am besten in Gruppen, darauf vor. Vergesst nicht Notizblock, Schreibzeug, Fotoapparat (Videokamera).

2. Den Museumsbesuch durchführen
Stellt eure Fragen, macht Notizen, haltet auch Beobachtungen fest, die nicht in eurem Fragenkatalog stehen.

3. Die Ergebnisse auswerten und dokumentieren
Das gesammelte Material zunächst sichten, ordnen und durch weitere Informationen aus Büchern ergänzen. Entscheidet dann, wie ihr eure Ergebnisse darstellen wollt, z. B. in einer kleinen Ausstellung, einer Wandzeitung, einem Erkundungsbericht.

Informationsvermittlung: Beispiel Wandzeitung

Eine Wandzeitung schaut der Betrachter im Stehen oder im Vorbeigehen an. Also: Wenige, überschaubare Texte, dazu einige, möglichst großformatige Abbildungen!

... und so wird's gemacht:

1. Informationen auswählen
Was ist wichtig, was kann weggelassen werden? Was soll als Text, was im Bild, Schaubild oder in einer Tabelle dargestellt werden?

2. Gestaltung
Wie soll die Schrift aussehen? Welche Bilder sind geeignet und wo werden sie angeordnet? Welche Zeichnungen, Tabellen oder Schaubilder sollen angefertigt werden und wohin sollen sie kommen?

3. Material
Welches Material wird benötigt (Tapete, Pappe, Stifte, Kleber, Heftzwecken, Stecknadeln, Scheren, Lineal usw.)? Wer besorgt es?

4. Arbeit verteilen und durchführen
Wer möchte Texte schreiben, Bilder ausschneiden und beschriften, Zeichnungen, Tabellen anfertigen usw.? Bilder, Texte usw. nicht sofort festkleben, sondern erst alles lose auflegen!

5. Präsentation
Wandzeitung aufhängen und den anderen Gruppen vorstellen (präsentieren).

Gewusst wie ...

Geschichtskarten

Im Geschichtsunterricht arbeitet ihr mit Geschichtskarten. Sie stellen ein Thema aus der Geschichte dar. Das kann eine bestimmte Situation sein. Es kann auch die Entwicklung über einen längeren Zeitraum hinweg sein. Bei der Arbeit mit Geschichtskarten helfen folgende Arbeitsschritte weiter:

1. Thema und Zeitraum bestimmen

Antwort gibt meist der Titel der Karte. Er ist in diesem Buch über den Karten abgedruckt. Wenn der Zeitraum im Titel nicht zu erkennen ist, muss man einen Blick in die Legende werfen oder auf der Karte eingetragene Jahreszahlen sammeln.

2. Das dargestellte Gebiet bestimmen

Sicher könnt ihr nur sein, wenn ihr euch am Kartenbild orientiert habt. In diesem Buch hilft euch oft der kleine Kartenausschnitt.

3. Farben und Zeichen erklären

Fast jede Karte hat eine Zeichenerklärung, die so genannte Legende. Dort findet ihr die Erklärungen, die nicht in der Karte stehen.

4. Aussagen der Karte zusammenfassen

Wenn ihr Schwierigkeiten habt, versucht ihr am besten zu der Karte eine kurze Geschichte zu erzählen. Was passierte in welcher Reihenfolge?

Recherche im Internet

Um über ein Thema etwas in Erfahrung zu bringen, kann man das Internet nutzen. Wie eine riesige Bibliothek bietet es eine Fülle von Informationen.

... und so wird's gemacht:

1. Schlagwort finden

Überlegt euch zu einem Thema, über das ihr mehr erfahren wollt, passende Schlagwörter.

2. Suchmaschine benutzen

Im Internet gibt es mehrere Anbieter von Suchmaschinen, bei denen ihr euer Stichwort nur eingeben müsst, dann durchforstet sie alle Internetseiten. Ihr erhaltet eine Liste der passenden Internetseiten zu eurem Stichwort. Bekannte Suchmaschinen sind: ***www.google.de***, ***www.yahoo.de***, ***www.lycos.de***.

3. Stichwort eingeben

Bei der Eingabe des Stichworts ist Folgendes zu beachten: Prüft die Rechtschreibung, ist ein Wort falsch geschrieben, kann die Suchmaschine nichts finden. Findet die Suchmaschine unter einem Stichwort nichts, dann müsst ihr euch ein anderes überlegen. Ist das Stichwort zu allgemein formuliert, dann bekommt ihr zu viele Einträge.

4. Ergebnisse sichten und auswählen

Die Einträge müsst ihr nun sichten und auswählen. Sortiert die Seiten aus, bei denen es nicht um die Informationen geht, die ihr gesucht habt. Aber Vorsicht: Achtet immer darauf, wer der Anbieter der Informationen ist. Bei anerkannten Institutionen (Ministerium, Universität, Museum) könnt ihr euch auf die Richtigkeit der Informationen verlassen. Bei privaten Anbietern müsst ihr die Information eventuell noch mal mithilfe eines Lexikons überprüfen.

Ein Referat halten

Referate sind eine der häufigsten Formen der Informationsvermittlung. Sie eignen sich vor allem dazu, Informationen eines Einzelnen an ein Publikum weiterzugeben:

... und so wird's gemacht:

1. Material sammeln und ordnen

Sucht in der Schul- und in der Stadtbibliothek unter bestimmten Stichwörtern nach Material zu eurem Thema. Notiert die Fundstellen und schreibt euch die Informationen auf oder kopiert die Seiten.

2. Materialien gliedern

Breitet euer Material auf einem großen Tisch aus; überlegt, welche Materialien zusammengehören, und ordnet sie nach Unterthemen. Erarbeitet daraus eine Gliederung für den Vortrag.

3. Eigene Texte formulieren

Verbindet nun die geordneten Materialien durch eigene Texte. Achtet darauf, dass eure Sätze klar und verständlich sind.

4. Vortrag zusammenstellen und Medien bereitstellen

Stellt dann euren Vortrag mit den Medien in der richtigen Reihenfolge zusammen. Sorgt für die technischen Medien, die ihr benötigt.

5. Vortrag üben

Übt das Referat laut und in freier Rede. Markiert im fertigen Text die wichtigen Stellen. Für den freien Vortrag schreibt euch Stichworte auf einen Merkzettel. Laut, langsam und deutlich sprechen.

6. Präsentation

Stellt als Erstes das Thema und die Planung vor. Haltet dann euer Referat. Haltet dabei Blickkontakt zu den Zuhörerinnen und Zuhörern. Plant noch Zeit für Fragen oder eine Diskussion ein.

... arbeiten mit Methode

Texte zusammenfassen (Exzerpieren)

Wenn wir zu einem bestimmten Thema in einem Lexikon nachschlagen, finden wir oft sehr viele Informationen. Daher ist es sinnvoll, den Text nach und nach zu erschließen und das Wichtigste herauszufiltern und zusammenzufassen. Der Fachbegriff dafür ist Exzerpieren.

... und so wird's gemacht:

1. Den Text lesen

Lest den Text durch und unterstreicht die Wörter, die ihr nicht versteht. Macht euch auch am Rand Notizen, z. B. an Stellen, die euch besonders wichtig erscheinen (Ausrufezeichen) oder bei unklaren Aussagen (Fragezeichen).

2. Begriffe und Zusammenhänge klären

Fremdwörter und Fachbegriffe mithilfe eines Lexikons klären und die Erklärungen jeweils notieren.

3. Textstellen hervorheben

Beim erneuten Durchlesen des Textes mit einem Leuchtstift die wichtigsten Aussagen des Textes hervorheben. Ihr könnt auch – je nach Thema – verschiedene Farben verwenden, aber nicht zu viele.

4. Text gliedern

Gliedert nun den Text in Sinnabschnitte oder nach Themen. Es hilft, wenn ihr am Rand ganz kurz anmerkt, worum es in dem jeweiligen Abschnitt geht.

5. Zusammenfassung erstellen

Jetzt fasst ihr den Text zusammen, in Form einer Inhaltsangabe oder einer Gliederung. Beachtet: nichts Wichtiges weglassen und keine unnötigen Informationen aufnehmen. Arbeitet bei der Niederschrift mit Farben, Unterstreichungen und Absätzen: das Wesentliche unterstreichen und höchstens zwei Farben verwenden.

Flugblätter entschlüsseln

Flugblätter gibt es seit Beginn des 16. Jahrhunderts. Man bezeichnet sie auch als Vorgänger unserer Zeitungen. Sie dienten, wie heute auch noch, der Information, Propaganda oder der Unterhaltung. Manche Flugblätter kann man gut verstehen, andere verwenden Hinweise oder auch Symbole, die wir erst entschlüsseln müssen.

... und so wird's gemacht:

1. Wer ist der Verfasser?

Um ein Flugblatt zeitlich einordnen zu können, müssen wir wissen, wer es verfasst hat oder wer den Holzschnitt auf dem Flugblatt angefertigt hat. Falls der Verfasser nicht bekannt ist, versuchen wir zu klären, wessen Interessen der Verfasser/Künstler vertrat.

2. Fragen zum Thema

Die Frage nach dem Thema lässt sich bei einigen Flugblättern mithilfe der Überschrift beantworten. Bei anderen muss der Bildinhalt oder der Text genau studiert werden: Sind bekannte Personen zu erkennen? Ist ein Ort oder ein Ereignis dargestellt? Was ist in dem genannten Jahr geschehen?

3. Fragen zur Gestaltung

Die Gestaltung genau untersuchen: Wie werden die Personen dargestellt? Welche Symbole werden verwendet? Wie sind die Größenverhältnisse der dargestellten Personen oder Dinge? Was soll groß und mächtig, was klein und unbedeutend wirken? Was geschieht im Hintergrund?

4. Fragen zur Wirkung

Was will der Verfasser/Künstler mit dem Flugblatt ausdrücken? Verfolgt er politische Ziele? Welchen Standpunkt vertritt er bei einem bestimmten Thema?

Politische Karikaturen untersuchen

Karikaturen sind euch aus Zeitschriften und Zeitungen geläufig. Karikaturisten drücken ihre politischen Ansichten aus, indem sie Menschen oder Gegenstände verzerrt darstellen – mit zumeist komischer Wirkung. Um die Karikatur zu entschlüsseln, müsst ihr die Übertreibungen und Symbole herausfinden.

... und so wird's gemacht:

1. „Der erste Eindruck"

Notiert, was euch zuerst ins Auge fällt, was eure erste Reaktion ist.

2. „Brainstorming"

Sammelt und notiert Ideen und Gedanken, die euch beim Betrachten der Karikatur kommen. Achtet besonders auf den Text.

3. Beschreiben

Beschreibt möglichst genau, was abgebildet ist, welche Texte ihr erkennen könnt.

4. Deuten

Welche Bedeutung haben die abgebildeten Gegenstände und Personen? Am besten legt ihr eine Tabelle an, in der ihr links Gegenstände und Personen und rechts ihre Bedeutung notiert. Beachtet auch eure Notizen zu Punkt 2.

5. Einordnen

Auf welche Situation oder welchen Sachverhalt bezieht sich die Karikatur, was ist das Thema?

6. Werten

Was sagt die Karikatur über das Thema aus? Welche Position bezieht der Karikaturist zum Thema? Fasst die Hauptaussage in ein oder zwei Sätzen zusammen.

Gewusst wie ...

Verfassungsschema

Strukturschemata und Grafiken helfen uns, komplizierte Sachverhalte zu verstehen wie z. B. einen Gesetzestext zu einer Verfassung.

... und so wird's gemacht:

1. Worum geht es?
Ein Schema steht meist in engem Zusammenhang mit einem Text. Seht euch genau an, wovon dieser berichtet.

2. Welche Farben, Linien, Symbole werden verwendet?
Jedes Strukturschema versucht durch einfache Zeichen komplizierte Zusammenhänge zu erklären. Diese Zeichen sind zumeist in einer Legende erklärt.
- Schafft euch einen Überblick über die Farben: Was bedeuten sie? Gibt es eine Farbe in verschiedenen Schattierungen? Werden Farben gemischt?
- Werden verschiedene Linien eingesetzt? Sind Kästchen verschiedenartig eingerahmt?
- Welche Symbole gibt es (z. B. Krone für König) und was bedeuten sie?

3. Beziehung der Elemente
Klärt nun, wie die einzelnen Elemente zusammenhängen.
- Was bedeuten die Verbindungslinien, Pfeile oder andere Zeichen zwischen den Elementen.
- Hat die Stellung der Elemente (oben, unten) eine Bedeutung?

4. Schlussfolgerungen
Haltet die Informationen, die ihr dem Schema entnehmt, fest: Wer hat welche Rechte, wer hat welche Pflichten. Zusätzliche Erkenntnisse:
- Gibt es ein Zentrum im Schema, wo besonders viele Pfeile zusammenlaufen? Was bedeutet das?
- Welche Elemente wirken ausgegrenzt? Welchen Grund könnte es dafür geben?

Fotos analysieren

Außer Gegenständen und Textquellen können uns auch Fotos wichtige Informationen über die Geschichte geben. Doch aufgepasst: Ein Foto ist nicht einfach eine Abbildung der Wirklichkeit. Es ist wichtig, diese vermeintlich so objektiven Quellen kritisch zu betrachten. Wir müssen uns daher überlegen, unter welchen Bedingungen diese Quellen entstehen und welche Besonderheiten sie haben.

... und so wird's gemacht:

1. Fragen zum Foto
- Wann ist das Foto entstanden?
- Wer hat es aufgenommen?
- Warum ist das Foto aufgenommen worden?
- Gibt es eine Bilderklärung? Welche Informationen enthält sie?

2. Fragen zum Motiv
- Was ist dargestellt?
- Fallen euch wichtige Dinge ein, die mit dem Motiv zusammenhängen, aber nicht auf dem Bild zu erkennen sind?
- Welche weiteren Informationen wären zum besseren Verständnis nötig?

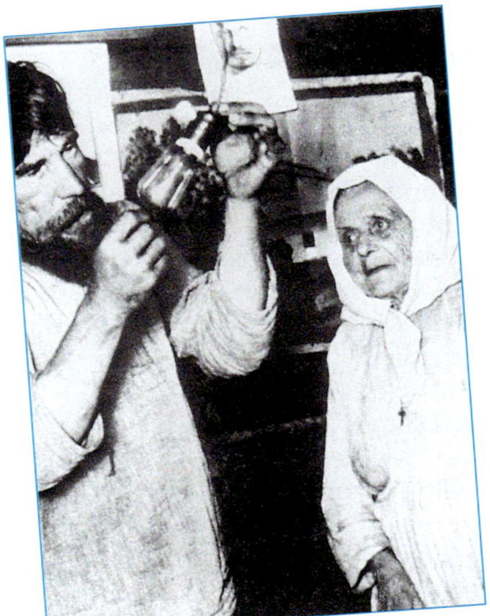

Eine Gedenkstätte besuchen

Nach dem Zweiten Weltkrieg wurden vielerorts alle Spuren, die an die Verbrechen des Hitler-Regimes erinnerten, schnell beseitigt. Anderenorts wurden die Konzentrationslager aber als Gedenkstätten erhalten. Diese Stätten sollen uns ein Mahnmal im Kampf gegen das Vergessen sein.

... und so wird's gemacht:

1. Planen und Organisieren
Im Vorfeld eures Besuchs könnt ihr meist schon per Internet klären: Aufbau der Gedenkstätte, Möglichkeit einer Führung, Organisation der An- und Abreise, Finanzierung.

2. Informationen einholen
Es ist notwendig, sich vor der Fahrt über die Hintergründe der Gedenkstätte gut zu informieren, um zu wissen, was an diesem Ort geschehen ist. Man muss sich darüber im Klaren sein, dass die NS-Gräueltaten in der heutigen Umgebung nicht mehr erfassbar sind. Nicht selten wirken die Stätten ruhig oder man wird von der Betriebsamkeit der Besuchermassen abgelenkt.

3. Auswerten
Nach dem Besuch geht's an die Auswertung. Folgende Fragestellungen können euch helfen:
- Was habt ihr bei dem Besuch gefühlt? Was hat euch besonders bewegt, beeindruckt?
- Was habt ihr Neues erfahren, was wusstet ihr schon?
- Gibt es neue Fragen? Wie könnt ihr euch fehlende Informationen beschaffen?
- Welche Botschaft nehmt ihr für euch persönlich aus dem Besuch mit?

Wahlplakate untersuchen

In der Weimarer Republik wurden erstmals Plakate verwendet, um Wählerinnen und Wähler zu gewinnen. Plakate enthalten meistens Bilder und kurze, einprägsame Texte (Slogans). Sollen die Ziele von Wahlplakaten durchschaut werden, müssen sie genauer untersucht werden.

... und so wird's gemacht:

1. Fragen zum Plakat
- Wer ist der „Urheber" des Plakats?
- An wen richtet sich die Werbung?
- Werden bestimmte Gruppen angesprochen? Welche Ziele sind zu erkennen?

2. Begriffe und Zusammenhänge klären
- Wie ist das Plakat gestaltet?
- Welche darstellerischen Mittel werden eingesetzt?
- Welche Wirkung soll erzielt werden?

3. Aussage
Lässt sich eine Gesamtaussage des Plakats formulieren?

In Archiven recherchieren

Ein wichtiges Hilfsmittel, um an historische Informationen aus eurem Heimatort zu gelangen, ist das Benutzen eines Archivs. Dort sind alte Zeitungen, Schriftstücke unterschiedlichster Art, Tagebücher oder sogar Film- und Tondokumente gesammelt.

... und so wird's gemacht:

1. Thema eingrenzen
Je genauer ihr euer Thema eingrenzt, umso gezielter könnt ihr überlegen, wonach ihr im Archiv suchen wollt.

2. Archivführung vereinbaren
Euer/Eure Lehrer/-in muss die Klasse im Archiv anmelden und einen Besuch vereinbaren. Während des Besuchs solltet ihr Fragen stellen können. So bekommt ihr viele Informationen über die Aufgabe eines Archivs und die Archivbenutzung. Auch die Arbeit eines Archivars sollte deutlich werden.

3. Betreute Arbeitsgruppen bilden
Wenn ihr nun das Archiv selbst benutzt, geht es an die Ermittlung von Quellen und deren Auswertung. Dabei erkennt ihr schnell, was bei der Arbeit im Archiv wichtig ist: Entschlüsseln unterschiedlicher Schreibweisen, Auflösen von Kürzeln, Bedeutung veralteter Ausdrücke klären. Sind diese Probleme beseitigt, ist der kritische Umgang wie bei jeder Quelle gefordert: Wovon berichtet der Text? Was ist über den Verfasser bekannt? usw.

4. Selbstständig recherchieren
Ihr seid jetzt mit den wichtigsten Benutzungsbedingungen im Archiv vertraut und könnt langsam selbstständig recherchieren. Macht euch ständig Notizen darüber, wie ihr vorgeht und was ihr findet.

Ein Projekt bearbeiten

Bei einem Projekt arbeitet eine Arbeitsgruppe selbstständig an einem Thema mit unterschiedlichen Fragestellungen. Projekte benötigen längere und intensivere Arbeitsphasen.

... und so wird's gemacht:

1. Vorbereitung
- Themen sammeln: Welcher Einzelaspekt ist besonders interessant?
- Ziel und Thema des Projekts festlegen.
- Zeitplan bestimmen: Projekte dauern mindestens eine, meist aber zwei bis drei Wochen. Erstellt einen genauen Zeitplan, damit ihr die Arbeit besser überschaut.
- Vorstellung der Arbeitsergebnisse: Überlegt, wie ihr eure Ergebnisse anderen Schülern und Schülerinnen präsentiert: Wandzeitung, Dokumentation, Ausstellung?

2. Durchführung
- Arbeitsgruppe einteilen: Legt fest, wer mit wem arbeitet und verteilt die Arbeiten an die einzelnen Gruppen. Auch innerhalb der Gruppen solltet ihr klären, wer wofür verantwortlich ist.
- Material besorgen: Material findet ihr in Tageszeitungen, Illustrierten, im Internet und Büchern.
- Arbeitsergebnisse überprüfen: Zwischendurch solltet ihr euch immer wieder mit der ganzen Klasse zusammensetzen und eure Zwischenergebnisse vorstellen. Fragen eurer Mitschüler können euch helfen, Schwachpunkte eurer Arbeit zu erkennen.

3. Vorstellung der Ergebnisse
Fasst die in Teilprojekten erarbeiteten Ergebnisse zusammen und präsentiert sie wie zuvor besprochen. Ist euer Projekt interessant für die Öffentlichkeit, ladet Eltern und Freunde ein und informiert die Presse.

Aus dem Grundgesetz der Bundesrepublik Deutschland

Auszüge aus der Fassung vom 26.11.2001

Artikel 1
(1) Die Würde des Menschen ist unantastbar. Sie zu achten und zu schützen ist Verpflichtung aller staatlichen Gewalt.
(2) Das deutsche Volk bekennt sich darum zu unverletzlichen und unveräußerlichen Menschenrechten als Grundlage jeder menschlichen Gemeinschaft, des Friedens und der Gerechtigkeit in der Welt. [...]

Artikel 2
(1) Jeder hat das Recht auf die freie Entfaltung seiner Persönlichkeit, soweit er nicht die Rechte anderer verletzt und gegen die verfassungsmäßige Ordnung oder das Sittengesetz verstößt.
(2) Jeder hat das Recht auf Leben und körperliche Unversehrtheit. Die Freiheit der Person ist unverletzlich. In diese Rechte darf nur aufgrund eines Gesetzes eingegriffen werden.

Artikel 3
(1) Alle Menschen sind vor dem Gesetz gleich.
(2) Männer und Frauen sind gleichberechtigt. [...]
(3) Niemand darf wegen seines Geschlechts, seiner Abstammung, seiner Rasse, seiner Sprache, seiner Heimat und Herkunft, seines Glaubens, seiner religiösen oder politischen Anschauungen benachteiligt oder bevorzugt werden. [...]

Artikel 4
(1) Die Freiheit des Glaubens, des Gewissens und die Freiheit des religiösen und weltanschaulichen Bekenntnisses sind unverletzlich. [...]
(3) Niemand darf gegen sein Gewissen zum Kriegsdienst mit der Waffe gezwungen werden ...

Artikel 5
(1) Jeder hat das Recht, seine Meinung in Wort, Schrift und Bild frei zu äußern und zu verbreiten und sich aus allgemein zugänglichen Quellen ungehindert zu unterrichten. Die Pressefreiheit und die Freiheit der Berichterstattung ... werden gewährleistet. Eine Zensur findet nicht statt. [...]

Artikel 8
(1) Alle Deutschen haben das Recht, sich ohne Anmeldung oder Erlaubnis friedlich und ohne Waffen zu versammeln.
(2) Für Versammlungen unter freiem Himmel kann dieses Recht durch Gesetz ... beschränkt werden.

Artikel 9
(1) Alle Deutschen haben das Recht, Vereine und Gesellschaften zu bilden.
(2) Vereinigungen, deren Zweck oder deren Tätigkeit den Strafgesetzen zuwiderläuft oder die sich gegen die verfassungsmäßige Ordnung oder gegen Gedanken der Völkerverständigung richten, sind verboten. [...]

Artikel 10
(1) Das Briefgeheimnis sowie das Post- und Fernmeldegeheimnis sind unverletzlich.
(2) Beschränkungen dürfen nur aufgrund eines Gesetzes angeordnet werden. [...]

Artikel 11
(1) Alle Deutschen genießen Freizügigkeit im ganzen Bundesgebiet. [...]

Artikel 12
(1) Alle Deutschen haben das Recht, Beruf, Arbeitsplatz und Ausbildungsstätte frei zu wählen. Die Berufsausübung kann durch Gesetz ... geregelt werden. [...]
(3) Zwangsarbeit ist nur bei einer gerichtlich angeordneten Freiheitsentziehung zulässig.

Artikel 12a
(1) Männer können vom vollendeten achtzehnten Lebensjahr an zum Dienst in den Streitkräften, im Bundesgrenzschutz oder in einem Zivilschutzverband verpflichtet werden.
(2) Der aus Gewissensgründen den Kriegsdienst mit der Waffe verweigert, kann zum Ersatzdienst verpflichtet werden. [...]

Artikel 13
(1) Die Wohnung ist unverletzlich.
(2) Durchsuchungen dürfen nur durch den Richter, bei Gefahr im Verzuge auch durch die in den Gesetzen vorgesehenen anderen Organe angeordnet und nur in der dort vorgeschriebenen Form durchgeführt werden. [...]

Aus dem Grundgesetz der Bundesrepublik Deutschland

Artikel 14
(1) Das Eigentum und das Erbrecht werden gewährleistet. Inhalt und Schranken werden durch die Gesetze bestimmt.
(2) Eigentum verpflichtet. Sein Gebrauch soll zugleich dem Wohle der Allgemeinheit dienen.
(3) Eine Enteignung ist nur zum Wohle der Allgemeinheit zulässig. [...]

Artikel 15
Grund und Boden, Naturschätze und Produktionsmittel können zum Zweck der Vergesellschaftung durch ein Gesetz, das Art und Ausmaß der Entschädigung regelt, in Gemeineigentum ... übergeführt werden. [...]

Artikel 16
(1) Die deutsche Staatsangehörigkeit darf nicht entzogen werden. [...]
(2) Kein Deutscher darf an das Ausland ausgeliefert werden. [...]

Artikel 16a
(1) Politisch Verfolgte genießen Asylrecht.
(2) Auf Absatz 1 kann sich nicht berufen, wer aus einem Mitgliedstaat der Europäischen Gemeinschaften oder aus einem Drittstaat einreist, in dem die Anwendung des Abkommens über die Rechtsstellung der Flüchtlinge und der Konvention zum Schutze der Menschenrechte und Grundfreiheiten sichergestellt ist ...

Artikel 17
Jedermann hat das Recht, sich einzeln oder in Gemeinschaft mit anderen schriftlich mit Bitten oder Beschwerden an die zuständigen Stellen und an die Volksvertretung zu wenden.

Artikel 18
Wer die Freiheit der Meinungsäußerung, insbesondere die Pressefreiheit, die Lehrfreiheit, die Versammlungsfreiheit, die Vereinigungsfreiheit, das Brief-, Post- und Fernmeldegeheimnis, das Eigentum oder das Asylrecht zum Kampfe gegen die freiheitliche demokratische Grundordnung missbraucht, verwirkt diese Grundrechte. Die Verwirkung und ihr Ausmaß werden durch das Bundesverfassungsgericht ausgesprochen.

Artikel 19
(1) [...]
(2) In keinem Fall darf ein Grundrecht in seinem Wesensgehalt angetastet werden. [...]

Artikel 20
(1) Die Bundesrepublik Deutschland ist ein demokratischer und sozialer Bundesstaat.
(2) Alle Staatsgewalt geht vom Volk aus. Sie wird vom Volk in Wahlen und Abstimmungen und durch besondere Organe der Gesetzgebung, der vollziehenden Gewalt und der Rechtsprechung ausgeübt. [...]
(4) Gegen jeden, der es unternimmt, diese Ordnung zu beseitigen, haben alle Deutschen das Recht zum Widerstand, wenn andere Abhilfe nicht möglich ist.

Jugend- und Sachbücher

Der Nationalsozialismus

- Abraham, Peter: *Piepheini*. Ellermann, München 1999. Berlin im letzten Kriegswinter: Heinrich weiß nicht, dass sein Vater im Widerstand gegen Hitler aktiv ist.
- Barth, Reinhard: *Nachgefragt*: Deutsche Geschichte. Loewe, Bindlach 2004.
- Bartholl, Silvia (Hrsg.): *Texte dagegen. Autorinnen und Autoren schreiben gegen Fremdenhass und Rassismus*. Beltz & Gelberg, Weinheim 1993.
- Haar, Jaap ter: *Oleg oder Die belagerte Stadt*. dtv, München 1986. Erzählung vom Schicksal des Jungen Oleg und seiner Familie in der von den Deutschen während des Zweiten Weltkriegs drei Jahre lang belagerten Stadt Leningrad.
- Holub, Josef: *Der rote Nepomuk*. Beltz & Gelberg, Weinheim 2005. 1938: Die Freundschaft zwischen Jirschi und Pepitschek, der eine Deutscher, der andere Tscheche, muss sich vor dem Hintergrund des nahenden Krieges bewähren.
- Holub, Josef: *Lausige Zeiten*. Beltz & Gelberg, Weinheim 2004. Eine bewegende Jungenfreundschaft in der NS-Zeit.
- Keneally, Thomas: *Schindlers Liste*. Bertelsmann, München 2002. Ein Sachbuch über den deutschen Unternehmer Oscar Schindler, der Juden vor dem KZ rettete, indem er sie als Arbeitskräfte reklamierte.
- Koppel, Gert: *Untergetaucht*. Arena, Würzburg 1999. Als nach der „Machtergreifung" 1933 die Schikanen gegen die Juden immer unerträglicher werden und eine gemeinsame Emigration nicht möglich ist, entschließen sich Gerts verzweifelte Eltern, ihn und seine Schwester alleine nach Belgien zu schicken.
- Orlev, Uri: *Lydia, Königin von Palästina*. Beltz & Gelberg, Weinheim 1997. In Rumänien sind im Zuge des Krieges die Faschisten an der Macht. Die „Eiserne Garde" macht Jagd auf Juden und das Leben wird immer schwieriger. Lydias jüdische Eltern sind geschieden. Als der Vater vor den Faschisten nach Palästina flieht, nimmt er Lydia mit.
- Ross, Carlo: *... aber Steine reden nicht*. dtv, München 1991. Mit der „Machtergreifung" der Nationalsozialisten 1933 ändert sich für David Rosen, jüdisches Kind im Ruhrgebiet, das gewöhnliche Leben von Grund auf.
- Wassiljewa, Tatjana: Ab jetzt zählt jeder Tag. Beltz & Gelberg, Weinheim 2005. Die 13-jährige Tanja lässt Russland und ihre Kindheit hinter sich, als sie nach Deutschland verschleppt wird, wo sie als Zwangsarbeiterin im Dritten Reich das Kriegsende erlebt.

Deutschland nach 1945

- Kordon, Klaus: *Der erste Frühling*. Beltz & Gelberg, Weinheim 2005. Bombenalarm Tag und Nacht. Im Frühjahr 1945 kommen die Berliner kaum aus den Luftschutzkellern heraus. Als der Krieg dann zu Ende ist, erlebt die 12-jährige Anne, wie die sowjetische Armee die Stadt besetzt.
- Mai, Manfred: *Deutsche Geschichte*. Beltz & Gelberg, Weinheim 2005. Manfred Mai fasst auf interessante Weise 2000 Jahre deutsche Geschichte zusammen.
- Orlev, Uri: *Julek und die Dame mit dem Hut*. Beltz & Gelberg, Weinheim 2000. Das Leben nach dem Holocaust: Der 17-jährige Jude Julek sucht nach einer neuen Heimat. Israel wird ihm zum Land seiner Hoffnungen.
- Schneider, Karla: *Zwischen Kloppe und Glück*. Beltz & Gelberg, Weinheim 1997. Eine Geschichte über Not und Entbehrungen des Jahres 1948 in der Vorstadt Poyritz.
- Schwarz, Annelies: *Wir werden uns wieder finden*. dtv pocket, München 1981. Kriegsende 1945: Kaum hat sich Liese nach der Flucht aus der Tschechoslowakei im thüringischen Gößnitz eingelebt, muss sie ihre neue Heimat wieder verlassen.

Weltkonflikte

- Harnik, Raya: *Mein Bruder, mein Bruder*. Beltz & Gelberg, Weinheim 1998. Seitdem sein Bruder bei einem Militäreinsatz an der Grenze zum Libanon gefallen ist, ist das Leben für den 12-jährigen Israeli Ronen schwer belastet. Jugendroman, der einen Einblick in die moderne israelische Gesellschaft gewährt.
- Klare, Margaret: *Liebe Tante Vesna*. Marta schreibt aus Sarajevo. Beltz & Gelberg, Weinheim 1994. Eine Erzählung über die Vielschichtigkeit der Gefühle in der Wendezeit.
- Och, Sheila: *Das Salz der Erde und das dumme Schaf*. Fischer, Frankfurt am Main 1997.
- Ron-Feder, Galila: *Die Tage nach dem Anschlag*. Beltz & Gelberg, Weinheim 2002. Als Dotans bester Freund in Jerusalem Opfer eines Terroranschlags wird, lassen ihn Hass und Rachegefühle bei Vergeltungsaktionen im arabischen Nachbardorf fast selbst zum Mörder werden.
- Tondern, Harald: *Der Einsatz – Stell dir vor, es ist Krieg, und du musst hin*. Omnibus, München 1996. Eine Geschichte über den Krieg und seine alltäglichen Auswirkungen.

Lexikon

Aggressor Angreifer; z. B. der schuldige Verursacher eines Krieges.
Alliierte und assoziierte Regierungen Die im Ersten Weltkrieg gegen das Deutsche Reich verbündeten (alliierten und assoziierten) 27 Siegerstaaten.
Alliierter Kontrollrat das von den vier Siegermächten gebildete Organ zur Ausübung der obersten Gewalt im besiegten Deutschland mit Sitz in Berlin. Mitglieder waren die Militärgouverneure der vier Besatzungszonen. Nach dem Auszug des sowjetischen Vertreters stellte der Kontrollrat seine Tätigkeit 1948 ein.
Antisemitismus Feindschaft gegenüber Juden. Der Begriff bezieht sich darauf, dass sich die Juden in ihrer geschichtlichen Abstammung von semitischen Stämmen des Nahen Ostens herleiten. Das Hebräische gehört zur semitischen Sprachgruppe.
Appeasement-Politik (engl. = Beschwichtigung): Der Begriff bezeichnet die englische Beschwichtigungspolitik gegenüber Hitler, wie sie vor allem im Münchner Abkommen 1938 zum Ausdruck kam, in dem dem Deutschen Reich ohne Mitsprache der Tschechen das Sudetenland zugeschlagen wurde, um einen darüber drohenden Krieg abzuwenden.
Arbeiter- und Soldatenräte In den Fabriken von Arbeitern und in den Kasernen von Soldaten gewählte Vertretungen, die die bisherige Obrigkeit ersetzen sollen.
Arbeitslager In Russland gab es bereits unter dem Zaren und Lenin Arbeitslager für politische Gefangene und Schwerverbrecher. Stalin ließ ca. 50 neue „Besserungsarbeitslager" in Sibirien errichten. Sie wurden als Archipel Gulag bekannt. In Zeiten der Verfolgung saßen hier Millionen Menschen ein und wurden als Arbeitskräfte ausgebeutet.
Arbeitsnorm festgelegte Arbeitsleistung, die in einer bestimmten Zeit erbracht werden muss.
Auschwitzlüge Der Versuch, den Genozid an den europäischen Juden zu leugnen, ist das Herzstück der rechtsextremen Propaganda zur Rehabilitierung des Nationalsozialismus und der von ihm vertretenen Ideologie. Er steht als Tatbestand der Volksverhetzung unter Strafe.
autark wirtschaftlich unabhängig vom Ausland.
autoritäres Regime hier: Eine autoritäre Herrschaftsform zeichnet sich dadurch aus, dass sie die Möglichkeiten demokratischer Mitwirkung stark einschränkt und die Presse- und Informationsfreiheit begrenzt.

BBC British Broadcasting Corporation; staatlicher britischer Radio- und später auch Fernsehsender.
Bekennende Kirche Bewegung innerhalb der evangelischen Kirche, die gegen die nationalsozialistisch bestimmte Haltung der Amtskirche eintrat.
Besatzungsstatut Die Grundregelung des Besatzungsrechts im Gebiet der Bundesrepublik Deutschland, die am 21.9.1949 von den drei Westalliierten in Kraft gesetzt wurde und Vorrang vor dem Grundgesetz hatte.
Bizone Zusammenschluss der britischen und amerikanischen Besatzungszone zum 1.1.1947.
Blitzkrieg Bezeichnung für einen extrem schnellen und erfolgreichen Angriffskrieg.
Bodenreform Nach erfolgter Enteignung von Großgrundbesitzern und Großbauern (Kulaken) verteilten staatliche Behörden Boden an Kleinbauern und Landarbeiter zur eigenen Nutzung. Später folgte die Kollektivierung.
Bolschewiki (russ. = Mehrheitler) revolutionärer Flügel der von Lenin vor 1917 geführten Sozialdemokratischen Arbeiterpartei Russlands.
Bolschewismus Bezeichnung für das politische System in Russland, gemeint ist die Herrschaft der kommunistischen Partei (s. a. Bolschewiki).
Bourgeoisie reiches Bürgertum.
Boykott Maßnahme zur Isolation von Personen und Institutionen, z. B. Warenboykott: die Nichteinfuhr oder der Nichtkauf bestimmter Waren aus bestimmten Ländern.
Bürgerrechtsbewegung eine Gruppe von Menschen, die sich für die Wahrung der individuellen Freiheitsrechte einsetzt.
Bundesstaat Verbindung mehrerer Staaten, die wichtige Zuständigkeiten an eine gemeinsame Bundesregierung abgeben.

CDU Christlich Demokratische Union: 1945 gegründet und in allen Besatzungszonen zugelassen.
In Deutschland neben der SPD eine der beiden großen Volksparteien (in Bayern die Schwesterpartei CSU, Christlich Soziale Union). In der DDR war sie als so genannte Blockpartei den politischen Vorgaben der SED verpflichtet. 1990 wieder Zusammenführung von Ost- und West-CDU.
Containment (engl. = Eindämmung): englisch-amerikanische Bezeichnung für die Politik des westlichen Verteidigungsbündnisses.
Coup (frz. = Faustschlag): ein kühn und überraschend durchgeführtes erfolgreiches Unternehmen; hier verwendet als Kurzform von Coup d'État (frz. = Staatsstreich); gemeint ist der Putschversuch gegen Gorbatschow 1991.

Lexikon

Dekret Beschluss, Verordnung
Deportation zwangsweise Verschleppung, Verbannung.
Despot gewalttätiger Alleinherrscher.
Diktator der Begriff ist im Allgemeinen negativ besetzt und meint einen mit allen Macht- und Gewaltmitteln regierenden Alleinherrscher.

Einsatzgruppen Mobile Einheiten der SS. Sie folgten im Zweiten Weltkrieg den Truppen der Wehrmacht. Sie töteten meist durch Massenerschießungen, später mithilfe mobiler Gaswagen, angebliche politische Gegner und „rassisch" Unerwünschte wie Juden, Sinti und Roma und Behinderte.
Emanzipation Befreiung aus einem Zustand der Abhängigkeit mit dem Ziel einer gesellschaftlichen Gleichstellung: In Bezug auf Frauen ist damit die rechtliche und gesellschaftliche Gleichsetzung der Frau mit dem Mann gemeint.
Entkolonialisierung Befreiung von kolonialer Herrschaft.
Euthanasie (griech. = leichter Tod): Herbeiführung des Todes von unheilbar Kranken durch Beendigung künstlich lebensverlängernder Maßnahmen. Im Nationalsozialismus sollte der Begriff die Tatsache der Ermordung zahlreicher geistig und körperlich behinderter Menschen verschleiern.
Exekution Hinrichtung.
Exekutive die ausführende der drei Staatsgewalten (vgl. Judikative und Legislative). In einer Demokratie sind dies die frei vom Volk gewählte Regierung und ihre zahlreichen Ausführungsorgane wie die Polizei oder die verschiedenen Ämter.

FDP Freie Demokratische Partei: 1948 gegründete liberale Partei; über Jahrzehnte neben den beiden Volksparteien CDU und SPD die einzige bedeutsame politische Kraft in der Bundesrepublik Deutschland.
Freikorps Soldaten der ehemaligen kaiserlichen Armee, die sich nach der Revolution 1918 freiwillig in einer Art Privatarmee organisierten und meist konservative bis antidemokratische Positionen vertraten.
Freischärler Eigenständig handelnde Kampftruppen, die nicht unter Armeebefehl stehen, z. B. Partisanen und Widerstandskämpfer.

Gau Oberster Parteibezirk in der Parteistruktur der NSDAP, mit einem Gauleiter an der Spitze.
Gestapo Die Geheime Staatspolizei („Ge-Sta-Po"), 1933 von Hermann Göring und Heinrich Himmler geschaffen, diente als politische Polizei zur rücksichtslosen Unterdrückung aller Gegner des Nationalsozialismus. Dabei bediente sie sich u. a. der Folter, der Einweisungen in KZ und politischer Morde.
Getto Abgesondertes Wohngebiet einer bestimmten Bevölkerungsgruppe, vor allem der Juden.
Glasnost (russ.) politische Offenheit.
Gleichschaltung das von den Nationalsozialisten verfolgte Ziel des Abbaus und schließlich der Beseitigung der Eigenständigkeit der Länder, Organisationen und Organe.
Goldene Zwanziger Bezeichnet in Deutschland den Zeitabschnitt von 1924 bis 1929. Vor dem Hintergrund eines wirtschaftlichen Aufschwungs kam es zu zahlreichen Veränderungen in Gesellschaft und Kultur.
Große Koalition Regierungsbündnis von zwei oder mehr Parteien aus verschiedenen Lagern des politischen Spektrums.
Guerillas Untergrundkämpfer. Der Begriff „Guerilla" (span. = kleiner Krieg) stammt aus der Zeit des spanischen Widerstands gegen Napoleon 1808.

Hamas (arab. = Flammenzeichen): radikale islamische Gruppe der Palästinenser.
Hitlergruß Die offizielle Grußgeste der Nationalsozialisten war der ausgestreckt erhobene rechte Arm.
HO staatliche Handelsorganisation der DDR.
humanistisch Humanismus ist das auf das Bildungsideal der Antike gegründete Denken und Handeln mit dem moralischen Gebot der Menschlichkeit (lat. humanitas).

Imperialismus (lat. imperium = Befehl, Herrschaft; sinngemäß auch: das Reich): Bezeichnung für das Streben von Großmächten nach wirtschaftlicher, politischer und militärischer Vorherrschaft.
Inflation schrittweise Entwertung des Geldes.
Intifada Aufstandsbewegung der Palästinenser in den israelisch besetzten Gebieten.
Invasion Eindringen militärischer Einheiten in ein fremdes Land.
Investitionen langfristige Kapitalanlage in gewinnbringende Güter. Investitionen sind für die Modernisierung und Instandhaltung der Produktionsanlagen unverzichtbar.

Judikative richterliche Gewalt im Staat (vgl. Exekutive und Legislative).

Lexikon

Kapitulation Aufgabe aller Kriegshandlungen einer Truppe in aussichtsloser Lage.
Kaufkraft Bezeichnung für die Warenmenge, die man für bestimmte Geldsummen kaufen kann.
Klassengesellschaft Gesellschaft mit verschiedenen sozialen Gruppen (Klassen), in der jeweils eine Klasse die Macht über die anderen ausübt.
Koalition Bündnis.
Kolchosen Landwirtschaftliche Pro duktionsgenossenschaften mit Gemeinschaftseigentum an den Produktionsmitteln.
Kollaboration gegen die Interessen des eigenen Landes gerichtete Zusammenarbeit mit dem Feind.
kollektivieren Zusammenschluss von Bauern (oder Arbeitern) zu Produktionsgenossenschaften, in denen gemeinsam und unter Aufsicht des Staates gewirtschaftet wurde.
Kollektivmaßnahmen Regelungen, die von einer Gemeinschaft von Staaten oder Menschen vorgenommen werden.
Kommissar Beamter mit besonderem Auftrag, so etwa der Kriminalkommissar. In der Sowjetunion und vor allem im Zweiten Weltkrieg sollten die Politischen Kommissare der KPdSU die Truppen der Roten Armee ideologisch im Sinne Stalins führen.
Kompetenz Zuständigkeit und Sachverstand.
konterrevolutionär gegen die Ziele einer vorangegangenen Revolution oder revolutionären Umgestaltung gerichtet.
konventionell herkömmlich. In diesem Zusammenhang sind mit den „konventionellen Waffen" die nicht-atomaren Waffensysteme gemeint.
Koreakrieg (1950–1953) Krieg zwischen Nord- und Südkorea unter Beteiligung von China auf der einen Seite und den USA sowie verschiedener anderer Länder im Auftrag der UNO auf der anderen Seite. Das westlich orientierte Südkorea war vom kommunistischen Nordkorea angegriffen worden. Daraufhin hatte der Weltsicherheitsrat ein Mandat für eine Intervention von UNO-Truppen ausgestellt. In der entscheidenden Sitzung war der sowjetische Vertreter abwesend und konnte so kein Veto einlegen.
KPD Kommunistische Partei Deutschlands (1918 gegründet): Zusammenschluss aus dem Spartakusbund und den „Internationalen Kommunisten Deutschlands", für sozialistische Rätedemokratie, gegen Parlamentarismus, für Weltrevolution nach sowjetischem Vorbild; unter den Nationalsozialisten 1933 verboten, bestand sie im Untergrund und im Ausland, vor allem der Sowjetunion, weiter. Nach dem Zweiten Weltkrieg 1945 in ganz Deutschland wiedergegründet, aber in der SBZ besonders gefördert („Gruppe Ulbricht"); hier dann 1946 Zwangsvereinigung mit der Ost-SPD zur SED. In der Bundesrepublik wurde die KPD 1956 als verfassungswidrig verboten. 1968/69 bildete sich als Nachfolgepartei die DKP (Deutsche Kommunistische Partei), die jedoch weitgehend bedeutungslos blieb.
Kreisauer Kreis Seit 1940 kamen auf dem niederschlesischen Gut Kreisau Persönlichkeiten durchaus unterschiedlicher Weltanschauung zusammen, die dem NS-Unrechtsstaat eine neue Gesellschaftskonzeption für die Nachkriegszeit entgegensetzen wollten. 1944 schlossen sich die meisten Mitglieder des Kreisauer Kreises der Gruppe des 20. Juli um Oberst von Stauffenberg an.

LDPD Liberal-Demokratische Partei Deutschlands (1945–1990): liberale Partei in der SBZ, die in der DDR als so genannte Blockpartei den politischen und ideologischen Vorgaben der SED verpflichtet war. Nach der Wende 1990 im Wesentlichen in der FDP aufgegangen.
Legislative die gesetzgebende der drei Staatsgewalten (vgl. Judikative und Exekutive). In einer Demokratie ist dies das frei vom Volk gewählte Parlament.

Majorität Mehrheit.
Mandat (lat. mandare = übergeben, anvertrauen). Ein Mandat ist ein mit institutionellen Kompetenzen verbundener Auftrag durch den staatlichen Souverän, in der Demokratie also der durch allgemeine Wahlen errungene Parlamentssitz.
Mehrheitswahlrecht Gewählt ist jeweils derjenige Kandidat, der die meisten Stimmen im Wahlkreis bekommt, die übrigen Stimmen verfallen. Es gibt keine Landeslisten. Dadurch kann eine Partei, die trotz hoher Stimmenzahl mit ihren Kandidaten in vielen Wahlkreisen nur „Zweiter" wird, nur mit wenigen Abgeordneten im Unterhaus vertreten sein. Im Verhältniswahlrecht, wie in Deutschland, wird diese „Ungerechtigkeit" ausgeglichen, die Parteien sind entsprechend ihren prozentualen Anteilen im Parlament vertreten. Dies erschwert aber eine klare Regierungsbildung, da die Regierung aus den Verhandlungen der Parteien (Koalitionen) entsteht.
Meuterei Aufstand.
Misstrauensvotum Der Bundestag kann dem Bundeskanzler mit der „konstruktiven Mehrheit" (51 %) das Misstrauen aussprechen, indem das Parlament einen neuen Bundeskanzler wählt.

Lexikon

Napalm Eine Brandwaffe, die hauptsächlich aus Benzin besteht. Zusatzstoffe sorgen dafür, dass es an seinem Ziel haftet und starke Verbrennungen verursacht.
Nazi-Pathos (griech. pathos = Ergriffenheit, Leidenschaft): Die Inszenierungen von Nazikundgebungen u. Ä. zielten darauf ab, die Teilnehmer in erregte Begeisterung zu versetzen und ihnen pathetisch die „Größe" und „Schicksalshaftigkeit" des Moments einzuprägen.
Neutralität Unparteilichkeit.
NSDAP Nationalsozialistische Deutsche Arbeiterpartei (1919–45): 1919/20 gegründet, radikal nationalistisch, antisemitisch, gegen Demokratie und Republik. Im Dritten Reich von 1933 bis 1945 die einzige zugelassene Partei („Staatspartei").

Opposition Widerstand der öffentlichen Meinung oder bestimmter Parteien und Gruppen gegen die Regierung.

Palästinenser Ursprünglich keine einheitliche Volksgruppe. Der Begriff bezeichnet alle aus Palästina stammenden Araber.
Pankow Ostberliner Stadtteil.
Parteiclique Parteiklüngel, Parteiseilschaft.
partiell teilweise.
Partisanen Widerstandskämpfer, die außerhalb der regulären Streitkräfte gegen den eingedrungenen Feind kämpfen.
passiver Widerstand Unter Verzicht auf Gewaltanwendung oder direkte Gegenmaßnahmen (aktiver Widerstand) besteht der passive Widerstand vor allem in Gehorsamsverweigerung, also der absichtlichen Nichterfüllung von Vorgaben und Anordnungen.
Pax Americana (lat. pax = Frieden): Gemeint ist ein Friedensschluss nach den Bedingungen der Amerikaner.
Perestroika (russ.) Umbau, Umbildung des politischen und wirtschaftlichen Systems.
Pimpf Die Angehörigen der jüngsten Jugendgruppe der Nationalsozialisten wurden Pimpfe genannt.
PLO (Palestine Liberation Organization): Palästinensische Befreiungsorganisation.
Planwirtschaft Wirtschaftsordnung, in der durch zentrale Planungsbehörden Pläne für die gesamte Volkswirtschaft erarbeitet werden, die festlegen, wie viel in welcher Zeit produziert wird. Ab 1928 gab es Fünfjahrespläne in der Sowjetunion.
Pogrom Ausschreitungen und gewaltsame Verfolgung aus religiösen oder in Vorurteilen begründeten Absichten.
Präambel Einleitung oder feierliche Vorrede.
Präsidialregierungen Bezeichnung für die direkt vom Reichspräsidenten Hindenburg abhängigen und mithilfe von Notverordnungen gestützten Regierungen in der Endphase der Weimarer Republik.
Proletariat (lat. proles = Nachkomme, Sprössling): Mit dem Begriff Proletariat werden alle Arbeiter bezeichnet, die allein vom Verkauf ihrer Arbeitskraft leben.
Propaganda Werbung für politische Ideen und Zwecke unter massivem Einsatz von Massenmedien aller Art.
Protektorat ein unter Schutzherrschaft stehendes Gebiet. Der Begriff ist in der Geschichte nicht selten zur Beschönigung der Machtausweitung von Staaten auf international umstrittene Territorien verwendet worden. Um sich von dieser negativen Bedeutungsebene abzusetzen, wird deshalb mittlerweile gerne einfach von „Schutzzonen" gesprochen, wenn beispielsweise die UNO oder die NATO Protektorate in Krisenregionen einrichten.
Provisorium behelfsmäßige Übergangslösung.
Putsch (schweiz. = Stoß): plötzlicher politischer Umsturz.

Rabbiner jüdischer Gesetzes- und Religionslehrer, gleichzeitig Bezeichnung für einen jüdischen Geistlichen oder Prediger.
Rat der Volksbeauftragten Die 1918/19 amtierende provisorische Regierung aus Mitgliedern der SPD und USPD.
Razzia überraschende Fahndung der Polizei in einem Gebiet oder Gebäude.
Regime Begriff für ein in der Regel negativ bewertetes, weil unterdrückerisches Herrschaftssystem.
„Reichskristallnacht" von den Nationalsozialisten benutzte Bezeichnung für die von ihnen inszenierten Pogrome gegen die deutschen Juden in der Nacht vom 9. auf den 10. November 1938.
Reparationen Entschädigungszahlungen eines besiegten Staates an die Siegermächte.
Nach dem Ersten und Zweiten Weltkrieg sollte Deutschland mit solchen Reparationszahlungen für die durch seine Aggression verursachten Zerstörungen und Kosten aufkommen.
Résistance (lat. resistere = sich widersetzen): französische Widerstandsbewegung gegen die deutsche Besatzungsmacht im Zweiten Weltkrieg.
Rote Kapelle kommunistische Spionage- und Widerstandsorganisation, die 1941/42 besonders in Berlin und Hamburg aktiv war. Die Rote Kapelle arbeitete unabhängig von der KPD, gehörte aber zum internationalen sowjetischen Spionagenetz.

Lexikon

sabotieren Vorgang zur Verhinderung oder Beeinträchtigung eines Ereignisses oder Produktionsablaufs durch Zerstörung oder passiven Widerstand.
SA-Männer Mitglieder der SA, der „Sturmabteilung" der NSDAP. Die SA war eine nationalsozialistische Einsatztruppe für Straßenkämpfe und Aufzüge.
Satellitenstaaten in diesem Zusammenhang Staaten, die unter dem Einfluss von UdSSR und USA standen.
Schauprozess Ein Gerichtsverfahren, dessen Urteil schon bei Prozessbeginn feststeht, sodass die Verhandlungen nur noch „zur Schau" abgehalten wird.
Sinti und Roma Sammelbezeichnung für weltweit verbreitete Minderheitsgruppen, deren kulturelle Zusammengehörigkeit vor allem in ihrer Sprache, dem Romani, begründet liegt. Die Sinti bilden dabei die mitteleuropäische Gruppe, die Roma entstammen im Wesentlichen dem außerdeutschen Sprachraum. Unter den Nationalsozialisten von Beginn an verfolgt, war das Zentrum des späteren Völkermords an den Sinti und Roma vor allem das KZ Auschwitz.
Solidarność Die vom sozialistischen Staat der Volksrepublik Polen unabhängige Gewerkschaft wurde 1980 von Arbeitern der Danziger Werft gegründet. Sie wuchs wegen ihrer kritischen Einstellung zum Staat und ihres öffentlichen Eintretens für die Bürgerrechte schnell zu einer Massenbewegung an. Daher wurde sie 1981 auch wieder verboten. Sie arbeitete jedoch im Untergrund weiter und trug zum Fall des sozialistischen Regimes in Polen bei.
Souverän (frz. = eigenständiger und unumschränkter Herrscher): Vom Souverän geht die Macht im Staat aus. In einer Monarchie ist dies der König, in einer Demokratie das Volk.
Souveränität als politischer Begriff: die politische Unabhängigkeit eines Staates.
Sowchosen Staatsgüter auf dem Land.
Sowjets (russ. = Räte): lokale bzw. regionale Organe der Selbstverwaltung, gebildet von Bauern, Arbeiter und Soldaten in Dörfern, Städten oder Fabriken. Sie sollten mit ihren Entscheidungen die bisherigen Herrschaftsorgane ersetzen und so die Macht ausüben.
Sozialisierung Überführung des Privateigentums in den Allgemeinbesitz des Volkes.
Sozialismus und Kommunismus Idee einer neuen Gesellschaftsordnung, in der nach der Diktatur des Proletariats die klassenlose Gesellschaft erreicht werden soll. Des Weiteren soll es keinen Privatbesitz an Produktionsmitteln und keine Ausbeutung von Schwächeren mehr geben.
Spartakusbund von der SPD abgespaltene linksextreme Gruppe um Karl Liebknecht und Rosa Luxemburg.
SPD Sozialdemokratische Partei Deutschlands: Nachdem sich der 1863 in Leipzig gegründete Allgemeine Deutsche Arbeiterverein (ADAV) und die 1869 in Eisenach gegründete Sozialdemokratische Arbeiterpartei 1875 in Gotha zur Sozialistischen Arbeiterpartei (SAP) zusammengeschlossen hatten, wurde die Partei nach ersten Wahlerfolgen (1877: 9,1 % der Stimmen) unter Bismarck 1878 durch das „Sozialistengesetz" verboten. Nach dessen Aufhebung 1890 wurde die Sozialdemokratische Partei (SPD) gegründet. Bereits 1912 stellte sie mit 34,8 % die stärkste Reichstagsfraktion. 1914 stimmte diese geschlossen für die Kriegskredite und damit die Kriegspolitik der Regierung. Im Verlauf des Ersten Weltkriegs wurden die innerparteilichen Differenzen immer größer: 1915 spaltete sich der Spartakusbund ab und 1917 zerfiel die SPD in USPD und MSPD, die sich erst 1922 wieder zusammenschlossen. Nach schweren politischen Verlusten in den Jahren der Weltwirtschaftskrise blieb die SPD bis 1930 die stärkste politische Kraft in der Weimarer Republik. 1933 lehnte sie als einzige Reichstagsfraktion das Ermächtigungsgesetz ab und wurde drei Monate später von der nationalsozialistischen Staatsführung verboten. Bereits im Sommer und Herbst 1945 formierte sich die SPD in allen Besatzungszonen neu, wurde aber in der SBZ bereits 1946 mit der KPD zur SED zwangsvereinigt. In der Bundesrepublik entwickelte sie sich neben der CDU zu einer der beiden Volksparteien.
SS Abkürzung für „Schutzstaffel". Kampfverband der NSDAP und ab 1934 Hauptträger des nationalsozialistischen Terrors nach innen und außen. Die SS dominierte die Gestapo, leitete die KZs und führte den „Rassenkampf". Die „Waffen-SS" kämpfte im Krieg auch im Rahmen des Heeres, war aber kein Teil der Wehrmacht.
Staatenbund Lockere Verbindung von selbstständigen Staaten, die einzelnen Staaten regeln ihre Angelegenheiten selbst.
Stasi Abkürzung für den DDR-Staatssicherheitsdienst. Dies bezeichnete den Apparat der Geheimpolizei des MfS (Ministerium für Staatssicherheit).

Lexikon

Stellvertreterkrieg kriegerischer Konflikt unterhalb der Atomschwelle während des Kalten Krieges, der, von den beiden Supermächten USA und Sowjetunion unter Kontrolle gehalten, zwischen kleinen Mächten aus den jeweiligen Lagern geführt wurde. Als Stellvertreterkrieg gilt z. B. der Koreakrieg (1950–53).

■

Totalitarismus Staatsform, die aufgrund einer bestimmten Ideologie für sich in Anspruch nimmt, in alle Bereiche des menschlichen Zusammenlebens hineinregieren zu dürfen.

Tyrannis (griech.) Gewaltherrschaft.

■

UNO (engl. United Nations Organization = Organisation der Vereinten Nationen): 1945 gegründete Weltorganisation zur Sicherung des Weltfriedens (in Nachfolge des Völkerbundes von 1920).

Utopie zunächst unvorstellbar erscheinende Zukunftsvorstellung.

■

Vetorecht Das Vetorecht (lat. veto = „ich erhebe Einspruch") ist das festgelegte Recht eines einzelnen Angehörigen einer Institution, einen Beschluss zu verhindern, auch wenn alle anderen Mitglieder dafür sind.

Vierjahresplan Festlegung der wirtschaftlichen Investitionen, Ausrichtung, Betriebs- und Produktionszahlen für einen Zeitraum von vier Jahren im Voraus.

Vietcong eine in Südvietnam 1960 gegründete kommunistische Befreiungsfront, die von Nordvietnam aus finanzielle und militärische Unterstützung erhielt.

Völkerbund die erste internationale Organisation zur Sicherung des Weltfriedens. Sie bestand von 1920 bis 1946.

Volksbegehren Das Recht einer Mindestzahl stimmberechtigter Bürger, dem Parlament einen Gesetzentwurf vorzulegen und dessen Erlass zu verlangen. Dies kann zum Beispiel in Form eines Volksentscheids erfolgen.

Volksdemokratie Staatsform kommunistischer Länder, bei der die gesamte Staatsmacht in den Händen der kommunistischen Partei liegt.

Volksentscheid rechtlich bindende Volksabstimmung.

Volkspolizei Polizei der DDR.

■

Wannsee-Konferenz Unter der Leitung Reinhard Heydrichs wurde am Großen Wannsee in Berlin durch Vertreter verschiedener Amtsstellen die konkrete Organisation des Völkermords an den Juden geplant.

■

Young-Plan Vertrag, benannt nach dem amerikanischen Finanzexperten Owen D. Young (1874–1962). Er legte die Reparationszahlungen für Deutschland neu fest. Die Reparationen wurden zeitlich begrenzt und reduziert; die ausländische Kontrolle über die Reichsbank entfiel; das Rheinland sollte 1930 geräumt werden (statt 1935).

■

Zentrum Partei, die im Wesentlichen die Interessen der Katholiken vertrat.

Zigeuner Diese Benennung der Sinti und Roma ist zwar im deutschen Sprachraum weit verbreitet, wird aber von den Angehörigen dieser Volksgruppen als diskriminierend abgelehnt und sollte daher unterbleiben.

Register/Verzeichnis der Worterklärungen*

Register/Verzeichnis der Worterklärungen*

Register/Verzeichnis der Worterklärungen*

Register/Verzeichnis der Worterklärungen*

Register/Verzeichnis der Worterklärungen*

Quellenverzeichnis

Textquellen

S. 8: zit.nach: Karl Marx, Das Kapital – **S. 9:** zit. nach: Karl Marx/Friedrich Engels, Manifest der kommunistischen Partei – **S. 11:** Maruice Paleologue, Am Zarenhof während des Weltkrieges. Neff, Wien 1927, übers. von Willy Grabert; Leo Trotzki, Geschichte der Russischen Revolution. S. Fischer, Frankfurt/M. 1973, S. 133, übers. von Alexandra Pfemfert – **S. 12:** Otto Böss (Hrsg.), Russlandchronik. Bergland, Salzburg 1975, S. 35 – **S. 13:** Lenin, in: Geschichte des bolschewistischen Russland. VA Rhein, Wiesbaden 1965, übers. von Georg von Rauch – **S. 15:** Wolf Dietrich Behschnitt (Hrsg.), Die Russischen Revolutionen 1917–1929. Klett, Stuttgart, S. 47 – **S. 16:** Dimitri Wolkogonow, Stalin – Triumph und Tragödie. Ullstein, Berlin 1989, Einbandtext u. S. 377, übers. von Vesna Jovanoska; Joel Carmichael, Säuberungen. Claassen, Düsseldorf 1972, S. 30, übers. von Gisela Oberländer – **S. 17:** Heiko Haumann/Helmut Altrichter, Die Sowjetunion, Bd. 2. dtv, München 1987, S. 321; Roy A. Medwedew, Die Wahrheit ist unsere Stärke. S. Fischer, Frankfurt/M., S. 310, übers. von Günther Danehl – **S. 18:** Heiko Haumann/ Helmut Altrichter, Die Sowjetunion, Bd. 2, a.a.O, S. 92 (1), S. 93 (2), S. 78 f. (3) **S. 20:** Alexandra Kollontai, Die Situation der Frau in der gesellschaftlichen Entwicklung, Fischer Verlag, Frankfurt 1977, S. 171 ff. – **S. 21:** L. Trotzkij, Fragen des Alltagslebens, Hamburg 1923, S. 120 ff.; Heiko Haumann/Helmut Altrichter, Die Sowjetunion, Bd. 2, a. a. O, S. 400 f. – **S. 22:** Josef Stalin, Werke, Bd. 2. Dietz, Berlin 1954, S. 220, übers. von Red. Dietz – **S. 33:** Herbert Michaelis/Ernst Schraepler (Hrsg.), Ursachen und Folgen, Bd. 2. Dokumenten Verlag, o. J., S. 572 f. – **S. 34:** Herbert Michaelis/Ernst Schraepler (Hrsg.), Ursachen und Folgen, Bd. 3. Dokumenten Verlag, o. J., S. 166 f. – S. 36/37: Die Verfassung des Deutschen Reiches, o. O., Reichsdruckerei 1924, S. 7 – **S. 38:** Herbert Michaelis/Ernst Schraepler (Hrsg.), a. a. O., S. 405 – **S. 41:** Herbert Michaelis/Ernst Schraepler (Hrsg.), a. a. O. – **S. 44:** Geschichte in Quellen, Bd. 6. BSV, München 1979, S. 210, bearb. von Günter Schönbrunn; ebd., S. 212 – **S. 45:** Paul Schmidt, Statist auf diplomatischer Bühne. Philo & Philo Fine Arts 1964 – **S. 46:** Herbert Michaelis/Ernst Schraepler (Hrsg.), Ursachen und Folgen, Bd. 3. Dokumenten Verlag, o. J., S. 239; Ute Frevert, Frauengeschichte. Zwischen bürgerlicher Verbesserung und neuer Weiblichkeit. Suhrkamp, Frankfurt/M. 1986, S. 197 – **S. 47:** ebd., S. 198 – **S. 48:** zit. nach: „Zürcher Zeitung" vom November 1929 – **S. 49:** Hubert Renfro Knickerbocker, Deutschland so oder so. Rowohlt, Reinbeck 1932, übers. von Franz Fein; aus: „Der Tag" vom 22. September 1932 – **S. 58:** aus: „Neue Zürcher Zeitung" vom 31. 01. 2000 – **S. 61:** Benito Mussolini, Der Faschismus. C. H. Beck, München 1933, übers. von Horst Wagenfuhr – S. 62/63: aus: Adolf Hitler, Mein Kampf. – **S. 64:** Melita Maschmann, Fazit – kein Rechtfertigungsversuch. DVA, Stuttgart 1963; Wolfgang Michalka (Hrsg.), Das Dritte Reich, Bd. 1. dtv, München 1985 – **S. 67:** Wolfgang Michalka (Hrsg.), a. a. O. – **S. 70:** Max Domarus: Hitler. Reden und Proklamationen, Bd. 1. Arena, Würzburg 1962, S. 52; Annette Kuhn (Hrsg.), Frauen im deutschen Faschismus, Bd. 1. Aktuelle JRO 1982, S. 195 – **S. 75:** Karl Heinz Janssen: Eine Welt brach zusammen, in: Hermann Glaser (Hrsg.), Jugend im Dritten Reich. S. Fischer, Frankfurt/M. 1975 – **S. 76:** Wolfgang Benz, Enzyklopädie des Nationalsozialismus. Directmedia Publishing, Berlin 1999, S. 688 – **S. 79:** zit. nach: www.ns-gedenkstaetten.net/nrw/index_startseite_de.html (Stand: Dezember 2006) – **S. 80:** Gerhard Moss, Ein Augenzeuge. GEW LVB, Hamburg 1978, S. 22 f. – **S. 83:** (1) zit. nach: Leon Poliakov/Josef Wulf (Hrsg.), Das Dritte Reich und die Juden. Arani, Berlin 1961, S. 70 ff. – **S. 84:** Kurt Gerstein, Kriegserlebnis niedergeschrieben 4. 5. 1945, in: Walther Holger (Hrsg.), Der Nationalsozialismus. S. Fischer, Frankfurt/M. 1957 – **S. 86/87:** Marcel Reich-Ranicki, Mein Leben. DVA, Stuttgart 1999, S. 211 – **S. 92:** Walther Hofer, Der Nationalsozialismus. S. Fischer, Frankfurt/M. 1982 – **S. 95:** Horst Mühleisen (Hrsg.), Hellmuth Stieff – Briefe. Siedler, Berlin 1991 – **S. 97:** www.hco.hagen.de/nrw–zw/start.html – **S. 100:** Wolfgang Benz, Geschichte für Morgen 10. C. H. Beck, München 1998 – **S. 103:** GiQ, Bd. 6. BSV, München 1979, bearb. von Günter Schönbrunn – **S. 104:** Martin Niemöller, Osterpredigt 1976 – **S. 106:** Kurt Huber, Flugblatt, in: Walter Hofer (Hrsg.), Der Nationalsozialismus. S. Fischer, Frankfurt/M. – **S. 116:** Paul Schallück, in: Ingeborg Drewitz (Hrsg.), Städte 1945. Hugendubel, München 1970, S. 71 – **S. 117:** Karl-Heinz Müller/Thomas Berger-von der Heide (Hrsg.), Lebenssituationen 1945–1948. Berlin 1983, S. 78 – **S. 119:** Theodor Schieder (Hrsg.), Dokumentation der Vertreibung der Deutschen aus Ost-Mitteleuropa, Bd. 4. Bundesministerium für Vertriebene, Bonn 1957, S. 327; Gerhard Heck/Manfred Schurig, Deutschland und Polen nach 1945. Diesterweg, Frankfurt/M. 1977, S. 37 f. – **S. 122:** Helga Grebing/Peter Pozorski/Rainer Schulze, Politik und Gesellschaft, Teil B (Direktive JCS 1067). Metzler & Poeschel, Stuttgart 1980 – **S. 124:** zit. nach: GiQ, Bd. 7, BSV, München 1980, S. 370 f., bearb. von Helmut Krause u. Karl-Heinz Reif – **S. 125:** Georgij M. Malenkow, Das Ostpaktsystem. Dokumente. Metzner, Frankfurt/M. 1955, S. 215, 625, übers. von Boris Meisner; George F. Kennan, Die doppelte Staatsgründung. Vandenhoeck & Ruprecht, Göttingen 1984, S. 454, übers. von Christoph Kleßmann – **S. 126:** zit. nach: „Bonner Generalanzeiger" vom 20. 06. 1958 – **S. 127:** zit. nach: GiQ, Bd. 6, a. a. O. – **S. 128:** zit. nach: Potsdamer Abkommen. Staatsbibliothek, Berlin 1970, S. 103; Theo

Stammen, Einigkeit und Recht und Freiheit. dtv, München 1965, S. 181 – **S. 131:** Konrad Adenauer, Erinnerungen 1945–1953. S. Fischer, Frankfurt/M. 1967, S. 234 f. – **S. 134:** zit. nach: Walter Ulbricht, in: Die Russen in Deutschland. Ullstein, Berlin 1997, S. 392 – **S. 136:** Forderung 1–3 zit. nach: „Berliner Morgenpost" vom 17. 06. 1953; Forderung 6 zit. nach: Fritz Schenk, Im Vorzimmer der Diktatur. Kiepenheuer & Witsch, Köln o. J.; Forderung 8 zit. nach: „Der Spiegel" Nr. 26 vom 24. 07. 1953 – **S. 137:** aus: DDR-Geschichtsbuch. Volk & Wissen, Berlin-Ost 1971, S. 125; Alfred Grosser, Geschichte Deutschlands seit 1945. Hanser, München 1974, übers. von Roberta Hail/Margaret Carroux – **S. 138:** Eckart Thurich/Hans Endlich, Zweimal Deutschland. Diesterweg, Frankfurt/M. 1973, S. 206 – **S. 139:** Joachim Gauck, Die Stasiakten. Das unheimliche Erbe der DDR. Rowohlt, Reinbek 1991, S. 45 f. – **S. 140:** Willy Brandt, in: I. Wilharn (Hrsg.), Deutsche Geschichte 1962–1983, Bd. 2. UV 1985, S. 27 ff. – **S. 142:** zit. nach: GiQ, Bd. 7, a. a. O., S. 563f. – **S. 143:** zit. nach: Michael Ludwig, Polen und die deutsche Frage. Europa Union, Bonn 1991, S. 278 – **S. 144:** zit. nach: Bundesprogramm der GRÜNEN von 1980 – **S. 145:** zit. nach: „Bericht zur Lage der Nation" von 1984 – **S. 146:** Michail Gorbatschow, Perestroika. Die zweite Russische Revolution. Droemer, München 1987, übers. von Gabriele Burkhardt; zit. nach: Michail Gorbatschow, in: Bulletin Nr. 61 vom 15. 06. 1989. Bundespresseamt, Bonn 1989, S. 542, übers. von Redaktion PR & Info, Amt B, Regierung – **S. 149:** Monika Maron, Flugasche. BVU Buchunion, Berlin 1990, o. S. – **S. 153:** Tilman Müller/Ludwig Rauch: „Jetzt machen wir das Tor auf", in: „Stern" Nr. 41/1989, S. 37 f. – **S. 154:** Bärbel Bohley, in: Spiegel Special II/1990, S. 115 – **S. 156:** zit. nach: Valentin Falin, in: Spiegel Special II/1990, S. 21 f. – **S. 168:** Milovan Djilas, Gespräche mit Stalin. S. Fischer, Frankfurt/M. 1962, S. 146, übers. von Hermann Junius; George F. Kennan, Memoiren eines Diplomaten, Bd. 1. S. Fischer, Frankfurt/M. 1971, S. 264 f., übers. von Heidi von Alten; Elmar Krautkrämer, Die Vereinigten Staaten von Amerika (Rede von Winston Churchill in Fulton, Missouri). Diesterweg, Frankfurt/M. 1971, S. 254 – **S. 169:** Rede von Harry S. Truman. Europa-Archiv 2/1947, S. 820 – **S. 170:** GiQ, Bd. 7, a. a. O., – **S. 176:** John F. Kennedy, What happened in Cuba, 1953, S. 340 ff. – **S. 177:** John F. Kennedy: Rede am 10. 06. 1963, zit. nach: GiQ, Bd. 7, a. a. O., S. 580 – **S. 180:** George Bush, zit. nach: „Süddeutsche Zeitung" vom 30. 01. 1992, S. 10 – **S. 181:** Resolution Nr. 1368 des Weltsicherheitsrates vom 12. 9. 2002 – **S. 182:** Die Nationale Sicherheitsstrategie der USA, in: Internationale Politik, Deutsche Gesellschaft für Auswärtige Politik e. V. Berlin, Heft 12/2002, S. 113 ff, S. 114, S. 118 – **S. 183:** Irak Study Group, zit. nach: Spiegel online, Spiegel Verlag Hamburg, http://www.spiegel.de/politik/ausland/0,1518,452976,00.html (Stand 6. 12. 2006) **S. 185:** Arno Ullmann, Israels Weg zum Staat. dtv, München 1964, S. 307ff. – **S. 186:** zit. nach: Yassir Arafat, in: „Süddeutsche Zeitung" vom 11. 09. 1993 – **S. 190:** „Warum die Globalisierung ein Muss ist", in: „Manager Magazin" vom 23. 07. 2004, zit. nach: www.manager-magazin.de – **S. 196:** zit. nach: „Der Spiegel" vom 10. 08. 1950; Richard Coudenhove-Kalergi, Eine Idee erobert Europa. Desch, Wien 1958, S. 232 – **S. 197:** Walter Lipgens: Europa-Föderationspläne der Widerstandsbewegungen 1940–1945, Oldenbourg Verlag München, 1968, S. 244 ff. – **S. 198:** zit. nach: Winston Churchill, in: Europa. Dokumente, Bd. 1. Oldenbourg, München 1962, S. 114 f.; zit. nach: Robert Schumann, in: Europa. Dokumente Bd. 2. Oldenbourg, München 1962, S. 680; zit. nach: Hans Schäffer, in: Vierteljahresheft zur Zeitgeschichte, 20. Jg., Heft 2. Oldenbourg, München 1972, S. 192 – **S. 203:** zit. nach: Spiegel online vom 01. 05. 2004 – **S. 211:** zit. nach „Süddeutsche Zeitung" vom Juni 2006 – **S. 212:** Orhan Pamuk, in: FAZ Nr. 292 vom 15. 12. 2005, S. 33, übers. von Gerhard Meier.

Bildquellen

Archiv für Kunst und Geschichte/akg-images, Berlin: S. 8. RS, S. 9. RS, 27. RSd, 32. RSa, 33. RSa, 35. RSa, 35. RSb, 39.2, 39.3, 44. RSa, 44. RSb, 45.2 (Wdh. 53), 46.1, 46.2, 47.3, 48. RS, 64.1 (Wdh. 109), 66.1, 67.2, 67. RSa, 77. RSa, 85.2, 89. RS, 90.1, 91.4, 93. RS, 98.1, 98. RS, 99. RSa, 99. RSb, 103.4, 103. RSa, 103. RSb, 107. RSa, 107. RSc, 108.1, 109. RSc, 109. RSd, 116. RS (Wdh. 164), 119.3, 119. RSa, 119. RSb, 126. RSa, 126. RSb, 128.1 (Wdh. 163), 128. RS, 134. RS, 139.2 (Wdh. 163), 139.3, 140. RSa, 140. RSb, 145. RS, 147. RS, 149. RS, 151. RS, 153. RSa, 154. RSa, 154. RSb, 160.1, 160. RSb, 186. RSc, 196. RSa, 196. RSb, 197. RS, 201. RS, 213. RSa, 213. RSb, 213. RSc

Archivo Sturani Rom: S. 60. RS

Associated Press/AP, Frankfurt/M.: S. 5 (Wdh. 166/167), 23. RS, 176. RS, 177. RS, 178.1, 180.1, 185. RSa, 185. RSb, 186. RSa, 186. RSb, 203. RS

Bundesgrenzschutz (BGS) Schwarzenbek, Standort: Stadtarchiv Geesthacht: S. 157. RSa, 157. RSb

Bildarchiv Heinz Bergschicker, Berlin: S. 65.2, 66. RS, 68.1

Bildarchiv Preußischer Kulturbesitz/bpk, Berlin: S. 11.2, 17.1, 49. RSa (Wdh. 55), 49. RSb, 68.2, 69. RSa, 80.1, 81. RSa, 84.1, 94.1, 99.2, 101.2, 101.3, 102.2, 106.1, 111.4, 124. RS, 125.3, 168.1, 176.1 (Wdh. 191. RSc)

Bowien, Petra, Geesthacht: 205.1–6

Bundesarchiv Koblenz: 70.1, 123.2, 127.2, 152. RS

CCC, Pfaffenhofen: S. 3 (Wdh. 162.1, © Nel); 3 (Wdh. 163.4), 199.2 (Wdh. 214), 207.4, © Gerhard Mester); 153.3, 158,

Quellenverzeichnis

174.1 (Wdh. 193), 202. RSa, © Horst Haitzinger); 162.2 (© Jürgen Tomicek); 162.3 (© Rainer Schwalme); 162.5 (© Walter Hanel); 186.3 (Wdh. 192); 207.5, 207.6 (© Borislav Saitinac)
CLAN-Verlag Reinfeld (© VG Bild-Kunst, Bonn): S. 4 (Wdh. 56/57)
Cornelsen-Archiv, Berlin: S. 15.3, 135.2, 138.1, 197.2
Deutsches Historisches Museum, Berlin: S. 68. RSa, 69.3, 69.4, 77. RSb, 96.1, 105.5, 105.6, 105.7, 107.2, 107. RSb
Deutsches Museum, München: S. 198.1
DiaDienst Medien GmbH, München: S. 104.4
Die Grünen, Archiv Bornheim: S. 144.2
DIZ/SV Bilderdienst, München: S. 4 (Wdh. 30/31), 11.3, 13.2, 15. RS, 35.2, 49.3, 53. RSb, 60.1, 61.2, 65. RS, 71.3, 76.1, 84. RS, 87.2, 104.1, 104.3, 106. RSa, 106. RSb, 114.1, 117.5, 122.1, 126.1, 132.2 re, 140.1, 141. RS, 173.2
Dokumentenkabinett Dolezalek, Vlotho: S. 16.1 (Wdh. 27)
dpa, Frankfurt/M.: S. 102.1, 136.1, 142. RS, 143.2 (Wdh. 165), 145.3 (Wdh. 165), 146.1, 147.2, 150.1, 150. RSb, 154.1, 156.1, 157.2, 170.1 (Wdh. 191, 192), 170. RS, 171. RS, 179.2, 181.1 (Wdh. 193), 187.2, 196.1 (Wdh. 214), 203.3 (dpa-Grafik 8706)
Focus, Hamburg: S. 158.1
Getty Images, München: S. 162.2, 213. RSd
Globus Infografik, Hamburg: S. 133.3, 186.1, 189.4, 190.1, 190.2, 190.3, 200.1, 202.1, 202.2
Hachette, Paris: S. 4 (Wdh. 6/7)
Haus der Geschichte, Bonn: S. 132. RS, 207.1 (© Jupp Wolter), 207.2 (© Peter Leger)
Historisches Archiv der Stadt Köln: S. 116.1
Historisches Museum, Frankfurt/M.: S. 74. RSb
Informationsdienst gegen Rechtsextremismus, Berlin: S. 62.1
Jugendring Wuppertal e. V.: 79
Jürgens Ost- und Europaphoto, Berlin: S. 27. RSb, 152.1 (Wdh. 165)
Keystone Pressedienst, Hamburg: S. 74.2, 77.2, 103.3, 117.3
Kreisarchiv Ratzeburg: S. 118. RSa
Laif, Agentur für Photos und Reportagen, Köln: S. 187. RS (Plambeck)
Landesamt Schleswig-Holstein, Abt. 2003/2: S. 118. RSb (Sign. Nr. 1716)
Museum für Hamburgische Geschichte, Hamburg: S. 90. RS
Niedersächsische Landeszentrale für politische Bildung, Hannover: S. 142.1
Niggemeyer Fotofachlabor, Bochum: 74. RSa
NS-Dokumentationszentrum, Köln: S. 78.1 (E 749); 81.3
Oomen, Hans-Gert, Kirchentellinsfurt: S. 3.1
picture alliance/akg-images: S. 8.1, 18 (Wdh. 230), 19. RS (Wdh. S. 28), 99. RSb, S. 99 RSc, 101. RS, 130. RS
picture alliance/dpa, Frankfurt/M.: S. 4 (Wdh. 112/113, 163, 165), 9.2 (Wdh. S. 28), 24.1, 117.4, 121. RS, 149.2, 153.2 (Wdh. 163, 165), S. 191d (dpaweb, © dpa-Fotoreport), 208 (dpaweb), 210.1, 210. RSa, 210. RSb (dpaweb), S. 211. RS, 212.1, 212. RS
Reuters, Bonn: S. 59. RS
Stadtarchiv Dortmund: S. 80.2, 82.2, 99.3
Stadtarchiv Kiel: S. 118. RSc
Stadtarchiv Meinerzhagen: S. 3 (Wdh. 97.2)
Stadtarchiv Schwarzenbek: S. 153. RSb (Foto: Werner Urban)
Stadtbildstelle Essen: S. 82.1
Studio X, Paris: S. 170.2 (© Novovitch)
Sven Simon, Essen: S. 3 (Wdh. 151.3, 164)
SVT-Bild/Das Fotoarchiv: S. 43.1
Ullsteinbild, Berlin: 12.1 (Wdh. 27; Nowosti), S. 14.2, 33.2 (Wdh. 53), 33.3, 34.1, 35.3, 36.2, 48.1, 58.1, 61.RS, 75.3, 95.3, 104.2 (Borgas), 105.8, 107. RS.d, 110.2, 129.2, 150.2, 151.4, 156. RS, 160. RSa, 181. RS (AP), 183 (AP)
Völker, Johannes, Geesthacht: S. 155. RS
Weber, H., Köln: 74.1

Übernahmen aus Publikationen:
S. 20.1: entn. aus: Geschichte lernen, Heft 18/1990, S. 35
S. 42. RS, 44.1, 50. RS, (Wdh. 52.2), 52.1 (Wdh. 231), 52.3, 52.4, 63.3, 69. RSb, 70. RS, 91. RS, 124.1, 141.2: entn. aus: Friedrich Arnold (Hrsg.), Anschläge. Deutsche Plakate 1900–1970. Verlag Langewiesche-Brandt, Ebenhausen
S. 86. RS: entn. aus: „Fotografien aus dem Warschauer Getto. Das Fotobuch Nr. 9. Dirk Nishen Verlag, Berlin
S. 127. RS: entn. aus: „Auferstanden aus Ruinen", von D. Zimmer. DVA, Stuttgart
S. 144.1: entn. aus: „Deutschland – die illustrierte Chronik der BRD" von N. Albrecht. Gondrom Verlag, Bindlach 1987

Umschlag: Mauritius – SST

Zeichnungen, Karten, Grafiken:
Becker, K., Frankfurt/M.; Binder, T., Magdeburg; Borell, C., Berlin; Galas, E., Köln; Langkafel, Skip, Berlin; Müller, A., Hamburg; Teßmer, M., Hamburg; Warnatsch, S., Berlin

Nicht in allen Fällen war es uns möglich, die Rechteinhaber der Abbildungen ausfindig zu machen. Berechtigte Ansprüche werden selbstverständlich im Rahmen der üblichen Vereinbarungen abgegolten.

Die Staaten der Welt heute